Classici Greci e Latini

Sofocle

EDIPO RE
EDIPO A COLONO
ANTIGONE

Traduzione
di Raffaele Cantarella

Note e commento
di Marina Cavalli

A cura
di Dario Del Corno

Arnoldo Mondadori Editore

I edizione Biblioteca Mondadori gennaio 1982
I edizione Oscar classici gennaio 1990
I edizione Oscar Classici greci e latini aprile 1991

ISBN 88-04-34738-4

Questo volume è stato stampato
presso la Arnoldo Mondadori Editore S.p.A.
Stabilimento di Verona
Stampato in Italia - Printed in Italy

Ristampe:

3 4 5 6 7 8 9 10 11 12

1994 1995 1996 1997 1998 1999

SOMMARIO

1 *Introduzione*

1. L'organizzazione del teatro antico (p. 1); 2. La tragedia (p. 6); 3. L'idea del 'tragico' (p. 13); 4. Sofocle (p. 18); 5. Le tragedie tebane (p. 25).

33 *Prospetto cronologico*

39 *Bibliografia*

43 *Nota di presentazione del testo e della traduzione*

46 ΟΙΔΙΠΟΥΣ ΤΥΡΑΝΝΟΣ
47 EDIPO RE

142 ΟΙΔΙΠΟΥΣ ΕΠΙ ΚΟΛΩΝΩΙ
143 EDIPO A COLONO

256 ΑΝΤΙΓΟΝΗ
257 ANTIGONE

Commento

349 Edipo Re
355 Edipo a Colono
361 Antigone

INTRODUZIONE*

1. *L'organizzazione del teatro antico.*

Secondo un suo antico commentatore, per Aristotele « la tragedia è sostanzialmente qualcosa da rappresentarsi »; e una completa comprensione del testo tragico non può prescindere dal significato e dai modi della rappresentazione antica, a cui gli autori adattavano la composizione delle loro opere: sia per quanto riguarda i condizionamenti pratici dell'evento teatrale, sia dal punto di vista più generale del rapporto con il pubblico e con le sue attese. Questo rapporto si definisce attraverso due caratteristiche fondamentali: esso è collettivo, e presuppone una fruizione diretta del testo, per via visiva-auditiva, anziché mediata attraverso la lettura.

D'altro lato, Aristotele teorizza sul teatro quando esso ha ormai assunto una finalità spettacolare pressoché esclusiva, ed egli lo considera come un fatto eminentemente artistico; ma nelle fasi più creative dell'esperienza greca il momento estetico investe globalmente ogni aspetto dell'esistenza, e sarebbe improprio intenderlo come un criterio autonomo e circoscritto, trascurando altri valori che erano originariamente connaturati alla tragedia. Dai suoi primordi, infatti, l'evento teatrale era anzitutto un fenomeno religioso, che aveva luogo nel contesto delle celebrazioni festive in onore del dio Dioniso. A teatro i greci sentivano non tanto di assistere a uno spettacolo, quanto di partecipare a un rito; e quest'intensa consapevolezza della componente religiosa esercitava il suo influsso naturalmente anche nel momento compositivo del dramma: i soggetti tragici

* I paragrafi 1. e 2. riproducono le pagg. 1-13 dell'« Introduzione » al volume *Eschilo. Orestea*, traduzione di R. Cantarella, a cura di D. Del Corno, ed. Mondadori, Milano 1981.

in genere sono ispirati al mito, ossia sono episodi appartenenti alla storia sacra della nazione, e la tragedia tende in ultima analisi a configurarsi come un esempio divino, o come una discussione sulla divinità.

La tragedia era anche un momento politico di grande rilievo. L'organizzazione degli spettacoli era affidata allo stato; ma l'interesse della collettività per il teatro andava oltre la portata di questo fatto. Tale interesse si spiega in parte con la funzione educativa, che i greci ritenevano in genere connaturata a ogni manifestazione artistica; ma trova soprattutto le sue radici nella costituzione politica di Atene durante il V sec. a.C.: forse la forma più completa e totale di democrazia che abbia mai espresso la storia dell'umanità, una comunità di uomini liberi tutti egualmente partecipi e responsabili del potere decisionale nel governo della città. In questa struttura la rappresentazione teatrale costituiva un'occasione preminente di esperienza e di vita collettive, che l'organismo stesso del dramma riflette nella stretta interdipendenza dei piani in cui agiscono l'eroe e il coro – ossia, l'individuo e la comunità.

Un terzo elemento tipico del fatto teatrale in Atene è il suo carattere agonistico: un carattere tipicamente innato alla mentalità greca, basti ricordare l'importanza che veniva attribuita alle competizioni sportive. Fra i poeti drammatici autori delle opere rappresentate si svolgeva un concorso: un collegio di dieci giudici, estratti a sorte da ognuna delle tribù che costituivano la cittadinanza, stabiliva tra essi una graduatoria, in base alla quale venivano assegnati dei premi. È pure questo un motivo che impegnava i drammaturghi a una trattazione scenica dei grandi temi, di qualunque genere essi fossero, in cui si sentiva coinvolta la totalità della cittadinanza.

Questi tre aspetti, religioso, politico e agonistico, si integravano a vicenda nell'evento teatrale, la cui concezione risultava dunque ben più complessa e globale di quella che noi moderni abbiamo del teatro. La dimensione spettacolare non costituiva tanto il fine, quanto la forma che assumeva l'occasione teatrale, la quale era al tempo stesso rito, assemblea e gara; ad essa l'intensa creatività, mista di fantasia e riflessione, che pervadeva ogni aspetto della vita ateniese contemporanea, conferisce l'impronta artistica e quella – non meno marcata – speculativa. Committente e destinatario di questo polivalente messaggio era la comunità cittadina, che assisteva allo spettacolo in una totalità, la cui rilevanza occorre valutare non in termini quantitativi, bensì come condizione ed espressione dei caratteri stessi dell'opera rappresentata.

L'ufficialità pubblica della manifestazione era sancita dai suoi dettagli organizzativi. Il teatro greco, nel suo periodo di produttività, fu un fenomeno esclusivamente di Atene; e qui, a prescindere da occasioni di importanza affatto secondaria almeno per quanto riguarda la tragedia, gli spettacoli si svolgevano nella festività delle Grandi Dionisie, o Dionisie Urbane, che durava sette giorni e ricorreva durante il mese di Elafebolion, all'inizio della primavera, quando la città era affollata anche di forestieri. Le rappresentazioni duravano dalla mattina al tramonto. I tre autori tragici, selezionati dall'arconte eponimo fra tutti quanti avevano sottoposto i loro drammi a un esame preliminare, presentavano, uno per giorno, una tetralogia: ossia tre tragedie (che potevano collegarsi in un omogeneo complesso tematico, la trilogia, come accade per lo più in Eschilo, oppure essere indipendenti una dall'altra, secondo l'uso invalso successivamente) e un dramma satiresco. Era questo un particolare genere teatrale, che metteva in scena storie mitiche in una trattazione leggera, e che prendeva nome dall'obbligatoria presenza di un coro di satiri, creature semiferine del corteggio di Dioniso: i quali con i loro lazzi offrivano una sorta di contrappeso – grosso modo paragonabile alla 'comica finale' di più recente memoria – al mondo di dolore e orrore della tragedia. Oltre alla scelta dei poeti, spettava all'arconte eponimo pure la designazione dei coreghi: questi, uno per ciascun poeta, erano facoltosi cittadini, che dovevano provvedere alle spese e all'organizzazione della messa in scena, in cambio di un'affermazione di prestigio personale.

Le rappresentazioni avevano luogo nel teatro di Dioniso, situato entro il recinto sacro di Dioniso Eleuthereus sulle pendici meridionali dell'Acropoli. Nel corso del tempo esso subì diverse trasformazioni, passando dall'originaria struttura lignea a una in pietra, che però divenne completa solo nel corso del IV sec. a.C. La parte destinata al pubblico (*theatron*), a forma di semicerchio, era appoggiata al rialzo naturale offerto dall'Acropoli: si suppone che essa contenesse dai quindicimila ai ventimila spettatori. In mezzo era una piattaforma circolare (*orchestra*), al cui centro si trovava un altare: qui svolgeva le sue evoluzioni il coro. È verosimile che vi recitassero anche gli attori in età arcaica, quando non esisteva ancora un edificio di sfondo. Questo si svolse dalla primitiva *skene*, una tenda in cui gli attori si cambiavano di costume; le prime tragedie di Eschilo sembrano richiedere un apparato scenico affatto semplice, ma già prima dell'*Orestea* quest'edificio, che all'interno fungeva da magazzino e da spogliatoio, era divenuto parte integrante del complesso teatrale. Esso era siuato di fronte al *theatron*, tangenzialmente all'*orchestra*; e la sua introduzione diede un orientamento all'azione dei personaggi, che finirono per staccarsi dal coro, recitando su una bassa piattaforma davanti all'edificio (la costruzione di un palcoscenico soprelevato avvenne solo nel IV sec., in concomitanza con la scomparsa del coro). La fronte dell'edificio veniva usata come elemento fondamentale della scenografia, rappresentando solitamente un palazzo o un tempio, con un'entrata principale (e all'occorrenza una o due secondarie): gli attori entravano da queste o dai due passaggi laterali (*parodoi*) fra il *theatron* e l'edificio, che erano invece l'unico accesso per il coro. Più ampie possibilità di ambientazione realistica erano comunque concesse anche da fondali dipinti, che si sovrapponevano alla scena.

D'altra parte, la messa in scena di un dramma greco comportava pure un'ampia concorrenza di convenzioni. Come il tempo scenico, così anche lo spazio scenico ha una sua propria dimensione, che non necessariamente coincide con quella reale: nelle *Coefore*, ad esempio, il sepolcro di Agamennone, che si ergeva accanto al palazzo, è supposto a una certa distanza da esso, tanto che il coro sopraggiunge all'inizio da un ingresso laterale. I teatri antichi erano sempre a cielo scoperto, e anche l'azione rappresentata si svolgeva in massima parte all'aperto – come d'altronde si svolge per lo più all'aperto la vita sociale dei popoli mediterranei. Alle rare scene d'interno offriva una sorta di ambientazione simbolica una piattaforma su ruote (*enkyklema*), che veniva tratta fuori da una delle porte dell'edificio; un altro macchinario, una sorta di gru (*mechane*), consentiva l'apparizione dall'alto di divinità ed esseri soprannaturali. La luce era quella naturale, dei vari momenti della giornata; e ai problemi di acustica prodotti dalle dimensioni del teatro sopperivano la stessa struttura architettonica, particolarmente studiata a questo fine, e inoltre l'uso delle maschere.

L'azione drammatica era affidata al coro e agli attori. Il coro si esprimeva per mezzo del canto, accompagnandolo con movimenti di danza; e la sua istruzione spettava al *chorodidascalos* (il 'regista', diremmo oggi con un consapevole anacronismo), che fu sovente, e soprattutto agli inizi, l'autore stesso, il quale componeva pure le musiche dei corali, eseguiti con l'accompagnamento del flauto. Al tempo di Eschilo il coro era composto di dodici coreuti, e in seguito Sofocle ne elevò il numero a quindici; a capo di esso era il corifeo, che dialogava in suo nome con gli attori. Questi recitavano nelle parti dialogate, e talvolta cantavano: in alternanza al coro, e anche da soli nelle cosiddette monodie. Alle origini della tragedia vi era un unico attore; Eschilo introdusse il secondo, e già nell'*Orestea* gli attori sono tre (l'innovazione viene attribuita nelle fonti a Sofocle), numero che rimase poi definitivo. Ma l'impiego di maschere consentiva che i tre attori rivestissero diverse parti, e inoltre che pure le parti femminili fossero sostenute da uomini. Gli attori portavano un tipico, fastoso costume, di cui veniamo a conoscenza dalle raffigurazioni vascolari, e alti calzari, i cosiddetti coturni. L'uso della maschera traeva origine, verosimilmente, dai riti magico-mimetici che dovettero costituire una componente della più remota preistoria del teatro; e la sua sopravvivenza andrà spiegata anche con le dimensioni dell'edificio teatrale, che – oltre a proporre le esigenza acustiche di cui s'è detto – avrebbero reso impercettibili gli atteggiamenti del volto, e richiedevano invece un sussidio per l'immediata individuazione dei personaggi.

Ma la valenza ultima del travestimento e della maschera coincide con il significato stesso dell'invenzione del teatro, di cui la tragedia greca costituisce l'archetipo. Grazie ad essi, si sostituisce alla realtà della vita una realtà alternativa. Attore e spettatore (nel significato etimologico di 'chi agisce' e 'chi assiste', entro una collettività non altrimenti differenziata) sentono l'azione teatrale come una realtà distinta da quella in cui si svolge la vita quotidiana: ma – a differenza della disposizione con cui i moderni affrontano l'esperienza teatrale – non come una realtà fittizia e tuttavia conformata sulle leggi del quotidiano o sulla loro deliberata e dichiarata infrazione, bensì come una realtà dotata di sue proprie leggi spazio-temporali, logiche, psicologiche, e tuttavia avente una concretezza altrettanto effettiva quanto quella della realtà abbandonata provvisoriamente all'atto di entrare nel teatro.

Giungiamo così a toccare il nucleo del problematico rapporto fra il pubblico e l'evento teatrale. Il sofista Gorgia ne ha dato una suggestiva definizione: « La tragedia è un inganno, in cui è più saggio chi si lascia ingannare ». Ma essa presuppone un atto conoscitivo (sapere che è un inganno) e uno volontaristico (lasciarsi ingannare), che tengono pur sempre divisi i piani del teatro e della vita: e invero all'età di Gorgia, che è quella di Euripide, la tragedia si è ormai risolta in spettacolo. Il pubblico della tragedia arcaica non considerava la rappresentazione come una realtà fittizia, che richiedesse la complicità del soggetto per imporsi. Erodoto informa che il tragico Frinico fu punito con una multa di mille dracme perché, mettendo in scena un evento contemporaneo, la conquista di Mileto da parte dei persiani, aveva suscitato disperazione nel pubblico. Tale reazione poteva darsi solo in una società che non fosse ancora avvezza a distinguere il piano del teatro da quello della propria biografia, bensì fosse pronta a dimenticare quest'ultima, lasciandosi assorbire in una realtà in quel momento più veritiera e cogente.

È questa la disposizione primaria dei greci verso lo spettacolo tragico, rispetto alla quale l'attitudine critica che troviamo in età successive è un fatto secondario. Nel tempo originario in cui la tragedia si affermò come esperienza nativa e indispensabile della storia umana, la collettività radunata nel teatro partecipava allo svolgersi di una realtà concreta, simbolicamente posta nel suo centro: nell'orchestra, lo spazio circolare che in quel momento costituiva l'ombelico del mondo.

2. *La tragedia.*

Quale fu la prima tragedia, e quando fu rappresentata? Il cosiddetto problema delle origini della tragedia è uno dei più controversi della filologia classica; e non sembra ammettere una soluzione certa, anche per la contraddittorietà delle fonti. Ma forse non ha tanto importanza ciò che esisteva prima della tragedia – i precedenti da cui essa deriva, e che tuttavia non sono la tragedia –, quanto ciò che venne dopo la prima tragedia. Questa costituì il momento nativo ed esemplare di un genere letterario, che ebbe una lunga evoluzione e che tuttavia in ogni fase di essa si richiamò alle caratteristiche, per cui quel momento si distingue dai fatti che l'avevano preparato: queste caratteristiche sono l'assunzione di una diversa identità da parte dell'attore, la struttura dell'organismo drammatico, l'idea del tragico.

La data del 534 a.C., in cui secondo le fonti Tespi avrebbe rappresentato la prima tragedia in Atene, è evidentemente una convenzione. La prima tragedia si ha quando per la prima volta un uomo lascia la propria identità, riveste quella di un personaggio del passato, storico o mitico che sia, e si contrappone al coro attraendo anche questo fuori dalla sua identità – seppure più labile, perché in esso la collettività ha già assorbito l'individuo. In una dimensione temporale che annulla il passato nel presente, l'uomo trasformatosi in attore e il coro si propongono come protagonisti di una nuova realtà, di cui diviene mimeticamente partecipe anche il pubblico. Grazie a questa trasformazione, può prodursi il passaggio fondamentale dal racconto all'azione, sì che l'evento non sia più narrato ma vissuto; e questo passaggio è l'operazione magica, che dobbiamo assumere fra le componenti della tragedia. Ciò che distingue un tale sviluppo da altri rituali di identificazione attestati presso i popoli primitivi è il fatto che la mediazione fra il racconto e l'azione sia pur sempre rappresentata dalla parola: la quale si articola nel discorso o nel canto (ed è questo il punto per cui l'indagine sui precedenti trova soprattutto un senso: il genere letterario nasce dall'incrocio e dal riadattamento di altri generi). In seguito la storia del genere vedrà alcune invenzioni capitali, che incidono sulla struttura dell'opera: l'articolazione dell'azione attraverso i successivi interventi dell'attore; la scansione delle parti corali e di quelle cantate nella sceneggiatura; l'introduzione di un secondo attore. Ma i connotati della tragedia rimarranno quelli fissati dalla sua prima, fondamentale apparizione.

Avremmo tuttavia tracciato un quadro incompleto di questa genesi effettiva della tragedia, se non considerassimo tra le sue occasioni il momento culturale: quello in cui l'uomo affronta la folgorante rivelazione della dimensione tragica dell'esistenza, di un contrasto insanabile, comunque esso si manifesti, che mina alla base la vita umana. Questa scoperta concettuale trova nell'azione, ossia nel dramma, il proprio veicolo naturale d'espressione: poiché l'azione sorge dalla volontà, e da questa egualmente sorge il male di vivere. La tragedia nasce quando l'uomo scopre che nell'azione teatrale gli è dato di vivere un'altra realtà, e che in questa gli è possibile di esprimere la grande, terribile verità che gli si è rivelata: che la vita umana è un inespiabile dolore.

Una volta che si risolva in questi termini l'origine della tragedia, i problemi relativi ai suoi precedenti non sono che un quesito sulle circostanze di quest'evento. Tuttavia anche il loro quadro può rivelare certi significati – concettuali, tematici, di struttura – attinenti alla storia del genere: purché non si assuma di costringere entro una soluzione univoca – appunto la 'prima tragedia' – dati che non si riferiscono ad essa, bensì a un 'altro' più o meno precisato, che venne anteriormente.

La più nota di queste fonti è un passo di Aristotele, secondo cui la tragedia sarebbe sorta dal ditirambo, più precisamente dai suoi *exarchontes*. Essa è integrata da altre testimonianze relative ad Arione, definito inventore della tragedia e compositore di ditirambi che prendevano nome dal coro, e autore dell'introduzione di satiri che pronunciavano parole in metro. Abbiamo qui il ditirambo, ossia qualcosa di diverso dalla tragedia, poi la tragedia; limitiamoci a considerare l'esecuzione di ditirambi come l'occasione esteriore per la nascita della tragedia, e allora avremo una conferma del dato storico, secondo cui la tragedia si sviluppa nell'ambito del culto dionisiaco.

In un secondo filone di notizie, tra cui particolarmente significativo è un passo erodoteo, i « cori tragici » appaiono originariamente adibiti a celebrare i patimenti (*pathea*) di un eroe, e trasferiti solo in via secondaria alla sfera dionisiaca. Anche questa notizia coincide con elementi di fatto, questa volta sotto l'aspetto tematico e strutturale: invero, le tragedie giunte a noi celebrano le vicende di eroi, soltanto le *Baccanti* rievocano i casi di Dioniso (ma anche fra le perdute sono rari i titoli dionisiaci); e nella struttura tragica ha un ruolo organico il lamento sul morto, e in generale la lamentazione.

Queste due teorie sono state variamente interpretate, contrapposte e combinate dai moderni, che altre ne hanno aggiunto di proprie, riconducendo le premesse della tragedia ai misteri, ai rituali della fecondazione, e così via. Ma nella prospettiva che si è adottata, non è necessario escludere l'una oppure l'altra, o conciliarle a vicenda: ditirambo e cori eroici sono i precedenti di qualcosa che è altro da loro, a cui offersero solo l'occasione, o il tema, o elementi dell'impalcatura. Altrettanto irrilevante è la discordanza dei dati sulla localizzazione di questi primordi. Essi in genere riportano la preistoria della tragedia all'ambiente dorico, e lo stesso Aristotele dice che il nome *drama* deriva dal fatto che i dori chiamavano *dran* quello che gli ateniesi dicono *prattein* (« fare », « agire »). D'altronde, lo sciovinismo ateniese pretendeva di rivendicare le origini tragiche come « antica invenzione della città ». La contesa si scioglie negli stessi testi tragici: per gli autori del genere, esso appartiene esclusivamente ad Atene – anche se la lingua dei cori ha una patina dorica, comunque altrimenti motivabile nella comune tradizione della lirica corale –; ancora una volta il resto, i precedenti sono altro dalla tragedia.

La denominazione dorica dell'opera drammatica – sia o no attendibile la spiegazione che ne dà Aristotele – attiene al suo carattere formale, di azione soggettivamente vissuta anziché di storia oggettivamente raccontata: si presenta dunque come definizione a posteriori di un organismo, che ha già raggiunto la propria forma tipica e distintiva. Ma qual è il significato dell'altra e più frequente denominazione, *tragoidia*? Osserviamo anzitutto che essa, in quanto complementare a *komoidia*, introduce una specificazione limitativa del fatto teatrale, individuando uno dei due generi in cui esso si realizzava. Questi generi nacquero affatto diversi l'uno dall'altro, e furono accomunati solo in seguito nelle feste dionisiache, giungendo poi a prestarsi scambievolmente alcune caratteristiche di struttura. Tale diversità genetica va tenuta presente nell'interpretare la valenza etimologica dei due termini. L'interpretazione di *komoidia* è univoca e indiscutibile: canto del *komos*, il corteggio dionisiaco che nella forma del genere comico ha lasciato tracce certe. Ma come si può collegare il significato di *tragoidia* alla tragedia, quale si presenta in età storica? La prima parte del nome va messa in rapporto con *tragos*, « capro »: altre ipotesi, avanzate da antichi e moderni, non sono che ingegnosi tentativi di eludere un mistero, che non si è in grado di risolvere. Poiché, come va interpretato il problematico composto? Canto sul capro, l'animale-totem a cui sarebbe assimilato Dioniso; oppure canto per il capro, oggetto e vittima di un rito agreste, ed eventuale premio per un'improvvisazione poetica; o ancora, canto dei coreuti mascherati da capri: queste, sia pure a loro volta schematizzate, sono le possibilità esegetiche meno inverosimili, e più battute dalla critica.

L'ultima di tali ipotesi induce ad accennare a una serie di notizie, attinenti non tanto alle origini, quanto soprattutto al processo evolutivo della tragedia. Si è già accennato alla singolare opera drammatica, con cui si concludeva ogni tetralogia: il dramma satiresco. In modo non chiaro, Aristotele la mette in rapporto con la storia della tragedia stessa, che avrebbe raggiunto la dignità ad essa conveniente dopo inizi di tono 'satiresco' e comico. Altre fonti affermano invece che, in seguito alle proteste del pubblico ateniese per la scomparsa dell'elemento dionisiaco dalla tragedia, sarebbe stata introdotta quest'appendice, in cui tale elemento era appunto salvaguardato dall'obbligatorio impiego di un coro di satiri. La notizia dunque presuppone pur sempre un modello preesistente, 'altro' rispetto alla tragedia, su cui si conformò l'introduzione dei satiri: forse proprio il coefficiente decisivo nell'accendere sia la scintilla magica del trasferimento d'identità, sia la scoperta di un piano della realtà diverso dal quotidiano – al punto che vi agivano esseri ignoti all'esperienza naturale. E però anche questa testimonianza si rivela illusoria, beffarda: i satiri dionisiaci sono per metà uomini, per metà capri; ma i coreuti del dramma satiresco, che peraltro si definiscono *satyroi*, nei documenti dell'arte figurata appaiono come sileni, uomini con orecchie, coda e zoccoli di cavallo.

Nulla che abbia attinenza esplicita e manifesta con il capro è rimasto nella tragedia: l'unico filo che si lasci accertare è il collegamento con Dioniso, come già era accaduto per il ditirambo. Il nome *tragoidia* si connette certo, in qualche maniera ormai oscura, con ciò che esistette prima della tragedia: ma una volta che questa è nata, esso designa solo il complesso concettuale e formale che nel genere tragico trova la sua identità. Questa coincidenza del nome con l'oggetto rappresentato dal genere letterario fu tanto completa ed esclusiva, da provocare la scomparsa e l'oblio della sua originaria motivazione.

La tragedia costituisce dunque un genere letterario, alle cui norme strutturali – oltre che ai suoi temi e ai suoi presupposti culturali – si adeguano gli autori, pure liberamente operando su queste con adattamenti e innovazioni. D'altro lato, essa si rivolge per via visiva-auditiva a una collettività; e ciò esige uno specifico sistema di riferimenti perché venga recepito il suo messaggio, non solo ideologico ma in prima istanza a un livello semiologico. Infine la tragedia, nelle sue dimensioni spettacolari, è vincolata a un complesso di condizionamenti imposti dalle contingenze pratiche della rappresentazione. Tutte queste ragioni hanno un riflesso nell'organizzazione interna del dramma: questo si compone di diverse parti – strutturali e formali, e a volte l'una e l'altra cosa insieme –, a ciascuna delle quali sono attribuite precise caratteristiche e funzioni.

La tragedia si pone dunque come un prodotto che obbedisce a un sistema di norme; e i poeti tragici sono artisti che di anno in anno compongono opere adeguandosi alle esigenze e al gusto del committente, il pubblico ateniese. Conseguenza di ciò fu un pronunciato convenzionalismo strutturale: autori e pubblico convenivano su come dovesse svolgersi una tragedia, nella sua organizzazione formale. Essa si articolava lungo una successione significativa di parti sostanzialmente fisse. Tale schema si apriva con una introduzione di notevole ampiezza, in cui un *prologo* recitato precedeva la *parodo*, il canto d'entrata del coro. Seguivano poi, in un numero variabile da tre a sette, gli *episodi*, grosso modo corrispondenti ai nostri atti: in essi recitavano gli attori (che all'occasione potevano anche cantare, nella forma della *monodia*), e anche il coro parlava per bocca del corifeo, oppure cantava in alternanza con gli attori nell'*amebeo* e da solo in canti astrofici, di solito brevi. Gli episodi erano separati da sezioni affidate esclusivamente al canto del coro, gli *stasimi*, di più ampie proporzioni e in forma strofica. La conclusione era rappresentata dall'*esodo*, che Aristotele definisce « l'intera parte di una tragedia, dopo cui non c'è un canto del coro »; e la singolare definizione per negativo rivela l'intrinseca difficoltà di fornire una classificazione dell'esodo, che presenta forme sovente assai diverse da una tragedia all'altra. Nelle varie sezioni si ripetono certe strutture tipiche: alle parti dialogate appartengono il *discorso* (o *rhesis*), quando un personaggio parla lungo un certo numero di versi, e la *sticomitia*, una struttura verosimilmente assai arcaica e aperta a virtuosistici sviluppi, in cui i personaggi si rimandano una serie di battute di un verso ciascuna (nella forma canonica, che consente qualche variazione o limitate irregolarità). Della *monodia* si è detto sopra; e pure si è accennato all'*amebeo*, che in generale si può definire la parte dialogata della tragedia che non consta esclusivamente di versi parlati. Quando questo dialogo scenico è misto di parti cantate e recitate (in anapesti o più frequentemente in giambi), il suo nome specifico è *epirrema*; mentre di tipo contenutistico è la denominazione di *commo* per il lamento cantato a voci alterne.

I vincoli della scena fissa e dell'azione continua imponevano determinati artifici spazio-temporali, che peraltro si risolvono nella concezione di uno spazio e di un tempo 'drammatici', la cui dimensione è scandita secondo misure ignote al reale. Ma soprattutto due erano le convenzioni di base, su cui – almeno fino al tempo dell'ultimo Euripide – si fondava lo statuto della tragedia per quanto riguarda il rapporto fra le attese del pubblico e la risposta dei drammaturghi. In primo luogo, la tragedia svolge temi appartenenti al patrimonio mitico, ossia alla storia sacra del popolo greco: era dunque costruita su vicende, di cui erano fissi e universalmente noti i dati fondamentali, i principali sviluppi e soprattutto la conclusione. Inoltre, vi è ridotta al minimo l'azione scenica, e si favorisce una vistosa prevalenza dell'informazione: gli avvenimenti hanno luogo per lo più nell'antefatto o fuori scena, e sulla scena essi riecheggiano attraverso la mediazione della parola, fornendo il punto d'appoggio per il lamento e la preghiera, la riflessione, il dibattito e la decisione, la considerazione del loro significato universale.

Tutto ciò poneva evidentemente gravi limiti alla libertà del poeta per un verso; e per un altro gli affidava altrettanta libertà d'interpretazione: un'interpretazione totale, che investe sia la portata concettuale dell'evento tragico, sia il suo svolgimento spettacolare. La facoltà di reinterpretare i dati tematici e strutturali costituiva il territorio riservato all'originalità dell'autore, che risultava tanto più esaltata nei suoi raggiungimenti di pensiero, di arte, anche di mestiere drammaturgico, quanto più doveva farsi strada attraverso la rigidità di schemi obbligati e di storie ormai canoniche.

3. *L'idea del 'tragico'.*

« La tragedia è l'imitazione di un'azione seria e compiuta in se stessa, di una certa estensione, in un linguaggio adorno di vari abbellimenti, applicati ciascuno a suo luogo nelle parti diverse, rappresentata da personaggi che agiscono e non narrata; la quale, mediante pietà e terrore, produce la purificazione di siffatte passioni ». Nella celebre definizione della *Poetica*, Aristotele espresse un eccezionale sforzo sintetico, tentando di dare una tipologia e una psicologia del fenomeno tragico nel breve giro di un periodo; e ancora oltre si spinse il suo allievo e continuatore Teofrasto, nella mirabolante concisione della formula che qualifica la tragedia semplicemente come « la catastrofe di un destino eroico ». Talvolta, però, una sintesi protratta all'estremo rischia di non essere altro che l'elegante ammissione dell'impossibilità di ricondurre la varietà e la complessità dei fatti a uno schema unitario, e tuttavia pertinente ed esauriente. Certo, nella descrizione aristotelica si riconoscono tanto l'*Orestea* di Eschilo quanto l'*Elena* di Euripide, l'*Edipo Re* e l'*Alcesti*; eppure si tratta di drammi sostanzialmente diversi nella problematica, nel tono e negli esiti della vicenda, pure se rispondenti a quel medesimo statuto formale, per il quale la tragedia si configurava come genere letterario, ma in prima istanza come oggetto di una rappresentazione teatrale. Era dunque questo statuto formale l'unico riferimento per una definizione teorica della tragedia nell'antichità? Stando ad Aristotele e Teofrasto, parrebbe di sì; e anche l'uso linguistico fornisce un indizio in questa direzione. Quando i vocaboli 'tragedia' e 'tragico', appunto a partire pressappoco dal IV sec. a.C., ricevettero pure un senso traslato accanto all'accezione tecnica, per un verso essi valsero a connotare la solennità, fino al limite negativo dell'ampollosità, per un altro vennero adibiti come enfatica coloritura per qualcosa di spaventoso, di orrendo. Le due valenze attengono dunque rispettivamente alla parola, ossia alla tensione stilistica della tragedia, e alla dimensione spettacolare dei suoi accidenti: nel riferimento della metafora la tragedia è pur sempre considerata sotto l'aspetto formale, secondo una qualificazione descrittiva mediata dalla ricezione sensoriale dell'evento scenico.

Ma è possibile procedere oltre, indagando sull'esistenza e il carattere di un medium unitario concettuale; e, soprattutto, è legittima una siffatta ricerca? In tempi a noi molto più vicini, un filologo illustre, Ulrich von Wilamowitz, negò polemicamente il ricorso ad altri concetti al di fuori del puro dato storico, formulando questa definizione: « Una tragedia attica è una parte in sé conchiusa della saga eroica, elaborata poeticamente in stile sublime per essere rappresentata da due o tre attori, e destinata a essere messa in scena nel sacrario di Dioniso come parte del pubblico culto degli dèi ». Tutto esatto, e le cose stavano così, in effetti; e tuttavia non a questi caratteri della tragedia ci riferiamo, quando nel linguaggio corrente anche a noi accade di usare le parole 'tragedia' e 'tragico', certo più spesso nell'accezione traslata che in quella propria. D'altra parte le valenze di questo traslato d'oggi, pur avendo uno spettro assai ampio, non coincidono che in misura affatto ridotta con quelle invalse nell'uso antico: l'enfasi che noi attribuiamo a 'tragedia' e 'tragico' punta direttamente sull'intrinseca natura, sull'essenza dei casi e degli oggetti così definiti, piuttosto che su una loro caratteristica formale. Non sarà arbitrario affermare che ciò accade perché, nella coscienza dei moderni, alla definizione tipologica della tragedia si è sostituita una sua immagine concettuale: la quale al tempo stesso è scoperta di una categoria archetipica della consapevolezza, che l'uomo ha dell'esistere suo e del mondo. Al punto di tangenza fra l'uso proprio e il traslato occorrerà dunque fissare la legittimazione e i modi di un'indagine intorno alle funzioni caratterizzanti la categoria del tragico: poiché la coscienza tragica nasce e si sviluppa con la tragedia, anche se poi il concetto di 'tragico' si è svincolato dalle sue premesse storiche. Di conseguenza, e anche in vista delle finalità e dell'ambito di questa trattazione, si tenterà qui di definire un'idea del tragico in relazione alla concreta esperienza della tragedia greca: nella convinzione metodologica, inoltre, che l'unico approccio possibile sia il tracciato empirico di un campo di concetti, che non pretende di essere definitivo né esclusivo.

È una sentenza di Goethe a prospettare la cornice più ampia e generale, entro cui va inquadrato ogni tentativo di definire l'essenza del tragico: « Ogni tragicità è fondata su un conflitto inconciliabile. Se interviene o diventa possibile una conciliazione, il tragico scompare ». Nell'esperienza dell'uomo, inconciliabile sopra tutti è il conflitto fra libertà e necessità: fra l'azione volontariamente deliberata in vista di un fine, e le forze da cui il raggiungimento di tale fine è impedito, metafisiche, naturali o storiche a seconda che si preferisca intenderle. Lungo l'itinerario storico della tragedia, la sua ragione genetica dipende appunto dalla presa di coscienza di questo conflitto. Ciò accade quando il radicale impulso ad autodeterminare la propria esistenza, che fu tipico della civiltà ellenica e nella fattispecie attica, venne posto in crisi da due constatazioni, diverse e pure in ultima analisi convergenti: che all'uomo – sia pure il più dotato e determinato, e per quanto siano giusti e validi i suoi motivi e preponderanti le sue forze – non è dato di prevalere in ogni caso e con assoluta certezza sul corso degli eventi; e che non è possibile escludere che un'azione intesa a un fine si riveli, una volta realizzata – sia pure nel modo più congruente alle intenzioni originarie –, foriera di esiti affatto opposti a quelli progettati. Nell'Atene al vertice dei suoi fasti, l'intensa dinamica della vita politica, sociale, culturale portò con sé, come conseguenza di segno opposto, la constatazione della fondamentale problematicità e conflittualità del reale, e del suo carattere ambiguo, quando non contraddittorio. Ma anziché rassegnarsi, di fronte alla precarietà di ogni azione, a un inerte fatalismo, l'uomo greco esorcizzò, attraverso la forma artistica della tragedia, il rischio e il sentimento della frustrazione. In tal modo gli riuscì di oggettivare il mistero dell'insuccesso, della rovina, della condanna che non appaiano motivati da un errore o da una colpa, riconoscendo in quest'arcano una condizione inevitabile non più soltanto dell'agire, bensì dello stesso vivere umano.

Nella prospettiva tragica, dunque, l'azione è sì l'esito di una deliberazione retta, o almeno che tale si postula, intorno ai mezzi e ai fini; ma è anche una scommessa sull'ignoto. Quest'ignoto si traveste nella metafora della divinità; e gli dèi sono gli arbitri ultimi dell'umano agire. Quella che all'inizio appare come libertà degli uomini, si svela una necessità imposta dal volere divino: la scelta fra due alternative è soppressa, una sola via si apre davanti all'individuo, e lo forza a seguirla. È ancora agire questo, oppure è già un patire, sotto la specie puramente esterna dell'azione? Il patimento vero e proprio verrà poi, quando il protagonista sconterà nel disastro l'errore, a cui è stato forzato; ma ad esso precede un simulacro di azione, in cui la libertà soggettiva è del tutto inesistente. È evidente come, in questa fase cruciale, si manifesti una sorta di insufficienza lessicale nella sua definizione: o piuttosto, come il tragico diventi espressione di un tale problematico stato di cose. Di questa sostanziale ambiguità del reale, che neppure la parola riesce a esprimere, la condizione dell'eroe tragico è il simbolo.

Qualcosa del genere intende certo Aristotele, quando afferma che la tragedia dispiega nel modo più compiuto il suo senso, qualora la caduta del protagonista avvenga in seguito a una *hamartia*, un 'errore'. Ma nel contesto aristotelico il significato del termine è assai più complesso, di pressoché impossibile resa nell'intreccio delle sue valenze. Esso non comporta una valutazione morale, poiché lo stesso Aristotele esclude una relazione di colpa e pena; e occorrerà intenderlo come l'indicazione di una 'colpa' oggettiva, non imputabile a una scelta del soggetto, a un peccato della sua volontà. Tuttavia il marchio di una condanna metafisica grava sull'eroe come inevitabile impulso all'errore, e di questo lo rende colpevole. Un mistero, certo; ma la tragedia fu inventata come simbolo scenico di questo mistero, che in essa viene portato a consapevolezza: non delle sue ragioni, ma del suo esistere. Ciò che definiamo il 'tragico' è questa consapevolezza, e insieme il fatto che, pure conoscendo la condanna che inevitabilmente grava sull'azione, l'uomo tuttavia agisce: « che io la uccida, e poi muoia! » esclama l'Oreste eschileo, accingendosi a vendicare sulla madre l'eccidio paterno. Ritorniamo là donde siamo partiti: la tragedia è lo scontro fra la volontà e la necessità, il confine dove si fronteggiano il riconoscimento della determinazione imposta dall'esterno e l'impulso a determinarsi in forma autonoma. Non esiste tragedia nelle culture che negano l'autonomia e il significato dell'azione; e di converso la tragedia è la suprema dignità dell'uomo che sappia rivendicare la propria libertà, sia pure quella di affrontare un destino di sconfitta e di morte, accettandolo ma non subendolo.

A una simile concezione del tragico si possono accompagnare alcune considerazioni, atte a chiarire certi rapporti fra l'interpretazione tragica dell'esistenza e il suo concreto manifestarsi nell'opera drammatica. Volere, decidere, agire, errare, patire sono dignità eminentemente individuali: l'eroe tragico assume perentoriamente sopra di sé la responsabilità della propria condizione. La caduta è il premio della sua esclusiva grandezza, e così la redenzione: nelle due tragedie di Edipo questo principio fu svolto da Sofocle fino alle estreme conseguenze. Il protagonista della tragedia vive nell'isolamento, si misura da solo con il proprio destino: poiché ogni uomo ha una propria volontà, diversa da tutti gli altri, e ogni volontà trova un'opposizione altrettanto peculiare e diversa dalle altre. Anche quando tra i protagonisti di una medesima tragedia si istituiscono dei rapporti interpersonali, ognuno di loro vive fino in fondo un suo particolare fato, che quello altrui tocca ma non determina se non nelle circostanze esteriori: così, assorti nell'esecuzione di una loro individua sorte, agiscono Clitennestra e Oreste, Eracle e Deianira, Ippolito e Fedra.

In secondo luogo, la legge suprema della necessità imposta dagli dèi è l'arbitrio: può così accadere pure che, a conclusione del conflitto tra la volontà dell'eroe e la costrizione che essi gli oppongono, l'esito premi apparentemente l'uomo, la vicenda si chiuda sotto la specie di una conciliazione. *Eumenidi*, *Filottete*, *Edipo a Colono*, *Ione* sono alcuni tra i casi, che sembrano maggiormente revocare in dubbio la concezione di una tragedia necessariamente conclusa dalla rovina dell'eroe. Ma si tratta di un anacronismo, condizionato dagli schemi della tragedia di età più recenti. Invero, secondo il concetto che si afferma nel teatro tragico della Grecia, la necessità divina può imporsi anche nell'assecondare i progetti umani: in modo tuttavia che l'eroe abbia dovuto sperimentare la propria impotenza, mettere a repentaglio la propria volontà. Una tale conciliazione, che ha sovente imbarazzato i critici, è soltanto apparente: il conflitto tragico rimane, l'azione non sarebbe neppure esistita se l'uomo non avesse provato il presentimento della sconfitta, il senso della propria assoluta fragilità di fronte all'ignoto. Ma gli dèi hanno deciso altrimenti, gli hanno decretato un successo – che rimane altrettanto misterioso ed estraneo alla sua determinazione, quanto lo sarebbe stato l'insuccesso.

Infine, un altro quesito dibattuto dalla critica è quale fosse l'intenzione dei tragediografi antichi: se lo scopo della tragedia fosse etico, in un senso assai lato, oppure se essi mirassero solo a scrivere buoni drammi, da un punto di vista scenico e artistico. L'indagine filologica ha dimostrato che, quando Aristotele parla di una purificazione della pietà e del terrore, non si muove nel campo della morale, bensì usa un'immagine mutuata dalla medicina: il dolore e l'angoscia dell'esistenza avviliscono l'uomo, e la *katharsis* tragica ha l'effetto di risanarlo da questo abbattimento, che è uno stato patologico. È un altro luogo di Aristotele che avvia a una soluzione del problema: a mezzo fra le due alternative sopra esposte, e in accordo con la concezione del tragico, che si è creduto di dimostrare. La tragedia, dice Aristotele, è « più filosofica della storia », in quanto consente una conoscenza più profonda, che attinge all'universale. La verità con cui si rappresenta la condizione umana, nella complessità e problematicità dei suoi fenomeni, adempie a un fine che è insieme etico ed estetico: al di là dei singoli progetti svolti nell'uno o nell'altro dramma, è questa l'intenzione suprema, che occorre riconoscere alla tragedia e ai suoi autori.

4. *Sofocle*.

Si può dire che, per molti aspetti, il progressivo rivelarsi dell'idea 'tragica' nel genere letterario della tragedia coincida con la lunghissima carriera teatrale di Sofocle, la cui vita si stende lungo tutto il V sec. a.C. Non tanto per l'aspetto anagrafico, ma soprattutto per quello spirituale, egli rappresentò la generazione intermedia fra quelle di Eschilo e di Euripide, al quale peraltro sopravvisse di qualche mese: la sua tragedia significa la pienezza della maturità, rispetto all'arcaica drammaturgia di Eschilo e alla crisi già esplosa in Euripide. Un indicativo, anche se artificioso sincronismo dell'antica storiografia letteraria pretendeva che Sofocle avesse guidato la danza di ringraziamento degli efebi in seguito alla vittoria nella battaglia di Salamina, nella quale Eschilo aveva valorosamente combattuto, e che si sarebbe svolta nel medesimo giorno natale di Euripide. Un gioco, senz'altro, ma che simboleggia sia il rapporto di continuità ininterrotta fra i tre tragici, sia la distanza anagrafica e concettuale che li distingueva, accentrando l'uno e l'altro significato intorno alla data cruciale per le fortune di Atene.

Sofocle, nato intorno al 496 nel demo di Colono, fra Atene ed Eleusi, visse l'epoca delle guerre persiane nella fanciullezza e nell'adolescenza: quanto bastava per sentirne la grandezza, ma anche per ridurne criticamente il mito, che all'eroe tragico di Eschilo concedeva la possibilità di superare tutte le difficoltà del reale con l'aiuto benevolo e onnipotente degli dèi. Suo padre Sofillo doveva al suo lavoro, noi diremmo d'imprenditore o di industriale, una cospicua agiatezza; e il giovane Sofocle godette della migliore formazione, culturale e sportiva, che potesse offrirgli l'Atene contemporanea, in uno dei più fervidi ambienti di civiltà mai emersi nella storia del mondo. Secondo le fonti – tra cui la *Vita*, anteposta ai suoi drammi in un certo numero di manoscritti, è la versione abbreviata di una biografia alessandrina –, egli avrebbe messo a frutto le proprie doti musicali e ginniche nell'attività di attore, affermandosi nel suo *Tamiri* come suonatore di cetra e nella *Nausicaa* come giocatore di palla; ma poi, per la debolezza della voce, avrebbe dovuto rinunciare alla recitazione.

Ma già al suo esordio negli agoni drammatici, avvenuto nel 468, gli era toccata la vittoria, sebbene fra i contendenti fosse pure Eschilo: e a decretarla fu un eccezionale collegio giudicante, formato dagli stessi strateghi. È verosimile congettura, risalente a Lessing, che della trilogia rappresentata in quest'occasione facesse parte il *Trittolemo*. In seguito il favore degli ateniesi non abbandonò mai Sofocle: nei concorsi drammatici dove ottenne ventiquattro vittorie, di cui diciotto alle Dionisie; e nella vita politica, che lo vide stratego insieme a Pericle nella guerra di Samo (441/440) e forse ancora una seconda volta nel 428. Inoltre fu ellenotamo (un'alta carica finanziaria) nel 443/2, e membro del collegio dei probuli nel 413: poco prima del colpo di stato oligarchico nel 411, che secondo Aristotele egli, pure disapprovandolo, riteneva l'unico esito possibile della situazione in cui Atene era venuta a trovarsi.

Secondo il poeta Ione di Chio, « nelle cose politiche non era né abile né solerte, proprio un bravo ateniese come gli altri »; ma la *Vita* attesta dell'incanto che sapeva diffondere nella vita sua e di chi gli era intorno, del fascino suscitato dalla sua personalità amabile e serena, circondato dal successo e dalla benevolenza dei concittadini. Nelle *Rane*, tenendolo fuori dalla contesa fra Eschilo ed Euripide per il trono del miglior tragico, Aristofane lo definì *eucolos*, « mite », nell'oltretomba come lo era stato sulla terra. Aveva rivestito le funzioni di sacerdote di una divinità locale della salute, a nome Halon; e quando nel 420 a.C. il dio Asclepio venne traslato da Epidauro in Atene, fu Sofocle ad ospitarlo nella sua casa, poiché non era ancora pronto il santuario che avrebbe dovuto accoglierlo. Quest'atto di eminente pietà gli valse a sua volta, dopo la morte, onori di eroe, con il nome di Dexion.

Il passo sopra citato delle *Rane*, che sono del 405, e la notizia antica, secondo cui Sofocle all'annuncio della morte di Euripide presentò il coro in abiti da lutto e senza corona nel proagone del 406, consentono di collocare tra l'una e l'altra data la morte del vecchissimo poeta, che secondo varie notizie avvenne per la gioia di una vittoria, o per la fatica prodotta dalla lettura ad alta voce di un passo dell'*Antigone*, oppure per soffocamento prodotto da un acino d'uva. Lasciava un'opera postuma, l'*Edipo a Colono*, di cui aveva letto alcune parti ai giudici per difendersi in un processo di interdizione, che gli era stato intentato da un figlio; la tragedia fu rappresentata nel 401, a cura dell'omonimo nipote.

Di altre due tragedie fra le sette giunte a noi conosciamo la data: l'*Antigone* risale al 442, e il *Filottete* al 409. Per le quattro restanti una datazione deve ricorrere a criteri congetturali, non immuni da controversie: pressoché generale è l'opinione che l'*Aiace* sia la più antica tragedia conservata, forse degli anni intorno al 450, e che l'*Edipo Re* sia anteriore al 425, ma probabilmente di pochissimi anni. Delle *Trachinie* si può tutt'al più dire che verosimilmente precedettero l'*Edipo*, e dell'*Elettra* che venne dopo. Ma gli alessandrini possedevano ben centotrenta drammi di Sofocle, tra cui soltanto di pochissimi era dubbia l'autenticità: ne rimangono numerosi e ampi frammenti nei papiri, che tra l'altro conservano la metà circa di un dramma satiresco, *I cercatori di tracce*, una festosa fantasia boschereccia sulle imprese di Hermes neonato, ladro delle mandrie di Apollo e inventore della lira.

Sono sempre le fonti antiche a informare sulle novità esteriori, che Sofocle apportò alla struttura della tragedia: l'aumento dei coreuti da dodici a quindici; l'introduzione di un terzo attore, avvenuta all'epoca dei suoi esordi, se già l'*Orestea* di Eschilo ne contempla l'impiego; l'invenzione della scenografia, comunque debba interpretarsi il sintetico riferimento. Ma la fondamentale innovazione introdotta da Sofocle nella storia del teatro fu lo scioglimento definitivo e sistematico della trilogia in tre drammi indipendenti, come prima di lui si era fatto solo in sporadici casi, da quando Eschilo aveva articolato l'intero spazio concesso al drammaturgo lungo una continuità tematica, dove le singole tragedie non rappresentassero se non scansioni di un'unica storia. Il possente edificio eschileo esplorava il problematico esistere dell'uomo inserendolo nella catena della stirpe; e al suo termine il progetto della divinità assicurava un significato al destino istituito dalla successione genetica, di cui l'individuo – per immani che fossero le sue vicende – non costituiva che un anello. Ma nel corso del secolo misura di tutto era diventato l'uomo, secondo la formula vigorosa in cui la Sofistica concentrò il senso di quell'affermarsi della persona, nel quale Atene avrebbe sperimentato la sua grandezza e il suo declino. Accade così che della tragedia sofoclea protagonista esclusivo diventi l'uomo singolo, in un'azione significativa del suo esistere, nel momento unico e cruciale in cui deflagrano insieme il suo destino e la sua personalità.

Alla luce di questo nuovo concetto della personalità individuale, Sofocle appare intuire e perseguire il carattere intrinseco dell'azione teatrale in quanto realtà alternativa dell'esperienza quotidiana, e al tempo stesso proiezione di un'idea dell'umana condizione. La sua drammaturgia è rivolta al fine di un'estrema concentrazione: nella struttura e nella trama, essa mira a una essenzialità che esprima le leggi di questa realtà sublimata, non nelle forme di un concetto astratto, bensì nella carne e nel sangue di un eroe che patisce sulla scena le sorti dell'umanità tutta, l'irrazionalità crudele e repentina che le regge. Nel corpo unitario della tragedia singola Sofocle rintracciò lo strumento drammatico più idoneo ad esplicare questa concezione, del teatro e dell'uomo. Quest'organismo fu da lui portato a un'estrema perfezione del ritmo teatrale, che si sviluppa attraverso l'equilibrato svolgersi della sceneggiatura. La distribuzione degli avvenimenti dimostra per la prima volta una consapevole ricerca degli esiti della sospensione e del colpo di scena, in cui – al di là degli effetti puramente spettacolari – si esplica quella concentrazione teatrale della realtà, che consente all'esemplarità di una storia di assurgere a segno concettuale dell'esistenza.

In questa dimensione strenuamente rappresa, non si cerchi il personaggio nel senso moderno del termine, ossia connotato secondo una dinamica psicologica che risponda alla dinamica degli eventi, e conosca contrasti interiori. L'azione è tutto, non il carattere, affermava Aristotele: e in funzione dell'azione è costruito il dramma, nelle peripezie di cui sopra si diceva. Al centro di quest'azione sta il destino dell'eroe, attribuendole universale significato: e visto peraltro come un problema individuale che si abbatte sul singolo, il quale con esso deve misurarsi fondandosi solo su se stesso. Il teatro di Sofocle è popolato di personaggi magnanimi e inflessibili, che rimangono fedeli alla propria natura, e nella vicenda drammatica ai propri progetti, fino all'estremo esito: ossia alla rovina. Per Sofocle l'elemento tragico consiste nella rappresentazione dell'agire dei suoi protagonisti, dannati all'errore, e del loro patire che ne è la conseguenza. Quanto sono grandi i suoi eroi, altrettanto sono sventurati, poiché la sventura è la condizione inerente alla loro natura di uomini, immersi in un mondo di contraddizioni insanabili, di conflitti con forze inevitabilmente destinate a travolgerli.

Non c'è dubbio che gli dèi siano l'ipostasi, non soltanto teatrale, di queste forze, di questo destino: e tuttavia la concezione esistenziale che si palesa nella tragedia sofoclea non si risolve in una ripulsa del loro operare, né in una professione di ateismo. Si può pensare che l'onnipotenza degli dèi significhi la rinuncia a trovare nel mondo una logica, che valga a spiegare l'esistenza degli uomini: che la pietà sia il tentativo estremo per trovare un ancoraggio contro la desolazione. Oppure, forse, Sofocle rappresenta uno di quei momenti miracolosi della storia, in cui l'impulso a interpretare religiosamente l'esistenza non è supina acquiescenza a un volere divino che si pretende di conoscere, bensì il riconoscimento ultimo di quel mistero dell'essere, in cui l'uomo può trovare la miseria e il disastro più spietati, ma pure la ragione ultima di una grandezza insondabile. Edipo, Filottete sono colpiti da un'atroce sciagura, che li menoma anche fisicamente, escludendoli non solo dalla società degli altri uomini, ma anche dalla somiglianza con loro. Essi sono diversi dagli altri; ed è soprattutto in questa diversità che sentono una condanna, tanto più dolorosa in quanto non l'hanno meritata, la quale in loro e per loro diviene simbolo del dolore del mondo. Ma alla fine della tragedia, altrettanto misteriosamente come erano stati dannati, essi vengono redenti. Gli stessi uomini che il destino, ossia gli dèi, avevano tremendamente punito, erano in pari tempo degli eletti: scopriamo che la loro orrenda caduta era anche un'esaltazione. La diversità, l'esclusione sono il tramite per il ritorno alla condizione umana, nella sua forma più piena e perfetta: quale essi meritano per la grandezza con cui, nonostante tutto, sono rimasti fedeli alla loro natura di uomini. Attraverso arcani itinerari, gli dèi hanno provveduto alla sorte dell'uomo predestinato, beatificandolo dopo averlo portato oltre le soglie dell'orrore e della disperazione: in questa verità, aspra e penosa il più delle volte, sta il traguardo estremo della religiosità sofoclea, il senso della sua tragedia.

Il tutto nelle forme di un supremo fulgore artistico. Sofocle è un maestro della parola poetica, per l'eleganza naturale dell'espressione, la fantasia delle immagini, il nitore e la concentrazione con cui il pensiero è trasmesso nel verbo. Nulla più in lui degli scoscesi ardimenti eschilei: la legge del suo stile è l'armonia, in cui i concetti ricevono evidenza dalla struttura sovente bimembre del periodo, antitetica oppure simmetrica, e il rapporto tra la frase e la forma metrica si svolge secondo un equilibrato rapporto. Norma suprema dell'arte attica è la tensione fra libertà e vincolo; e anche nella conquista di una dizione, che è in uguale misura partecipe di nobiltà e di naturalezza, Sofocle appare consapevole che la libertà non ha senso nell'assoluto, bensì nel contemperamento razionale dei valori individuali e delle regole generali.

A questi princìpi Sofocle conformò sia la sua arte, che appare fissata in una sorta di inalterabile perfezione a cui sono ignoti il travaglio e l'errore, sia la vita, che fu felice. Come accadde dunque che, entro la limpida serenità che appartiene tanto alla sua biografia quanto alla dimensione formale della sua poesia, fiorissero le tenebre e lo sgomento del mondo concettuale espresso dalle tragedie sofoclee, quali trovano riflesso in certi aspetti atroci e desolati della loro tematica? La risposta rimane essa stessa un mistero: una fra le tante vie che si possono tentare verso parziali soluzioni attiene alla problematica relazione fra Sofocle e il tempo suo.

Certo non è possibile svolgere un'indagine siffatta secondo i metodi e le cifre, con cui in genere viene esplorata la dialettica fra l'opera letteraria e la società. Sofocle rifugge dal proiettare nella tragedia riferimenti diretti al presente, sia pure nelle forme di una trasposizione simbolica nel mondo del mito tanto di avvenimenti contemporanei quanto di una problematica attuale: come fecero Eschilo e in maggiore misura Euripide. In lui il riflesso dei pensieri e anche degli eventi del tempo andrà piuttosto cercato in una sfera più generale e in modi più indiretti, ma anche meno occasionali: nell'interpretazione del posto dell'uomo nel mondo e dell'individuo nella collettività, nella rappresentazione del destino umano, nell'atteggiamento che il protagonista sostiene di fronte a fatti che non dipendono da lui. Sofocle non apre spazio alle contese e ai problemi sociali del suo tempo, che ispirano tanta parte della tematica euripidea: la condizione delle donne, la dignità umana degli schiavi, l'universalità dell'uomo. Eppure nella sua opera si rispecchia egualmente la società dell'Atene contemporanea: la quale, pure nella fase più alta del suo splendore, ha l'indistinto sentimento di correre verso quella rovina, che inevitabilmente l'attende. La battaglia già perduta all'inizio, che l'eroe sofocleo tuttavia combatte contro il suo destino, è forse la stessa che gli ateniesi sentivano di combattere contro la storia: ma Sofocle non dichiara le cause della sconfitta, se non nel fatto stesso di essere uomini.

Tuttavia, il ricondurre esclusivamente all'uomo il senso della vita umana collega pur sempre Sofocle con l'esperienza e le ideologie del suo tempo; e il suo mondo teatrale, apparentemente assorto in problemi di universale portata, rivela in realtà un sofferto sentire della tragica contraddizione, da cui era scossa la società contemporanea. La crisi nasceva dal contrasto fra l'agire del singolo, ispirato a un oltranzoso individualismo, e una struttura comunitaria che nella collettività trovava il suo senso e ad essa conferiva il massimo del potere. Nella tragedia di Sofocle questo contrasto si riflette su due piani. Il primo di essi è strettamente drammaturgico: l'eroe e il coro, ossia l'individuo e la comunità, non riescono a collaborare o a soffrire insieme, come accadeva in Eschilo. L'eroe è solo nell'agire e nel patire: l'individuo prevale sulla collettività, accettando tutte le conseguenze di ciò, e di essa provoca la crisi. Un secondo piano attiene piuttosto alla tematica. L'eroe sofocleo sovente è un escluso dalla comunità (che in questo caso non coincide necessariamente con il coro), altre volte si oppone alla sua forma istituzionalizzata, che è lo stato: mentre in Eschilo l'eroe non disgiungeva la sua vita dalla collettività, da essa traeva forza e cercava consenso. Ora la comunità non riesce più a contenere l'individuo, né questi si considera un fattore della sua totalità. Le strutture della vita comunitaria sono in crisi, e la loro agonia durerà a lungo: gettando un'ombra d'angoscia su chi presentiva la fine di un cosmo di valori e di sicurezze.

Un'angoscia peraltro ai suoi prodromi, nella coscienza comune: di insicurezza e di malessere. Nell'Atene periclea la produzione artistica rimane vincolata ai grandi ideali e programmi, in cui si perpetuava un prossimo passato che sembrava pegno per un lungo futuro. Tuttavia è probabile che, almeno nei sommi, più profonde motivazioni suggerissero certe comuni tendenze dell'arte. Che Sofocle, Fidia, Polignoto mirassero ad esorcizzare attraverso la purezza della forma le contraddizioni della realtà può essere una prima risposta. Forse, sarà più appropriato dire che sentivano come il mondo fosse percorso e dominato da forze incomprensibili e prevaricanti, da un mistero insondabile qualsiasi nome si volesse imporgli; e che a questo intendessero contrapporre un altro mondo, di cui l'uomo fosse l'unico centro e reggitore, l'uomo che nella ragione trova il suo carattere e la sua dignità. Nello stile di Sofocle, come nella struttura del Partenone o nella statuaria fidiaca, è applicato ed esaltato il canone della ragione, che illumina tutte le cose e pretende di comprendere in sé il tutto, isolando e annullando gli aspetti misteriosi, irrazionali, demonici dell'esistenza. Ma questo era possibile solo per uno sforzo della volontà, nel dominio della forma, dove una sovrana padronanza tecnica metteva la materia completamente nelle mani del poeta, la assoggettava alle sue intenzioni. Nel momento dell'invenzione, davanti al vuoto della verità, emergevano il dubbio, l'orrore, la desolazione: Edipo, Deianira, Filottete, la sentenza del Sileno « Non essere nati è la sorte migliore per i mortali... ».

5. *Le tragedie tebane.*

Le tragedie tebane, ossia relative alla saga dei Labdacidi, non costituiscono una trilogia, come a volte per comodità, ma impropriamente si denomina il loro complesso. Esse vennero composte e rappresentate da Sofocle separatamente, a distanza di decenni: né la loro successione cronologica riflette il corso degli avvenimenti del mito. Infatti la più antica, del 442, è l'*Antigone*, che rappresenta l'episodio conclusivo della storia; venne poi l'*Edipo Re*, anteriore al 425 (come dimostra un'allusione al v. 27 degli *Acarnesi* di Aristofane, che sono di quell'anno), ma verosimilmente non di molto; infine, come si è detto, l'*Edipo a Colono* fu l'ultima tragedia sofoclea, rappresentata postuma nel 401. Si tratta dunque di opere affatto indipendenti l'una dall'altra, anche se è possibile notare alcuni richiami a distanza, dalle opere posteriori alle precedenti, peraltro relativi solo alla ripresa di alcuni dettagli, volta per volta ribaditi o corretti. La disposizione delle tre tragedie in questo volume privilegia la successione degli avvenimenti mitici, anziché l'ordine cronologico di composizione, seguendo lo schema originariamente adottato da Raffaele Cantarella nei *Tragici Greci*.

La prima fase storica del mito di Edipo e della sua stirpe era rappresentata da due poemi epici del cosiddetto ciclo tebano, l'*Edipodia* e la *Tebaide*: ma di essi non è rimasto abbastanza da consentire un'esauriente ricostruzione. Sappiamo comunque che la *Tebaide* non presentava la materia dell'*Antigone*, poiché in essa il cadavere di Polinice veniva bruciato sulla pira; e lo spunto della tragedia sofoclea sarà piuttosto attinto a una leggenda locale, di cui par di trovare traccia in certe tradizioni tebane. Parimenti, un'antica leggenda dell'Attica, rivalutata per evidenti motivi propagandistici, voleva che Edipo avesse trovato l'estrema pace nel bosco delle Eumenidi a Colono. Di contro, pure in sede letteraria preesistevano a Sofocle certi dati fondamentali della vicenda centrale della saga, come dimostra l'*Olimpica II* di Pindaro, dove compaiono l'oracolo dato a Laio, il suo incontro letale con Edipo e la vendetta dell'Erinni, che provoca la reciproca uccisione dei figli. Eschilo aveva rappresentato nel 467, ottenendo la vittoria, una trilogia formata da *Laio*, *Edipo* e *Sette a Tebe*, e dal dramma satiresco *Sfinge*: di essa sono sopravvissuti solo i *Sette*, ma è verosimile che i dati della storia fissati dalle prime due tragedie non differissero sostanzialmente da quelli che adottò Sofocle. Un *Edipo* e un'*Antigone* scrisse pure Euripide; le due tragedie, di cui restano solo frammenti, erano entrambe posteriori ai rispettivi drammi sofoclei, e presentavano vistose varianti della vicenda, che senz'altro vanno intese come invenzioni originali di Euripide, secondo una tendenza manifesta in numerosi altri drammi del terzo tragico.

« *Quelle pièce mal faite!* »: tale il giudizio di Voltaire sull'*Edipo Re*: un'opera che la tradizione antica e la critica moderna non esitano a definire esempio sommo dell'arte tragica greca. Certo, nell'ottica illuministica dell'adesione al criterio della verosimiglianza logica, l'osservazione del filosofo si rivela fondata su un'analisi acuta dell'intreccio drammatico: nella compatta struttura dell'*Edipo Re*, dove colpi di scena e personaggi si dispongono al di fuori del normale fluire degli eventi, concatenandosi quasi miracolosamente ad illuminare il destino di Edipo, non esiste spazio alcuno per una rappresentazione verosimile dei casi della realtà. Accade allora che, ad esempio, nei lunghi anni del suo regno in Tebe, mai Edipo abbia avuto notizia sui modi dell'uccisione di Laio; altrettanto lontana dalla realtà la coincidenza che riunisce nel personaggio del vecchio servo i ruoli di testimone del delitto di Edipo, e di mancato giustiziere del neonato figlio di Laio; ancora più illogica l'ottusità di Edipo di fronte a rivelazioni che si intrecciano in trasparente chiarezza. In realtà, sono proprio tali incongruenze dello sviluppo drammatico a indicare un criterio di definizione dell'opera: si scopre così che gli schemi del reale vengono piegati ed accentrati nella figura di Edipo, la cui costante presenza sulla scena impone al ritmo tragico una tensione mai più raggiunta in seguito, per alludere a una logica più sublime e universale, la logica del simbolo. Ed è proprio l'esigenza di far vivere Edipo nella luce del simbolo ad imporre a Sofocle l'impiego di due categorie formali capaci di evocarlo con la massima evidenza: la semplificazione, che annulla elementi o passaggi logici della vicenda non direttamente funzionali ai fini della comprensione simbolica; e l'accentuazione, che isola e ingigantisce il motivo conduttore, focalizzando l'attenzione sulle diverse fasi del disvelamento del simbolo.

Tali funzioni vengono concatenate da Sofocle nella tecnica dell'allusione enigmatica. L'intero dramma appare così formulato secondo le regole della dizione oracolare: non solo nell'impianto della vicenda, che prende le mosse dalla vittoria dell'ingegno di Edipo sui meandri di un enigma, quello della Sfinge, e si conclude con la sua rovina nel momento in cui riesce a svelare un secondo enigma, quello della sua identità; bensì anche nell'analitico articolarsi delle parole di Edipo stesso, puntualmente connotate da un'anfibologia che nasconde, sotto la martellante riaffermazione dell'errore che acceca l'eroe, un nucleo di verità indirettamente rivelata all'intuizione del pubblico. Ancora secondo i canoni, propri alla formulazione enigmatica, dell'opposizione polare si svolge il destino di Edipo: un tempo amato e potente signore, alla fine del dramma egli si rivela creatura miseranda e mostruosa; cieco alla realtà quando i suoi occhi vedevano, egli scopre le trame del destino nel momento stesso in cui la sua vista si spegne; trionfatore sugli arcani divini, resta sordo alle allusioni che tutti intorno a lui hanno dolorosamente compreso.

La doppia tensione enigmatica della tragedia, quella cioè che informa strutturalmente l'articolarsi dell'opera e che definisce al contempo la figura stessa di Edipo come mistero da decifrare, suggerisce il primo tentativo di avvicinamento al significato ultimo, simbolico, dell'*Edipo Re*: la natura umana è enigmatica, oscuri i suoi rapporti col divino, oscuri ancora i motivi del suo agire. E l'intima dualità dell'uomo, ossia il contrasto fra azione e passione, è un mistero ben più insondabile del macchinoso indovinello della Sfinge. Ma altri segnali Sofocle lancia all'intuizione del pubblico. Nel corso della tragedia i motivi del parricidio e dell'incesto perdono gradualmente spessore per lasciare spazio all'esaltazione, accentuata oltre i limiti della verosimiglianza, di una sola fondamentale ragione drammatica: la cecità di Edipo. Riemerge qui, doloroso e improrogabile, l'interrogativo che aveva ispirato uno dei più lacerati canti corali dell'*Antigone*: quali sono le vie dell'umano intelletto, quale la sua autonomia e il suo potere, se anche colui che si era innalzato a comprendere il linguaggio degli dèi sprofonda nell'oscurità dell'ignoranza? La risposta di Sofocle è desolata. L'ingegno dell'uomo è di per sè stesso una *hybris* che gli dèi devono punire, e la colpa di Edipo, ben più obbrobriosa del parricidio o dell'incesto, in ultima analisi risiede nella tensione conoscitiva, che non si vuole appagare delle rivelazioni concesse allo sguardo umano. Edipo assurge così a simbolo disperato dell'impotente, frammentario intelletto che si macchia di colpa nel tentativo di superare se stesso. Proprio in questo vanno riconosciute l'eccellenza e l'esemplarità poetiche dell'*Edipo Re*: nella mirabile fusione che riassume il significato simbolico dell'azione drammatica e l'indicazione della colpa tragica nell'inevitabile rovina dell'eroe.

Ultimo atto della penosa parabola di Edipo e insieme parola estrema del poeta ormai prossimo a morte, l'*Edipo a Colono* trova nel motivo tematico della vecchiaia il tono profondo della rimeditazione, del nostalgico pellegrinaggio lungo le vie di un'intera esistenza. Quasi un tenero e definitivo ringraziamento al suo pubblico, Sofocle allinea sulla scena i personaggi più strazianti e paradigmatici della sua carriera: Antigone, Ismene, Creonte, lo sventurato Polinice, si affollano a ricostruire l'intreccio del destino di Edipo, ripercorrendo al contempo le tappe di un fulgente successo teatrale. E la figura grandiosa di Teseo, spettatore e catalizzatore delle ultime vicende di Edipo, si pone come simbolo del magnanimo pubblico di Atene cui viene reso estremo omaggio. È ancora l'intenzione del riepilogo ad improntare la struttura drammatica stessa dell'*Edipo a Colono*, sciogliendo le apparenti sfasature di tono e di azione in un coerente dipanarsi tematico: nel corso del dramma, momenti di insostenibile tensione tragica si alternano simmetricamente a pause di serenità o di struggente commozione, secondo uno schema che, lungi dal risolversi in mancata compattezza, sembra piuttosto alludere al tormentato anelito verso la pace che pervade uno spirito da sempre lacerato fra pena e fortuna.

Ancora una volta è la dualità della natura umana, tesa da un lato all'estatica visione della divinità e coinvolta dall'altro nelle dolorose piaghe dell'esistenza, a condizionare l'ispirazione drammatica. Dell'animo di Edipo fanno parte sia la fremente e pur placata indagine sull'attuazione del sacrificio alle Eumenidi, sia l'iroso scontro con la crudele debolezza del figlio Polinice: dramma e contemplazione si fondono meravigliosamente ad esplorare le ragioni del reale. La stessa vicenda mitica di Edipo viene indagata da Sofocle alla luce dello scontro azione-contemplazione: grande ed eroico nel momento in cui il suo spirito era teso alla esclusiva scoperta del linguaggio divino (l'enigma della Sfinge), Edipo trova rovina e desolazione nel suo drammatico mescolarsi al mondo degli uomini, per poi assurgere a nuova e definitiva maestà nell'abbandono di ogni legame terreno. Solo a chi non discende fra gli uomini, come

Tiresia, è dato vivere nell'immobilità del divino: ma eroe sarà chiamato soltanto chi del divino e dell'umano ha conosciuto il dissidio. La lunga *adsuefactio mortis* che costituisce l'ispirazione ultima dell'*Edipo a Colono* prende le mosse proprio dalla sfinita e pur rasserenante esorcizzazione del passato, e si prolunga poi nella costante ripulsa degli uomini e delle loro azioni: nella progressiva inclinazione al distacco dalla vita, e non tanto nella coerenza psicologica del personaggio, va indagata la sublime indifferenza di Edipo di fronte ad affetti e situazioni di disperata tragicità.

Tutto si svolge nella cornice raccolta e radiosa del paesaggio di Colono. Nella tragedia greca, è inconsueto che tanto spazio venga concesso alla descrizione dell'ambiente, in cui si svolge l'azione. Ma qui, più che di descrizione, occorre parlare di evocazione; gli ateniesi del pubblico conoscevano certo le ombrose convalli dello splendido borgo alle porte della città, ma Sofocle lo presenta quale esso commuove la sua fantasia: come ricordo e come aspirazione. Colono è la dolce infanzia lontana, l'innocenza vagheggiata dal vecchio poeta e dal suo eroe peccatore; ed è l'attesa della pace nelle plaghe splendide dell'oltretomba – quei prati fioriti che di lì a pochi mesi Aristofane avrebbe cantato nelle *Rane* –, dove entrambi si sanno attesi. "Edipo, perché tardi?": ma la chiamata della voce soprannaturale era rivolta, soprattutto, a Sofocle; ed egli prende commiato dalla realtà della sua vita, e dalle dolci memorie dell'animo.

Quando, a proposito dell'*Antigone*, Hegel perveniva alla formulazione critica che individua nello scontro di Creonte e Antigone la insanabile opposizione di due poteri sociali ugualmente legittimi, lo stato e la famiglia, necessariamente destinati a tragica conflittualità, era così raggiunto il risultato più fecondo di sviluppi ai fini della comprensione dell'opera. Questo non tanto nel suggerimento dell'indagine politica come interrogativo portante del messaggio sofocleo, che anzi rischia in tal modo di venire inevitabilmente frainteso, quanto piuttosto nell'intuizione strutturale che riconosce la dualità cui la tragedia è improntata. In effetti, per l'*Antigone* riesce difficile parlare di un solo eroico protagonista o di un solo destino tragico, così come arbitrio interpretativo sarebbe il vincolare la figlia di Edipo nelle reti di un'ereditarietà della colpa di tipo eschileo: Creonte e Antigone si dividono il ruolo di protagonisti, bilanciando lo svolgimento dell'azione e il significato concettuale del dramma all'interno di una inconciliabile polarità.

In realtà, seguendo l'indicazione di Aristotele, che poneva come elemento imprescindibile della vicenda tragica la peripezia, ovvero il rovesciamento dell'azione nel suo contrario, un autentico spessore di tragicità sembrerebbe da attribuire al solo destino di Creonte. Infatti, mentre la condizione di Antigone si mantiene inalterata nell'arco sia del mito che del dramma, improntata cioè all'isolamento sociale impostole dalla sua mostruosa nascita (e anche il matrimonio con Emone si rivela, nelle parole di Creonte, contro corrente), è nel destino di Creonte che si attua la tragica caduta da una posizione di supremo potere alla miseranda follia dell'impotenza. Così, nel corso di avvenimenti che vedono l'animo di Antigone rimanere immobile, bloccato nell'eroica determinazione del suo gesto e nella solidità della sua visione del mondo, è la mente di Creonte che si contorce e si muta sotto la percossa della tragica agnizione, quel fatale « ora ho compreso » che coincide con il suo annientamento. Inoltre, se in Creonte è possibile individuare il motivo drammatico della punizione divina nella tracotanza del suo ingegno, teso a riformare il potere e la società secondo nuove leggi ormai lontane dalla tradizione, il destino di Antigone volge alla rovina sotto l'incombere di un inestricabile disegno che rimane celato. Ma è proprio l'insondabilità della sua sorte a rivestire Antigone del più puro carattere tragico sofocleo: innalzandola a vera protagonista di un dramma che trae le sue ragioni ultime dall'immobile constatazione dell'oscurità del volere divino. Quando sia possibile ritrovare una causa razionale per la caduta dell'eroe, il suo destino, così svelato, perde in tragicità, manifestandosi afferrabile all'umana comprensione. L'imperscrutabilità divina è la vera tensione tragica del dramma: e in tale indicazione risiedono al contempo il messaggio e il monito indirizzati dal poeta alla città di Atene.

In un tempo in cui il luminoso potere di Pericle e le nuove teorizzazioni della Sofistica venivano creando un'immagine quasi divinizzata dell'intelletto umano, elevato a misura del reale contro le tradizionali istituzioni religiose, Antigone si fa portavoce dell'accorato e ormai anacronistico appello sofocleo: ritorni l'uomo alla dolorosa coscienza della superiore volontà del dio, abbandonando, nel recupero della fede dei padri, la tracotanza di un ingegno votato alla rovina. Non, dunque, o non solo l'cpposizione fra stato e famiglia deve essere individuata nel significato simbolico dello scontro fra Creonte e Antigone, bensì l'intuizione di un più alto e universale dissidio che lacerava la nuova società ateniese del V sec., e che l'avrebbe presto trascinata alla catastrofe: quello fra le eterne leggi morali imposte dalla divinità e la pretesa autonomia dello spirito umano. Voce isolata e inascoltata, Sofocle condivide, sotto la speciosa superficialità del successo, il destino di solitudine morale della sua eroina, che neppure nel coro trova consenso al suo ideale; ma una rovina ancor più straziante – la rovina di Creonte – attende la nazione che non ha saputo riconoscere per tempo la strada della verità.

Dario Del Corno

PROSPETTO CRONOLOGICO

534 a.C.
Pisistrato, tiranno di Atene dal 561, introduce le rappresentazioni tragiche nell'ambito di una festa da lui istituita in onore del dio Dioniso, le « Grandi Dionisie » o « Dionisie urbane ». La tradizione antica identificava in Tespi di Icaria il primo autore di tragedie che vi prese parte.

525
Nel demo attico di Eleusi nasce, da nobile famiglia, Eschilo figlio di Euforione.

508-507
Clistene riforma la costituzione ateniese in senso marcatamente democratico. Alla *ekklesia* (assemblea popolare), responsabile della funzione legislativa, si affianca, per il coordinamento della politica interna ed estera d'intesa con le magistrature (al vertice, gli arconti), il consiglio dei Cinquecento: organo principale della democrazia ateniese in quanto autentica emanazione della totalità dei cittadini, questa *boulè* riflette nella sua struttura la ripartizione dell'Attica in dieci tribù (*phylài*), a loro volta suddivise in comunità minori (*dèmoi*). L'arconte polemarco presiede un collegio di dieci strateghi, designati dalle rispettive tribù a comandare ciascuno dei dieci contingenti, di cui si compone l'esercito. Per sventare trame tendenti alla restaurazione della tirannide o dell'oligarchia, sorge l'istituto dell'ostracismo: un bando decennale preventivo, votato dall'assemblea dei cittadini mediante *òstraka* (cocci di vasi).

500 circa
Il poeta tragico Pratina di Fliunte introduce i satiri sulle scene, così « inventando », secondo la tradizione post-aristotelica, il dramma satiresco.

499
Eschilo partecipa per la prima volta a un concorso drammatico gareggiando con Pratina e Frinico, dai quali è vinto.

496
Nasce ad Atene, nel demo di Colono Hippios, Sofocle figlio di Sofillo.

490
Per punire l'appoggio dato da Atene alla rivolta ionica, e soprattutto per assoggettare la Grecia intera all'egemonia del Gran Re, s'avanza in territorio greco un corpo di spedizione persiano, collegato con una poderosa flotta, al comando di Dati e Artaferne. È la prima guerra persiana. Prevenendo l'attacco contro Atene, gli opliti di Milziade travolgono l'armata nemica nella pianura di Maratona, provocando il fallimento della spedizione. Tra i combattenti si distingue Eschilo, che rimane ferito.

486
In occasione delle Grandi Dionisie, è attestata la vittoria di Chionide nel concorso comico: è la prima data storica sicura lungo l'itinerario evolutivo della commedia attica.

485-484
Nasce, probabilmente nell'isola di Salamina, Euripide figlio di Mnesarco (o Mnesarchide).

484
Eschilo ottiene la sua prima vittoria tragica, non sappiamo con quali opere.

480
Serse I, frattanto succeduto a Dario sul trono di Persia, organizza con il suo generale Mardonio una seconda spedizione contro la Grecia. Il comando delle forze elleniche, coalizzate in una lega contro i persiani, viene assunto da Sparta. L'incerta direzione della strategia militare vanifica il successo navale dell'Artemisio; conduce al massacro del manipolo di Leonida, distaccato a presidiare il passo delle Termopili; ed espone l'Attica all'invasione dell'esercito persiano. Gli ateniesi evacuano la propria città, abbandonandola al saccheggio e attestandosi nell'isola di Salamina. Qui, attirata da Temistocle in un angusto braccio di mare, la massiccia flotta persiana cede all'impeto e alla superiore manovrabilità delle triremi ateniesi. L'esercito persiano si ritira, Atene viene recuperata. Sofocle giovinetto guida un coro di efebi nel peana celebrativo della vittoria.

479
Mardonio intraprende una nuova campagna contro la Grecia; ma l'alleanza ellenica sventa definitivamente, con le vittoriose battaglie di Platea e Micale, ogni velleità persiana di conquista.

477
La fondazione della lega delio-attica, concentrando intorno al santuario di Delo i mezzi navali e finanziari di numerosi stati mari-

nari, tra cui Atene occupa una posizione di preminenza, approfondisce il solco che divide questa dalla rivale Sparta.

472
Avendo come corego Pericle, Eschilo si afferma con una trilogia tragica culminante nei *Persiani*.

469-468
Il giovane Sofocle si presenta per la prima volta come autore, gareggiando con Eschilo sul quale ottiene la vittoria, forse anche grazie all'introduzione del terzo attore.

467
Con una trilogia formata da *Laio, Edipo, Sette contro Tebe*, e dal dramma satiresco *Sfinge*, Eschilo ottiene la vittoria su Aristias, figlio di Pratina, e Polifrasmon, figlio di Frinico. Un'altra vittoria egli ottiene successivamente (forse nel 463) con la trilogia formata da *Supplici, Egizi, Danaidi* e dal dramma satiresco *Amimone*, in un concorso nel quale Sofocle si classificò secondo, davanti a Mesatos.

462-456
Si accentuano sia la radicale democratizzazione della polis, sia la spinta espansionistica dell'impero ateniese. Assume il potere Pericle, di estrazione aristocratica ma campione della più pura democrazia, simboleggiata dalla *isegoria*, il diritto per ogni cittadino di esprimere liberamente la propria opinione.

458
Eschilo ottiene la sua ultima vittoria da vivo (altre gli saranno assicurate da rappresentazioni postume, in forza di un'apposita delibera dello stato ateniese) con la trilogia dell'*Orestea*, composta da *Agamennone, Coefore, Eumenidi*, e dal dramma satiresco *Proteo*.

456
Eschilo muore a Gela, in Sicilia. In Grecia, la politica antispartana sostenuta da Pericle ha portato alla formazione di un gruppo di stati alleati contro Sparta, facenti capo ad Atene.

454
Presso il delta del Nilo viene distrutta la flotta inviata da Atene in difesa del re di Libia, che aveva sollevato una rivolta in Egitto contro la dominazione persiana. Il disastro porta come conseguenza la presa dell'isola di Cipro da parte della Persia.

451-446
Atene stipula con Sparta una tregua di cinque anni.

449
Gli ateniesi si scontrano con la flotta persiana nelle acque di Cipro: presso Salamina Cipria essi ottengono una grande vittoria, che riconferma la potenza navale di Atene. Si stipula la cosiddetta pace di Callia (in pratica, una tregua trentennale) con l'impero persiano: Atene si impegna a non intervenire nelle faccende d'Egitto e di Cipro, la Persia si impegna a non far entrare navi da guerra nell'Egeo e a tenere le sue milizie lontano dall'Asia Minore.
Intorno a questi anni si può datare la composizione dell'*Aiace* di Sofocle, verosimilmente la prima delle tragedie giunte a noi.

449-431
Nel periodo compreso fra la pace di Callia e l'inizio della guerra del Peloponneso, Atene raggiunge il suo massimo splendore: Pericle fa costruire il Partenone, i Propilei, il Tempio di Atena Nike e l'Eretteo.

446
Pericle, scaduto il termine della tregua quinquennale, stipula con Sparta un trattato di pace trentennale.

444
Nasce ad Atene il poeta comico Aristofane.

441-440
Sofocle partecipa alla guerra contro Samo, in qualità di stratego. L'*hypothesis* dell'*Antigone* dice che la carica di stratego sarebbe stata conferita a Sofocle in seguito al successo di questa tragedia: la prima rappresentazione dell'*Antigone* sarebbe dunque da collocarsi nell'anno 442.

438
Viene rappresentata l'*Alcesti* di Euripide, la più antica fra le tragedie euripidee a noi giunte. Le *Trachinie* di Sofocle dovrebbero risalire ad un periodo immediatamente posteriore all'*Alcesti*, secondo un criterio che attribuisce ad Euripide la priorità nella composizione di scene affini nelle due tragedie (Lesky).

432
Atene interviene nel conflitto fra Corinto e Corcira per il possesso di Epidamno.

431
Si tiene a Sparta un congresso della lega peloponnesiaca, in cui Atene viene accusata d'aver rotto la tregua trentennale. Sparta dichiara guerra ad Atene, ed il suo esercito invade l'Attica. Nello stesso anno viene rappresentata la *Medea* di Euripide.

430-429
Gli Spartani invadono l'Attica per la seconda volta. Una grave pestilenza si diffonde in Atene, provocando la morte dello stesso Peri-

cle. Il governo della città è nelle mani dell'aristocratico Nicia e del capo dei democratici Cleone.

428
Viene rappresentato l'*Ippolito* di Euripide.

425
Aristofane rappresenta gli *Acarnesi*, in cui viene parodiato un passo dell'*Edipo Re* di Sofocle: la composizione di tale tragedia deve essere dunque collocata entro questa data.

421
Con la morte di Cleone e dello spartano Brasida il partito della guerra nelle due città rivali perde potere; si giunge così alla pace di Nicia, che prevede una validità di cinquant'anni.

420
Sofocle compone una peana per l'introduzione in Atene del culto del dio Asclepio. Per la sua azione nell'ambito di tale culto Sofocle ricevette dopo la morte onori eroici con il nome di Dexion.

415
Euripide rappresenta le *Troiane*. In Atene acquista potere Alcibiade, che riesce a convincere gli Ateniesi ad una spedizione in Sicilia, per estendere l'impero marittimo ateniese in occidente.

413
Sparta, su consiglio di Alcibiade, fuggito da Atene per sottrarsi all'accusa d'aver mutilato le Erme che ornavano le vie della città, interviene in Sicilia, e distrugge l'esercito ateniese sul fiume Assinaro. Viene rappresentata l'*Elettra* di Euripide; di difficile datazione risulta invece l'*Elettra* di Sofocle.

412
Viene rappresentata l'*Elena* di Euripide. Sparta stringe alleanza con la Persia. Per Atene la guerra si riapre su due fronti.

411-410
Alcibiade, richiamato in patria, ottiene la vittoria sugli spartani ad Abido e a Cizico.

409
Viene rappresentato il *Filottete* di Sofocle.

408
Alcibiade rientra trionfalmente in Atene. Euripide rappresenta il suo *Oreste*.

406
Sofocle muore. La leggenda vuole che la sua morte fosse dovuta alla soffocazione prodotta da un chicco d'uva, o all'eccessivo sforzo nel leggere un brano dell'*Antigone*.

405
Gli ateniesi subiscono una fatale disfatta da parte degli spartani presso il fiume Egospotamoi: la potenza navale di Atene non si riprenderà più.

404
Atene, assediata per terra e per mare, è costretta ad accettare una pace, in seguito alla quale Sparta assurge ad egemone sulla Grecia.

401
Viene rappresentato postumo l'*Edipo a Colono* di Sofocle.

BIBLIOGRAFIA

1. Per una introduzione bibliografica d'assieme alla tragedia greca, si veda la *Bibliografia* di D. Del Corno nel volume *Tragici Greci*, a cura di R. Cantarella, Milano 1977. Basterà qui richiamare le indicazioni fondamentali. Sulle rappresentazioni teatrali, cfr. M. Bieber, *The History of Greek and Roman Theater*, Princeton 1961[2]; A.W. Pickard-Cambridge, *The Dramatic Festivals at Athens*, Oxford 1968 (2ª ed. a cura di J. Gould e D.M. Lewis); e con più specifica attenzione ai riferimenti contenuti nei testi tragici stessi, S. Melchinger, *Das Theater der Tragödie. Aischylos, Sophokles, Euripides auf der Bühne ihrer Zeit*, München 1974; il lettore italiano può ricorrere anche all'agile introduzione di H.C. Baldry, *I Greci a teatro*, Bari 1972. La documentazione antica sulla preistoria della tragedia è raccolta e criticamente discussa da A. Pickard-Cambridge, *Dithyramb, Tragedy and Comedy*, Oxford 1962 (2ª ed. a cura di T.B.L. Webster); una rassegna delle teorie moderne si trova in C. Del Grande, *TRAGOIDIA. Essenza e genesi della tragedia*, Napoli 1962[2]. Il saggio di F. Nietzsche, *Die Geburt der Tragödie aus dem Geiste der Musik* (1872), iniziatore dell'approccio moderno alla tragedia greca, oltre che al problema della sua origine, è tradotto nel volume *Nietzsche, Rohde, Wilamowitz, Wagner. La polemica sull'arte tragica*, a cura di F. Serpa, Firenze 1972. Una trattazione generale della tragedia greca e dei suoi massimi autori offre la monumentale opera di M. Pohlenz, *La tragedia greca*, 2 voll., Brescia 1961 (origin. *Die griechische Tragödie*, Göttingen 1954[2]); a cui vanno aggiunti i due volumi di A. Lesky, *Die griechische Tragödie*, Stuttgart 1968[4]; e con più completo bilancio critico, *Die tragische Dichtung der Hellenen*, Göttingen 1972[3]. Con diversa metodologia esaminano secondo una prospettiva storico-letteraria il patrimonio tragico giunto a noi G. Perrotta, *I tragici greci*, Bari 1931 (rist. Messina-Firenze 1966); R. Lattimore, *The Poetry of Greek Tragedy*, Baltimore 1958; H.D.F. Kitto, *Greek Tragedy: a Literary Study*, London 1961[3]; J. de Romilly, *La tragédie grecque*, Paris 1970; B. Vickers, *Towards Greek Tragedy*, London 1973; e una pregevole introduzione all'indagine moderna offre la raccolta di saggi *La tragedia greca. Guida storica e critica*, a cura di Ch. Beye, Bari 1974. Nella vastissima bibliografia relativa alle problematiche concettuali

che si riflettono nella tragedia greca, occorrerà limitarsi a citare i due saggi, di cui è comparsa pure una traduzione italiana, di J.-P. Vernant e P. Vidal-Naquet, *Mythe et tragédie en Grèce ancienne*, Paris 1972 (*Mito e tragedia nell'antica Grecia*, Torino 1976), e di J. Kott, *The Eating of Gods*, London 1974 (*Mangiare dio*, Milano 1977); inoltre, sui rapporti fra la tragedia e la politica, si vedano D. Lanza, *Il tiranno e il suo pubblico*, Torino 1977; E. Degani, *Democrazia ateniese e sviluppo del dramma attico. I. La tragedia*, in *Storia e civiltà dei Greci*, diretto da R. Bianchi Bandinelli, vol. III, Milano, pp. 255-310; V. Citti, *Tragedia e lotta di classe in Grecia*, Napoli 1979. Fondamentale per l'indagine strutturale della tragedia greca è il volume di autori vari *Die Bauformen der griechischen Tragödie*, hrsg. von W. Jens, München 1971. Sull'azione scenica e sulle convenzioni drammaturgiche, cfr. infine P.D. Arnott, *Greek Scenic Conventions in the Fifth Century b. C.*, Oxford 1962; O. Taplin, *Greek Tragedy in Action*, London 1972.

2. Indispensabile sussidio per la bibliografia sofoclea è la rassegna critica di H.F. Johansen, *Sophocles 1939-1959*, « Lustrum » 7, 1962, pp. 94-288, che si può integrare con il *Compendio di bibliografia sofoclea per gli anni 1936-1972*, di D. Del Corno, aggiunto in appendice alla 2ª ed. del *Sofocle* di M. Untersteiner cit. in 6, alle pp. 569-589.

3. La tradizione manoscritta sofoclea è studiata da A. Turyn, *Studies in the Manuscript Tradition of the Tragedies of Sophocles*, Urbana 1952 (Illinois Studies 36); ma anticipatori rilevamenti avevano prospettato V. de Marco, *De scholiis in Sophoclis tragoediis veteribus*, « Mem. Acc. Lincei » S. VI 6, 1937, pp. 105-228, e A. Colonna, *De codice quodam Sophoclis antiquissimo*, « Athenaeum » N. S. 18, 1940, pp. 270-280. La complessa questione è riveduta e aggiornata, anche bibliograficamente, nella *Praefatio* del medesimo Colonna al vol. I della sua edizione citata in 4; il quale tuttavia solo negli *Addenda* ha potuto tenere conto dell'opera di R.D. Dawe, *Studies in the Text of Sophocles*, 2 voll., Leiden 1973, rivolta principalmente alla tradizione bizantina. Su questa, cfr. pure R. Aubreton, *Démétrius Triclinius et les recensions médiévales de Sophocles*, Paris 1949.

4. Particolare menzione meritano tuttora due edizioni di Sofocle apparse tra la fine del secolo scorso e l'inizio del nostro, entrambe commentate ed entrambe in sette volumi, uno per tragedia: la prima di R.C. Jebb, Cambridge 1883-96 (rist. Amsterdam 1962-71); la seconda di F.W. Schneidewin e I.A. Nauck, rielaborata da E. Bruhn e L. Radermacher, Berlin 1910-13. Attualmente sono in uso le edizioni di A.C. Pearson, Oxford 1924; di A. Dain (con traduzione francese di P. Mazon), 3 voll., Paris 1967-68², che ha rimpiazzato l'ed. di P. Masqueray, Paris 1929-34²; la teubneriana a cura di R.D. Dawe, 2 voll., Lepzig 1975-79; infine il vol. I del Sofocle incluso nel 'Corpus Paravianum', a cura di A. Colonna (*Aiace* e *Elettra*). I frammenti sono stati editi, con ampio commento, da A.C. Pearson,

3 voll., Cambridge 1917 (rist. Amsterdam 1963) e nel vol. IV dei *Tragicorum Graecorum Fragmenta* da St. Radt, Göttingen 1977; per i resti papiracei si può inoltre ricorrere a R. Carden, *The Papyrus Fragments of Sophocles*, with a contrib. by W.S. Barrett, Berlin 1974. Il dramma satiresco *Ichneutai* ('I cercatori di tracce') è edito e commentato da V. Steffen, Warszawa 1960. Il lessico d'uso è F. Ellendt, *Lexicon Sophocleum*, 2ª ed. a cura di H. Genthe, Berolini 1872 (rist. Hildesheim 1965).

5. Dopo le edizioni commentate di Jebb e di Schneidewin-Nauck-Bruhn-Radermacher s. cit., un commentario completo a Sofocle è stato intrapreso da J.C. Kamerbeek; ne sono finora usciti cinque volumi: *I. The Ajax*, Leiden 1963²; *II. The Trachiniae*, 1959; *III. The Antigone*, 1978; *IV. The Oedipus Tyrannus*, 1967; *V. The Electra*, 1973. Fra le edizioni di singole tragedie, si possono ricordare il commento all'*Elettra* di G. Kaibel, Leipzig 1897 (rist. Stuttgart 1967), e di J.H. Kells, London 1973; quello al *Filottete* di T.B.L. Webster, London 1970; e quello (senza testo) di G. Müller all'*Antigone*, Heidelberg 1970; ottimi commenti italiani all'*Aiace* di M. Unstersteiner, Milano 1943, e di V. de Falco, Napoli 1951³, e all'*Edipo re* di O. Longo, Firenze 1972.

6. La critica sofoclea è ricca di opere importanti, tra cui non è agevole selezionare i titoli di maggiore valore. Citiamo anzitutto tre monografie di autori italiani: G. Perrotta, *Sofocle*, Messina-Firenze 1934 (rist. Roma 1963); M. Untersteiner, *Sofocle*, Milano 1934 (2ª ed. riveduta 1974); A. Maddalena, *Sofocle*, Torino 1963. Il volume di Tycho von Wilamowitz, *Die dramatische Technik des Sophokles*, Berlin 1917, aveva richiamato l'attenzione sull'aspetto più propriamente tecnico-drammaturgico del teatro sofocleo; una visione più articolata e complessa del poeta presentano R. Tournaud, *Essai sur Sophocle*, « Lettres d'humanité » 1, Paris 1942, pp. 1-139; C.M. Bowra, *Sophoclean Tragedy*, Oxford 1947²; K. Reinhardt, *Sophokles*, Frankfurt 1976⁴; H. Weinstock, *Sophokles*, Wuppertal 1948². Un utile orientamento generale offre T.B.L. Webster, *An Introduction to Sophocles*, London 1969²; V. Ehrenberg, *Sophocles and Pericles*, Oxford 1954 (trad. it. *Sofocle e Pericle*, Brescia 1958) inquadra la tragedia sofoclea nella vita politica e culturale del tempo; cfr. anche G. Cerri, *Legislazione orale e tragedia greca. Studi sull'Antigone di Sofocle e sulle Supplici di Euripide*, Napoli 1979. Negli ultimi decenni si segnalano soprattutto una serie di saggi di scuola angloamericana: C.H. Withman, *Sophocles. A Study of Heroic Humanism*, Cambridge Mass. 1951; G.M. Kirkwood, *A Study of Sophoclean Drama*, Ithaca 1958; H.D.F. Kitto, *Sophocles. Dramatist and Philosopher*, London 1958; B.M.W. Knox, *The Heroic Temper. Studies in Sophoclean Tragedy*, Berkeley 1964; H. Musurillo, *The Light and the Darkness. Studies in the Dramatic Poetry of Sophocles*, Leiden 1967; R.P. Winnington-Ingram, *Sophocles. An Interpretation*, Cambridge 1980; Ch. Segal, *Tragedy and Civilisation. An Interpretation of Sophocles*, Harward 1981; inoltre S. Ronnet, *Sophocles, poète tragique*, Paris 1969.

Per la lingua di Sofocle è tuttora valido il vol. VIII, *Anhang*, di E. Bruhn, nell'edizione di Schneidewin-Nauck cit. in 4, Berlin 1899 (rist. 1963). Per lo stile, cfr. F.R. Earp, *The Style of Sophocles*, Cambridge 1944; A.A. Long, *Language and Thought in Sophocles. A Study of Abstract Nouns and Poetic Technique*, London 1968. Per la metrica, cfr. V. de Falco, *La tecnica corale di Sofocle*, Napoli 1928; H.A. Pohlsander, *Metrical Studies in the Lyrics of Sophocles*, Leiden 1964.

Tre magistrali saggi di H. Diller, W. Schadewaldt, A. Lesky sono raccolti nel volume *Gottheit und Mensch in der Tragödie des Sophokles*, Darmstadt 1963; pure a Darmstadt (1967) è uscito un volume miscellaneo *Sophokles*, hrsg. von H. Diller.

[Negli ultimi anni si sono aggiunte opere di particolare rilievo. Per la bibliografia, ai lavori citati in 2 si possono aggiungere: S. Saïd, *Cinq ans de recherches sur la tragédie grecque (1980-1984), I: Eschyle et Sophocle*, "Revue des Études Anciennes" LXXXVI, 1984, pp. 259-294; M. Fantuzzi, *Letterature greca antica, bizantina e neoellenica*, Milano 1989, pp. 202-219. Lo studio testuale di Dawe citato in 3 è stato completato: R.D. Dawe, *Studies on the text of Sophocles*, III, Leiden 1978; da ricordare anche F. Ferrari, *Ricerche sul testo di Sofocle*, Pisa 1983. Fra le edizioni, quella teubneriana di R. D. Dawe, citata in 4, è stata riedita in 2 voll., Leipzig 1984-85; quella a cura di A. Colonna è stata completata con i voll. II e III, Torino 1978-83. Da segnalare pure l'edizione a cura di G. Paduano (Classici Greci UTET), 2 voll., Torino 1982, utile anche per l'ampia bibliografia e per la traduzione italiana. Fra le edizioni e i commenti di singole tragedie, da segnalare il completamento del commentario intrapreso da J.C. Kamerbeek, citato in 5, grazie all'uscita dei voll. VI. *The Philoctetes* e VII. *The Oedipus Coloneus*, Leiden 1980-84. Da ricordare anche le edizioni commentate dell'*Edipo Re* a cura di R.D. Dawe, Cambridge 1982, e delle *Trachinie*, a cura di P.E. Easterling, Cambridge 1982. Il dramma satiresco *Ichneutai* è ora edito, con traduzione italiana e commento, da E.V. Maltese, Firenze 1982. Un'importante traduzione commentata della trilogia tebana in Sophocles, *The three Theban plays*, transl. by R. Fagles, introd. and notes by B. Knox, New York 1982. Fra gli studi su Sofocle, le indicazioni di 6 possono essere integrate almeno con i seguenti lavori: R.W.B. Burton, *The chorus in Sophocles' tragedies*, Oxford 1980; D. Seale, *Vision and stagecraft in Sophocles*, Chicago 1982; V. Leinieks, *The plays of Sophocles*, Amsterdam 1982; V. Di Benedetto, *Sofocle*, Firenze 1983 (rist. 1987); R.F.A. Buxton, *Sophocles*, Oxford 1984; R. Scodel, *Sophocles*, Boston 1984. Ai frammenti è dedicato lo studio di D.F. Sutton, *The lost Sophocles*, Lanham 1984. Della lingua si occupa A.C. Moorhouse, *The syntax of Sophocles*, Leiden 1982. Sette importanti saggi di autori diversi su Sofocle sono raccolti, a cura di J. De Romilly, in *Sophocle*, "Entretiens Hardt" XXIX, Genève 1982.]

NOTA DI PRESENTAZIONE DEL TESTO E DELLA TRADUZIONE

Nella tradizione manoscritta di Sofocle, il posto principale spetta a quel medesimo codice *Mediceus*, che contiene anche il più antico e prezioso testo di Eschilo. Il testo sofocleo risale all'XI sec., e fu accluso solo secondariamente a quelli di Eschilo e di Apollonio Rodio: per questa ragione esso è nominato di solito *Laurentianus* 32,9 (L). Il codice *Parisinus* 2712 (A), del XIII sec., è il rappresentante principale di una seconda famiglia, nelle cui varianti tuttavia si sono di recente sospettati esiti non di lezioni originali, bensì di congetture bizantine. Pure recente è il riconoscimento del valore autonomo di una terza famiglia, detta Romana, i cui più notevoli esemplari sono i codici *Laurentianus gr. Conv. Soppr.* 152 (G; ma Γ in Pearson) e *Vaticanus gr.* 2291 (R; ma *Chig* in Pearson), del XIII e del XIV sec. rispettivamente.

Il testo qui riprodotto è quello dell'edizione oxoniense curata da A.C. Pearson. La traduzione di Raffaele Cantarella, pubblicata nel volume *Tragici Greci* (ed. Mondadori, Milano 1977), si fonda prevalentemente su questo testo e su quello stabilito da A. Dain per la collezione « Belles Lettres », pure non trascurando apporti da altre edizioni. Nelle Note sono segnalati e discussi i passi, in cui la discordanza fra la traduzione derivata da questo testo 'eclettico' e il testo di Pearson è più vistosa; in altri casi, quando era possibile conformare la traduzione al testo senza profondi mutamenti, si è ritenuto lecito operare direttamente queste modificazioni; altre correzioni seguono infine indicazioni e ripensamenti dello stesso Cantarella, che non gli fu dato di apportare alle bozze del volume suddetto.

Il carattere della collana e i limiti di spazio non consentivano di aggiungere al discorso critico dell'introduzione, delle note e del commento un apparato di rimandi bibliografici. Dalla bibliografia risulterà quali sono le opere, nei cui riguardi il curatore ritiene di avere contratto i maggiori debiti.

Il testo greco è riprodotto anastaticamente dall'edizione oxoniense: presenta quindi le caratteristiche grafiche della collana, tra cui l'uso del sigma lunato sia all'interno, sia alla fine della parola.

Per una retta interpretazione dei segni diacritici ricorrenti nel testo greco, si rammentano le seguenti convenzioni:
† † passo o termine considerato corrotto
⟨ ⟩ lacuna, eventualmente colmata per congettura
[ ] passo o termine espunto

EDIPO RE

EDIPO A COLONO

ANTIGONE

ΟΙΔΙΠΟΥΣ TYRANNOΣ

ΤΑ ΤΟΥ ΔΡΑΜΑΤΟΣ ΠΡΟΣΩΠΑ

ΟΙΔΙΠΟΥΣ

ΙΕΡΕΥΣ

ΚΡΕΩΝ

ΧΟΡΟΣ ΓΕΡΟΝΤΩΝ ΘΗΒΑΙΩΝ

ΤΕΙΡΕΣΙΑΣ

ΙΟΚΑΣΤΗ

ΑΓΓΕΛΟΣ

ΘΕΡΑΠΩΝ ΛΑΙΟΥ

ΕΞΑΓΓΕΛΟΣ

EDIPO RE

LE PERSONE DEL DRAMMA*

EDIPO, *re di Tebe*

SACERDOTE *anziano di Zeus*

CREONTE, *cognato di Edipo*

CORO *di vecchi tebani*

TIRESIA, *indovino*

GIOCASTA, *madre e moglie di Edipo*

NUNZIO

SERVO *di Laio*

NUNZIO II

La scena raffigura, nello sfondo, il palazzo reale di Tebe.

* Secondo l'ordine di entrata in scena.

ΟΙΔΙΠΟΥΣ

Ὦ τέκνα, Κάδμου τοῦ πάλαι νέα τροφή,
τίνας ποθ᾽ ἕδρας τάσδε μοι θοάζετε
ἱκτηρίοις κλάδοισιν ἐξεστεμμένοι;
πόλις δ᾽ ὁμοῦ μὲν θυμιαμάτων γέμει,
ὁμοῦ δὲ παιάνων τε καὶ στεναγμάτων·
ἁγὼ δικαιῶν μὴ παρ᾽ ἀγγέλων, τέκνα,
ἄλλων ἀκούειν αὐτὸς ὧδ᾽ ἐλήλυθα,
ὁ πᾶσι κλεινὸς Οἰδίπους καλούμενος.
ἀλλ᾽, ὦ γεραιέ, φράζ᾽, ἐπεὶ πρέπων ἔφυς
πρὸ τῶνδε φωνεῖν, τίνι τρόπῳ καθέστατε,
δείσαντες ἢ στέρξαντες; ὡς θέλοντος ἂν
ἐμοῦ προσαρκεῖν πᾶν· δυσάλγητος γὰρ ἂν
εἴην τοιάνδε μὴ οὐ κατοικτίρων ἕδραν.

ΙΕΡΕΥΣ

ἀλλ᾽, ὦ κρατύνων Οἰδίπους χώρας ἐμῆς,
ὁρᾷς μὲν ἡμᾶς ἡλίκοι προσήμεθα
βωμοῖσι τοῖς σοῖς, οἱ μὲν οὐδέπω μακρὰν
πτέσθαι σθένοντες, οἱ δὲ σὺν γήρᾳ βαρεῖς
ἱερῆς, ἐγὼ μὲν Ζηνός, οἱ δ᾽ ἔτ᾽ ᾐθέων

PROLOGO

(Davanti alla reggia di Edipo, a Tebe. Sui gradini siede un gruppo di giovinetti che stringono in mano virgulti di ulivo. In mezzo a loro, oltre al sacerdote di Zeus, vecchi e bambini.)

EDIPO (*uscendo dalla reggia*) O figli, giovane progenie dell'antico Cadmo,[1] perché mai così sedete, adorni di supplici rami?[2] La città è tutta piena di fumi d'incenso, e insieme di peana[3] e di pianti; e, non ritenendo giusto di essere informato da altri messaggeri, qui in persona sono venuto, figli, io che tutti chiamano Edipo famoso. Orsù, vecchio, spiegami, giacché conviene che tu parli per loro: perché siete qui, per timore oppure per desiderio? Sappiate che io sono disposto a darvi aiuto in tutto; insensibile sarei, se non provassi pietà di siffatto vostro atteggiamento.

SACERDOTE Ebbene, o Edipo, signore della mia terra, tu vedi qual è l'età di noi che sediamo ai tuoi altari: gli uni ancora non hanno forza per un lungo volo, gli altri sono gravi per vecchiaia, io sacerdote[4] di Zeus, e questi, eletti tra i giovani;

[1] Cadmo è il mitico fondatore della rocca di Tebe (Cadmeia), progenitore dei Tebani e capostipite della famiglia dei Labdacidi.
[2] Si tratta di rami votivi coronati da bende di lana, che venivano deposti ritualmente sull'altare del dio.
[3] Peana era detto l'inno propiziatorio ad Apollo guaritore, che aveva appunto l'epiteto di Παιάν.
[4] In luogo di ἱερῆς (o ἱερεῖς), lezione dei mss. accolta da Pearson, la traduzione adotta il singolare ἱερεύς, congetturato da Bentley. In effetti, appare probabile che non vi siano sulla scena altri vecchi, oltre al sacerdote di Zeus; e nella formula οἳ ... βαρεῖς il plurale è verosimilmente prodotto dalla simmetria con il precedente οἳ ... σθένοντες.

λεκτοί· τὸ δ' ἄλλο φῦλον ἐξεστεμμένον
ἀγοραῖσι θακεῖ, πρός τε Παλλάδος διπλοῖς
ναοῖς, ἐπ' Ἰσμηνοῦ τε μαντείᾳ σποδῷ.
πόλις γάρ, ὥσπερ καὐτὸς εἰσορᾷς, ἄγαν
ἤδη σαλεύει κἀνακουφίσαι κάρα
βυθῶν ἔτ' οὐχ οἵα τε φοινίου σάλου,
φθίνουσα μὲν κάλυξιν ἐγκάρποις χθονός,
φθίνουσα δ' ἀγέλαις βουνόμοις, τόκοισί τε
ἀγόνοις γυναικῶν· ἐν δ' ὁ πυρφόρος θεὸς
σκήψας ἐλαύνει, λοιμὸς ἔχθιστος, πόλιν,
ὑφ' οὗ κενοῦται δῶμα Καδμεῖον· μέλας δ'
Ἅιδης στεναγμοῖς καὶ γόοις πλουτίζεται.
θεοῖσι μέν νυν οὐκ ἰσούμενόν σ' ἐγὼ
οὐδ' οἵδε παῖδες ἑζόμεσθ' ἐφέστιοι,
ἀνδρῶν δὲ πρῶτον ἔν τε συμφοραῖς βίου
κρίνοντες ἔν τε δαιμόνων συναλλαγαῖς·
ὅς γ' ἐξέλυσας ἄστυ Καδμεῖον μολὼν
σκληρᾶς ἀοιδοῦ δασμὸν ὃν παρείχομεν,
καὶ ταῦθ' ὑφ' ἡμῶν οὐδὲν ἐξειδὼς πλέον
οὐδ' ἐκδιδαχθείς, ἀλλὰ προσθήκῃ θεοῦ
λέγῃ νομίζῃ θ' ἡμὶν ὀρθῶσαι βίον.
νῦν δ', ὦ κράτιστον πᾶσιν Οἰδίπου κάρα,
ἱκετεύομέν σε πάντες οἵδε πρόστροποι
ἀλκήν τιν' εὑρεῖν ἡμίν, εἴτε του θεῶν
φήμην ἀκούσας εἴτ' ἀπ' ἀνδρὸς οἶσθά που·
ὡς τοῖσιν ἐμπείροισι καὶ τὰς ξυμφορὰς
ζώσας ὁρῶ μάλιστα τῶν βουλευμάτων.
ἴθ', ὦ βροτῶν ἄριστ', ἀνόρθωσον πόλιν·
ἴθ', εὐλαβήθηθ'· ὡς σὲ νῦν μὲν ἥδε γῆ
σωτῆρα κλῄζει τῆς πάρος προθυμίας·
ἀρχῆς δὲ τῆς σῆς μηδαμῶς μεμνῄμεθα
στάντες τ' ἐς ὀρθὸν καὶ πεσόντες ὕστερον,
ἀλλ' ἀσφαλείᾳ τήνδ' ἀνόρθωσον πόλιν.
ὄρνιθι γὰρ καὶ τὴν τότ' αἰσίῳ τύχην
παρέσχες ἡμῖν, καὶ τανῦν ἴσος γενοῦ.
ὡς εἴπερ ἄρξεις τῆσδε γῆς, ὥσπερ κρατεῖς,

tutti gli altri, cinti di bende, stanno supplici nelle piazze, o davanti ai due templi di Pallade, o presso la profetica cenere d'Ismeno.[5] La città, come tu stesso vedi, ormai troppo è agitata, e non riesce più a sollevare il capo fuori dagli abissi e dalla micidiale tempesta, languendo nei germi fruttiferi della terra, languendo negli armenti pascolanti dei buoi e nelle donne, che non possono più generare; e una divinità ignifera, una terribile pestilenza, abbattutasi sulla città la flagella, e da essa è vuotata la dimora di Cadmo, e l'atro Ade si arricchisce di singhiozzi e di pianti. Pur non paragonandoti agli dèi, io e questi fanciulli sediamo supplici al tuo focolare, perché ti giudichiamo il primo tra gli uomini nei casi della vita e nelle vicende volute dagli dèi. Tu con la tua venuta sciogliesti la città di Cadmo dal tributo che portavamo alla dura cantatrice;[6] e ciò senza aver saputo nulla da noi, senza essere stato informato; ma con l'aiuto di un dio si dice e si crede che tu abbia risollevato la nostra vita. Ora, o Edipo, potentissimo fra tutti, noi tutti che qui siamo supplici ti invochiamo di trovare per noi un soccorso, sia ascoltando il responso di qualche dio, sia che tu lo apprenda da un uomo; poiché vedo che i consigli degli uomini esperti hanno per lo più successo. Orsù, o migliore tra i mortali, risolleva la città! Suvvia, provvedi; questa terra ti invoca ora come salvatore, per la sollecitudine che ne avesti un tempo. Che del tuo regno non ci resti questo ricordo, di essere stati risollevati, e di essere poi caduti: ma raddrizza stabilmente la città. Allora con fausto auspicio ci portasti la fortuna; sii tale anche ora. Se continuerai a regnare su questa terra come regni

[5] Dei due templi di Pallade, uno è probabilmente quello dedicato ad Atena Ὄγκα, l'altro ad Atena Καδμεία. L'espressione « profetica cenere di Ismeno » allude al tempio di Apollo situato sul colle presso il fiume Ismeno; la cenere è quella dei sacrifici preliminari alla richiesta di vaticini.

[6] È la prima allusione alla vittoria di Edipo sulla Sfinge, qui definita « dura cantatrice » con un eufemismo apotropaico.

ξὺν ἀνδράσιν κάλλιον ἢ κενῆς κρατεῖν·
ὡς οὐδέν ἐστιν οὔτε πύργος οὔτε ναῦς
ἐρῆμος ἀνδρῶν μὴ ξυνοικούντων ἔσω.

Οι. ὦ παῖδες οἰκτροί, γνωτὰ κοὐκ ἄγνωτά μοι
προσήλθεθ' ἱμείροντες. εὖ γὰρ οἶδ' ὅτι
νοσεῖτε πάντες, καὶ νοσοῦντες, ὡς ἐγὼ
οὐκ ἔστιν ὑμῶν ὅστις ἐξ ἴσου νοσεῖ.
τὸ μὲν γὰρ ὑμῶν ἄλγος εἰς ἕν' ἔρχεται
μόνον καθ' αὑτόν, κοὐδέν' ἄλλον, ἡ δ' ἐμὴ
ψυχὴ πόλιν τε κἀμὲ καὶ σ' ὁμοῦ στένει.
ὥστ' οὐχ ὕπνῳ γ' εὕδοντά μ' ἐξεγείρετε,
ἀλλ' ἴστε πολλὰ μέν με δακρύσαντα δή,
πολλὰς δ' ὁδοὺς ἐλθόντα φροντίδος πλάνοις.
ἣν δ' εὖ σκοπῶν ηὕρισκον ἴασιν μόνην,
ταύτην ἔπραξα· παῖδα γὰρ Μενοικέως
Κρέοντ', ἐμαυτοῦ γαμβρόν, ἐς τὰ Πυθικὰ
ἔπεμψα Φοίβου δώμαθ', ὡς πύθοιθ' ὅ τι
δρῶν ἢ τί φωνῶν τήνδε ῥυσαίμην πόλιν.
καί μ' ἦμαρ ἤδη ξυμμετρούμενον χρόνῳ
λυπεῖ τί πράσσει· τοῦ γὰρ εἰκότος πέρα
ἄπεστι πλείω τοῦ καθήκοντος χρόνου.
ὅταν δ' ἵκηται, τηνικαῦτ' ἐγὼ κακὸς
μὴ δρῶν ἂν εἴην πάνθ' ὅσ' ἂν δηλοῖ θεός.

Ιε. ἀλλ' ἐς καλὸν σύ τ' εἶπας, οἵδε τ' ἀρτίως
Κρέοντα προσστείχοντα σημαίνουσί μοι.

Οι. ὦναξ Ἄπολλον, εἰ γὰρ ἐν τύχῃ γέ τῳ
σωτῆρι βαίη λαμπρὸς ὥσπερ ὄμματι.

Ιε. ἀλλ' εἰκάσαι μέν, ἡδύς· οὐ γὰρ ἂν κάρα
πολυστεφὴς ὧδ' εἷρπε παγκάρπου δάφνης.

Οι. τάχ' εἰσόμεσθα· ξύμμετρος γὰρ ὡς κλύειν.
ἄναξ, ἐμὸν κήδευμα, παῖ Μενοικέως,
τίν' ἡμὶν ἥκεις τοῦ θεοῦ φέρων φάτιν;

ΚΡΕΩΝ

ἐσθλήν· λέγω γὰρ καὶ τὰ δύσφορ', εἰ τύχοι
κατ' ὀρθὸν ἐξιόντα, πάντ' ἂν εὐτυχεῖν.

adesso, è meglio che tu la possieda popolata di uomini, anziché deserta: una torre o una nave non sono nulla, prive di uomini che in esse vivano.

EDIPO Poveri giovani, voi venite con voti che non ignoro: li conosco bene. So che tutti soffrite, e pure nelle vostre sofferenze non v'è nessuno di voi che soffra al pari di me. Il dolore di ciascuno ricade per voi soltanto su lui stesso, e su nessun altro; ma l'animo mio piange la città, e me e te insieme. Cosicché non mi risvegliate certo da un sonno profondo; ma sappiate che io molto piansi, molte vie percorsi vagando col pensiero. Ho dunque adottato quel solo rimedio che, ben considerando, scoprii: ho mandato Creonte,[7] figlio di Meneceo, mio cognato, a Pito, dimora di Apollo,[8] a domandare con quali azioni o con quali parole io possa salvare questa città. E già il giorno in cui siamo, se lo confronto col tempo trascorso, mi preoccupa: che cosa sta facendo? La sua assenza dura oltre il verosimile, più del tempo richiesto. Ma una volta che sia arrivato, sarei malvagio se non facessi tutto quanto manifesta il dio.

SACERDOTE Hai parlato a proposito: ecco, mi avvisano che Creonte si avvicina.

EDIPO O possente Apollo, che egli venga con qualche evento di salvezza, raggiante com'è all'aspetto!

SACERDOTE A quanto sembra, ha buone notizie,[9] altrimenti non verrebbe con il capo incoronato così di fecondo alloro.

EDIPO Presto lo sapremo; è alla distanza giusta per sentirlo. Signore, parente mio, figlio di Meneceo, quale presagio del dio ci porti?

CREONTE (*arrivando, con il capo cinto di alloro*) Buono: anche ogni sventura può volgersi in bene, se accade che si avvii a buon esito.

[7] Creonte, fratello di Giocasta, era stato reggente del paese dopo la morte di Laio. All'arrivo di Edipo il popolo aveva prescelto quest'ultimo come nuovo re e marito di Giocasta. Meneceo discendeva da Penteo, nipote di Cadmo.

[8] Pito era il nome antico, in seguito usato come alternativo, di Delfi, sede del più illustre oracolo di Apollo.

[9] Sintatticamente riferito a Creonte, ἡδύς allude alle notizie che egli porta. Come al v. 81 λαμπρὸς, la struttura comporta l'ellissi di βαίνει, che si ricava dal precedente βαίη; nel medesimo verso ὄμματι, propriamente « occhio », vale « volto », « aspetto ».

Οι. ἔστιν δὲ ποῖον τοὔπος; οὔτε γὰρ θρασὺς
οὔτ' οὖν προδείσας εἰμὶ τῷ γε νῦν λόγῳ.
Κρ. εἰ τῶνδε χρῄζεις πλησιαζόντων κλύειν,
ἑτοῖμος εἰπεῖν, εἴτε καὶ στείχειν ἔσω.
Οι. ἐς πάντας αὔδα. τῶνδε γὰρ πλέον φέρω
τὸ πένθος ἢ καὶ τῆς ἐμῆς ψυχῆς πέρι.
Κρ. λέγοιμ' ἂν οἷ' ἤκουσα τοῦ θεοῦ πάρα.
ἄνωγεν ἡμᾶς Φοῖβος ἐμφανῶς ἄναξ
μίασμα χώρας, ὡς τεθραμμένον χθονὶ
ἐν τῇδ', ἐλαύνειν μηδ' ἀνήκεστον τρέφειν.
Οι. ποίῳ καθαρμῷ; τίς ὁ τρόπος τῆς ξυμφορᾶς;
Κρ. ἀνδρηλατοῦντας, ἢ φόνῳ φόνον πάλιν
λύοντας, ὡς τόδ' αἷμα χειμάζον πόλιν.
Οι. ποίου γὰρ ἀνδρὸς τήνδε μηνύει τύχην;
Κρ. ἦν ἡμίν, ὦναξ, Λαιός ποθ' ἡγεμὼν
γῆς τῆσδε, πρὶν σὲ τήνδ' ἀπευθύνειν πόλιν.
Οι. ἔξοιδ' ἀκούων· οὐ γὰρ εἰσεῖδόν γέ πω.
Κρ. τούτου θανόντος νῦν ἐπιστέλλει σαφῶς
τοὺς αὐτοέντας χειρὶ τιμωρεῖν τινα.
Οι. οἳ δ' εἰσὶ ποῦ γῆς; ποῦ τόδ' εὑρεθήσεται
ἴχνος παλαιᾶς δυστέκμαρτον αἰτίας;
Κρ. ἐν τῇδ' ἔφασκε γῇ. τὸ δὲ ζητούμενον
ἁλωτόν, ἐκφεύγει δὲ τἀμελούμενον.
Οι. πότερα δ' ἐν οἴκοις, ἢ 'ν ἀγροῖς ὁ Λάιος,
ἢ γῆς ἐπ' ἄλλης τῷδε συμπίπτει φόνῳ;
Κρ. θεωρός, ὡς ἔφασκεν, ἐκδημῶν πάλιν
πρὸς οἶκον οὐκέθ' ἵκεθ', ὡς ἀπεστάλη.
Οι. οὐδ' ἄγγελός τις οὐδὲ συμπράκτωρ ὁδοῦ
κατεῖδ', ὅτου τις ἐκμαθὼν ἐχρήσατ' ἄν;
Κρ. θνῄσκουσι γάρ, πλὴν εἷς τις, ὃς φόβῳ φυγὼν
ὧν εἶδε πλὴν ἓν οὐδὲν εἶχ' εἰδὼς φράσαι.
Οι. τὸ ποῖον; ἓν γὰρ πόλλ' ἂν ἐξεύροι μαθεῖν,
ἀρχὴν βραχεῖαν εἰ λάβοιμεν ἐλπίδος.
Κρ. λῃστὰς ἔφασκε συντυχόντας οὐ μιᾷ
ῥώμῃ κτανεῖν νιν, ἀλλὰ σὺν πλήθει χερῶν.
Οι. πῶς οὖν ὁ λῃστής, εἴ τι μὴ ξὺν ἀργύρῳ

EDIPO Ma qual è l'oracolo? Da queste tue parole certo non sono né rassicurato né prematuramente atterrito.

CREONTE Se desideri ascoltarlo in presenza di costoro, sono pronto a parlare; oppure ad andar dentro.

EDIPO Parla a tutti; soffro più per il loro dolore che per la mia vita.

CREONTE Ti dirò dunque che cosa ho udito da parte del dio. Febo possente ci ordina chiaramente di cacciare dal paese il contagio che è nutrito in questa terra, e di non farlo crescere irreparabile.

EDIPO Con quale purificazione? Di che genere è questa calamità?

CREONTE Esiliando il colpevole, o facendo espiare morte con morte, poiché quel sangue sconvolge la città.

EDIPO E di quale uomo indica la sorte?

CREONTE Laio, o signore, era re di questa nostra terra, prima che tu risollevassi la città.

EDIPO Lo so per sentito dire; io non lo vidi mai.

CREONTE Egli è morto, e il dio ora ci ingiunge chiaramente di punirne di nostra mano gli uccisori, quali che siano.

EDIPO Ed essi dove sono mai? Come si troverà la irriconoscibile traccia di quest'antico delitto?

CREONTE In questa terra, disse: quello che si cerca si può prendere, ma sfugge ciò ch'è trascurato.

EDIPO Laio trovò questa morte nella reggia, o nei campi, oppure in terra straniera?

CREONTE Avendo lasciato la città, come disse, per interrogare un oracolo, non tornò più a casa, dopo la sua partenza.

EDIPO E non assistette un messaggero, non un compagno di viaggio, da cui si possa venire informati?

CREONTE Sono morti, tranne un tale che, fuggito per la paura, di ciò che vide non seppe raccontare se non una sola cosa.

EDIPO Quale? Una sola potrebbe spiegare molte cose, se prendessimo un piccolo principio di speranza.

CREONTE Disse che, avendo incontrato dei briganti, questi l'avevano ucciso non per violenza di uno solo, ma per mano di molti.

EDIPO E come mai un brigante sarebbe giunto a tanto ardi-

ἐπράσσετ' ἐνθένδ', ἐς τόδ' ἂν τόλμης ἔβη;
Κρ. δοκοῦντα ταῦτ' ἦν· Λαΐου δ' ὀλωλότος
οὐδεὶς ἀρωγὸς ἐν κακοῖς ἐγίγνετο.
Οι. κακὸν δὲ ποῖον ἐμποδὼν τυραννίδος
οὕτω πεσούσης εἶργε τοῦτ' ἐξειδέναι;
Κρ. ἡ ποικιλῳδὸς Σφὶγξ τὸ πρὸς ποσὶ σκοπεῖν
μεθέντας ἡμᾶς τἀφανῆ προσήγετο.
Οι. ἀλλ' ἐξ ὑπαρχῆς αὖθις αὔτ' ἐγὼ φανῶ.
ἐπαξίως γὰρ Φοῖβος, ἀξίως δὲ σὺ
πρὸ τοῦ θανόντος τήνδ' ἔθεσθ' ἐπιστροφήν·
ὥστ' ἐνδίκως ὄψεσθε κἀμὲ σύμμαχον,
γῇ τῇδε τιμωροῦντα τῷ θεῷ θ' ἅμα.
ὑπὲρ γὰρ οὐχὶ τῶν ἀπωτέρω φίλων
ἀλλ' αὐτὸς αὑτοῦ τοῦτ' ἀποσκεδῶ μύσος.
ὅστις γὰρ ἦν ἐκεῖνον ὁ κτανὼν τάχ' ἂν
κἄμ' ἂν τοιαύτῃ χειρὶ τιμωρεῖν θέλοι.
κείνῳ προσαρκῶν οὖν ἐμαυτὸν ὠφελῶ.
ἀλλ' ὡς τάχιστα, παῖδες, ὑμεῖς μὲν βάθρων
ἵστασθε, τούσδ' ἄραντες ἱκτῆρας κλάδους,
ἄλλος δὲ Κάδμου λαὸν ὧδ' ἀθροιζέτω,
ὡς πᾶν ἐμοῦ δράσοντος. ἢ γὰρ εὐτυχεῖς
σὺν τῷ θεῷ φανούμεθ', ἢ πεπτωκότες.
Ιε. ὦ παῖδες, ἱστώμεσθα· τῶνδε γὰρ χάριν
καὶ δεῦρ' ἔβημεν ὧν ὅδ' ἐξαγγέλλεται.
Φοῖβος δ' ὁ πέμψας τάσδε μαντείας ἅμα
σωτήρ θ' ἵκοιτο καὶ νόσου παυστήριος.

ΧΟΡΟΣ

ὦ Διὸς ἁδυεπὲς φάτι, τίς ποτε στρ.
τᾶς πολυχρύσου
Πυθῶνος ἀγλαὰς ἔβας
Θήβας; ἐκτέταμαι φοβερὰν φρένα
δείματι πάλλων,
ἰήιε Δάλιε Παιάν,

re, se la cosa non fosse stata preparata da qui con danaro?

CREONTE Così parve; ma, morto Laio, nessun difensore sorse nelle nostre sciagure.

EDIPO Quale sventura, essendo così caduto il regno, vi impediva di appurare la cosa?

CREONTE La Sfinge, cantatrice ingannevole, ci costringeva a pensare al presente, trascurando ciò ch'era oscuro.

EDIPO Ma lo scoprirò io, fin dal principio; molto giustamente Febo – e giustamente anche tu – vi prendeste tal cura del morto; sì che, come è giusto, vedrete alleato anche me, a prodigarmi per questo paese e insieme per il dio. E non a favore di amici lontani, ma per mio stesso vantaggio disperderò questa sozzura. Chiunque infatti fu ad uccidere lui, potrebbe voler colpire anche me allo stesso modo; curandomi di Laio, quindi, giovo a me stesso. Subito dunque, fanciulli, alzatevi dai gradini, levando questi supplici rami; e un altro raccolga qui il popolo di Cadmo, dicendo che io farò ogni cosa: o saremo vittoriosi con l'aiuto del dio, o cadremo. (*Rientra nel palazzo insieme a Creonte.*)

SACERDOTE O fanciulli, leviamoci; ciò che egli promette è lo scopo per cui venimmo qui. Febo, che ha mandato questi vaticini, venga come salvatore e guaritore del morbo.

(I fanciulli escono con il sacerdote. Entra il coro, composto di vecchi tebani.)

PARODO

CORO O dolce parola di Zeus, quale mai
responso da Pito ricca d'oro
inviasti alla splendida Tebe?
Proteso in angosciosa ansia,
agitato dal terrore,
o invocato soccorritore Delio,[10]

[10] Il triplice appellativo si riferisce ad Apollo, detto ἰήιος perché lo si invocava con il grido ἰή (e un'etimologia popolare istituiva anche un rapporto con il verbo ἰάομαι, « risanare »); Δάλιος, ossia

ἀμφὶ σοὶ ἁζόμενος τί μοι ἢ νέον
ἢ περιτελλομέναις ὥραις πάλιν
ἐξανύσεις χρέος.
εἰπέ μοι, ὦ χρυσέας τέκνον Ἐλπίδος,
ἄμβροτε Φάμα.

πρῶτά σε κεκλόμενος, θύγατερ Διός, ἀντ.
ἄμβροτ' Ἀθάνα,
γαιάοχόν τ' ἀδελφεὰν
Ἄρτεμιν, ἃ κυκλόεντ' ἀγορᾶς θρόνον
Εὔκλεα θάσσει,
καὶ Φοῖβον ἑκαβόλον, ἰὼ
τρισσοὶ ἀλεξίμοροι προφάνητέ μοι,
εἴ ποτε καὶ προτέρας ἄτας ὕπερ
ὀρνυμένας πόλει
ἠνύσατ' ἐκτοπίαν φλόγα πήματος,
ἔλθετε καὶ νῦν.

ὦ πόποι, ἀνάριθμα γὰρ φέρω στρ.
πήματα· νοσεῖ δέ μοι πρόπας
στόλος, οὐδ' ἔνι φροντίδος ἔγχος
ᾧ τις ἀλέξεται. οὔτε γὰρ ἔκγονα
κλυτᾶς χθονὸς αὔξεται οὔτε τόκοισιν
ἰηίων
καμάτων ἀνέχουσι γυναῖκες·
ἄλλον δ' ἂν ἄλ-
λῳ προσίδοις ἅπερ εὔπτερον ὄρνιν
κρεῖσσον ἀμαιμακέτου πυρὸς ὄρμενον
ἀκτὰν πρὸς ἑσπέρου θεοῦ·

ὧν πόλις ἀνάριθμος ὄλλυται· ἀντ.
νηλέα δὲ γένεθλα πρὸς πέδῳ

a te prostrato, io chiedo
qual mai compito nuovo o trascorso con gli anni
vorrai impormi. Parlami,
o prole dell'aurea Speranza,
Voce immortale.[11]

Per prima te invoco, figlia di Zeus,
immortale Atena,
e la sorella Artemide reggitrice
del paese, la quale sullo splendido trono
della piazza rotonda[12] siede,
e Febo lungi saettante. Ah,
voi tre che proteggete dal male, a me mostratevi;
se mai un tempo, quando una prima sciagura
si levava sulla città,
allontanaste dal paese fiamma di sventura,
venite anche ora.

Ahimè, innumerabili sventure
sopporto! L'intero mio popolo è malato,
né esiste arma di pensiero
a difesa: poiché non prole di quest'inclita
terra cresce, né con i parti
da dolorose doglie si liberano le donne;
e uno dopo l'altro puoi vedere gli abitanti, come alati uccelli,
più rapidi di fiamma indomita affrettarsi
alla riva del dio d'occidente.[13]

Senza fine la città perisce;
e la miseranda progenie mortifera[14]

Δήλιος, perché era nato a Delo; e Παιάν secondo un epiteto rituale, che valeva « guaritore », e che designava anche il canto in onore del dio (cfr. n. 3, e in seguito il v. 186).

11 L'espressione ἄμβροτε Φάμα si riferisce all'oracolo del dio.

12 Riferimento al culto di Artemide praticato sull'agorà di Tebe, in cui la dea aveva l'epiteto di Εὔκλεια. Nella traduzione, il termine è interpretato come accusativo (εὐκλέα) di εὐκλεής, e riferito a θρόνον.

13 Si tratta della riva dell'Acheronte: secondo la concezione omerica, l'Ade è collocato all'estremo limite occidentale della terra.

14 I corpi dei morti tebani sono detti θαναταφόρα, « apportatori di morte », in quanto diffondono il contagio: fra il termine e

θανατοφόρα κεῖται ἀνοίκτως·
ἐν δ' ἄλοχοι πολιαί τ' ἔπι ματέρες
ἀκτὰν παρὰ βώμιον ἄλλοθεν ἄλλαι
λυγρῶν πόνων
ἱκτῆρες ἐπιστενάχουσιν.
παιὰν δὲ λάμ-
πει στονόεσσά τε γῆρυς ὅμαυλος·
ὧν ὕπερ, ὦ χρυσέα θύγατερ Διός,
εὐῶπα πέμψον ἀλκάν·

Ἀρεά τε τὸν μαλερόν, ὃς *στρ.*
νῦν ἄχαλκος ἀσπίδων
φλέγει με περιβόατος ἀντιάζων,
παλίσσυτον δράμημα νωτίσαι πάτρας
ἄπουρον, εἴτ' ἐς μέγαν
θάλαμον Ἀμφιτρίτας
εἴτ' ἐς τὸν ἀπόξενον ὅρμων
Θρῄκιον κλύδωνα·
τέλει γάρ, εἴ τι νὺξ ἀφῇ,
τοῦτ' ἐπ' ἦμαρ ἔρχεται·
τόν, ὦ ⟨τᾶν⟩ πυρφόρων
ἀστραπᾶν κράτη νέμων,
ὦ Ζεῦ πάτερ, ὑπὸ σῷ φθίσον κεραυνῷ.

Λύκει' ἄναξ, τά τε σὰ χρυ- *ἀντ.*
σοστρόφων ἀπ' ἀγκυλᾶν

al suolo giace, senza compianto;
e mogli e canute madri
ai piedi dell'altare da ogni parte venute
per luttuose pene gemono supplicando.
E il peana risuona, e lamentosa voce concorde;
su di loro, o aurea figlia di Zeus,[15]
manda benigno aiuto.

E Ares il violento, che ora
senza scudo di bronzo[16]
mi arde con alte grida movendo all'assalto,
a corsa precipitosa torni indietro fuori dalla mia terra,
o verso il grande talamo di Anfitrite,[17]
o ai marosi dell'inospite Tracia:[18]
poiché, se la notte ha lasciato qualcosa,
nel giorno va a compimento.[19]
Tu che reggi il potere
delle folgori fiammeggianti,
o Zeus padre, annientalo[20] sotto il tuo fulmine.

Signore Liceo,[21] i tuoi dardi
dal ricurvo arco d'oro

la radice γεν- (relativa all'idea di generazione), che appare in γένεθλα, si può forse riconoscere un voluto effetto di contrasto.

15 L'espressione generica può riferirsi sia ad Atena che ad Afrodite, o anche ad entrambe.

16 Ares viene qui identificato come personificazione stessa della pestilenza: l'espressione ἄχαλκος ἀσπίδων allude al potere di morte che Ares possiede anche al di fuori della guerra.

17 μέγαν θάλαμον 'Αμφιτρίτας indica l'estensione del mare: Anfitrite è la dea marina sposa di Poseidon. In questo caso il riferimento allude probabilmente all'Atlantico, contrapposto all'altro mare (il mar Nero) che delimita le terre conosciute nell'antichità.

18 L'espressione indica verosimilmente il Ponto Eusino: la Tracia, terra di provenienza del dio Ares, comprendeva per i Greci l'intera zona situata fra l'Egeo e le foci del Danubio.

19 Tanto il testo che l'interpretazione lasciano dubbi: l'idea potrebbe essere che la città è travagliata da una rovina totale, poiché se la notte lascia sopravvivere qualcosa, il giorno completa l'opera di distruzione.

20 Al v. 200, τόν si riferisce ad Ares.

21 Liceo (Λύκειος) è un altro epiteto di Apollo, in quanto λυκόκτονος, «uccisore del lupo»: qui esso è usato con specifico riferimento alla lotta contro Ares, cui viene invocato.

βέλεα θέλοιμ' ἂν ἀδάματ' ἐνδατεῖσθαι
ἀρωγὰ προσταθέντα, τάς τε πυρφόρους
'Αρτέμιδος αἴγλας, ξὺν αἷς
Λύκι' ὄρεα διᾴσσει·
τὸν χρυσομίτραν τε κικλήσκω,
τᾶσδ' ἐπώνυμον γᾶς,
οἰνῶπα βάκχον, εὔιον
Μαινάδων ὁμόστολον,
πελασθῆναι φλέγοντ'
ἀγλαῶπι . . .
πεύκᾳ 'πὶ τὸν ἀπότιμον ἐν θεοῖς θεόν.

Οι. αἰτεῖς· ἃ δ' αἰτεῖς, τἄμ' ἐὰν θέλῃς ἔπη
κλύων δέχεσθαι τῇ νόσῳ θ' ὑπηρετεῖν,
ἀλκὴν λάβοις ἂν κἀνακούφισιν κακῶν·
ἁγὼ ξένος μὲν τοῦ λόγου τοῦδ' ἐξερῶ,
ξένος δὲ τοῦ πραχθέντος· οὐ γὰρ ἂν μακρὰν
ἴχνευον αὐτός, μὴ οὐκ ἔχων τι σύμβολον.
νῦν δ', ὕστερος γὰρ ἀστὸς εἰς ἀστοὺς τελῶ,
ὑμῖν προφωνῶ πᾶσι Καδμείοις τάδε·
ὅστις ποθ' ὑμῶν Λάιον τὸν Λαβδάκου
κάτοιδεν ἀνδρὸς ἐκ τίνος διώλετο,
τοῦτον κελεύω πάντα σημαίνειν ἐμοί·
κεἰ μὲν φοβεῖται τοὐπίκλημ' ὑπεξελεῖν
αὐτὸς καθ' αὑτοῦ· πείσεται γὰρ ἄλλο μὲν
ἀστεργὲς οὐδέν, γῆς δ' ἄπεισιν ἀβλαβής·
εἰ δ' αὖ τις ἄλλον οἶδεν ἐξ ἄλλης χθονὸς
τὸν αὐτόχειρα, μὴ σιωπάτω· τὸ γὰρ

vorrei che invincibili si stendessero
a difesa, a protezione; e insieme le ardenti
faci di Artemide, con cui
essa balza fra i monti di Licia;[22]
e il dio dall'aurea mitra,
che ha dato nome a questa terra,[23]
Bacco Evio dal viso purpureo,
compagno alle Menadi,[24]
supplico che venga
portando accesa una fulgente teda,
contro il dio[25] cui gli dèi rifiutano onore.

PRIMO EPISODIO

EDIPO (*uscendo dal palazzo*) Tu preghi; e secondo la tua preghiera, se accoglierai le mie parole e vorrai difesa contro il morbo, possa tu trovare soccorso e sollievo ai tuoi mali. Io parlerò come estraneo a questo responso ed estraneo all'accaduto; da solo non ne potrei seguire per lungo tratto le orme, senza avere qualche indizio. Ma ora, poiché sono l'ultimo cittadino entrato in questa città, a voi tutti Cadmei questo io proclamo: « Chiunque di voi conosce l'uomo che uccise Laio, figlio di Labdaco,[26] io ordino che mi riveli ogni cosa; e se ha qualche timore, si liberi lui stesso da quest'imputazione; non soffrirà nessun altro danno, se ne andrà soltanto, illeso, dal paese. E se uno sa che l'uccisore è un altro, o di un altro paese, non taccia: io gliene darò ricompensa,

22 È probabile che i monti della Licia, regione costiera dell'Asia Minore, siano qui nominati per creare un rapporto, attraverso l'omofonia, fra Artemide e il fratello Apollo, detto sopra Λύκειος.
23 Tebe, la città di Semele, madre di Dioniso-Bacco, era detta per antonomasia la città del dio, anche se non sussisteva una specifica eponimia.
24 Dioniso viene qui designato « Evio » dal grido εὐοῖ col quale lo si invocava; e la tinta purpurea del suo volto allude al colore del vino. Le Menadi erano donne del corteggio di Dioniso, così chiamate dal verbo μαίνομαι, « infuriare ».
25 Si tratta sempre di Ares.
26 Il padre di Laio, Labdaco, era figlio di Polidoro, a sua volta figlio di Cadmo, il progenitore dei Tebani (cfr. la n. 27).

κέρδος τελῶ 'γὼ χἠ χάρις προσκείσεται.
εἰ δ' αὖ σιωπήσεσθε, καί τις ἢ φίλου
δείσας ἀπώσει τοὔπος ἢ χαὐτοῦ τόδε,
ἀκ τῶνδε δράσω, ταῦτα χρὴ κλύειν ἐμοῦ.
τὸν ἄνδρ' ἀπαυδῶ τοῦτον, ὅστις ἐστί, γῆς
τῆσδ', ἧς ἐγὼ κράτη τε καὶ θρόνους νέμω,
μήτ' ἐσδέχεσθαι μήτε προσφωνεῖν τινα,
μήτ' ἐν θεῶν εὐχαῖσι μηδὲ θύμασιν
κοινὸν ποεῖσθαι, μήτε χέρνιβας νέμειν·
ὠθεῖν δ' ἀπ' οἴκων πάντας, ὡς μιάσματος
τοῦδ' ἡμὶν ὄντος, ὡς τὸ Πυθικὸν θεοῦ
μαντεῖον ἐξέφηνεν ἀρτίως ἐμοί.
ἐγὼ μὲν οὖν τοιόσδε τῷ τε δαίμονι
τῷ τ' ἀνδρὶ τῷ θανόντι σύμμαχος πέλω.
κατεύχομαι δὲ τὸν δεδρακότ', εἴτε τις
εἷς ὢν λέληθεν εἴτε πλειόνων μέτα,
κακὸν κακῶς νιν ἄμορον ἐκτρῖψαι βίον.
ἐπεύχομαι δ', οἴκοισιν εἰ ξυνέστιος
ἐν τοῖς ἐμοῖς γένοιτ' ἐμοῦ συνειδότος,
παθεῖν ἅπερ τοῖσδ' ἀρτίως ἠρασάμην.
ὑμῖν δὲ ταῦτα πάντ' ἐπισκήπτω τελεῖν,
ὑπέρ τ' ἐμαυτοῦ, τοῦ θεοῦ τε, τῆσδέ τε
γῆς ὧδ' ἀκάρπως κἀθέως ἐφθαρμένης.
οὐδ' εἰ γὰρ ἦν τὸ πρᾶγμα μὴ θεήλατον,
ἀκάθαρτον ὑμᾶς εἰκὸς ἦν οὕτως ἐᾶν,
ἀνδρός γ' ἀρίστου βασιλέως τ' ὀλωλότος,
ἀλλ' ἐξερευνᾶν· νῦν δ' ἐπεὶ κυρῶ τ' ἐγὼ
ἔχων μὲν ἀρχάς, ἃς ἐκεῖνος εἶχε πρίν,
ἔχων δὲ λέκτρα καὶ γυναῖχ' ὁμόσπορον,
κοινῶν τε παίδων κοίν' ἄν, εἰ κείνῳ γένος
μὴ 'δυστύχησεν, ἦν ἂν ἐκπεφυκότα,—
νῦν δ' ἐς τὸ κείνου κρᾶτ' ἐνήλαθ' ἡ τύχη·
ἀνθ' ὧν ἐγὼ τάδ', ὡσπερεὶ τοὐμοῦ πατρός,
ὑπερμαχοῦμαι κἀπὶ πάντ' ἀφίξομαι
ζητῶν τὸν αὐτόχειρα τοῦ φόνου λαβεῖν
τῷ Λαβδακείῳ παιδὶ Πολυδώρου τε καὶ

aggiungendo gratitudine. Ma se tacerete, e qualcuno, temendo o per una persona cara o per se stesso, respingerà quest'invito, sappia da me che cosa farò in tal caso. Proibisco che a quest'uomo, chiunque egli sia, da alcun cittadino di questa terra, di cui io posseggo il dominio e il trono, sia data accoglienza e sia rivolta parola, né che sia partecipe di preghiere e di sacrifici agli dèi, né che riceva acqua lustrale; ma ordino che tutti lo respingano dalle loro case, in quanto causa per noi di contaminazione, come l'oracolo divino di Pito mi ha testé rivelato. In questa maniera io mi faccio alleato del dio e del morto; e auguro al colpevole, rimasto ignoto sia che avesse agito da solo oppure con altri, di consumare miserabilmente una vita misera e infelice; e mi voto inoltre, se consapevole io lo accogliessi al focolare della mia casa, a soffrire io stesso ciò che ora ho imprecato ». Tutto ciò vi scongiuro di fare per me, per il dio e per questa terra che così perisce, priva di frutti, priva di dèi. (*S'avvicina al coro*) Anche se questa non fosse stata la volontà del dio, non era giusto che voi lasciaste così inespiato un tale delitto, la morte di un ottimo re: avreste dovuto indagare. E ora, dato che mi trovo io ad avere il potere che prima era suo, ad avere il suo talamo e la moglie parimenti di lui feconda, e prole comune di figli sarebbe stata generata, se sventura non avesse colpito la sua discendenza – ma il destino si è abbattuto sul suo capo; onde io combatterò per lui questa battaglia come per mio padre, e farò qualunque cosa, cercando di prendere l'autore dell'uccisione, per il figlio di Labdaco, discendente di Polidoro e del vecchio Cadmo e dell'an-

τοῦ πρόσθε Κάδμου τοῦ πάλαι τ' Ἀγήνορος.
καὶ ταῦτα τοῖς μὴ δρῶσιν εὔχομαι θεοὺς
μήτ' ἄροτον αὐτοῖς γῆς ἀνιέναι τινὰ
μήτ' οὖν γυναικῶν παῖδας, ἀλλὰ τῷ πότμῳ
τῷ νῦν φθερεῖσθαι κἄτι τοῦδ' ἐχθίονι.
ὑμῖν δὲ τοῖς ἄλλοισι Καδμείοις, ὅσοις
τάδ' ἔστ' ἀρέσκονθ', ἥ τε σύμμαχος Δίκη
χοἰ πάντες εὖ ξυνεῖεν εἰσαεὶ θεοί.
Χο. ὥσπερ μ' ἀραῖον εἷλες, ὧδ', ἄναξ, ἐρῶ.
οὔτ' ἔκτανον γὰρ οὔτε τὸν κτανόντ' ἔχω
δεῖξαι. τὸ δὲ ζήτημα τοῦ πέμψαντος ἦν
Φοίβου τόδ' εἰπεῖν ὅστις εἴργασταί ποτε.
Οι. δίκαι' ἔλεξας· ἀλλ' ἀναγκάσαι θεοὺς
ἂν μὴ θέλωσιν οὐδ' ἂν εἷς δύναιτ' ἀνήρ.
Χο. τὰ δεύτερ' ἐκ τῶνδ' ἂν λέγοιμ' ἁμοὶ δοκεῖ.
Οι. εἰ καὶ τρίτ' ἐστί, μὴ παρῇς τὸ μὴ οὐ φράσαι.
Χο. ἄνακτ' ἄνακτι ταὔθ' ὁρῶντ' ἐπίσταμαι
μάλιστα Φοίβῳ Τειρεσίαν, παρ' οὗ τις ἂν
σκοπῶν τάδ', ὦναξ, ἐκμάθοι σαφέστατα.
Οι. ἀλλ' οὐκ ἐν ἀργοῖς οὐδὲ τοῦτ' ἐπραξάμην.
ἔπεμψα γὰρ Κρέοντος εἰπόντος διπλοῦς
πομπούς· πάλαι δὲ μὴ παρὼν θαυμάζεται.
Χο. καὶ μὴν τά γ' ἄλλα κωφὰ καὶ παλαί' ἔπη.
Οι. τὰ ποῖα ταῦτα; πάντα γὰρ σκοπῶ λόγον.
Χο. θανεῖν ἐλέχθη πρός τινων ὁδοιπόρων.
Οι. ἤκουσα κἀγώ· τὸν δὲ δρῶντ' οὐδεὶς ὁρᾷ.

tico Agenore;[27] e a coloro che non eseguiranno questi ordini impreco dagli dèi che non nascano messi dalla terra, né figli dalle mogli, ma che sempre si consumino nel nostro destino attuale, anzi in un destino ancora peggiore di questo. Ma a voi altri Cadmei, ai quali questi ordini piaceranno, sia alleata Dike[28] e con lei tutti gli dèi in eterno.

CORIFEO Come mi volesti partecipe, o re, delle tue imprecazioni, così io parlerò: non uccisi, né posso indicare chi uccise. Ma era compito di Febo, che inviò l'oracolo, dire chi ha compiuto il delitto.

EDIPO Hai detto bene; ma nessun uomo potrebbe costringere gli dèi a ciò che non vogliono.

CORIFEO Inoltre, vorrei dirti un mio secondo parere.

EDIPO Anche se fosse il terzo, non tralasciare di dirmelo.

CORIFEO So che il sire Tiresia[29] vede il futuro proprio come Febo signore: facendo questa ricerca col suo aiuto, o signore,[30] si potrebbe sapere con tutta certezza.

EDIPO Ma neppure questo ho trascurato di fare: per consiglio di Creonte mandai due messaggeri; ed è strano che non sia già qui.

CORIFEO Certo, quanto al resto, sono vecchie e vane voci.

EDIPO Quali? Ogni parola tengo in conto.

CORIFEO Si diceva che fosse stato ucciso da alcuni viandanti.

EDIPO L'ho sentito anch'io; ma nessuno vede più l'uomo che fu testimone.[31]

27 Viene qui presentata l'ascendenza dei Labdacidi: Agenore, che abitava in Siria, aveva mandato i suoi tre figli maschi alla ricerca della sorella Europa, rapita da Zeus. Fra essi Cadmo fondò la città di Tebe proprio durante tale peregrinazione.

28 Dike (Δίκη) è la personificazione divina della giustizia.

29 Tiresia fu il più famoso vate di Apollo. Atena, da lui sorpresa al bagno, lo rese cieco ponendogli le mani sugli occhi, ma gli donò in cambio il privilegio della chiaroveggenza.

30 Nella battuta il titolo di ἄναξ ritorna tre volte, attribuito a tre personaggi diversi: a Tiresia sacerdote di Apollo, al dio stesso, e ad Edipo. Nel modulo è probabile che si esprimesse un'intenzione allusiva, peraltro non facile da precisare.

31 La traduzione segue i mss. e la maggior parte delle edizioni, dove la lezione δ'ἰδόντ' istituisce con ὁρᾷ un'espressiva ironia. Nel testo di Pearson è adottata la congettura δὲ δρῶντ', risalente a un anonimo e riferita da Burton, che modifica il significato del passo: « ma nessuno ha visto il colpevole del delitto ».

Χο. ἀλλ' εἴ τι μὲν δὴ δείματός γ' ἔχει μέρος
τὰς σὰς ἀκούων οὐ μενεῖ τοιάσδ' ἀράς.
Οι. ᾧ μή 'στι δρῶντι τάρβος, οὐδ' ἔπος φοβεῖ.
Χο. ἀλλ' οὐξελέγξων αὐτὸν ἔστιν· οἵδε γὰρ
τὸν θεῖον ἤδη μάντιν ὧδ' ἄγουσιν, ᾧ
τἀληθὲς ἐμπέφυκεν ἀνθρώπων μόνῳ.
Οι. ὦ πάντα νωμῶν Τειρεσία, διδακτά τε
ἄρρητά τ' οὐράνιά τε καὶ χθονοστιβῆ,
πόλιν μέν, εἰ καὶ μὴ βλέπεις, φρονεῖς δ' ὅμως
οἵᾳ νόσῳ σύνεστιν· ἧς σὲ προστάτην
σωτῆρά τ', ὦναξ, μοῦνον ἐξευρίσκομεν.
Φοῖβος γάρ, εἰ καὶ μὴ κλύεις τῶν ἀγγέλων,
πέμψασιν ἡμῖν ἀντέπεμψεν, ἔκλυσιν
μόνην ἂν ἐλθεῖν τοῦδε τοῦ νοσήματος,
εἰ τοὺς κτανόντας Λάιον μαθόντες εὖ
κτείναιμεν, ἢ γῆς φυγάδας ἐκπεμψαίμεθα.
σὺ δ' οὖν φθονήσας μήτ' ἀπ' οἰωνῶν φάτιν
μήτ' εἴ τιν' ἄλλην μαντικῆς ἔχεις ὁδόν,
ῥῦσαι σεαυτὸν καὶ πόλιν, ῥῦσαι δ' ἐμέ,
ῥῦσαι δὲ πᾶν μίασμα τοῦ τεθνηκότος.
ἐν σοὶ γὰρ ἐσμέν· ἄνδρα δ' ὠφελεῖν ἀφ' ὧν
ἔχοι τε καὶ δύναιτο κάλλιστος πόνων.

ΤΕΙΡΕΣΙΑΣ

φεῦ φεῦ, φρονεῖν ὡς δεινὸν ἔνθα μὴ τέλη
λύει φρονοῦντι. ταῦτα γὰρ καλῶς ἐγὼ
εἰδὼς διώλεσ'· οὐ γὰρ ἂν δεῦρ' ἱκόμην.
Οι. τί δ' ἔστιν; ὡς ἄθυμος εἰσελήλυθας.
Τε. ἄφες μ' ἐς οἴκους· ῥᾷστα γὰρ τὸ σόν τε σὺ
κἀγὼ διοίσω τοὐμόν, ἢν ἐμοὶ πίθῃ.
Οι. οὔτ' ἔννομ' εἶπας οὔτε προσφιλῆ πόλει
τῇδ', ἥ σ' ἔθρεψε, τήνδ' ἀποστερῶν φάτιν.
Τε. ὁρῶ γὰρ οὐδὲ σοὶ τὸ σὸν φώνημ' ἰὸν
πρὸς καιρόν· ὡς οὖν μηδ' ἐγὼ ταὐτὸν πάθω . . .
Οι. μὴ πρὸς θεῶν φρονῶν γ' ἀποστραφῇς, ἐπεὶ
πάντες σε προσκυνοῦμεν οἵδ' ἱκτήριοι.

CORIFEO Ma se prova qualche timore, udendo queste tue maledizioni non resisterà più.

EDIPO Chi non teme di agire, nemmeno parole paventa.

CORIFEO Ma c'è chi può denunciarlo; ecco che conducono qui il divino profeta, al quale soltanto è connaturata la verità.

(Entra Tiresia, guidato da un fanciullo; lo accompagnano due uomini di Edipo.)

EDIPO O Tiresia che tutto discerni, le cose che si possono sapere e le segrete, le celesti e le terrene, anche se non vedi, certo comprendi a quale morbo soggiace la città; e noi troviamo in te, signore, il suo solo protettore e salvatore. Febo infatti, se pure non l'hai già sentito dai messaggeri, noi abbiamo consultato; e ci ha risposto che la liberazione da questo flagello verrebbe soltanto se, scoperti gli uccisori di Laio, li uccidessimo o li scacciassimo in esilio dal paese. Tu dunque non negarci il responso degli uccelli, né se hai qualche altro strumento di profezia: salva te stesso e la città, salva me, salvaci da ogni contagio del morbo. Noi confidiamo in te; per un uomo, far bene secondo che uno sappia e possa, è la più bella delle azioni.

TIRESIA Ahi, ahi, com'è terribile sapere, quando non giovi a chi sa! Io ne ero ben consapevole, ma l'ho dimenticato; altrimenti non sarei venuto qui.

EDIPO Che c'è? Con quale scoramento sei venuto!

TIRESIA Rimandami a casa, dammi ascolto: tu sopporterai più facilmente per la parte tua, e io per la mia.

EDIPO Privandola di questa profezia, non dici parole né giuste né benevole per la città che ti nutrì.

TIRESIA Perché vedo che anche le tue parole non vanno al punto giusto: e dunque, affinché non accada anche a me lo stesso – (*Accenna a uscire.*)

EDIPO Tu che sai, non andartene, per gli dèi: tutti ci prostriamo supplici ai tuoi piedi.

Τε. πάντες γὰρ οὐ φρονεῖτ᾽. ἐγὼ δ᾽ οὐ μή ποτε,
τἄμ᾽ ὡς ἂν εἴπω, μὴ τὰ σ᾽ ἐκφήνω κακά.
Οι. τί φής; ξυνειδὼς οὐ φράσεις, ἀλλ᾽ ἐννοεῖς
ἡμᾶς προδοῦναι καὶ καταφθεῖραι πόλιν;
Τε. ἐγὼ οὔτ᾽ ἐμαυτὸν οὔτε σ᾽ ἀλγυνῶ. τί ταῦτ᾽
ἄλλως ἐλέγχεις; οὐ γὰρ ἂν πύθοιό μου.
Οι. οὐκ, ὦ κακῶν κάκιστε, καὶ γὰρ ἂν πέτρου
φύσιν σύ γ᾽ ὀργάνειας, ἐξερεῖς ποτέ,
ἀλλ᾽ ὧδ᾽ ἄτεγκτος κἀτελεύτητος φανῇ;
Τε. ὀργὴν ἐμέμψω τὴν ἐμήν, τὴν σὴν δ᾽ ὁμοῦ
ναίουσαν οὐ κατεῖδες, ἀλλ᾽ ἐμὲ ψέγεις.
Οι. τίς γὰρ τοιαῦτ᾽ ἂν οὐκ ἂν ὀργίζοιτ᾽ ἔπη
κλύων, ἃ νῦν σὺ τήνδ᾽ ἀτιμάζεις πόλιν;
Τε. ἥξει γὰρ αὐτά, κἂν ἐγὼ σιγῇ στέγω.
Οι. οὐκοῦν ἅ γ᾽ ἥξει καὶ σὲ χρὴ λέγειν ἐμοί.
Τε. οὐκ ἂν πέρα φράσαιμι. πρὸς τάδ᾽, εἰ θέλεις,
θυμοῦ δι᾽ ὀργῆς ἥτις ἀγριωτάτη.
Οι. καὶ μὴν παρήσω γ᾽ οὐδέν, ὡς ὀργῆς ἔχω,
ἅπερ ξυνίημ᾽. ἴσθι γὰρ δοκῶν ἐμοὶ
καὶ ξυμφυτεῦσαι τοὔργον, εἰργάσθαι θ᾽, ὅσον
μὴ χερσὶ καίνων· εἰ δ᾽ ἐτύγχανες βλέπων,
καὶ τοὔργον ἂν σοῦ τοῦτ᾽ ἔφην εἶναι μόνου.
Τε. ἄληθες; ἐννέπω σὲ τῷ κηρύγματι
ᾧπερ προεῖπας ἐμμένειν, κἀφ᾽ ἡμέρας
τῆς νῦν προσαυδᾶν μήτε τούσδε μήτ᾽ ἐμέ,
ὡς ὄντι γῆς τῆσδ᾽ ἀνοσίῳ μιάστορι.
Οι. οὕτως ἀναιδῶς ἐξεκίνησας τόδε
τὸ ῥῆμα; καὶ ποῦ τοῦτο φεύξεσθαι δοκεῖς;
Τε. πέφευγα· τἀληθὲς γὰρ ἰσχῦον τρέφω.
Οι. πρὸς τοῦ διδαχθείς; οὐ γὰρ ἔκ γε τῆς τέχνης.
Τε. πρὸς σοῦ· σὺ γάρ μ᾽ ἄκοντα προυτρέψω λέγειν.
Οι. ποῖον λόγον; λέγ᾽ αὖθις, ὡς μᾶλλον μάθω.
Τε. οὐχὶ ξυνῆκας πρόσθεν; ἢ ᾽κπειρᾷ λόγων;
Οι. οὐχ ὥστε γ᾽ εἰπεῖν γνωστόν· ἀλλ᾽ αὖθις φράσον.
Τε. φονέα σε φημὶ τἀνδρὸς οὗ ζητεῖς κυρεῖν.
Οι. ἀλλ᾽ οὔ τι χαίρων δίς γε πημονὰς ἐρεῖς.

TIRESIA Perché voi tutti non sapete; ma che io non riveli mai la mia disgrazia, per non dire la tua.

EDIPO Che dici? Tu sai, e non parlerai? Mediti di tradirci e mandare in rovina la città?

TIRESIA Io non farò soffrire né me né te. Perché mi rimproveri inutilmente così? Da me non saprai nulla.

EDIPO Tu, più malvagio tra i malvagi – poiché muoveresti all'ira perfino una pietra –, non parlerai dunque, ma rimarrai così inflessibile e ostinato?

TIRESIA Rimproveri la mia ira, senza vedere quella che sta in te; e mi biasimi per giunta.

EDIPO Chi non si adirerebbe, udendo le parole con cui tu ora offendi questa città?

TIRESIA Ciò avverrà comunque, anche se io le copra col silenzio.

EDIPO Dunque devi dirmi tu quello che avverrà.

TIRESIA Non posso dire oltre; perciò, se vuoi, sdegnati pure con l'ira più selvaggia.

EDIPO Allora non tralascerò nulla, tale è il mio sdegno, di quanto comprendo. Sappi dunque: mi sembra che tu abbia preparato le condizioni del delitto e lo abbia realizzato, tranne che non uccidesti di tua mano; ma se tu potessi vedere, direi che anche l'atto è opera soltanto tua.

TIRESIA Davvero? Ti intimo allora di mantenere il bando che hai proclamato, e di non rivolgere parola da questo giorno né a costoro né a me: sei tu l'empio che contamina questa terra.

EDIPO Con quale impudenza hai lanciato questa parola! E come pensi di uscirne salvo?

TIRESIA Sono fuori accusa: vive in me la forza della verità.

EDIPO E da chi l'hai appresa? Non certo dalla tua arte.

TIRESIA Da te; tu mi spingesti a parlare mio malgrado.

EDIPO A dire che? Ripetilo, che io sappia di più.

TIRESIA Non hai capito già? O tenti di farmi parlare?

EDIPO Non tanto da dire che so; suvvia, spiegami di nuovo.

TIRESIA Dico che l'uccisore di quell'uomo, che vai cercando, sei tu.

EDIPO Non ti rallegrerai certo di ripetere queste offese.

Τε. εἴπω τι δῆτα κἄλλ', ἵν' ὀργίζῃ πλέον;
Οι. ὅσον γε χρῄζεις· ὡς μάτην εἰρήσεται.
Τε. λεληθέναι σε φημὶ σὺν τοῖς φιλτάτοις
αἴσχισθ' ὁμιλοῦντ', οὐδ' ὁρᾶν ἵν' εἶ κακοῦ.
Οι. ἦ καὶ γεγηθὼς ταῦτ' ἀεὶ λέξειν δοκεῖς;
Τε. εἴπερ τί γ' ἐστὶ τῆς ἀληθείας σθένος.
Οι. ἀλλ' ἔστι, πλὴν σοί· σοὶ δὲ τοῦτ' οὐκ ἔστ', ἐπεὶ
τυφλὸς τά τ' ὦτα τόν τε νοῦν τά τ' ὄμματ' εἶ.
Τε. σὺ δ' ἄθλιός γε ταῦτ' ὀνειδίζων, ἃ σοὶ
οὐδεὶς ὃς οὐχὶ τῶνδ' ὀνειδιεῖ τάχα.
Οι. μιᾶς τρέφει πρὸς νυκτός, ὥστε μήτ' ἐμὲ
μήτ' ἄλλον, ὅστις φῶς ὁρᾷ, βλάψαι ποτ' ἄν.
Τε. οὐ γάρ σε μοῖρα πρός γ' ἐμοῦ πεσεῖν, ἐπεὶ
ἱκανὸς Ἀπόλλων, ᾧ τάδ' ἐκπρᾶξαι μέλει.
Οι. Κρέοντος, ἢ τοῦ ταῦτα τἀξευρήματα;
Τε. Κρέων δέ σοι πῆμ' οὐδέν, ἀλλ' αὐτὸς σὺ σοί.
Οι. ὦ πλοῦτε καὶ τυραννὶ καὶ τέχνη τέχνης
ὑπερφέρουσα τῷ πολυζήλῳ βίῳ,
ὅσος παρ' ὑμῖν ὁ φθόνος φυλάσσεται,
εἰ τῆσδέ γ' ἀρχῆς οὕνεχ', ἣν ἐμοὶ πόλις
δωρητόν, οὐκ αἰτητόν, εἰσεχείρισεν,
ταύτης Κρέων ὁ πιστός, οὑξ ἀρχῆς φίλος,
λάθρᾳ μ' ὑπελθὼν ἐκβαλεῖν ἱμείρεται,
ὑφεὶς μάγον τοιόνδε μηχανορράφον,
δόλιον ἀγύρτην, ὅστις ἐν τοῖς κέρδεσιν
μόνον δέδορκε, τὴν τέχνην δ' ἔφυ τυφλός.
ἐπεὶ φέρ' εἰπέ, ποῦ σὺ μάντις εἶ σαφής;
πῶς οὐχ, ὅθ' ἡ ῥαψῳδὸς ἐνθάδ' ἦν κύων,
ηὔδας τι τοῖσδ' ἀστοῖσιν ἐκλυτήριον;
καίτοι τό γ' αἴνιγμ' οὐχὶ τοὐπιόντος ἦν
ἀνδρὸς διειπεῖν, ἀλλὰ μαντείας ἔδει·
ἣν οὔτ' ἀπ' οἰωνῶν σὺ προυφάνης ἔχων
οὔτ' ἐκ θεῶν του γνωτόν· ἀλλ' ἐγὼ μολών,
ὁ μηδὲν εἰδὼς Οἰδίπους, ἔπαυσά νιν,
γνώμῃ κυρήσας οὐδ' ἀπ' οἰωνῶν μαθών·
ὃν δὴ σὺ πειρᾷς ἐκβαλεῖν, δοκῶν θρόνοις

TIRESIA Ti dirò dunque anche il resto, affinché tu ti sdegni ancora di più?

EDIPO Tutto quello che vuoi; parlerai invano.

TIRESIA Dico che senza saperlo hai i rapporti più turpi con le persone più care, e non vedi in quale sciagura ti trovi.

EDIPO E tu pensi di poter continuare impunemente a parlare così?

TIRESIA Certo, se vale ancora qualcosa la verità.

EDIPO Vale, tranne che per te; per te no, poiché sei cieco nelle orecchie, nella mente, negli occhi.

TIRESIA E tu sei un disgraziato, che mi rivolgi offese, quali fra poco tutti rivolgeranno a te.

EDIPO Tu vivi sempre nella notte, sì che non potresti mai nuocere né a me né a nessun altro che vede la luce.

TIRESIA Non è tuo destino cadere per mano mia: basta Apollo, a cui sta a cuore di compiere questa vendetta.

EDIPO Sono di Creonte o tue queste invenzioni?

TIRESIA Non è Creonte la tua rovina, sei tu stesso.

EDIPO O ricchezza e regno e arte che supera ogni arte,[32] quale mala sorte voi riservate a una vita felice! Da questo potere, non da me richiesto, che la città pose nelle mie mani, ecco che il fedele Creonte, l'amico da sempre, con occulte insidie brama di sbalzarmi via; e ha sobillato questo mago tessitore di intrighi, ciarlatano imbroglione, che ci vede solo quando c'è guadagno, ma che nella sua arte completamente è cieco. Poiché, dimmi dunque, in cosa tu sei indovino veritiero? Come mai, quando qui c'era l'orrida cantatrice, non desti un responso che liberasse questi cittadini? Eppure, spiegare l'enigma non era cosa del primo venuto, ma abbisognava di arte profetica; e tu non mostrasti di possederla, non conoscendola né dagli uccelli né da parte di qualcuno degli dèi: ma quando giunsi io, Edipo, che non sapevo nulla, la feci smettere, indovinando con la mia intelligenza, né avendolo appreso dagli uccelli. E quest'uomo tu tenti di abbatte-

32 L'espressione si riferisce verosimilmente alla superiore sapienza, di cui diede prova Edipo risolvendo l'enigma della Sfinge: l'orgogliosa affermazione di Edipo proietta ironici riflessi su quanto avverrà in seguito.

παραστατήσειν τοῖς Κρεοντείοις πέλας.
κλαίων δοκεῖς μοι καὶ σὺ χὠ συνθεὶς τάδε
ἀγηλατήσειν· εἰ δὲ μὴ 'δόκεις γέρων
εἶναι, παθὼν ἔγνως ἂν οἷά περ φρονεῖς.

Χο. ἡμῖν μὲν εἰκάζουσι καὶ τὰ τοῦδ' ἔπη
ὀργῇ λελέχθαι καὶ τὰ σ', Οἰδίπου, δοκεῖ.
δεῖ δ' οὐ τοιούτων, ἀλλ' ὅπως τὰ τοῦ θεοῦ
μαντεῖ' ἄριστα λύσομεν, τόδε σκοπεῖν.

Τε. εἰ καὶ τυραννεῖς, ἐξισωτέον τὸ γοῦν
ἴσ' ἀντιλέξαι· τοῦδε γὰρ κἀγὼ κρατῶ.
οὐ γάρ τι σοὶ ζῶ δοῦλος, ἀλλὰ Λοξίᾳ·
ὥστ' οὐ Κρέοντος προστάτου γεγράψομαι.
λέγω δ', ἐπειδὴ καὶ τυφλόν μ' ὠνείδισας·
σὺ καὶ δέδορκας κοὐ βλέπεις ἵν' εἶ κακοῦ,
οὐδ' ἔνθα ναίεις, οὐδ' ὅτων οἰκεῖς μέτα.
ἆρ' οἶσθ' ἀφ' ὧν εἶ; καὶ λέληθας ἐχθρὸς ὢν
τοῖς σοῖσιν αὐτοῦ νέρθε κἀπὶ γῆς ἄνω,
καί σ' ἀμφιπλὴξ μητρός τε καὶ τοῦ σοῦ πατρὸς
ἐλᾷ ποτ' ἐκ γῆς τῆσδε δεινόπους ἀρά,
βλέποντα νῦν μὲν ὄρθ', ἔπειτα δὲ σκότον.
βοῆς δὲ τῆς σῆς ποῖος οὐκ ἔσται λιμήν,
ποῖος Κιθαιρὼν οὐχὶ σύμφωνος τάχα,
ὅταν καταίσθῃ τὸν ὑμέναιον, ὃν δόμοις
ἄνορμον εἰσέπλευσας, εὐπλοίας τυχών;
ἄλλων δὲ πλῆθος οὐκ ἐπαισθάνῃ κακῶν,
ὅσ' ἐξισώσεις σοί τε καὶ τοῖς σοῖς τέκνοις.
πρὸς ταῦτα καὶ Κρέοντα καὶ τοὐμὸν στόμα
προπηλάκιζε. σοῦ γὰρ οὐκ ἔστιν βροτῶν
κάκιον ὅστις ἐκτριβήσεταί ποτε.

Οι. ἦ ταῦτα δῆτ' ἀνεκτὰ πρὸς τούτου κλύειν;
οὐκ εἰς ὄλεθρον; οὐχὶ θᾶσσον; οὐ πάλιν
ἄψορρος οἴκων τῶνδ' ἀποστραφεὶς ἄπει;

Τε. οὐδ' ἱκόμην ἔγωγ' ἄν, εἰ σὺ μὴ 'κάλεις.

Οι. οὐ γάρ τί σ' ᾔδη μῶρα φωνήσοντ', ἐπεὶ
σχολῇ σ' ἂν οἴκους τοὺς ἐμοὺς ἐστειλάμην.

re, credendo di collocarti vicino al trono di Creonte. Ma io credo che te ne dorrai, tu e chi ha escogitato di bandirmi; e se tu non avessi l'aspetto di un vecchio, a tue spese capiresti quanto sei saggio.

CORIFEO Confrontandole, a noi tanto le parole sue quanto le tue, Edipo, sembrano dettate dall'ira. E non di questo abbiamo bisogno, ma di considerare come interpreteremo meglio il vaticinio del dio.

TIRESIA Anche se hai il potere, pari è il diritto di opporre le proprie ragioni, poiché questo spetta pure a me: non sono servo a te, ma al Lossia,[33] sì che non avrò bisogno di Creonte come patrono. E questo ti dico, poiché mi rinfacciasti anche di essere cieco: tu vedi, e non ti accorgi in quale sciagura ti trovi, né dove vivi, né insieme a chi abiti. Sai almeno da chi sei nato? Anzi, ignori di essere aborrito dai tuoi cari negli inferi e sulla terra. E da ogni parte colpendoti, la maledizione della madre e del padre, col suo terribile piede, ti scaccerà infine da questo paese; e se ora vedi bene, tra poco vedrai le tenebre. E quale luogo non accoglierà le tue grida, quale Citerone non farà eco, quando conoscerai l'imeneo senza porto, a cui approdasti in questa casa con felice navigazione? E di molte altre sventure non ti avvedi, che eguaglieranno te e i tuoi figli. Perciò, oltraggia pure Creonte e le mie parole; non esiste mortale che più crudelmente di te sarà annientato.

EDIPO Ma è tollerabile sentire da costui questi insulti? Va in malora, al più presto: ritorna donde sei venuto, va via da questa casa.

TIRESIA Io certamente non sarei venuto, se tu non mi avessi chiamato.

EDIPO Non sapevo che avresti detto sciocchezze, altrimenti difficilmente ti avrei chiamato al mio palazzo.

33 Lossia (Λοξίας), l'« Obliquo », con riferimento all'ambiguità degli oracoli, è un altro epiteto rituale di Apollo.

Τε. ἡμεῖς τοιοίδ᾽ ἔφυμεν, ὡς μὲν σοὶ δοκεῖ,
μῶροι, γονεῦσι δ᾽, οἵ σ᾽ ἔφυσαν, ἔμφρονες.
Οι. ποίοισι; μεῖνον. τίς δέ μ᾽ ἐκφύει βροτῶν;
Τε. ἥδ᾽ ἡμέρα φύσει σε καὶ διαφθερεῖ.
Οι. ὡς πάντ᾽ ἄγαν αἰνικτὰ κἀσαφῆ λέγεις.
Τε. οὔκουν σὺ ταῦτ᾽ ἄριστος εὑρίσκειν ἔφυς;
Οι. τοιαῦτ᾽ ὀνείδιζ᾽ οἷς ἔμ᾽ εὑρήσεις μέγαν.
Τε. αὕτη γε μέντοι σ᾽ ἡ τύχη διώλεσεν.
Οι. ἀλλ᾽ εἰ πόλιν τήνδ᾽ ἐξέσωσ᾽, οὔ μοι μέλει.
Τε. ἄπειμι τοίνυν· καὶ σύ, παῖ, κόμιζέ με.
Οι. κομιζέτω δῆθ᾽· ὡς παρὼν σύ γ᾽ ἐμποδὼν
ὀχλεῖς, συθείς τ᾽ ἂν οὐκ ἂν ἀλγύναις πλέον.
Τε. εἰπὼν ἄπειμ᾽ ὧν οὕνεκ᾽ ἦλθον, οὐ τὸ σὸν
δείσας πρόσωπον· οὐ γὰρ ἔσθ᾽ ὅπου μ᾽ ὀλεῖς.
λέγω δέ σοι· τὸν ἄνδρα τοῦτον, ὃν πάλαι
ζητεῖς ἀπειλῶν κἀνακηρύσσων φόνον
τὸν Λαΐειον, οὗτός ἐστιν ἐνθάδε.
ξένος λόγῳ μέτοικος, εἶτα δ᾽ ἐγγενὴς
φανήσεται Θηβαῖος, οὐδ᾽ ἡσθήσεται
τῇ ξυμφορᾷ· τυφλὸς γὰρ ἐκ δεδορκότος
καὶ πτωχὸς ἀντὶ πλουσίου ξένην ἔπι
σκήπτρῳ προδεικνὺς γαῖαν ἐμπορεύσεται.
φανήσεται δὲ παισὶ τοῖς αὑτοῦ ξυνὼν
ἀδελφὸς αὑτὸς καὶ πατήρ, κἀξ ἧς ἔφυ
γυναικὸς υἱὸς καὶ πόσις, καὶ τοῦ πατρὸς
ὁμόσπορός τε καὶ φονεύς. καὶ ταῦτ᾽ ἰὼν
εἴσω λογίζου· κἂν λάβῃς ἐψευσμένον,
φάσκειν ἔμ᾽ ἤδη μαντικῇ μηδὲν φρονεῖν.

Χο. τίς ὅντιν᾽ ἁ θεσπιέπει- στρ.
α Δελφὶς εἶπε πέτρα
ἄρρητ᾽ ἀρρήτων τελέσαν-
τα φοινίαισι χερσίν;
ὥρα νιν ἀελλάδων
ἵππων σθεναρώτερον
φυγᾷ πόδα νωμᾶν.
ἔνοπλος γὰρ ἐπ᾽ αὐτὸν ἐπενθρῴσκει

TIRESIA Io sono stolto, ti sembra: ma saggio per i genitori che ti diedero la vita.

EDIPO Di chi parli? Aspetta: chi mi ha generato?

TIRESIA Questo giorno ti darà vita e ti distruggerà.

EDIPO Come enigmatiche e oscure sono tutte le tue parole!

TIRESIA Non sei tu bravissimo a sciogliere enigmi?

EDIPO Rinfacciami pure ciò per cui dovrai trovarmi abile.

TIRESIA Eppure questo destino ti ha rovinato.

EDIPO Ma se salvai questa città non me ne importa.

TIRESIA Ora me ne vado; e tu, fanciullo, accompagnami.

EDIPO Che ti accompagni dunque; poiché qui tra i piedi mi sei molesto, e andandotene via non mi affliggerai più.

TIRESIA Me ne vado, ma prima ti dirò ciò per cui sono venuto, senza aver paura del tuo volto; non puoi farmi male. Dico a te: l'uomo che da tempo cerchi con minacce e con proclami per l'uccisione di Laio, costui è qui. Un forestiero, dicono, qui emigrato, ma poi si scoprirà che è nativo di Tebe, e non avrà da rallegrarsi di questo caso; divenuto cieco mentre prima vedeva, e povero invece che ricco, se ne andrà in terra straniera, tastando col bastone il suolo. E si scoprirà che dei figli suoi è insieme fratello e padre, e della donna da cui nacque figlio e marito; e del padre consanguineo e uccisore. E adesso va in casa e rifletti: e se troverai che ho mentito, allora di' pure che di profezie io non so niente. (*Esce; Edipo rientra nel palazzo.*)

PRIMO STASIMO

CORO Chi è colui che la rupe
profetica di Delfi
disse avere compiuto delitti indicibili fra tutti
con mani sanguinarie?
È tempo per lui di muovere,
fuggendo, piede più gagliardo
che i destrieri veloci come procella.
Armato contro lui si scaglia

πυρὶ καὶ στεροπαῖς ὁ Διὸς γενέτας,
δειναὶ δ᾽ ἅμ᾽ ἕπονται
Κῆρες ἀναπλάκητοι.

ἔλαμψε γὰρ τοῦ νιφόεν- ἀντ.
τος ἀρτίως φανεῖσα
φάμα Παρνασσοῦ τὸν ἄδη-
λον ἄνδρα πάντ᾽ ἰχνεύειν.
φοιτᾷ γὰρ ὑπ᾽ ἀγρίαν
ὕλαν ἀνά τ᾽ ἄντρα καὶ
πετραῖος ὁ ταῦρος,
μέλεος μελέῳ ποδὶ χηρεύων,
τὰ μεσόμφαλα γᾶς ἀπονοσφίζων
μαντεῖα· τὰ δ᾽ αἰεὶ
ζῶντα περιποτᾶται.

δεινὰ μὲν οὖν, δεινὰ ταράσ- στρ.
σει σοφὸς οἰωνοθέτας,
οὔτε δοκοῦντ᾽ οὔτ᾽ ἀποφά-
σκονθ᾽· ὅ τι λέξω δ᾽ ἀπορῶ.
πέτομαι δ᾽ ἐλπίσιν οὔτ᾽ ἐν-
θάδ᾽ ὁρῶν οὔτ᾽ ὀπίσω.
τί γὰρ ἢ Λαβδακίδαις
ἢ τῷ Πολύβου νεῖ-
κος ἔκειτ᾽ οὔτε πάροιθέν
ποτ᾽ ἔγωγ᾽ οὔτε τανῦν πω
ἔμαθον, πρὸς ὅτου δὴ
βασάνῳ ⟨πεῖραν ἔχων⟩

con fuoco e con fulmine il figlio di Zeus,
e terribili insieme seguono
i fati[34] infallibili.

Rifulse infatti voce
dal nivale Parnaso[35] apparsa,
che ognuno si metta sulle tracce
dell'uomo sconosciuto;
poiché va errando per la foresta
selvaggia e per antri
e per rocce come toro,[36]
solitario, miserando con misero passo,
gli oracoli dell'ombelico della terra
cercando di eludere; ma essi sono sempre vivi
volandogli attorno.

Mirabili cose davvero, mirabili
agita il sapiente indovino,
e io né gli credo, né gli nego fiducia;
ma non so che cosa dire:
e sto sospeso fra le attese, senza vedere
né qui né indietro.
Quale contesa v'era infatti
nei Labdacidi o nel figlio
di Polibo[37] né per l'addietro
né ora ho mai appreso,
per muovere con tale prova

[34] Nel testo, propriamente sono nominate le Κῆρες, le divinità femminili della morte e del destino, a cui non è possibile sfuggire.

[35] Il Parnaso era il massiccio montuoso, dove si trovava Delfi.

[36] La traduzione segue la lettura recenziore πέτρας ὡς ταῦρος; Pearson preferisce l'immagine più antica, che attesta la prima mano del codice L. In essa il fuggiasco è senz'altro identificato con il toro (per la vita selvatica a cui è ormai costretto, e fors'anche perché è destinato al sacrificio espiatorio), sì che ὁ ταῦρος è soggetto di φοιτᾷ; mentre πετραῖος è predicativo, in *variatio* rispetto ai due complementi locali che precedono.

[37] Polibo, re di Corinto, che dalla sposa Merope non aveva avuto figli, era il padre adottivo di Edipo. Si noti che il νεῖκος fra i Labdacidi ed Edipo è da intendersi in senso reciproco.

ἐπὶ τὰν ἐπίδαμον
φάτιν εἶμ' Οἰδιπόδα Λαβδακίδαις
ἐπίκουρος ἀδήλων θανάτων.

ἀλλ' ὁ μὲν οὖν Ζεὺς ὅ τ' Ἀπόλ- ἀντ.
λων ξυνετοὶ καὶ τὰ βροτῶν
εἰδότες· ἀνδρῶν δ' ὅτι μάν-
τις πλέον ἢ 'γὼ φέρεται,
κρίσις οὐκ ἔστιν ἀληθής·
σοφίᾳ δ' ἂν σοφίαν
παραμείψειεν ἀνήρ.
ἀλλ' οὔποτ' ἔγωγ' ἄν,
πρὶν ἴδοιμ' ὀρθὸν ἔπος, μεμ-
φομένων ἂν καταφαίην.
φανερὰ γὰρ ἐπ' αὐτῷ
πτερόεσσ' ἦλθε κόρα
ποτέ, καὶ σοφὸς ὤφθη
βασάνῳ θ' ἁδύπολις· τῷ ἀπ' ἐμᾶς
φρενὸς οὔποτ' ὀφλήσει κακίαν.

Κρ. ἄνδρες πολῖται, δείν' ἔπη πεπυσμένος
κατηγορεῖν μου τὸν τύραννον Οἰδίπουν
πάρειμ' ἀτλητῶν. εἰ γὰρ ἐν ταῖς ξυμφοραῖς
ταῖς νῦν νομίζει πρός γ' ἐμοῦ πεπονθέναι
λόγοισιν εἴτ' ἔργοισιν ἐς βλάβην φέρον,
οὔτοι βίου μοι τοῦ μακραίωνος πόθος,
φέροντι τήνδε βάξιν. οὐ γὰρ εἰς ἁπλοῦν
ἡ ζημία μοι τοῦ λόγου τούτου φέρει,
ἀλλ' ἐς μέγιστον, εἰ κακὸς μὲν ἐν πόλει,
κακὸς δὲ πρὸς σοῦ καὶ φίλων κεκλήσομαι.
Χο. ἀλλ' ἦλθε μὲν δὴ τοῦτο τοὔνειδος τάχ' ἂν
ὀργῇ βιασθὲν μᾶλλον ἢ γνώμῃ φρενῶν.
Κρ. πρὸς τοῦ δ' ἐφάνθη ταῖς ἐμαῖς γνώμαις ὅτι
πεισθεὶς ὁ μάντις τοὺς λόγους ψευδεῖς λέγοι;

contro Edipo, glorioso tra il popolo,
vendicando ai Labdacidi
misteriose morti.[38]

Zeus e Apollo per certo comprendono
e sanno le vicende
dei mortali; ma che fra gli uomini
un vate valga più di me,
non è giudizio veritiero:
un uomo può superare
per saggezza un'altra saggezza.
Ma io, prima di vedere
veridico il presagio,
giammai assentirei a coloro che biasimano.
Manifesta una volta la Vergine alata[39]
scese sopra di lui, ed egli si mostrò saggio
e per prova amico alla città: per questo mai
dall'animo mio avrà accusa di malvagità.

SECONDO EPISODIO

CREONTE (*entrando sulla scena*) Cittadini, avendo saputo che di terribili cose mi accusa il re Edipo, qui vengo, poiché non posso tollerarlo. Se nella nostra condizione attuale egli ritiene di soffrire danno da me, per parole o per azioni, non desidero di vivere più a lungo, sopportando una tale fama. Non lieve è la pena di quest'accusa per me, ma gravissima, se sarò chiamato vile nella città, vile da te e dai miei cari.

CORIFEO Ma quest'offesa provenne certo dalla violenza dell'ira, piuttosto che da un ponderato giudizio.

CREONTE Da chi è stato detto che per obbedire al mio volere l'indovino pronuncerebbe parole menzognere?

[38] L'andamento del lungo periodo non è del tutto chiaro, né sicuro dal punto di vista testuale: nei vv. 493 sg., dove ricorre una lacuna, la traduzione si limita a rendere il verosimile significato d'assieme. Al v. 496 Οἰδιπόδα (da Οἰδιπόδαο) è genitivo (dipendente da φάτιν) dorico di Οἰδιπόδης, forma alternativa a Οἰδίπους.

[39] La perifrasi πτερόεσσ(α) ... κόρα è un altro eufemismo per indicare la Sfinge.

Χο. ηὐδᾶτο μὲν τάδ', οἶδα δ' οὐ γνώμῃ τίνι.
Κρ. ἐξ ὀμμάτων ὀρθῶν δὲ κἀξ ὀρθῆς φρενὸς
κατηγορεῖτο τοὐπίκλημα τοῦτό μου;
Χο. οὐκ οἶδ'· ἃ γὰρ δρῶσ' οἱ κρατοῦντες οὐχ ὁρῶ.
αὐτὸς δ' ὅδ' ἤδη δωμάτων ἔξω περᾷ.
Οι. οὗτος σύ, πῶς δεῦρ' ἦλθες; ἦ τοσόνδ' ἔχεις
τόλμης πρόσωπον ὥστε τὰς ἐμὰς στέγας
ἵκου, φονεὺς ὢν τοῦδε τἀνδρὸς ἐμφανῶς
λῃστής τ' ἐναργὴς τῆς ἐμῆς τυραννίδος;
φέρ' εἰπὲ πρὸς θεῶν, δειλίαν ἢ μωρίαν
ἰδών τιν' ἐν ἐμοὶ ταῦτ' ἐβουλεύσω ποεῖν;
ἢ τοὔργον ὡς οὐ γνωριοῖμί σου τόδε
δόλῳ προσέρπον ἢ οὐκ ἀλεξοίμην μαθών;
ἆρ' οὐχὶ μῶρόν ἐστι τοὐγχείρημά σου,
ἄνευ τε πλήθους καὶ φίλων τυραννίδα
θηρᾶν, ὃ πλήθει χρήμασίν θ' ἁλίσκεται;
Κρ. οἶσθ' ὡς πόησον; ἀντὶ τῶν εἰρημένων
ἴσ' ἀντάκουσον, κᾆτα κρῖν' αὐτὸς μαθών.
Οι. λέγειν σὺ δεινός, μανθάνειν δ' ἐγὼ κακὸς
σοῦ· δυσμενῆ γὰρ καὶ βαρύν σ' ηὕρηκ' ἐμοί.
Κρ. τοῦτ' αὐτὸ νῦν μου πρῶτ' ἄκουσον ὡς ἐρῶ.
Οι. τοῦτ' αὐτὸ μή μοι φράζ', ὅπως οὐκ εἶ κακός.
Κρ. εἴ τοι νομίζεις κτῆμα τὴν αὐθαδίαν
εἶναί τι τοῦ νοῦ χωρίς, οὐκ ὀρθῶς φρονεῖς.
Οι. εἴ τοι νομίζεις ἄνδρα συγγενῆ κακῶς
δρῶν οὐχ ὑφέξειν τὴν δίκην, οὐκ εὖ φρονεῖς.
Κρ. ξύμφημί σοι ταῦτ' ἔνδικ' εἰρῆσθαι· τὸ δὲ
πάθημ' ὁποῖον φῂς παθεῖν δίδασκέ με.
Οι. ἔπειθες, ἢ οὐκ ἔπειθες, ὡς χρείη μ' ἐπὶ
τὸν σεμνόμαντιν ἄνδρα πέμψασθαί τινα;
Κρ. καὶ νῦν ἔθ' αὑτός εἰμι τῷ βουλεύματι.
Οι. πόσον τιν' ἤδη δῆθ' ὁ Λάιος χρόνον . . .
Κρ. δέδρακε ποῖον ἔργον; οὐ γὰρ ἐννοῶ.
Οι. ἄφαντος ἔρρει θανασίμῳ χειρώματι;
Κρ. μακροὶ παλαιοί τ' ἂν μετρηθεῖεν χρόνοι.
Οι. τότ' οὖν ὁ μάντις οὗτος ἦν ἐν τῇ τέχνῃ;

CORIFEO Certo, diceva così, ma non so con quale intenzione.

CREONTE Ma guardando in faccia e con pieno senno pronunziava quest'accusa contro di me?

CORIFEO Non so; non guardo quello che fanno i miei sovrani. Ma eccolo uscire lui stesso dal palazzo.

EDIPO (*apparendo sulla soglia della reggia*) Ehi tu, come sei venuto qui? Hai una faccia così impudente da venire nella mia casa, tu che apertamente vuoi uccidermi, manifesto ladrone del mio regno? Dimmi, per gli dèi, avendo visto in me viltà o follia meditasti di far questo? Pensavi che non avrei scoperto questo progetto che avanzava con inganno, oppure che, essendomene accorto, non mi sarei difeso? Ma non è stolto questo tuo proposito di conquistare, senza seguito popolare e senza amici, la tirannide, che solo col popolo e col denaro si conquista?

CREONTE Sai cosa devi fare? Ascolta a tua volta la mia risposta alle tue parole, e poi, quando avrai saputo, giudica tu stesso.

EDIPO Tu sei abile a parlare, ma io non sono capace d'intenderti; ti ho trovato ostile e duro verso di me.

CREONTE Appunto per questo ascolta prima quello che dirò.

EDIPO Appunto per questo non dirmi che non sei un malvagio.

CREONTE Se credi che l'arroganza irragionevole sia un vantaggio, non ragioni giusto.

EDIPO E se credi che un mio parente, compiendo una cattiva azione, non debba pagarla, non ragioni bene.

CREONTE D'accordo: questo che dici è giusto; ma spiegami il torto che dici di avere subìto.

EDIPO Mi persuadesti tu, o no, che dovevo mandare qualcuno a chiamare il venerando indovino?

CREONTE E sono ancora adesso di quest'opinione.

EDIPO Quanto tempo dunque è ormai che Laio –

CREONTE Che cos'ha fatto? Non comprendo.

EDIPO – è sparito, per un mortale attentato?

CREONTE Molti anni remoti sarebbero, a contarli.

EDIPO E già allora quest'indovino esercitava l'arte?

Κρ. σοφός γ' ὁμοίως κἀξ ἴσου τιμώμενος.
Οι. ἐμνήσατ' οὖν ἐμοῦ τι τῷ τότ' ἐν χρόνῳ;
Κρ. οὔκουν ἐμοῦ γ' ἑστῶτος οὐδαμοῦ πέλας.
Οι. ἀλλ' οὐκ ἔρευναν τοῦ θανόντος ἔσχετε;
Κρ. παρέσχομεν, πῶς δ' οὐχί; κοὐκ ἠκούσαμεν.
Οι. πῶς οὖν τόθ' οὗτος ὁ σοφὸς οὐκ ηὔδα τάδε;
Κρ. οὐκ οἶδ'· ἐφ' οἷς γὰρ μὴ φρονῶ σιγᾶν φιλῶ.
Οι. τοσόνδε γ' οἶσθα καὶ λέγοις ἂν εὖ φρονῶν.
Κρ. ποῖον τόδ'; εἰ γὰρ οἶδά γ', οὐκ ἀρνήσομαι.
Οι. ὁθούνεκ', εἰ μὴ σοὶ ξυνῆλθε, τὰς ἐμὰς
οὐκ ἄν ποτ' εἶπε Λαΐου διαφθοράς.
Κρ. εἰ μὲν λέγει τάδ', αὐτὸς οἶσθ'· ἐγὼ δέ σου
μαθεῖν δικαιῶ ταὔθ' ἅπερ κἀμοῦ σὺ νῦν.
Οι. ἐκμάνθαν'· οὐ γὰρ δὴ φονεὺς ἁλώσομαι.
Κρ. τί δῆτ'; ἀδελφὴν τὴν ἐμὴν γήμας ἔχεις;
Οι. ἄρνησις οὐκ ἔνεστιν ὧν ἀνιστορεῖς.
Κρ. ἄρχεις δ' ἐκείνῃ ταὐτὰ γῆς ἴσον νέμων;
Οι. ἂν ᾖ θέλουσα πάντ' ἐμοῦ κομίζεται.
Κρ. οὔκουν ἰσοῦμαι σφῷν ἐγὼ δυοῖν τρίτος;
Οι. ἐνταῦθα γὰρ δὴ καὶ κακὸς φαίνῃ φίλος.
Κρ. οὔκ, εἰ διδοίης γ' ὡς ἐγὼ σαυτῷ λόγον.
σκέψαι δὲ τοῦτο πρῶτον, εἴ τιν' ἂν δοκεῖς
ἄρχειν ἑλέσθαι ξὺν φόβοισι μᾶλλον ἢ
ἄτρεστον εὕδοντ', εἰ τά γ' αὔθ' ἕξει κράτη.
ἐγὼ μὲν οὖν οὔτ' αὐτὸς ἱμείρων ἔφυν
τύραννος εἶναι μᾶλλον ἢ τύραννα δρᾶν,
οὔτ' ἄλλος ὅστις σωφρονεῖν ἐπίσταται.
νῦν μὲν γὰρ ἐκ σοῦ πάντ' ἄνευ φόβου φέρω,
εἰ δ' αὐτὸς ἦρχον, πολλὰ κἂν ἄκων ἔδρων.
πῶς δῆτ' ἐμοὶ τυραννὶς ἡδίων ἔχειν
ἀρχῆς ἀλύπου καὶ δυναστείας ἔφυ;
οὔπω τοσοῦτον ἠπατημένος κυρῶ
ὥστ' ἄλλα χρῄζειν ἢ τὰ σὺν κέρδει καλά.
νῦν πᾶσι χαίρω, νῦν με πᾶς ἀσπάζεται,
νῦν οἱ σέθεν χρῄζοντες αἰκάλλουσί με·
τὸ γὰρ τυχεῖν αὐτοῖσι πᾶν ἐνταῦθ' ἔνι.

CREONTE Era sapiente come ora, ed egualmente onorato.

EDIPO Fece menzione di me in quel tempo?

CREONTE Mai, almeno in mia presenza.

EDIPO Ma non faceste ricerca del morto?

CREONTE La facemmo, come no? Ma non si trovò nulla.

EDIPO Come mai allora questo sapiente non ne parlò?

CREONTE Non so; di quel che non comprendo amo tacere.

EDIPO Ma una cosa sai, e potresti dire, comprendendola bene.

CREONTE Che cosa? Se la so davvero, non negherò.

EDIPO Che, se non fosse stato d'accordo con te, non avrebbe mai attribuito a me la morte di Laio.

CREONTE Se è questo che dice, lo sai tu stesso: ma desidero rivolgerti delle domande, come ora tu le hai rivolte a me.

EDIPO Domanda; non risulterà certo che sono io l'uccisore.

CREONTE Allora? Non hai in moglie mia sorella?

EDIPO Non posso negare ciò che dici.

CREONTE E non regni su questa terra con potere pari al suo?

EDIPO Tutto quanto ella voglia, ottiene da me.

CREONTE E non sono io pari a voi due come terzo?

EDIPO Appunto per questo ti riveli un amico sleale.

CREONTE No, se tu ti rendessi conto della mia condizione. Considera per prima cosa questo: credi che qualcuno preferirebbe regnare in continui timori, piuttosto che dormire tranquillo, godendo dello stesso potere? In me certo non era naturale il desiderio di regnare, ma piuttosto quello di agire da re; e così, credo, chiunque altro sappia essere saggio. Ora ottengo tutto da te senza timori; ma se regnassi io stesso, dovrei fare molte cose contro voglia. Come dunque il regno potrebbe essermi più grato di un potere e di una signoria senza affanni? Non sono ancora tanto illuso da desiderare altro che questi beni, di cui godo. Ora mi trovo bene con tutti, ora ognuno mi vuol bene, ora quelli che hanno bisogno di te invocano me; per loro, ottenere qualsiasi cosa dipende

πῶς δῆτ᾽ ἐγὼ κεῖν᾽ ἂν λάβοιμ᾽ ἀφεὶς τάδε;
οὐκ ἂν γένοιτο νοῦς κακὸς καλῶς φρονῶν.
ἀλλ᾽ οὔτ᾽ ἐραστὴς τῆσδε τῆς γνώμης ἔφυν
οὔτ᾽ ἂν μετ᾽ ἄλλου δρῶντος ἂν τλαίην ποτέ.
καὶ τῶνδ᾽ ἔλεγχον τοῦτο μὲν Πυθώδ᾽ ἰὼν
πεύθου τὰ χρησθέντ᾽, εἰ σαφῶς ἤγγειλά σοι·
τοῦτ᾽ ἄλλ᾽, ἐάν με τῷ τερασκόπῳ λάβῃς
κοινῇ τι βουλεύσαντα, μή μ᾽ ἁπλῇ κτάνῃς
ψήφῳ, διπλῇ δέ, τῇ τ᾽ ἐμῇ καὶ σῇ, λαβών,
γνώμῃ δ᾽ ἀδήλῳ μή με χωρὶς αἰτιῶ.
οὐ γὰρ δίκαιον οὔτε τοὺς κακοὺς μάτην
χρηστοὺς νομίζειν οὔτε τοὺς χρηστοὺς κακούς.
φίλον γὰρ ἐσθλὸν ἐκβαλεῖν ἴσον λέγω
καὶ τὸν παρ᾽ αὑτῷ βίοτον, ὃν πλεῖστον φιλεῖ.
ἀλλ᾽ ἐν χρόνῳ γνώσῃ τάδ᾽ ἀσφαλῶς, ἐπεὶ
χρόνος δίκαιον ἄνδρα δείκνυσιν μόνος,
κακὸν δὲ κἂν ἐν ἡμέρᾳ γνοίης μιᾷ.

Χο. καλῶς ἔλεξεν εὐλαβουμένῳ πεσεῖν,
ἄναξ· φρονεῖν γὰρ οἱ ταχεῖς οὐκ ἀσφαλεῖς.

Οι. ὅταν ταχύς τις οὑπιβουλεύων λάθρᾳ
χωρῇ, ταχὺν δεῖ κἀμὲ βουλεύειν πάλιν.
εἰ δ᾽ ἡσυχάζων προσμενῶ, τὰ τοῦδε μὲν
πεπραγμέν᾽ ἔσται, τἀμὰ δ᾽ ἡμαρτημένα.

Κρ. τί δῆτα χρῄζεις; ἦ με γῆς ἔξω βαλεῖν;

Οι. ἥκιστα· θνῄσκειν, οὐ φυγεῖν σε βούλομαι.

Κρ. ὅταν προδείξῃς οἷόν ἐστι τὸ φθονεῖν . . . .

Οι. ὡς οὐχ ὑπείξων οὐδὲ πιστεύσων λέγεις;

Κρ. οὐ γὰρ φρονοῦντά σ᾽ εὖ βλέπω. Οι. τὸ γοῦν ἐμόν.

Κρ. ἀλλ᾽ ἐξ ἴσου δεῖ κἀμόν. Οι. ἀλλ᾽ ἔφυς κακός.

Κρ. εἰ δὲ ξυνίῃς μηδέν; Οι. ἀρκτέον γ᾽ ὅμως.

Κρ. οὔτοι κακῶς γ᾽ ἄρχοντος. Οι. ὦ πόλις πόλις.

Κρ. κἀμοὶ πόλεως μέτεστιν, οὐχὶ σοὶ μόνῳ.

Χο. παύσασθ᾽, ἄνακτες· καιρίαν δ᾽ ὑμῖν ὁρῶ
τήνδ᾽ ἐκ δόμων στείχουσαν Ἰοκάστην, μεθ᾽ ἧς
τὸ νῦν παρεστὸς νεῖκος εὖ θέσθαι χρεών.

da questo. Come dunque potrei preferire quella condizione, lasciando questa? Una mente che ragiona bene non può divenire stolta. E non amo questa opinione, né sopporterei mai che altri agisse così. E per averne la prova, va a Pito, e informati se ti ho riferito esattamente l'oracolo; e se scoprirai che io abbia tramato qualcosa d'accordo con l'indovino, mandami a morte, e ciò non soltanto col tuo voto, ma anche col mio: ma per un oscuro sospetto non accusarmi senza che io mi possa difendere. Ingiusto è tanto ritenere con leggerezza buoni i malvagi, quanto malvagi i buoni. Allontanare da sé un amico fidato è lo stesso che respingere da sé la vita, che è la cosa più cara. Ma col tempo te ne accorgerai sicuramente, poiché soltanto il tempo rivela un uomo giusto; mentre il malvagio puoi scoprirlo anche in un giorno solo.

CORIFEO Per chi si guarda dal finire male, ha parlato bene, signore; gli sconsiderati non pensano saggiamente.

EDIPO Quando uno sconsiderato trami un'occulta insidia, anch'io devo decidermi presto. Se sto tranquillo ad aspettare, il suo scopo, ecco, è attuato, mentre il mio è fallito.

CREONTE Che cosa vuoi dunque? Forse scacciarmi dal paese?

EDIPO No; la tua morte io voglio, non il tuo esilio.

CREONTE Quando tu mi avrai mostrato perché mi odii.

EDIPO Vuoi dire che non cederai e non obbedirai?

CREONTE Perché vedo che non ragioni.

EDIPO Sì, per quanto mi riguarda.

CREONTE Ma dovresti farlo ugualmente anche riguardo a me.

EDIPO Ma tu sei un malvagio.

CREONTE E se tu non capisci nulla?

EDIPO Comunque, devi obbedire.

CREONTE Non certo a chi regna male.

EDIPO O città, povera città!

CREONTE La città appartiene anche a me, non a te soltanto.

CORIFEO Smettete, signori; ecco, vedo Giocasta uscire dalla reggia al momento giusto: con il suo aiuto si deve porre fine a questa contesa.

ΙΟΚΑΣΤΗ

τί τὴν ἄβουλον, ὦ ταλαίπωροι, στάσιν
γλώσσης ἐπήρασθ'; οὐδ' ἐπαισχύνεσθε γῆς
οὕτω νοσούσης ἴδια κινοῦντες κακά;
οὐκ εἶ σύ τ' οἴκους σύ τε, Κρέον, κατὰ στέγας,
καὶ μὴ τὸ μηδὲν ἄλγος ἐς μέγ' οἴσετε;

Κρ. ὅμαιμε, δεινά μ' Οἰδίπους ὁ σὸς πόσις
δρᾶσαι δικαιοῖ δυοῖν ἀποκρίνας κακοῖν,
ἢ γῆς ἀπῶσαι πατρίδος, ἢ κτεῖναι λαβών.

Οι. ξύμφημι· δρῶντα γάρ νιν, ὦ γύναι, κακῶς
εἴληφα τοὐμὸν σῶμα σὺν τέχνῃ κακῇ.

Κρ. μή νυν ὀναίμην, ἀλλ' ἀραῖος, εἴ σέ τι
δέδρακ', ὀλοίμην, ὧν ἐπαιτιᾷ με δρᾶν.

Ιο. ὦ πρὸς θεῶν πίστευσον, Οἰδίπους, τάδε,
μάλιστα μὲν τόνδ' ὅρκον αἰδεσθεὶς θεῶν,
ἔπειτα κἀμὲ τούσδε θ' οἳ πάρεισί σοι.

Χο. πιθοῦ θελήσας φρονή- στρ.
σας τ', ἄναξ, λίσσομαι

Οι. τί σοι θέλεις δῆτ' εἰκάθω;

Χο. τὸν οὔτε πρὶν νήπιον
νῦν τ' ἐν ὅρκῳ μέγαν καταίδεσαι.

Οι. οἶσθ' οὖν ἃ χρῄζεις; Χο. οἶδα. Οι. φράζε δὴ τί φής.

Χο. τὸν ἐναγῆ φίλον μηδέποτ' αἰτίᾳ
σ' ἐν ἀφανεῖ λόγων ἄτιμον βαλεῖν.

Οι. εὖ νυν ἐπίστω, ταῦθ' ὅταν ζητῇς, ἐμοὶ
ζητῶν ὄλεθρον ἢ φυγὴν ἐκ τῆσδε γῆς.

Χο. οὐ τὸν πάντων θεῶν θεὸν πρόμον στρ.
Ἅλιον· ἐπεὶ ἄθεος ἄφιλος ὅ τι πύματον
ὀλοίμαν, φρόνησιν εἰ τάνδ' ἔχω.
ἀλλά μοι δυσμόρῳ γᾶ φθίνου-
σα τρύχει ψυχάν, καὶ τάδ' εἰ κακοῖς [κακὰ]
προσάψει τοῖς πάλαι τὰ πρὸς σφῷν.

GIOCASTA (*uscendo dalla reggia*) Perché, o miseri, avete sollevato questa stolta contesa? Non vi vergognate, mentre il paese è in tale angoscia, di agitare i vostri mali privati? (*A Edipo*) Suvvia, rientra nella reggia, e tu, Creonte, nella tua casa: non fate che una cosa da nulla divenga un grave dolore.

CREONTE Sorella mia, Edipo tuo marito ritiene giusto, scegliendo fra due mali, di fare una cosa terribile: o scacciarmi dalla terra patria, o farmi uccidere.

EDIPO Appunto; l'ho sorpreso infatti, o donna, a nuocermi perfidamente con male arti.

CREONTE Che io non abbia mai bene, che io possa morire maledetto, se ti ho fatto qualcosa di ciò che mi accusi di fare.

GIOCASTA Oh, credigli, Edipo, per gli dèi: rispetta questo sacro giuramento, e poi anche per riguardo a me e a costoro che sono presenti.

CORO Obbedisci di buon animo
e sii saggio, signore, ti prego.
EDIPO In cosa vuoi dunque che io ceda?
CORO Rispetta quest'uomo: già prima non era
uno stolto e ora un giuramento lo fa sacro.
EDIPO Ma sai ciò che vuoi?
CORO Lo so.
EDIPO Spiegami dunque che cosa vuoi dire.
CORO Quest'amico che ha fatto un solenne giuramento,
non disonorarlo accusandolo per oscure voci.

EDIPO Sappi bene che, se chiedi ciò, tu chiedi la mia morte o il mio esilio da questo paese.

CORO No, per il primo di tutti gli dèi, Helios;[40]
possa io perire senza dèi, senza i miei cari,
nel modo più misero, se ho questa intenzione.
Ma la rovina del paese a me infelice
l'anima consuma, tanto più se ai mali antichi
si aggiungono questi da parte di voi due.

40 La struttura della frase corrisponde a un giuramento: Helios viene qui chiamato πάντων θεῶν ... πρόμον in quanto onniveggente, e dunque garante dell'affermazione.

Οι. ὁ δ' οὖν ἴτω, κεἰ χρή με παντελῶς θανεῖν,
ἢ γῆς ἄτιμον τῆσδ' ἀπωσθῆναι βίᾳ.
τὸ γὰρ σόν, οὐ τὸ τοῦδ', ἐποικτίρω στόμα
ἐλεινόν· οὗτος δ' ἔνθ' ἂν ᾖ στυγήσεται.
Κρ. στυγνὸς μὲν εἴκων δῆλος εἶ, βαρὺς δ' ὅταν
θυμοῦ περάσῃς. αἱ δὲ τοιαῦται φύσεις
αὑταῖς δικαίως εἰσὶν ἄλγισται φέρειν.
Οι. οὔκουν μ' ἐάσεις κἀκτὸς εἶ; Κρ. πορεύσομαι,
σοῦ μὲν τυχὼν ἀγνῶτος, ἐν δὲ τοῖσδ' ἴσος.

Χο. γύναι, τί μέλλεις κομί- ἀντ.
ζειν δόμων τόνδ' ἔσω;
Ιο. μαθοῦσά γ' ἥτις ἡ τύχη.
Χο. δόκησις ἀγνὼς λόγων
ἦλθε, δάπτει δὲ καὶ τὸ μὴ 'νδικον.
Ιο. ἀμφοῖν ἀπ' αὐτοῖν; Χο. ναίχι. Ιο. καὶ τίς ἦν λόγος;
Χο. ἅλις ἔμοιγ', ἅλις, γᾶς προνοουμένῳ
φαίνεται, ἔνθ' ἔληξεν, αὐτοῦ μένειν.
Οι. ὁρᾷς ἵν' ἥκεις, ἀγαθὸς ὢν γνώμην ἀνήρ,
τοὐμὸν παριεὶς καὶ καταμβλύνων κέαρ.

Χο. ὦναξ, εἶπον μὲν οὐχ ἅπαξ μόνον, ἀντ.
ἴσθι δὲ παραφρόνιμον, ἄπορον ἐπὶ φρόνιμα
πεφάνθαι μ' ἄν, εἴ σε νοσφίζομαι,
ὅς τ' ἐμὰν γᾶν φίλαν ἐν πόνοις
σαλεύουσαν κατ' ὀρθὸν οὔρισας,
τανῦν τ' εὔπομπος εἰ γένοιο.

Ιο. πρὸς θεῶν δίδαξον κἄμ', ἄναξ, ὅτου ποτὲ
μῆνιν τοσήνδε πράγματος στήσας ἔχεις.
Οι. ἐρῶ· σὲ γὰρ τῶνδ' ἐς πλέον, γύναι, σέβω·
Κρέοντος, οἷά μοι βεβουλευκὼς ἔχει.
Ιο. λέγ', εἰ σαφῶς τὸ νεῖκος ἐγκαλῶν ἐρεῖς.
Οι. φονέα με φησὶ Λαΐου καθεστάναι.
Ιο. αὐτὸς ξυνειδώς, ἢ μαθὼν ἄλλου πάρα;
Οι. μάντιν μὲν οὖν κακοῦργον ἐσπέμψας, ἐπεὶ
τό γ' εἰς ἑαυτὸν πᾶν ἐλευθεροῖ στόμα.
Ιο. σύ νυν ἀφεὶς σεαυτὸν ὧν λέγεις πέρι

EDIPO Se ne vada allora, anche se dovrò morire o essere bandito a forza da questa terra, disonorato. Delle tue pietose parole ho compassione, non delle sue; io lo odierò dovunque si trovi.

CREONTE Tu cedi con rancore, è evidente, ma te ne dorrai, quando si sarà sopita la tua ira: tali caratteri, giustamente, riescono duri da sopportare soprattutto a se stessi.

EDIPO Lasciami una buona volta, e vattene.

CREONTE Vado; tu mi disconosci, ma tra questi sono sempre lo stesso. (*Si allontana.*)

CORO Donna, perché indugi
a ricondurlo nel palazzo?

GIOCASTA Voglio prima sapere ciò che accadde.

CORO Opinioni infondate da parole sorsero;
ma anche una cosa ingiusta fa male.

GIOCASTA Proprio fra loro due?

CORO Sì.

GIOCASTA E qual era il discorso?

CORO Basta, basta davvero, pensando a questa terra,
fermarsi là dove si rimase.

EDIPO Vedi dove sei giunto, sebbene tu abbia buone intenzioni, moderando e smussando il mio sdegno?

CORO Signore, te l'ho detto non una volta soltanto,
sappi che sembrerei dissennato, privo
di saggezza dividendomi da te,
che la mia cara terra, da travagli sbattuta,
raddrizzasti con vento favorevole:
anche ora sii buon reggitore, se puoi.

GIOCASTA Per gli dèi, spiega anche a me, o signore, che cosa ti ha mosso a tanta ira.

EDIPO Ti dirò, donna, poiché più di costoro io ti venero: è Creonte, per le insidie che ha tramato contro di me.

GIOCASTA Parla: dirai se con ragione sollevasti la contesa.

EDIPO Dice che l'uccisore di Laio sono io.

GIOCASTA Di sua propria scienza, o l'ha saputo da un altro?

EDIPO Ha incaricato un maligno profeta; quanto a sé, tiene libera la sua bocca.

GIOCASTA Tu dunque allontana da te queste parole, e ascolta-

ἐμοῦ 'πάκουσον καὶ μάθ' οὕνεκ' ἐστί σοι
βρότειον οὐδὲν μαντικῆς ἔχον τέχνης.
φανῶ δέ σοι σημεῖα τῶνδε σύντομα.
χρησμὸς γὰρ ἦλθε Λαΐῳ ποτ', οὐκ ἐρῶ
Φοίβου γ' ἄπ' αὐτοῦ, τῶν δ' ὑπηρετῶν ἄπο,
ὡς αὐτὸν ἕξοι μοῖρα πρὸς παιδὸς θανεῖν,
ὅστις γένοιτ' ἐμοῦ τε κἀκείνου πάρα.
καὶ τὸν μέν, ὥσπερ γ' ἡ φάτις, ξένοι ποτὲ
λῃσταὶ φονεύουσ' ἐν τριπλαῖς ἁμαξιτοῖς·
παιδὸς δὲ βλάστας οὐ διέσχον ἡμέραι
τρεῖς, καί νιν ἄρθρα κεῖνος ἐνζεύξας ποδοῖν
ἔρριψεν ἄλλων χερσὶν εἰς ἄβατον ὄρος.
κἀνταῦθ' Ἀπόλλων οὔτ' ἐκεῖνον ἤνυσεν
φονέα γενέσθαι πατρὸς οὔτε Λάιον
τὸ δεινὸν οὑφοβεῖτο πρὸς παιδὸς παθεῖν.
τοιαῦτα φῆμαι μαντικαὶ διώρισαν,
ὧν ἐντρέπου σὺ μηδέν· ὧν γὰρ ἂν θεὸς
χρείαν ἐρευνᾷ ῥᾳδίως αὐτὸς φανεῖ.
Οι. οἷόν μ' ἀκούσαντ' ἀρτίως ἔχει, γύναι,
ψυχῆς πλάνημα κἀνακίνησις φρενῶν.
Ιο. ποίας μερίμνης τοῦθ' ὑποστραφεὶς λέγεις;
Οι. ἔδοξ' ἀκοῦσαι σοῦ τόδ', ὡς ὁ Λάιος
κατασφαγείη πρὸς τριπλαῖς ἁμαξιτοῖς.
Ιο. ηὐδᾶτο γὰρ ταῦτ' οὐδέ πω λήξαντ' ἔχει.
Οι. καὶ ποῦ 'σθ' ὁ χῶρος οὗτος οὗ τόδ' ἦν πάθος;
Ιο. Φωκὶς μὲν ἡ γῆ κλῄζεται, σχιστὴ δ' ὁδὸς
ἐς ταὐτὸ Δελφῶν κἀπὸ Δαυλίας ἄγει.
Οι. καὶ τίς χρόνος τοῖσδ' ἐστὶν οὑξεληλυθώς;
Ιο. σχεδόν τι πρόσθεν ἢ σὺ τῆσδ' ἔχων χθονὸς
ἀρχὴν ἐφαίνου τοῦτ' ἐκηρύχθη πόλει.
Οι. ὦ Ζεῦ, τί μου δρᾶσαι βεβούλευσαι πέρι;
Ιο. τί δ' ἐστί σοι τοῦτ', Οἰδίπους, ἐνθύμιον;
Οι. μήπω μ' ἐρώτα· τὸν δὲ Λάιον φύσιν
τίν' εἶρπε φράζε, τίνα δ' ἀκμὴν ἥβης ἔχων.
Ιο. μέγας, χνοάζων ἄρτι λευκανθὲς κάρα,
μορφῆς δὲ τῆς σῆς οὐκ ἀπεστάτει πολύ.

mi: sappi che nessun essere mortale possiede arte profetica; e te lo dimostrerò brevemente. A Laio venne una volta un oracolo – non dirò da parte dello stesso Apollo, ma dai suoi ministri –, che il suo destino era di morire per mano di un figlio, che fosse nato da me e da lui. Ebbene, come si racconta, lo uccisero predoni forestieri alla convergenza di tre strade. Dalla nascita del figlio non erano trascorsi tre giorni,[41] che gli legò insieme le giunture dei piedi, e lo fece gettare per mano d'altri su un monte inaccessibile. Così Apollo non ottenne né che il bambino divenisse uccisore del padre, né che Laio soffrisse per mano del figlio la sorte tremenda, che paventava. Eppure questo avevano stabilito i responsi degli oracoli; e dunque non devi curarti di essi: ciò che un dio vuole, lo mostrerà facilmente lui stesso.

EDIPO Quale smarrimento possiede l'animo mio, quale turbamento la mia ragione, o donna, per quello che ora ho udito!

GIOCASTA Che affanno ti fa parlare così, volgendo lo sguardo?

EDIPO Mi sembra di averti sentito dire che Laio fu ucciso alla convergenza di tre strade.

GIOCASTA Questo si disse allora, e si dice tuttora.

EDIPO E qual è il luogo, dove accadde il fatto?

GIOCASTA Focide è chiamata quella terra, dove convergono le strade da Delfi e da Daulia.[42]

EDIPO E quanto tempo è passato da questi fatti?

GIOCASTA Poco prima che tu diventassi sovrano del nostro paese, ne fu dato l'annuncio alla città.

EDIPO O Zeus, che vuoi fare di me?

GIOCASTA Che cosa turba il tuo animo, Edipo?

EDIPO Non domandarmi oltre: dimmi qual era l'aspetto di Laio, quale la sua età.

GIOCASTA Era alto, il capo aveva cominciato a incanutirsi, la sua figura non differiva molto dalla tua.

[41] L'accusativo παιδὸς ... βλάστας risponde a τὸν μέν al v. 715, nella funzione di una perifrasi equivalente a ὁ γεγονὼς παῖς. Esso dipende da διέσχον, il cui correlativo temporale è espresso in paratassi da καί νιν.

[42] La Focide era la regione dominata dal massiccio del Parnaso, nella quale propriamente si trovavano sia Delfi sia Daulia. Essa confinava a oriente con il territorio di Tebe, la Beozia.

Οι. οἴμοι τάλας· ἔοικ' ἐμαυτὸν εἰς ἀρὰς
δεινὰς προβάλλων ἀρτίως οὐκ εἰδέναι.
Ιο. πῶς φής; ὀκνῶ τοι πρὸς σ' ἀποσκοποῦσ', ἄναξ.
Οι. δεινῶς ἀθυμῶ μὴ βλέπων ὁ μάντις ᾖ.
δείξεις δὲ μᾶλλον, ἢν ἓν ἐξείπῃς ἔτι.
Ιο. καὶ μὴν ὀκνῶ μέν, ἃν δ' ἔρῃ μαθοῦσ' ἐρῶ.
Οι. πότερον ἐχώρει βαιός, ἢ πολλοὺς ἔχων
ἄνδρας λοχίτας, οἷ' ἀνὴρ ἀρχηγέτης;
Ιο. πέντ' ἦσαν οἱ ξύμπαντες, ἐν δ' αὐτοῖσιν ἦν
κῆρυξ· ἀπήνη δ' ἦγε Λάιον μία.
Οι. αἰαῖ, τάδ' ἤδη διαφανῆ. τίς ἦν ποτε
ὁ τούσδε λέξας τοὺς λόγους ὑμῖν, γύναι;
Ιο. οἰκεύς τις, ὅσπερ ἵκετ' ἐκσωθεὶς μόνος.
Οι. ἦ κἀν δόμοισι τυγχάνει τανῦν παρών;
Ιο. οὐ δῆτ'· ἀφ' οὗ γὰρ κεῖθεν ἦλθε καὶ κράτη
σέ τ' εἶδ' ἔχοντα Λάιόν τ' ὀλωλότα,
ἐξικέτευσε τῆς ἐμῆς χειρὸς θιγὼν
ἀγρούς σφε πέμψαι κἀπὶ ποιμνίων νομάς,
ὡς πλεῖστον εἴη τοῦδ' ἄποπτος ἄστεως.
κἄπεμψ' ἐγώ νιν· ἄξιος γὰρ οἷ' ἀνὴρ
δοῦλος φέρειν ἦν τῆσδε καὶ μείζω χάριν.
Οι. πῶς ἂν μόλοι δῆθ' ἡμὶν ἐν τάχει πάλιν;
Ιο. πάρεστιν. ἀλλὰ πρὸς τί τοῦτ' ἐφίεσαι;
Οι. δέδοικ' ἐμαυτόν, ὦ γύναι, μὴ πόλλ' ἄγαν
εἰρημέν' ᾖ μοι δι' ἅ νιν εἰσιδεῖν θέλω.
Ιο. ἀλλ' ἵξεται μέν· ἀξία δέ που μαθεῖν
κἀγὼ τά γ' ἐν σοὶ δυσφόρως ἔχοντ', ἄναξ.
Οι. κοὐ μὴ στερηθῇς γ' ἐς τοσοῦτον ἐλπίδων
ἐμοῦ βεβῶτος. τῷ γὰρ ἂν καὶ μείζονι
λέξαιμ' ἂν ἢ σοὶ διὰ τύχης τοιᾶσδ' ἰών;
ἐμοὶ πατὴρ μὲν Πόλυβος ἦν Κορίνθιος,
μήτηρ δὲ Μερόπη Δωρίς. ἠγόμην δ' ἀνὴρ
ἀστῶν μέγιστος τῶν ἐκεῖ, πρίν μοι τύχη
τοιάδ' ἐπέστη, θαυμάσαι μὲν ἀξία,
σπουδῆς γε μέντοι τῆς ἐμῆς οὐκ ἀξία.
ἀνὴρ γὰρ ἐν δείπνοις μ' ὑπερπλησθεὶς μέθης

EDIPO Ahimè infelice; temo di avere scagliato poc'anzi terribili imprecazioni contro me stesso, senza saperlo.

GIOCASTA Che dici? Non posso guardarti, signore.

EDIPO Ho il dubbio atroce che l'indovino sia veggente. E me lo confermerai, se mi dirai ancora una cosa sola.

GIOCASTA Sono smarrita; tuttavia parla, e ti dirò quello che so.

EDIPO Viaggiava modestamente, o con gran seguito d'armati, come s'addice a un sovrano?

GIOCASTA Erano cinque in tutto, compreso l'araldo; e c'era un solo carro, su cui viaggiava Laio.

EDIPO Ahimè, tutto è già chiaro. E chi fu mai, o donna, a farti questo racconto?

GIOCASTA Un servo, l'unico che ritornò salvo.

EDIPO Si trova ancora adesso nel palazzo?

GIOCASTA No; quando tornò di là e vide che regnavi tu, e che Laio era morto,[43] mi supplicò, prendendomi la mano, di mandarlo nei campi e ai pascoli delle greggi, per essere quanto più possibile lontano dalla città. E io lo mandai: pur essendo uno schiavo, meritava un favore anche maggiore di questo.

EDIPO Si potrebbe farlo venire qui da noi al più presto?

GIOCASTA Si può; ma perché lo desideri?

EDIPO Temo per me, o donna, di avere parlato troppo, e appunto per questo desidero vederlo.

GIOCASTA Verrà certamente; ma sono degna anch'io di conoscere i tuoi affanni, signore.

EDIPO Non ne sarai privata, a tal punto d'apprensione sono giunto: con chi potrei confidarmi più che con te, attraversando un tale momento? Mio padre era Polibo di Corinto, mia madre Merope dorica. Là ero considerato il più importante dei cittadini, prima che mi capitasse questo caso, meritevole invero di meraviglia, ma non certo tale da doversene accorare come feci io. In un banchetto un uomo completa-

[43] Naturalmente, a Giocasta sfugge la connessione tra i due fatti: ma il servo ha riconosciuto nel nuovo re l'uccisore del precedente sovrano.

καλεῖ παρ᾽ οἴνῳ πλαστὸς ὡς εἴην πατρί.
κἀγὼ βαρυνθεὶς τὴν μὲν οὖσαν ἡμέραν
μόλις κατέσχον, θατέρᾳ δ᾽ ἰὼν πέλας
μητρὸς πατρός τ᾽ ἤλεγχον· οἱ δὲ δυσφόρως
τοὔνειδος ἦγον τῷ μεθέντι τὸν λόγον.
κἀγὼ τὰ μὲν κείνοιν ἐτερπόμην, ὅμως δ᾽
ἔκνιζέ μ᾽ αἰεὶ τοῦθ᾽· ὑφεῖρπε γὰρ πολύ.
λάθρᾳ δὲ μητρὸς καὶ πατρὸς πορεύομαι
Πυθώδε, καί μ᾽ ὁ Φοῖβος ὧν μὲν ἱκόμην
ἄτιμον ἐξέπεμψεν, ἄλλα δ᾽ ἀθλίῳ
καὶ δεινὰ καὶ δύστηνα προὔφηνεν λέγων,
ὡς μητρὶ μὲν χρείη με μειχθῆναι, γένος δ᾽
ἄτλητον ἀνθρώποισι δηλώσοιμ᾽ ὁρᾶν,
φονεὺς δ᾽ ἐσοίμην τοῦ φυτεύσαντος πατρός.
κἀγὼ ᾽πακούσας ταῦτα τὴν Κορινθίαν
ἄστροις τὸ λοιπὸν ἐκμετρούμενος χθόνα
ἔφευγον, ἔνθα μήποτ᾽ ὀψοίμην κακῶν
χρησμῶν ὀνείδη τῶν ἐμῶν τελούμενα.
στείχων δ᾽ ἱκνοῦμαι τούσδε τοὺς χώρους ἐν οἷς
σὺ τὸν τύραννον τοῦτον ὄλλυσθαι λέγεις.
καί σοι, γύναι, τἀληθὲς ἐξερῶ. τριπλῆς
ὅτ᾽ ἢ κελεύθου τῆσδ᾽ ὁδοιπορῶν πέλας,
ἐνταῦθά μοι κῆρυξ τε κἀπὶ πωλικῆς
ἀνὴρ ἀπήνης ἐμβεβώς, οἷον σὺ φής,
ξυνηντίαζον· κἀξ ὁδοῦ μ᾽ ὅ θ᾽ ἡγεμὼν
αὐτός θ᾽ ὁ πρέσβυς πρὸς βίαν ἠλαυνέτην.
κἀγὼ τὸν ἐκτρέποντα, τὸν τροχηλάτην,
παίω δι᾽ ὀργῆς· καί μ᾽ ὁ πρέσβυς ὡς ὁρᾷ
ὄχους παραστείχοντα, τηρήσας μέσον
κάρα, διπλοῖς κέντροισί μου καθίκετο.
οὐ μὴν ἴσην γ᾽ ἔτεισεν, ἀλλὰ συντόμως
σκήπτρῳ τυπεὶς ἐκ τῆσδε χειρὸς ὕπτιος
μέσης ἀπήνης εὐθὺς ἐκκυλίνδεται·
κτείνω δὲ τοὺς ξύμπαντας. εἰ δὲ τῷ ξένῳ
τούτῳ προσήκει Λαΐῳ τι συγγενές,
τίς τοῦδέ γ᾽ ἀνδρὸς νῦν ἔτ᾽ ἀθλιώτερος,

mente ubriaco mi chiamò, nel bere, falso figlio di mio padre. Ed io, crucciato, quel giorno mi trattenni a stento, ma l'indomani, recatomi da mio padre e da mia madre, li interrogai; ed essi si offesero dell'oltraggio con chi aveva detto quella frase. Io rimasi soddisfatto della loro reazione, ma pure questa parola mi pungeva sempre; era penetrata profondamente in me. Di nascosto dal padre e dalla madre mi recai allora a Pito, e Apollo mi rimandò senza degnarmi della risposta per cui ero andato, ma mi predisse, sventurato, una sorte terribile e sciagurata: mi sarei congiunto con mia madre, e avrei mostrato all'umanità una stirpe mostruosa, e sarei divenuto assassino del padre che mi aveva generato. E io, udito ciò, orientandomi sulle stelle lasciai per sempre la terra di Corinto; e fuggii dove giammai potessi vedere compiunta l'onta dei miei infausti vaticini. Nel mio viaggio giungo in quei luoghi, dove tu dici che ebbe morte il re di questo paese; e a te, donna, dirò la verità. Quando, camminando, fui prossimo all'incrocio delle vie, mi si fecero incontro un araldo e un uomo, quale mi hai descritto, su un carro trainato da puledri; e il guidatore e lo stesso vecchio mi sospinsero con violenza fuori dalla strada. In un impeto d'ira colpisco quello che mi spingeva, il conduttore del carro; ma il vecchio, come mi vide passare a lato del veicolo, mirando dritto alla testa mi ferì con uno staffile a due punte. Non pagò alla pari il suo gesto: immediatamente, colpito col bastone da questa mia mano, cade supino ed è travolto dal carro; e li uccido tutti. E se tra questo straniero e Laio v'è qualche connessione, chi ora è più disgraziato di me? Quale

τίς ἐχθροδαίμων μᾶλλον ἂν γένοιτ' ἀνήρ,
ὃν μὴ ξένων ἔξεστι μηδ' ἀστῶν τινὶ
δόμοις δέχεσθαι, μηδὲ προσφωνεῖν τινά,
ὠθεῖν δ' ἀπ' οἴκων; καὶ τάδ' οὔτις ἄλλος ἦν
ἢ 'γὼ 'π' ἐμαυτῷ τάσδ' ἀρὰς ὁ προστιθείς.
λέχη δὲ τοῦ θανόντος ἐν χεροῖν ἐμαῖν
χραίνω, δι' ὧνπερ ὤλετ'. ἆρ' ἔφυν κακός;
ἆρ' οὐχὶ πᾶς ἄναγνος; εἴ με χρὴ φυγεῖν,
καί μοι φυγόντι μήστι τοὺς ἐμοὺς ἰδεῖν
μηδ' ἐμβατεῦσαι πατρίδος, ἢ γάμοις με δεῖ
μητρὸς ζυγῆναι καὶ πατέρα κατακτανεῖν
Πόλυβον, ὃς ἐξέθρεψε κἀξέφυσέ με.
ἆρ' οὐκ ἀπ' ὠμοῦ ταῦτα δαίμονός τις ἂν
κρίνων ἐπ' ἀνδρὶ τῷδ' ἂν ὀρθοίη λόγον;
μὴ δῆτα μὴ δῆτ', ὦ θεῶν ἁγνὸν σέβας,
ἴδοιμι ταύτην ἡμέραν, ἀλλ' ἐκ βροτῶν
βαίην ἄφαντος πρόσθεν ἢ τοιάνδ' ἰδεῖν
κηλῖδ' ἐμαυτῷ συμφορᾶς ἀφιγμένην.

Χο. ἡμῖν μέν, ὦναξ, ταῦτ' ὀκνήρ'· ἕως δ' ἂν οὖν
πρὸς τοῦ παρόντος ἐκμάθῃς, ἔχ' ἐλπίδα.

Οι. καὶ μὴν τοσοῦτόν γ' ἐστί μοι τῆς ἐλπίδος,
τὸν ἄνδρα τὸν βοτῆρα προσμεῖναι μόνον.

Ιο. πεφασμένου δὲ τίς ποθ' ἡ προθυμία;

Οι. ἐγὼ διδάξω σ'· ἢν γὰρ εὑρεθῇ λέγων
σοὶ ταὔτ', ἔγωγ' ἂν ἐκπεφευγοίην πάθος.

Ιο. ποῖον δέ μου περισσὸν ἤκουσας λόγον;

Οι. λῃστὰς ἔφασκες αὐτὸν ἄνδρας ἐννέπειν
ὥς νιν κατακτείνειαν. εἰ μὲν οὖν ἔτι
λέξει τὸν αὐτὸν ἀριθμόν, οὐκ ἐγὼ 'κτανον·
οὐ γὰρ γένοιτ' ἂν εἷς γε τοῖς πολλοῖς ἴσος·
εἰ δ' ἄνδρ' ἕν' οἰόζωνον αὐδήσει, σαφῶς
τοῦτ' ἐστὶν ἤδη τοὔργον εἰς ἐμὲ ῥέπον.

Ιο. ἀλλ' ὡς φανέν γε τοὔπος ὧδ' ἐπίστασο,
κοὐκ ἔστιν αὐτῷ τοῦτό γ' ἐκβαλεῖν πάλιν·
πόλις γὰρ ἤκουσ', οὐκ ἐγὼ μόνη, τάδε.
εἰ δ' οὖν τι κἀκτρέποιτο τοῦ πρόσθεν λόγου,

uomo potrebbe essere più inviso agli dèi? Nessuno straniero, nessun cittadino mi accoglierà nella sua dimora, né mi rivolgerà la parola, tutti mi respingeranno dalle loro case. E non altri, ma io stesso scagliai contro di me queste imprecazioni. E il letto del morto io contamino con queste mie stesse mani, che lo uccisero. Non sono dunque uno scellerato? Non sono del tutto impuro? Al punto che è necessario ch'io vada in esilio e che, una volta esiliatomi, non possa più vedere i miei, né mettere piede in patria, altrimenti è fissato che io mi unisca in nozze con mia madre, e che uccida mio padre, Polibo, che mi generò e mi allevò. Chi pensasse che questo destino viene sopra di me da un dio crudele, non avrebbe ragione? Ah no, no, sacra maestà degli dèi, che io non veda questo giorno, che io scompaia dal numero dei mortali prima di veder cadere su di me l'onta di una tale calamità!

CORIFEO Tutto questo, signore, è spaventoso; ma finché non avrai ascoltato chi fu presente, abbi speranza.

EDIPO Ed è anche la mia sola speranza, attendere quest'uomo, il pastore.

GIOCASTA Ma perché hai tanto desiderio della sua presenza?

EDIPO Ti spiegherò: se venisse a dire le stesse cose che hai detto tu, io sarei scampato a questa sventura.

GIOCASTA E quale parola così importante udisti da me?

EDIPO Corse voce, hai detto, che lo uccisero dei ladroni. Se anch'egli dunque parlerà di più uomini, non lo uccisi io: uno solo non può essere pari a molti; ma se egli parlerà di un uomo che viaggiava solo, è evidente che il delitto ricade su di me.

GIOCASTA Ma così si diceva, sappilo; e non gli è possibile ora smentirlo: lo ha udito la città, non io soltanto. E anche se si discostasse un po' dal vecchio racconto, non indicherà

οὔτοι ποτ', ὦναξ, τόν γε Λαΐου φόνον
φανεῖ δικαίως ὀρθόν, ὅν γε Λοξίας
διεῖπε χρῆναι παιδὸς ἐξ ἐμοῦ θανεῖν.
καίτοι νιν οὐ κεῖνός γ' ὁ δύστηνός ποτε
κατέκταν', ἀλλ' αὐτὸς πάροιθεν ὤλετο.
ὥστ' οὐχὶ μαντείας γ' ἂν οὔτε τῇδ' ἐγὼ
βλέψαιμ' ἂν οὕνεκ' οὔτε τῇδ' ἂν ὕστερον.

Οι. καλῶς νομίζεις. ἀλλ' ὅμως τὸν ἐργάτην
πέμψον τινὰ στελοῦντα μηδὲ τοῦτ' ἀφῇς.

Ιο. πέμψω ταχύνασ'· ἀλλ' ἴωμεν ἐς δόμους.
οὐδὲν γὰρ ἂν πράξαιμ' ἂν ὧν οὔ σοι φίλον.

Χο. εἴ μοι ξυνείη φέρουντι μοῖρα τὰν στρ.
εὔσεπτον ἁγνείαν λόγων
ἔργων τε πάντων, ὧν νόμοι πρόκεινται
ὑψίποδες, οὐρανίᾳ 'ν
αἰθέρι τεκνωθέντες, ὧν Ὄλυμπος
πατὴρ μόνος, οὐδέ νιν
θνατὰ φύσις ἀνέρων
ἔτικτεν, οὐδὲ μήποτε λά-
θα κατακοιμάσῃ·
μέγας ἐν τούτοις θεός, οὐδὲ γηράσκει.

ὕβρις φυτεύει τύραννον· ὕβρις, εἰ ἀντ.
πολλῶν ὑπερπλησθῇ μάταν,
ἃ μὴ 'πίκαιρα μηδὲ συμφέροντα,
ἀκρότατα γεῖσ' ἀναβᾶσ'
ἀπότομον ὤρουσεν εἰς ἀνάγκαν
ἔνθ' οὐ ποδὶ χρησίμῳ
χρῆται. τὸ καλῶς δ' ἔχον
πόλει πάλαισμα μήποτε λῦ-
σαι θεὸν αἰτοῦμαι.
θεὸν οὐ λήξω ποτὲ προστάταν ἴσχων.

εἰ δέ τις ὑπέροπτα χερ- στρ.
σὶν ἢ λόγῳ πορεύεται,

con sicurezza, o signore, la vera morte di Laio, che il Lossia vaticinò essere destinato a morire per mano di un figlio avuto da me. Non lo uccise certo quello sventurato, ma anzi morì lui stesso prima. Cosicché io non terrei conto né di questa né di quella profezia.

EDIPO Hai ragione. Però manda qualcuno a chiamare quel servo, e non trascurare di farlo.

GIOCASTA Manderò subito: ma entriamo in casa; non farei nulla che a te non piaccia. (*Rientra con Edipo nel palazzo.*)

SECONDO STASIMO

CORO Possa io avere destino di serbare
santa purezza di parole
e di azioni, a cui sono preposte
leggi sublimi, procreate
nell'etere celeste, e l'Olimpo
solo è loro padre;
non natura mortale di uomini
le generò, né mai l'oblio
le sopirà:[44]
un dio potente è in esse, e non invecchia.

La dismisura genera i tiranni: la dismisura,
se di molte cose si è riempita follemente,
non opportune e non convenienti,
salita su eccelsi dirupi,
subito precipita nell'abisso di necessità,
dove non ha saldo il piede.
La lotta per la salvezza
della città prego il dio
di non interrompere;
non cesserò mai di avere il dio a difensore.

Ma se taluno in atti o discorsi
superbamente procede,

44 Κατακοιμάσῃ è congiuntivo aoristo, con valore potenziale: « potrebbe farle tacere », letteralmente « addormentarle »; ma parte della tradizione presenta il futuro κατακοιμάσει.

Δίκας ἀφόβητος, οὐδὲ
δαιμόνων ἕδη σέβων,
κακά νιν ἕλοιτο μοῖρα,
δυσπότμου χάριν χλιδᾶς,
εἰ μὴ τὸ κέρδος κερδανεῖ δικαίως
καὶ τῶν ἀσέπτων ἕρξεται,
ἢ τῶν ἀθίκτων ἕξεται ματᾴζων.
τίς ἔτι ποτ' ἐν τοῖσδ' ἀνὴρ βέλη θεῶν
ἕρξεται ψυχᾶς ἀμύ-
νων; εἰ γὰρ αἱ τοιαίδε πράξεις τίμιαι,
τί δεῖ με χορεύειν;

οὐκέτι τὸν ἄθικτον εἶ- ἀντ.
μι γᾶς ἐπ' ὀμφαλὸν σέβων,
οὐδ' ἐς τὸν 'Αβαῖσι ναόν,
οὐδὲ τὰν 'Ολυμπίαν,
εἰ μὴ τάδε χειρόδεικτα
πᾶσιν ἁρμόσει βροτοῖς.
ἀλλ', ὦ κρατύνων, εἴπερ ὄρθ' ἀκούεις,
Ζεῦ, πάντ' ἀνάσσων, μὴ λάθοι
σὲ τάν τε σὰν ἀθάνατον αἰὲν ἀρχάν.
φθίνοντα γὰρ Λαΐου παλαιὰ
θέσφατ' ἐξαιροῦσιν ἤ-
δη, κοὐδαμοῦ τιμαῖς 'Απόλλων ἐμφανής·
ἔρρει δὲ τὰ θεῖα.

Ιο. χώρας ἄνακτες, δόξα μοι παρεστάθη
ναοὺς ἱκέσθαι δαιμόνων, τάδ' ἐν χεροῖν

senza temere Dike e non rispettando
le sedi degli dèi,
mala sorte lo colga
per il suo sciagurato orgoglio,
se ingiustamente cercherà guadagno
e da sacrileghi atti non si asterrà,
o follemente toccherà ciò che è intangibile.
Chi mai in questi casi si vanterà di allontanare
dall'animo i dardi dell'ira?[45]
Se tali azioni si onorano,
a che questo mio canto?

Non andrò più in venerazione
all'intangibile ombelico della terra,
né al tempio di Abe,
né ad Olimpia,[46]
se tutti i mortali non saranno d'accordo
su queste cose evidenti.
E tu, Zeus, o sovrano, se giustamente così sei chiamato,
che su ogni cosa imperi, fa che nulla sfugga
a te e al tuo potere in eterno immortale.
Ecco infatti, rifiutano gli oracoli antichi
su Laio, perché non adempiuti,
e in nessun luogo Apollo appare negli onori dovuti;
e gli dèi se ne vanno.

TERZO EPISODIO

GIOCASTA (*esce dalla reggia, seguita da ancelle che portano corone di fiori e vasi di unguenti*) Signori del paese, ho deciso di recarmi supplice ai templi degli dèi, portando con le

45 Il passo è irrimediabilmente corrotto; la traduzione si attiene al testo tràdito, leggendo θυμοῦ βέλη e ἀμύνειν anziché βέλη θεῶν e ἀμύνων, e di converso preferisce la congettura di Musgrave εὔξεται a ἔρξεται dei mss.
46 L'espressione ἄθικτον ... γᾶς ἐπ' ομφαλὸν allude all'oracolo di Delfi, considerato il centro della terra; di seguito vengono menzionati i templi di Abai, località della Focide non lontana da Tebe, pure sacro ad Apollo, e di Olimpia.

στέφη λαβούσῃ κἀπιθυμιάματα.
ὑψοῦ γὰρ αἴρει θυμὸν Οἰδίπους ἄγαν
λύπαισι παντοίαισιν· οὐδ᾽ ὁποῖ᾽ ἀνὴρ
ἔννους τὰ καινὰ τοῖς πάλαι τεκμαίρεται,
ἀλλ᾽ ἐστὶ τοῦ λέγοντος, εἰ φόβους λέγοι.
ὅτ᾽ οὖν παραινοῦσ᾽ οὐδὲν ἐς πλέον ποιῶ,
πρὸς σ᾽, ὦ Λύκει᾽ Ἄπολλον, ἄγχιστος γὰρ εἶ,
ἱκέτις ἀφῖγμαι τοῖσδε σὺν κατεύγμασιν,
ὅπως λύσιν τιν᾽ ἡμὶν εὐαγῆ πόρῃς·
ὡς νῦν ὀκνοῦμεν πάντες ἐκπεπληγμένον
κεῖνον βλέποντες ὡς κυβερνήτην νεώς.

ΑΓΓΕΛΟΣ

ἆρ᾽ ἂν παρ᾽ ὑμῶν, ὦ ξένοι, μάθοιμ᾽ ὅπου
τὰ τοῦ τυράννου δώματ᾽ ἐστὶν Οἰδίπου;
μάλιστα δ᾽ αὐτὸν εἴπατ᾽ εἰ κάτισθ᾽ ὅπου.
Χο. στέγαι μὲν αἵδε, καὐτὸς ἔνδον, ὦ ξένε·
γυνὴ δὲ μήτηρ ἥδε τῶν κείνου τέκνων.
Αγ. ἀλλ᾽ ὀλβία τε καὶ ξὺν ὀλβίοις ἀεὶ
γένοιτ᾽, ἐκείνου γ᾽ οὖσα παντελὴς δάμαρ.
Ιο. αὔτως δὲ καὶ σύ γ᾽, ὦ ξέν᾽· ἄξιος γὰρ εἶ
τῆς εὐεπείας οὕνεκ᾽. ἀλλὰ φράζ᾽ ὅτου
χρῄζων ἀφῖξαι χὤτι σημῆναι θέλων.
Αγ. ἀγαθὰ δόμοις τε καὶ πόσει τῷ σῷ, γύναι.
Ιο. τὰ ποῖα ταῦτα; πρὸς τίνος δ᾽ ἀφιγμένος;
Αγ. ἐκ τῆς Κορίνθου. τὸ δ᾽ ἔπος οὑξερῶ τάχα,
ἥδοιο μέν, πῶς δ᾽ οὐκ ἄν; ἀσχάλλοις δ᾽ ἴσως.
Ιο. τί δ᾽ ἔστι; ποίαν δύναμιν ὧδ᾽ ἔχει διπλῆν;
Αγ. τύραννον αὐτὸν οὑπιχώριοι χθονὸς
τῆς Ἰσθμίας στήσουσιν, ὡς ηὐδᾶτ᾽ ἐκεῖ.
Ιο. τί δ᾽; οὐχ ὁ πρέσβυς Πόλυβος ἐγκρατὴς ἔτι;
Αγ. οὐ δῆτ᾽, ἐπεί νιν θάνατος ἐν τάφοις ἔχει.
Ιο. πῶς εἶπας; ἦ τέθνηκε⟨ν Οἰδίπου πατήρ⟩;
Αγ. εἰ μὴ λέγω τἀληθές, ἀξιῶ θανεῖν.

mie mani queste corone e queste offerte di aromi. Troppo infatti Edipo eccita l'animo suo con affanni d'ogni sorta; e non spiega, come un uomo ragionevole, i fatti recenti con gli antichi, ma si abbandona a chi gli parla, se pure gli parli di cose terribili. Poiché dunque con i miei consigli non ottengo nulla, a te, o Liceo Apollo – tu sei il più vicino –, supplice vengo con queste offerte votive, affinché tu ci conceda una pura liberazione: ora tremiamo tutti a vederlo atterrito, come se fosse il pilota della nave.[47]

NUNZIO (*arrivando sulla scena*) Potrei sapere da voi, o stranieri, dov'è il palazzo del re Edipo? O piuttosto ditemi, se lo sapete, dove si trova egli stesso.

CORIFEO Il palazzo è questo, ed egli è dentro, o straniero; e questa donna è la madre dei suoi figli.

NUNZIO Sia per sempre felice in mezzo a una famiglia felice, essendo per lui una sposa perfetta.

GIOCASTA Così sia anche di te, o straniero; lo meriti per le tue gentili parole. Dimmi dunque perché sei venuto, e che cosa vuoi annunciarci.

NUNZIO Buone notizie per la tua casa e per tuo marito, o donna.

GIOCASTA Quali? E da parte di chi sei venuto?

NUNZIO Vengo da Corinto; e della notizia, che sto per darti, tu gioirai – e come no? –, ma potresti anche affliggerti.

GIOCASTA Di che si tratta? E come ha tale duplice potere?

NUNZIO Il popolo eleggerà Edipo re della regione dell'Istmo,[48] a quanto là si diceva.

GIOCASTA Che? Non è più al potere il vecchio Polibo?

NUNZIO No, certo: la morte lo serra nella tomba.

GIOCASTA Come dici? Davvero Polibo è morto?[49]

NUNZIO Vorrei morire, se non dico la verità!

[47] Espressione fortemente brachilogica, derivata dalla tradizionale immagine che assimila lo stato o la città a una nave: vedendo il proprio re Edipo in preda al terrore, il popolo di Tebe trema al pari dei marinai che vedono atterrito il loro comandante.

[48] La « regione dell'Istmo » è una perifrasi per il territorio di Corinto.

[49] Il testo è corrotto, ma il guasto riesce relativamente innocuo, poiché certo vi rientrava il nome di Polibo, che in varie combinazioni è presente nei mss., oppure una perifrasi corrispondente, come suggerisce la congettura di Nauck recepita da Pearson.

Ιο. ὦ πρόσπολ', οὐχὶ δεσπότῃ τάδ' ὡς τάχος
μολοῦσα λέξεις; ὦ θεῶν μαντεύματα,
ἵν' ἐστέ· τοῦτον Οἰδίπους πάλαι τρέμων
τὸν ἄνδρ' ἔφευγε μὴ κτάνοι· καὶ νῦν ὅδε
πρὸς τῆς τύχης ὄλωλεν οὐδὲ τοῦδ' ὕπο.
Οι. ὦ φίλτατον γυναικὸς Ἰοκάστης κάρα,
τί μ' ἐξεπέμψω δεῦρο τῶνδε δωμάτων;
Ιο. ἄκουε τἀνδρὸς τοῦδε, καὶ σκόπει κλύων
τὰ σέμν' ἵν' ἥκει τοῦ θεοῦ μαντεύματα.
Οι. οὗτος δὲ τίς ποτ' ἐστὶ καὶ τί μοι λέγει;
Ιο. ἐκ τῆς Κορίνθου, πατέρα τὸν σὸν ἀγγελῶν
ὡς οὐκέτ' ὄντα Πόλυβον, ἀλλ' ὀλωλότα.
Οι. τί φής, ξέν'; αὐτός μοι σὺ σημήνας γενοῦ.
Αγ. εἰ τοῦτο πρῶτον δεῖ μ' ἀπαγγεῖλαι σαφῶς,
εὖ ἴσθ' ἐκεῖνον θανάσιμον βεβηκότα.
Οι. πότερα δόλοισιν, ἢ νόσου ξυναλλαγῇ;
Αγ. σμικρὰ παλαιὰ σώματ' εὐνάζει ῥοπή.
Οι. νόσοις ὁ τλήμων, ὡς ἔοικεν, ἔφθιτο.
Αγ. καὶ τῷ μακρῷ γε συμμετρούμενος χρόνῳ.
Οι. φεῦ φεῦ, τί δῆτ' ἄν, ὦ γύναι, σκοποῖτό τις
τὴν Πυθόμαντιν ἑστίαν, ἢ τοὺς ἄνω
κλάζοντας ὄρνεις, ὧν ὑφηγητῶν ἐγὼ
κτενεῖν ἔμελλον πατέρα τὸν ἐμόν; ὁ δὲ θανὼν
κεύθει κάτω δὴ γῆς· ἐγὼ δ' ὅδ' ἐνθάδε
ἄψαυστος ἔγχους, εἴ τι μὴ τὠμῷ πόθῳ
κατέφθιθ'· οὕτω δ' ἂν θανὼν εἴη 'ξ ἐμοῦ.
τὰ δ' οὖν παρόντα συλλαβὼν θεσπίσματα
κεῖται παρ' Ἅιδῃ Πόλυβος ἄξι' οὐδενός.

GIOCASTA Ancella, va al più presto ad annunciarlo al padrone! Oracoli degli dèi, dove siete? Da tempo Edipo fuggiva quest'uomo, per paura di ucciderlo: e ora egli è morto a opera del fato, e non per mano di Edipo.

EDIPO (*uscendo dalla reggia*) Giocasta, sposa mia carissima, perché mi facesti chiamare qui dal palazzo?

GIOCASTA Ascolta quest'uomo, e considera dalle sue parole dove finiscono i venerati oracoli del dio.

EDIPO Chi è mai costui, e che cosa vuole dirmi?

GIOCASTA Viene da Corinto, ad annunciare che tuo padre Polibo non vive più, ma è morto.

EDIPO Che dici, straniero? Dammi tu stesso questa notizia.

NUNZIO Se questa è la prima cosa che devo annunciarti chiaramente, sappi che egli è morto.

EDIPO Forse per un complotto? O per il sopraggiungere di una malattia?

NUNZIO Una piccola spinta mette a giacere il corpo di un vecchio.

EDIPO Allora l'infelice perì di malattia, come sembra.

NUNZIO E per i molti anni che contava.

EDIPO Ahi ahi, perché dunque, o donne, cercare il focolare profetico di Pito, o gli uccelli che stridono in alto,[50] secondo i quali io avrei dovuto uccidere mio padre? Egli giace morto sotterra; e io, eccomi qui, non ho toccato arma – a meno che non sia morto per desiderio di me:[51] così sarebbe morto per causa mia. Ma ora Polibo giace nell'Ade con tutti questi vaticini senza nessun valore.[52]

50 Il « focolare » è anche l'altare su cui si ardono le vittime, sacrificate sia per propiziare il vaticinio, sia per trarre il presagio dalle loro stesse viscere. Ciò non avveniva a Delfi; ma non è escluso che l'espressione alluda pure a questa forma, per riassumere genericamente i tipi più diffusi di mantica, tra cui era quella tratta dal volo degli uccelli, specifico esercizio di Tiresia (cfr. v. 310).

51 Ossia, per il rimpianto di non avere più il figlio putativo Edipo presso di sé.

52 Pearson introduce la propria congettura προδόντα, fondata sul confronto con Eschilo, *Coefore* 269: i vaticini « che hanno tradito ». La correzione è suggestiva, ma non necessaria: παρόντα dei mss., a cui si attiene la traduzione, significa che i vaticini

Ιο. οὔκουν ἐγώ σοι ταῦτα προὔλεγον πάλαι;
Οι. ηὔδας· ἐγὼ δὲ τῷ φόβῳ παρηγόμην.
Ιο. μή νυν ἔτ' αὐτῶν μηδὲν ἐς θυμὸν βάλῃς.
Οι. καὶ πῶς τὸ μητρὸς οὐκ ὀκνεῖν λέχος με δεῖ;
Ιο. τί δ' ἂν φοβοῖτ' ἄνθρωπος ᾧ τὰ τῆς τύχης
κρατεῖ, πρόνοια δ' ἐστὶν οὐδενὸς σαφής;
εἰκῇ κράτιστον ζῆν, ὅπως δύναιτό τις.
σὺ δ' ἐς τὰ μητρὸς μὴ φοβοῦ νυμφεύματα·
πολλοὶ γὰρ ἤδη κἀν ὀνείρασιν βροτῶν
μητρὶ ξυνηυνάσθησαν. ἀλλὰ ταῦθ' ὅτῳ
παρ' οὐδέν ἐστι, ῥᾷστα τὸν βίον φέρει.
Οι. καλῶς ἅπαντα ταῦτ' ἂν ἐξείρητό σοι,
εἰ μὴ 'κύρει ζῶσ' ἡ τεκοῦσα· νῦν δ' ἐπεὶ
ζῇ, πᾶσ' ἀνάγκη, κεἰ καλῶς λέγεις, ὀκνεῖν.
Ιο. καὶ μὴν μέγας ⟨γ'⟩ ὀφθαλμὸς οἱ πατρὸς τάφοι.
Οι. μέγας, ξυνίημ'· ἀλλὰ τῆς ζώσης φόβος.
Αγ. ποίας δὲ καὶ γυναικὸς ἐκφοβεῖσθ' ὕπερ;
Οι. Μερόπης, γεραιέ, Πόλυβος ἧς ᾤκει μέτα.
Αγ. τί δ' ἔστ' ἐκείνης ὑμὶν ἐς φόβον φέρον;
Οι. θεήλατον μάντευμα δεινόν, ὦ ξένε.
Αγ. ἦ ῥητόν; ἢ οὐχὶ θεμιτὸν ἄλλον εἰδέναι;
Οι. μάλιστά γ'· εἶπε γάρ με Λοξίας ποτὲ
χρῆναι μιγῆναι μητρὶ τἠμαυτοῦ, τό τε
πατρῷον αἷμα χερσὶ ταῖς ἐμαῖς ἑλεῖν.
ὧν οὕνεχ' ἡ Κόρινθος ἐξ ἐμοῦ πάλαι
μακρὰν ἀπῳκεῖτ'· εὐτυχῶς μέν, ἀλλ' ὅμως
τὰ τῶν τεκόντων ὄμμαθ' ἥδιστον βλέπειν.
Αγ. ἦ γὰρ τάδ' ὀκνῶν κεῖθεν ἦσθ' ἀπόπτολις;
Οι. πατρός τε χρῄζων μὴ φονεὺς εἶναι, γέρον.
Αγ. τί δῆτ' ἐγὼ οὐχὶ τοῦδε τοῦ φόβου σ', ἄναξ,
ἐπείπερ εὔνους ἦλθον, ἐξελυσάμην;
Οι. καὶ μὴν χάριν γ' ἂν ἀξίαν λάβοις ἐμοῦ.
Αγ. καὶ μὴν μάλιστα τοῦτ' ἀφικόμην, ὅπως
σοῦ πρὸς δόμους ἐλθόντος εὖ πράξαιμί τι.
Οι. ἀλλ' οὔποτ' εἶμι τοῖς φυτεύσασίν γ' ὁμοῦ.
Αγ. ὦ παῖ, καλῶς εἶ δῆλος οὐκ εἰδὼς τί δρᾷς.

GIOCASTA Non te lo dicevo io da tempo?

EDIPO Lo dicevi; ma io ero sviato dal terrore.

GIOCASTA Ora non metterti più nell'animo queste cose.

EDIPO E come non dovrei temere il letto di mia madre?

GIOCASTA E che cosa dovrebbe temere un uomo in balia del caso, senza chiara previsione di nulla? Meglio vivere alla ventura, come si può. Tu non temere le nozze con tua madre: già molti mortali si giacquero in sogno con la propria madre; ma chi non dà nessun valore a queste cose, vive più facilmente.

EDIPO Tutti questi tuoi discorsi andrebbero bene, se mia madre non fosse viva; ma poiché vive, è del tutto impossibile, anche se tu hai ragione, che io non tema.

GIOCASTA Eppure un valido indizio è la tomba di tuo padre.

EDIPO Valido, capisco; ma di lei, che è viva, ho paura.

NUNZIO Chi è la donna di cui avete paura?

EDIPO Merope, o vecchio, con la quale Polibo abitava.

NUNZIO E che cosa di lei vi spaventa?

EDIPO Un terribile vaticinio degli dèi, o straniero.

NUNZIO Si può dirlo? Oppure non è lecito che altri sappia?

EDIPO Eccolo: il Lossia mi disse un tempo che avrei dovuto congiungermi con la mia stessa madre, e versare con le mie mani il sangue paterno. Perciò da molto tempo vivevo ben lontano da Corinto; con buona fortuna, in verità, ma pure vedere gli occhi dei propri genitori è la cosa più dolce.

NUNZIO Davvero fu questo timore a tenerti lontano dalla città?

EDIPO Poiché non volevo essere l'assassino di mio padre, vecchio.

NUNZIO Perché dunque, signore, non ti ho liberato da questa paura, dato che propizio qua giunsi?

EDIPO Riceveresti da me degna ricompensa.

NUNZIO Proprio per questo sono venuto, per ricevere qualche beneficio quando sarai tornato in patria.

EDIPO Ma non andrò mai dove sono i miei genitori.

NUNZIO Figlio, è ben chiaro che non sai quel che fai.

« erano lì », e ora Polibo se li è portati con sé (συλλαβών è del linguaggio corrente, con accezione spregiativa) nella morte, ossia ne ha dimostrato la nullità.

Οι. *πῶς, ὦ γεραιέ; πρὸς θεῶν δίδασκέ με.*
Αγ. *εἰ τῶνδε φεύγεις οὕνεκ' εἰς οἴκους μολεῖν.*
Οι. *ταρβῶν γε μή μοι Φοῖβος ἐξέλθῃ σαφής.*
Αγ. *ἦ μὴ μίασμα τῶν φυτευσάντων λάβῃς;*
Οι. *τοῦτ' αὐτό, πρέσβυ, τοῦτό μ' εἰσαεὶ φοβεῖ.*
Αγ. *ἆρ' οἶσθα δῆτα πρὸς δίκης οὐδὲν τρέμων;*
Οι. *πῶς δ' οὐχί, παῖς γ' εἰ τῶνδε γεννητῶν ἔφυν;*
Αγ. *ὁθούνεκ' ἦν σοι Πόλυβος οὐδὲν ἐν γένει.*
Οι. *πῶς εἶπας; οὐ γὰρ Πόλυβος ἐξέφυσέ με;*
Αγ. *οὐ μᾶλλον οὐδὲν τοῦδε τἀνδρός, ἀλλ' ἴσον.*
Οι. *καὶ πῶς ὁ φύσας ἐξ ἴσου τῷ μηδενί;*
Αγ. *ἀλλ' οὔ σ' ἐγείνατ' οὔτ' ἐκεῖνος οὔτ' ἐγώ.*
Οι. *ἀλλ' ἀντὶ τοῦ δὴ παῖδά μ' ὠνομάζετο;*
Αγ. *δῶρόν ποτ', ἴσθι, τῶν ἐμῶν χειρῶν λαβών.*
Οι. *κᾆθ' ὧδ' ἀπ' ἄλλης χειρὸς ἔστερξεν μέγα;*
Αγ. *ἡ γὰρ πρὶν αὐτὸν ἐξέπεισ' ἀπαιδία.*
Οι. *σὺ δ' ἐμπολήσας, ἢ τυχών μ' αὐτῷ δίδως;*
Αγ. *εὑρὼν ναπαίαις ἐν Κιθαιρῶνος πτυχαῖς.*
Οι. *ὡδοιπόρεις δὲ πρὸς τί τούσδε τοὺς τόπους;*
Αγ. *ἐνταῦθ' ὀρείοις ποιμνίοις ἐπεστάτουν.*
Οι. *ποιμὴν γὰρ ἦσθα κἀπὶ θητείᾳ πλάνης;*
Αγ. *σοῦ δ', ὦ τέκνον, σωτήρ γε τῷ τότ' ἐν χρόνῳ.*
Οι. *τί δ' ἄλγος ἴσχοντ' ἐν χεροῖν με λαμβάνεις;*
Αγ. *ποδῶν ἂν ἄρθρα μαρτυρήσειεν τὰ σά.*
Οι. *οἴμοι, τί τοῦτ' ἀρχαῖον ἐννέπεις κακόν;*
Αγ. *λύω σ' ἔχοντα διατόρους ποδοῖν ἀκμάς.*
Οι. *καλόν γ' ὄνειδος σπαργάνων ἀνειλόμην.*
Αγ. *ὥστ' ὠνομάσθης ἐκ τύχης ταύτης ὃς εἶ.*
Οι. *ὦ πρὸς θεῶν, πρὸς μητρός, ἢ πατρός; φράσον.*
Αγ. *οὐκ οἶδ'· ὁ δοὺς δὲ ταῦτ' ἐμοῦ λῷον φρονεῖ.*
Οι. *ἦ γὰρ παρ' ἄλλου μ' ἔλαβες οὐδ' αὐτὸς τυχών;*

EDIPO Come, o vecchio? Per gli dèi, spiegami.
NUNZIO Se per causa loro tu eviti di tornare in patria.
EDIPO Perché temo che Febo mi risulti veritiero.
NUNZIO Che tu abbia ad essere contaminato dai genitori?
EDIPO Proprio questo, vecchio; questo mi atterrisce continuamente.
NUNZIO Non sai dunque che tremi senza ragione?
EDIPO E come no, se fui generato da loro?
NUNZIO Perché Polibo non era nulla per te, come parente.
EDIPO Che dici? Non mi generò dunque Polibo?
NUNZIO Non più di me, in egual modo.
EDIPO Come il padre sarebbe uguale a chi per me non è nulla?
NUNZIO Ma tu non nascesti né da lui né da me.
EDIPO E allora, perché mi chiamava figlio?
NUNZIO Dalle mie mani, sappi, ti ebbe in dono.
EDIPO E pur avendomi da un altro mi amò tanto?
NUNZIO Lo indusse a ciò l'essere privo di figli.
EDIPO E tu mi comprasti, o mi desti a lui avendomi trovato?
NUNZIO Ti trovai nelle valli boscose del Citerone.[53]
EDIPO Per quale motivo percorrevi quei luoghi?
NUNZIO Avevo cura delle greggi montane.
EDIPO Eri dunque un pastore nomade, a mercede?
NUNZIO Ma in quella circostanza, fui il tuo salvatore.
EDIPO Che male avevo, quando mi prendesti in braccio?
NUNZIO Possono attestarlo le giunture dei tuoi piedi.
EDIPO Ahimè, perché ricordi quest'antica sventura?
NUNZIO Io ti sciolsi le caviglie perforate.
EDIPO Mirabile[54] oltraggio ricevetti, ancora in fasce.
NUNZIO Tanto che da questa sorte avesti nome.
EDIPO Per gli dèi, chi fu, mio padre o mia madre? Dimmi.
NUNZIO Non lo so; chi ti diede a me ne sa certo di più.
EDIPO Allora mi ricevesti da un altro, e non mi trovasti tu stesso?

[53] Il monte Citerone era situato a sud di Tebe, dunque in direzione di Corinto.

[54] Καλόν, il cui valore ironico è accentuato da γ', è attestato da una sola fonte indiretta, Eustazio. I mss. hanno il più prevedibile δεινόν, « strano », « tremendo ».

Αγ. οὔκ, ἀλλὰ ποιμὴν ἄλλος ἐκδίδωσί μοι.
Οι. τίς οὗτος; ἦ κάτοισθα δηλῶσαι λόγῳ;
Αγ. τῶν Λαΐου δήπου τις ὠνομάζετο.
Οι. ἦ τοῦ τυράννου τῆσδε γῆς πάλαι ποτέ;
Αγ. μάλιστα· τούτου τἀνδρὸς οὗτος ἦν βοτήρ.
Οι. ἦ κἄστ' ἔτι ζῶν οὗτος, ὥστ' ἰδεῖν ἐμέ;
Αγ. ὑμεῖς γ' ἄριστ' εἰδεῖτ' ἂν οὑπιχώριοι.
Οι. ἔστιν τις ὑμῶν τῶν παρεστώτων πέλας,
ὅστις κάτοιδε τὸν βοτῆρ', ὃν ἐννέπει,
εἴτ' οὖν ἐπ' ἀγρῶν εἴτε κἀνθάδ' εἰσιδών;
σημήναθ', ὡς ὁ καιρὸς ηὑρῆσθαι τάδε.
Χο. οἶμαι μὲν οὐδέν' ἄλλον ἢ τὸν ἐξ ἀγρῶν,
ὃν κἀμάτευες πρόσθεν εἰσιδεῖν· ἀτὰρ
ἥδ' ἂν τάδ' οὐχ ἥκιστ' ἂν Ἰοκάστη λέγοι.
Οι. γύναι, νοεῖς ἐκεῖνον, ὅντιν' ἀρτίως
μολεῖν ἐφιέμεσθα; τόνδ' οὗτος λέγει;
Ιο. τί δ' ὅντιν' εἶπε; μηδὲν ἐντραπῇς. τὰ δὲ
ῥηθέντα βούλου μηδὲ μεμνῆσθαι μάτην.
Οι. οὐκ ἂν γένοιτο τοῦθ', ὅπως ἐγὼ λαβὼν
σημεῖα τοιαῦτ' οὐ φανῶ τοὐμὸν γένος.
Ιο. μὴ πρὸς θεῶν, εἴπερ τι τοῦ σαυτοῦ βίου
κήδῃ, ματεύσῃς τοῦθ'· ἅλις νοσοῦσ' ἐγώ.
Οι. θάρσει· σὺ μὲν γὰρ οὐδ' ἐὰν τρίτης ἐγὼ
μητρὸς φανῶ τρίδουλος, ἐκφανῇ κακή.
Ιο. ὅμως πιθοῦ μοι, λίσσομαι, μὴ δρᾶν τάδε.
Οι. οὐκ ἂν πιθοίμην μὴ οὐ τάδ' ἐκμαθεῖν σαφῶς.
Ιο. καὶ μὴν φρονοῦσά γ' εὖ τὰ λῷστά σοι λέγω.
Οι. τὰ λῷστα τοίνυν ταῦτά μ' ἀλγύνει πάλαι.
Ιο. ὦ δύσποτμ', εἴθε μήποτε γνοίης ὃς εἶ.
Οι. ἄξει τις ἐλθὼν δεῦρο τὸν βοτῆρά μοι;
ταύτην δ' ἐᾶτε πλουσίῳ χαίρειν γένει.
Ιο. ἰοὺ ἰού, δύστηνε· τοῦτο γάρ σ' ἔχω
μόνον προσειπεῖν, ἄλλο δ' οὔποθ' ὕστερον.
Χο. τί ποτε βέβηκεν, Οἰδίπους, ὑπ' ἀγρίας
ᾄξασα λύπης ἡ γυνή; δέδοιχ' ὅπως
μὴ 'κ τῆς σιωπῆς τῆσδ' ἀναρρήξει κακά.

NUNZIO No, ti diede a me un altro pastore.

EDIPO Chi è costui? Sai indicarlo con le tue parole?

NUNZIO Era certamente uno della casa di Laio.

EDIPO Del sovrano che regnava un tempo su questa terra?

NUNZIO Proprio: quell'uomo era un suo pastore.

EDIPO Vive ancora costui, che io possa vederlo?

NUNZIO Voi, che siete del posto, lo dovreste sapere benissimo.

EDIPO Vi è qualcuno di voi, qui presenti, che conosce il pastore di cui questi parla, sia che l'abbia visto nei campi oppure qui in città? Ditelo, giacché questa è l'occasione di fare luce.

CORIFEO Credo che altri non sia se non quel contadino che già prima volevi vedere; ma di questo può informarti ottimamente Giocasta.

EDIPO Donna, ricordi l'uomo che poco fa mandammo a chiamare? È quello di cui parla costui?

GIOCASTA Che importa di chi parla? Lascia perdere; non voler neppure ricordare tutti questi inutili discorsi.

EDIPO Non sarà che io, possedendo tali indizi, non scopra la mia origine.

GIOCASTA No, per gli dèi, se hai cara la tua vita, non indagare su questo: basta che soffra io.

EDIPO Fatti coraggio; anche se io risultassi discendente di tre generazioni di schiave, tu non saresti ignobile.

GIOCASTA Tuttavia ascoltami, ti supplico; non farlo.

EDIPO Non mi lascerei convincere a ignorare la verità.

GIOCASTA Eppure ben ragionando dico quel che è meglio per te.

EDIPO È proprio questo meglio che da tempo mi tormenta.

GIOCASTA Sventurato, che tu non sappia mai chi sei!

EDIPO Qualcuno vada a cercarmi il pastore e me lo porti qui! Lasciate che costei si compiaccia della sua ricca stirpe.

GIOCASTA Ahi, ahi, sciagurato! Così soltanto posso chiamarti, e non altrimenti oramai. (*Entra nel palazzo.*)

CORIFEO Perché se n'è andata, Edipo, sconvolta da un feroce affanno? Purché da questo silenzio non abbiano a prorompere sventure.

Οι. ὁποῖα χρῄζει ῥηγνύτω· τοὐμὸν δ' ἐγώ,
κεἰ σμικρόν ἐστι, σπέρμ' ἰδεῖν βουλήσομαι.
αὕτη δ' ἴσως, φρονεῖ γὰρ ὡς γυνὴ μέγα,
τὴν δυσγένειαν τὴν ἐμὴν αἰσχύνεται.
ἐγὼ δ' ἐμαυτὸν παῖδα τῆς Τύχης νέμων
τῆς εὖ διδούσης οὐκ ἀτιμασθήσομαι.
τῆς γὰρ πέφυκα μητρός· οἱ δὲ συγγενεῖς
μῆνές με μικρὸν καὶ μέγαν διώρισαν.
τοιόσδε δ' ἐκφὺς οὐκ ἂν ἐξέλθοιμ' ἔτι
ποτ' ἄλλος, ὥστε μὴ 'κμαθεῖν τοὐμὸν γένος.

Χο. εἴπερ ἐγὼ μάντις εἰμὶ στρ.
καὶ κατὰ γνώμαν ἴδρις,
οὐ τὸν Ὄλυμπον ἀπείρων,
ὦ Κιθαιρών, οὐκ ἔσῃ τὰν αὔριον
πανσέληνον,
μὴ οὐ σ' ἐμὲ καὶ πατριώταν Οἰδίπου
καὶ τροφὸν καὶ ματέρ' αὔξειν,
καὶ χορεύεσθαι πρὸς ἡμῶν,
ὡς ἐπίηρα φέροντα
τοῖς ἐμοῖς τυράννοις.
ἰήιε Φοῖβε, σοὶ δὲ
ταῦτ' ἀρέστ' εἴη.

τίς σε, τέκνον, τίς σ' ἔτικτε ἀντ.
τᾶν μακραιώνων ἄρα
Πανὸς ὀρεσσιβάτα πα-
τρὸς πελασθεῖσ'; ἢ σέ γέ †τις θυγάτηρ†
Λοξίου; τῷ
γὰρ πλάκες ἀγρόνομοι πᾶσαι φίλαι·
εἴθ' ὁ Κυλλάνας ἀνάσσων,

EDIPO Prorompa quel che vuole; io voglio sapere la mia origine, anche se è umile. Lei certo, superba come tutte le donne, si vergogna dei miei ignobili natali. Io, ritenendomi figlio della sorte, quella che assegna il bene,[55] non mi sentirò disonorato. Questa infatti fu mia madre, e i mesi della mia vita mi resero piccolo e grande. Tale è la mia origine: e non potrei venirne fuori diverso, così da non conoscere la mia nascita.

TERZO STASIMO

CORO Se davvero profeta io sono
e sapiente nel mio pensiero
e dell'Olimpo non sono inesperto, tu, o Citerone,
al plenilunio di domani
sarai esaltato come patria
e nutrice e madre di Edipo;
e noi celebreremo nei cori te,
che bene hai portato ai nostri sovrani.
Febo Ieio,[56] questo a te sia gradito.

Quale, figlio, quale tra le ninfe
longeve ti generò,
congiunta con Pan che vaga per i monti?[57]
O forse unitasi in amplesso con il Lossia,
al quale invero le agresti piane son care;
ovvero il signore di Cillene,[58]

[55] La precisazione è necessaria, perché τύχη è *vox media*, ossia può indicare tanto la buona che la cattiva sorte. L'astratto è qui assai prossimo alla personificazione: e in età successiva Tyche verrà divinizzata. Edipo ritiene di potersi vantare figlio della Fortuna, pensando alle precedenti tappe della sua vita: il salvataggio sul Citerone, l'adozione da parte di Polibo, l'assunzione al regno di Tebe.
[56] Cfr. la n. 10.
[57] Pan, divinità agreste e montana non compresa nel numero dei dodici dèi Olimpi, i cui accoppiamenti con Ninfe e Menadi ispirarono numerose leggende.
[58] Il signore di Cillene è il dio Hermes, così chiamato dal luogo della sua nascita, il monte Cillene in Arcadia.

εἴθ' ὁ Βακχεῖος θεὸς ναί-
ων ἐπ' ἄκρων ὀρέων ⟨σ'⟩ εὕ-
ρημα δέξατ' ἔκ του
Νυμφᾶν Ἑλικωνίδων, αἷς
πλεῖστα συμπαίζει.

Οι. εἰ χρή τι κἀμὲ μὴ συναλλάξαντά πω,
πρέσβεις, σταθμᾶσθαι, τὸν βοτῆρ' ὁρᾶν δοκῶ,
ὅνπερ πάλαι ζητοῦμεν. ἔν τε γὰρ μακρῷ
γήρᾳ ξυνᾴδει τῷδε τἀνδρὶ σύμμετρος,
ἄλλως τε τοὺς ἄγοντας ὥσπερ οἰκέτας
ἔγνωκ' ἐμαυτοῦ· τῇ δ' ἐπιστήμῃ σύ μου
προὔχοις τάχ' ἄν που, τὸν βοτῆρ' ἰδὼν πάρος.
Χο. ἔγνωκα γάρ, σάφ' ἴσθι· Λαΐου γὰρ ἦν
εἴπερ τις ἄλλος πιστὸς ὡς νομεὺς ἀνήρ.
Οι. σὲ πρῶτ' ἐρωτῶ, τὸν Κορίνθιον ξένον,
ἦ τόνδε φράζεις; Αγ. τοῦτον, ὅνπερ εἰσορᾷς.
Οι. οὗτος σύ, πρέσβυ, δεῦρό μοι φώνει βλέπων
ὅσ' ἄν σ' ἐρωτῶ. Λαΐου ποτ' ἦσθα σύ;

ΘΕΡΑΠΩΝ

ἦ, δοῦλος οὐκ ὠνητός, ἀλλ' οἴκοι τραφείς.
Οι. ἔργον μεριμνῶν ποῖον ἢ βίον τίνα;
Θε. ποίμναις τὰ πλεῖστα τοῦ βίου συνειπόμην.
Οι. χώροις μάλιστα πρὸς τίσι ξύναυλος ὤν;
Θε. ἦν μὲν Κιθαιρών, ἦν δὲ πρόσχωρος τόπος.
Οι. τὸν ἄνδρα τόνδ' οὖν οἶσθα τῇδέ που μαθών,
Θε. τί χρῆμα δρῶντα; ποῖον ἄνδρα καὶ λέγεις;
Οι. τόνδ' ὃς πάρεστιν· ἦ ξυναλλάξας τί που;
Θε. οὐχ ὥστε γ' εἰπεῖν ἐν τάχει μνήμης ἄπο.
Αγ. κοὐδέν γε θαῦμα, δέσποτ'. ἀλλ' ἐγὼ σαφῶς
ἀγνῶτ' ἀναμνήσω νιν. εὖ γὰρ οἶδ' ὅτι
κάτοιδεν ἦμος τὸν Κιθαιρῶνος τόπον
ὁ μὲν διπλοῖσι ποιμνίοις, ἐγὼ δ' ἑνὶ

o Bacco divino, che abita le vette dei monti,
ti ebbe da qualcuna
delle Ninfe Eliconie,[59] con cui spesso si svaga?

(Entrano due servi conducendone un terzo, un anziano pastore.)

QUARTO EPISODIO

EDIPO Se devo fare anch'io, o vecchi, congetture su una persona che non ho mai incontrato, credo di vedere il pastore che da tempo cerchiamo; la sua vecchiezza coincide con quella di quest'uomo. Inoltre ho riconosciuto quelli che lo accompagnano come miei servi; ma certo tu ne puoi sapere più di me, avendo già visto prima il pastore.

CORIFEO Lo conosco infatti, sappilo: era il pastore di Laio più fidato di tutti gli altri.

EDIPO Te interrogo per primo, ospite corinzio: è lui che intendi?

NUNZIO Proprio quello che ti sta davanti agli occhi.

EDIPO E tu, vecchio, guarda qui a me, e rispondi alle mie domande. Tu un tempo appartenevi a Laio?

SERVO Sì, ero suo schiavo, non comperato, ma allevato in casa.

EDIPO Che mansioni avevi, e quale condizione?

SERVO Per quasi tutta la mia vita ho condotto greggi.

EDIPO E in quali luoghi per lo più abitavi?

SERVO Sul Citerone, oppure nella regione circostante.

EDIPO E non ti ricordi di avere mai conosciuto quest'uomo?

SERVO Che faceva? E di quale uomo parli?

EDIPO Di questo, che è qui presente; lo incontrasti mai?

SERVO Non così da dirtelo subito a memoria.

NUNZIO E non è affatto strano, signore; anche se non mi riconosce, gli farò ricordare chiaramente. Sono sicuro che rammenta quando dalle parti del Citerone, lui con due greggi e io con uno, trascorremmo accanto interi semestri, da

[59] Sono le ninfe del monte Elicona, sempre nella parte meridionale della Beozia, che nascosero Dioniso all'ira della dea Hera e lo allevarono.

ἐπλησίαζον τῷδε τἀνδρὶ τρεῖς ὅλους
ἐξ ἦρος εἰς ἀρκτοῦρον ἐκμήνους χρόνους·
χειμῶνι δ' ἤδη τἀμά τ' εἰς ἔπαυλ' ἐγὼ
ἤλαυνον οὗτός τ' ἐς τὰ Λαΐου σταθμά.
λέγω τι τούτων, ἢ οὐ λέγω πεπραγμένον;
Θε. λέγεις ἀληθῆ, καίπερ ἐκ μακροῦ χρόνου.
Αγ. φέρ' εἰπὲ νῦν, τότ' οἶσθα παῖδά μοί τινα
δούς, ὡς ἐμαυτῷ θρέμμα θρεψαίμην ἐγώ;
Θε. τί δ' ἔστι; πρὸς τί τοῦτο τοὔπος ἱστορεῖς;
Αγ. ὅδ' ἐστίν, ὦ τᾶν, κεῖνος ὃς τότ' ἦν νέος.
Θε. οὐκ εἰς ὄλεθρον; οὐ σιωπήσας ἔσῃ;
Οι. ἆ, μὴ κόλαζε, πρέσβυ, τόνδ', ἐπεὶ τὰ σὰ
δεῖται κολαστοῦ μᾶλλον ἢ τὰ τοῦδ' ἔπη.
Θε. τί δ', ὦ φέριστε δεσποτῶν, ἁμαρτάνω;
Οι. οὐκ ἐννέπων τὸν παῖδ' ὃν οὗτος ἱστορεῖ.
Θε. λέγει γὰρ εἰδὼς οὐδέν, ἀλλ' ἄλλως πονεῖ.
Οι. σὺ πρὸς χάριν μὲν οὐκ ἐρεῖς, κλαίων δ' ἐρεῖς.
Θε. μὴ δῆτα, πρὸς θεῶν, τὸν γέροντά μ' αἰκίσῃ.
Οι. οὐχ ὡς τάχος τις τοῦδ' ἀποστρέψει χέρας;
Θε. δύστηνος, ἀντὶ τοῦ; τί προσχρῄζων μαθεῖν;
Οι. τὸν παῖδ' ἔδωκας τῷδ' ὃν οὗτος ἱστορεῖ;
Θε. ἔδωκ'· ὀλέσθαι δ' ὤφελον τῇδ' ἡμέρᾳ.
Οι. ἀλλ' ἐς τόδ' ἥξεις μὴ λέγων γε τοὔνδικον.
Θε. πολλῷ γε μᾶλλον, ἢν φράσω, διόλλυμαι.
Οι. ἁνὴρ ὅδ', ὡς ἔοικεν, ἐς τριβὰς ἐλᾷ.
Θε. οὐ δῆτ' ἔγωγ', ἀλλ' εἶπον ὡς δοίην πάλαι.
Οι. πόθεν λαβών; οἰκεῖον, ἢ 'ξ ἄλλου τινός;
Θε. ἐμὸν μὲν οὐκ ἔγωγ', ἐδεξάμην δέ του.
Οι. τίνος πολιτῶν τῶνδε κἀκ ποίας στέγης;
Θε. μὴ πρὸς θεῶν, μή, δέσποθ', ἱστόρει πλέον.
Οι. ὄλωλας, εἴ σε ταῦτ' ἐρήσομαι πάλιν.
Θε. τῶν Λαΐου τοίνυν τις ἦν γεννημάτων.
Οι. ἢ δοῦλος, ἢ κείνου τις ἐγγενὴς γεγώς;
Θε. οἴμοι, πρὸς αὐτῷ γ' εἰμὶ τῷ δεινῷ λέγειν.
Οι. κἄγωγ' ἀκούειν· ἀλλ' ὅμως ἀκουστέον.

primavera all'autunno; e d'inverno le guidavamo io alle mie stalle, lui a quelle di Laio. Racconto fatti accaduti, oppure no?

SERVO Dici la verità, anche se dopo gran tempo.

NUNZIO E dimmi, ora, ti ricordi di avermi dato allora un bambino, perché io lo allevassi come mio proprio figlio?

SERVO Che c'è? Perché mi fai questa domanda?

NUNZIO (*indicando Edipo*) Ecco, mio caro, questo è il bambino di allora.

SERVO Va' in malora! Vuoi star zitto?

EDIPO Ah, non rimproverarlo, vecchio; le tue parole vanno castigate, più che le sue.

SERVO Di che cosa sono colpevole, ottimo tra i padroni?

EDIPO Non parli del bambino, di cui ti domanda.

SERVO Parla senza sapere nulla, e si dà pena inutilmente.

EDIPO Se non vuoi parlare per favore, parlerai con tuo danno.

SERVO No, per gli dèi, non maltrattarmi; sono vecchio.

EDIPO Presto, torcetegli le mani dietro la schiena.

SERVO Perché, povero me? Che cosa vuoi sapere?

EDIPO Desti tu a quest'uomo il bambino di cui domanda?

SERVO Sì. Fossi morto, quel giorno!

EDIPO Ci arriverai, se non dici la verità.

SERVO Molto più sicura è la mia morte, se parlerò.

EDIPO Quest'uomo, a quanto pare, va per le lunghe.

SERVO No, davvero: ti ho detto che glielo diedi io.

EDIPO E dove l'avevi preso? Era tuo, o di qualcun altro?

SERVO Non era mio, lo ricevetti da un tale.

EDIPO Chi era, di questa città? E qual era la casa?

SERVO No, per gli dèi, padrone, non chiedermi di più.

EDIPO Sei morto, se dovrò domandartelo ancora.

SERVO Ebbene, era uno della famiglia di Laio.

EDIPO Era uno schiavo, oppure un suo parente?

SERVO Ahimè, eccomi a ciò che è terribile dire.

EDIPO E per me ascoltare: tuttavia devo farlo.

Θε. κείνου γέ τοι δὴ παῖς ἐκλῄζεθ'· ἡ δ' ἔσω
καλλιστ' ἂν εἴποι σὴ γυνὴ τάδ' ὡς ἔχει.
Οι. ἦ γὰρ δίδωσιν ἥδε σοι; Θε. μάλιστ', ἄναξ.
Οι. ὡς πρὸς τί χρείας; Θε. ὡς ἀναλώσαιμί νιν.
Οι. τεκοῦσα τλήμων; Θε. θεσφάτων γ' ὄκνῳ κακῶν.
Οι. ποίων; Θε. κτενεῖν νιν τοὺς τεκόντας ἦν λόγος.
Οι. πῶς δῆτ' ἀφῆκας τῷ γέροντι τῷδε σύ;
Θε. κατοικτίσας, ὦ δέσποθ', ὡς ἄλλην χθόνα
δοκῶν ἀποίσειν, αὐτὸς ἔνθεν ἦν· ὁ δὲ
κάκ' ἐς μέγιστ' ἔσωσεν. εἰ γὰρ οὗτος εἶ
ὅν φησιν οὗτος, ἴσθι δύσποτμος γεγώς.
Οι. ἰοὺ ἰού· τὰ πάντ' ἂν ἐξήκοι σαφῆ.
ὦ φῶς, τελευταῖόν σε προσβλέψαιμι νῦν,
ὅστις πέφασμαι φύς τ' ἀφ' ὧν οὐ χρῆν, ξὺν οἷς τ'
οὐ χρῆν ὁμιλῶν, οὕς τέ μ' οὐκ ἔδει κτανών.

Χο. ἰὼ γενεαὶ βροτῶν, στρ.
ὡς ὑμᾶς ἴσα καὶ τὸ μη-
δὲν ζώσας ἐναριθμῶ.
τίς γάρ, τίς ἀνὴρ πλέον
τᾶς εὐδαιμονίας φέρει
ἢ τοσοῦτον ὅσον δοκεῖν
καὶ δόξαντ' ἀποκλῖναι;
τὸν σόν τοι παράδειγμ' ἔχων,
τὸν σὸν δαίμονα, τὸν σόν, ὦ
τλᾶμον Οἰδιπόδα, βροτῶν
οὐδὲν μακαρίζω·

SERVO Si diceva che era figlio suo: ma meglio di tutti può spiegarti come stanno le cose tua moglie, che è in casa.

EDIPO È stata lei a dartelo?

SERVO Proprio così, signore.

EDIPO Per quale scopo?

SERVO Perché lo uccidessi.

EDIPO Disgraziata, dopo averlo generato?

SERVO Per timore di vaticini funesti.

EDIPO Quali?

SERVO Si diceva che avrebbe ucciso i genitori.

EDIPO Perché allora tu lo desti a questo vecchio?

SERVO Ne ebbi pietà, signore: pensavo che l'avrebbe portato in un altro paese, nel suo. Ma egli lo salvò per le più grandi sciagure: se tu sei proprio quello che dice costui, disgraziata davvero è la tua sorte.

EDIPO Ahi, ahi, ogni cosa si compirebbe esattamente! O luce, che io ti veda ora per l'ultima volta, io che fui generato da chi non dovevo, e con chi non dovevo mi congiunsi, e chi non dovevo uccisi! (*Entra nel palazzo, seguito dai servi e dal nunzio.*)

QUARTO STASIMO

CORO Ahi, generazioni dei mortali,
come pari al nulla la vostra
vita io calcolo!
Quale uomo, quale,
riporta felicità maggiore
che sembrare beato,
e con quest'apparenza scomparire?[60]
Avendo a esempio la tua,
la tua sorte, la tua,
o misero Edipo, nessuna condizione
mortale stimo felice.

60 A δοκεῖν e δόξαντα va sottinteso un predicato εὐδαίμονα, che si ricava dal precedente εὐδαιμονίας. Particolarmente espressiva è la funzione aspettiva dell'aoristo δόξαντα, che indica la momentaneità della condizione di felicità, a cui possono attingere gli uomini: « non appena siano apparsi felici, scomparire ».

ὅστις καθ᾽ ὑπερβολὰν ἀντ.
τοξεύσας ἐκράτησας τοῦ
πάντ᾽ εὐδαίμονος ὄλβου,
ὦ Ζεῦ, κατὰ μὲν φθίσας
τὰν γαμψώνυχα παρθένον
χρησμῳδόν, θανάτων δ᾽ ἐμᾷ
χώρᾳ πύργος ἀνέστας·
ἐξ οὗ καὶ βασιλεὺς καλῇ
ἐμὸς καὶ τὰ μέγιστ᾽ ἐτι-
μάθης, ταῖς μεγάλαισιν ἐν
Θήβαισιν ἀνάσσων.

τανῦν δ᾽ ἀκούειν τίς ἀθλιώτερος; στρ.
τίς ἄταις ἀγρίαις, τίς ἐν πόνοις
ξύνοικος ἀλλαγᾷ βίου;
ἰὼ κλεινὸν Οἰδίπου κάρα,
ᾧ μέγας λιμὴν
αὑτὸς ἤρκεσεν
παιδὶ καὶ πατρὶ
θαλαμηπόλῳ πεσεῖν,
πῶς ποτε πῶς ποθ᾽ αἱ πατρῷ-
αί σ᾽ ἄλοκες φέρειν, τάλας,
σῖγ᾽ ἐδυνάθησαν ἐς τοσόνδε;

ἐφηῦρέ σ᾽ ἄκονθ᾽ ὁ πάνθ᾽ ὁρῶν χρόνος, ἀντ.
δικάζει τὸν ἄγαμον γάμον πάλαι
τεκνοῦντα καὶ τεκνούμενον.
ἰὼ Λαΐειον ⟨ὦ⟩ τέκνον,
εἴθε σ᾽ εἴθε ⟨σε⟩
μήποτ᾽ εἰδόμαν.
δύρομαι γὰρ ὥσ-
περ ἰήλεμον χέων
ἐκ στομάτων. τὸ δ᾽ ὀρθὸν εἰ-
πεῖν, ἀνέπνευσά τ᾽ ἐκ σέθεν
καὶ κατεκοίμησα τοὐμὸν ὄμμα.

Tu, che con somma valentia mirando
fortuna in tutto felice
avevi conquistato,
o Zeus, avendo sterminato
la vergine dagli adunchi artigli[61]
cantatrice di vaticini, alla mia terra
baluardo contro la morte ti elevasti;
e perciò nostro re tu fosti
chiamato e sommamente onorato,
nella grande Tebe regnando.[62]

Ma ora chi si può dire più misero?
Chi per sciagure selvagge, chi per affanni
si trova in tanto sconvolgimento di vita?
Ahi, glorioso Edipo,
per cui lo stesso grande porto del talamo
sostenne di accogliere il figlio e il padre,
come mai, come, i solchi fecondati
dal padre poterono, disgraziato,
sopportarti in silenzio così a lungo?

Il tempo che tutto vede tuo malgrado ti scoprì;
e giudica queste nozze che nozze non sono,
e che padre e figli hanno da tempo generato.
Ahi, o figlio di Laio;
mai, mai ti avessi conosciuto!
Mi dispero come versando lamento
dalla bocca. In verità
per te riebbi vita,
e per te ho chiuso gli occhi.[63]

61 Ancora una definizione apotropaica della Sfinge: γαμψῶνυξ è epiteto epico degli avvoltoi.

62 Nell'inciso che corre dal v. 1195 al v. 1201, la tradizione manoscritta e le edizioni si dividono nella scelta fra la seconda persona (come prima e dopo, nell'intero passo) e la terza: alla prima alternativa si attengono sia il testo di Pearson, sia la traduzione, con l'unico inconveniente dell'ambiguità, seppure non grave, prodotta dall'appello a Zeus, che probabilmente favorì, come rimedio secondario, l'altra variante.

63 Κατεκοίμησα ammette due contrapposte interpretazioni: « ho potuto prendere riposo » quando vincesti la Sfinge, e « ho chiu-

ΕΞΑΓΓΕΛΟΣ

ὦ γῆς μέγιστα τῆσδ' ἀεὶ τιμώμενοι,
οἷ' ἔργ' ἀκούσεσθ', οἷα δ' εἰσόψεσθ', ὅσον δ'
ἀρεῖσθε πένθος, εἴπερ ἐγγενῶς ἔτι
τῶν Λαβδακείων ἐντρέπεσθε δωμάτων.
οἶμαι γὰρ οὔτ' ἂν Ἴστρον οὔτε Φᾶσιν ἂν
νίψαι καθαρμῷ τήνδε τὴν στέγην, ὅσα
κεύθει, τὰ δ' αὐτίκ' ἐς τὸ φῶς φανεῖ κακὰ
ἑκόντα κοὐκ ἄκοντα. τῶν δὲ πημονῶν
μάλιστα λυποῦσ' αἳ φανῶσ' αὐθαίρετοι.
Χο. λείπει μὲν οὐδ' ἃ πρόσθεν ᾔδεμεν τὸ μὴ οὐ
βαρύστον' εἶναι· πρὸς δ' ἐκείνοισιν τί φῄς;
Εξ. ὁ μὲν τάχιστος τῶν λόγων εἰπεῖν τε καὶ
μαθεῖν, τέθνηκε θεῖον Ἰοκάστης κάρα.
Χο. ὢ δυστάλαινα, πρὸς τίνος ποτ' αἰτίας;
Εξ. αὐτὴ πρὸς αὑτῆς. τῶν δὲ πραχθέντων τὰ μὲν
ἄλγιστ' ἄπεστιν· ἡ γὰρ ὄψις οὐ πάρα.
ὅμως δ', ὅσον γε κἀν ἐμοὶ μνήμης ἔνι,
πεύσῃ τὰ κείνης ἀθλίας παθήματα.
ὅπως γὰρ ὀργῇ χρωμένη παρῆλθ' ἔσω
θυρῶνος, ἵετ' εὐθὺς ἐς τὰ νυμφικὰ
λέχη, κόμην σπῶσ' ἀμφιδεξίοις ἀκμαῖς·
πύλας δ', ὅπως εἰσῆλθ', ἐπιρράξασ' ἔσω,
καλεῖ τὸν ἤδη Λάιον πάλαι νεκρόν,
μνήμην παλαιῶν σπερμάτων ἔχουσ', ὑφ' ὧν
θάνοι μὲν αὐτός, τὴν δὲ τίκτουσαν λίποι
τοῖς οἷσιν αὐτοῦ δύστεκνον παιδουργίαν.
γοᾶτο δ' εὐνάς, ἔνθα δύστηνος διπλοῦς
ἐξ ἀνδρὸς ἄνδρα καὶ τέκν' ἐκ τέκνων τέκοι.
χὤπως μὲν ἐκ τῶνδ' οὐκέτ' οἶδ' ἀπόλλυται·
βοῶν γὰρ εἰσέπαισεν Οἰδίπους, ὑφ' οὗ
οὐκ ἦν τὸ κείνης ἐκθεάσασθαι κακόν,
ἀλλ' εἰς ἐκεῖνον περιπολοῦντ' ἐλεύσσομεν.
φοιτᾷ γὰρ ἡμᾶς ἔγχος ἐξαιτῶν πορεῖν,
γυναῖκά τ' οὐ γυναῖκα, μητρῴαν δ' ὅπου

ESODO

NUNZIO II (*uscendo dal palazzo*) O voi, che sempre siete i più onorati di questa terra, quali fatti ascolterete, quali vedrete; quale voce di dolore leverete se, come familiari, ancora vi curate della casa dei Labdacidi! Credo infatti che né l'Istro né il Fasi[64] potrebbero purificare con lavacri questa dimora, per tutto quanto cela in sé e presto rivelerà alla luce, disgrazie volontarie e non involontarie; e tra le sciagure soprattutto affliggono quelle liberamente scelte.

CORIFEO Quanto sapevamo prima non ci lascia senza gravi lamenti; che cosa dirai ancora?

NUNZIO II Ecco la notizia più rapida da dire e da apprendere: è morta la nobile Giocasta.

CORIFEO Ahi, sventurata! E quale fu la causa?

NUNZIO II Essa stessa fu. Ma l'aspetto più doloroso di quanto accadde è lontano: nessuno ha visto. Pure, per quanto posso ricordarmi, apprenderai i patimenti di quella sventurata. Quando, in preda alla disperazione, ebbe varcato la soglia del vestibolo, si precipitò immediatamente verso il letto nuziale, strappandosi i capelli con entrambe le mani. E quando, entrata nella camera, ebbe sprangato le porte, invocò Laio, ormai da tanto tempo scomparso, nel ricordo degli antichi amplessi onde, da quel seme, sarebbe morto egli stesso, lasciando lei a generare per i suoi propri figli una miserabile figliolanza; e gemeva sul letto, dove infelice aveva generato dal marito un marito, e figli dal figlio, duplice prole. E non so come poi si sia uccisa: gridando, infatti, irruppe Edipo, e perciò non ci fu possibile assistere alla fine di lei: a lui guardavamo, mentre si aggirava tra noi. Supplicando di dargli un'arma, chiedeva dove avrebbe trovato la moglie, non moglie a lui ma madre, seno al tempo stesso suo e dei suoi

so gli occhi » nella morte, in senso figurato, ora che so la verità sul tuo conto.

64 Sono i fiumi oggi chiamati Danubio e Rion (che sfocia nel Mar Nero, scendendo dal Caucaso).

κίχοι διπλῆν ἄρουραν οὗ τε καὶ τέκνων.
λυσσῶντι δ' αὐτῷ δαιμόνων δείκνυσί τις·
οὐδεὶς γὰρ ἀνδρῶν, οἳ παρῆμεν ἐγγύθεν.
δεινὸν δ' ἀύσας ὡς ὑφηγητοῦ τινος
πύλαις διπλαῖς ἐνήλατ', ἐκ δὲ πυθμένων
ἔκλινε κοῖλα κλῇθρα κἀμπίπτει στέγῃ.
οὗ δὴ κρεμαστὴν τὴν γυναῖκ' εἰσείδομεν,
πλεκταῖς ἐώραις ἐμπεπλεγμένην. ὁ δέ,
ὅπως ὁρᾷ νιν, δεινὰ βρυχηθεὶς τάλας,
χαλᾷ κρεμαστὴν ἀρτάνην. ἐπεὶ δὲ γῇ
ἔκειτο τλήμων, δεινὰ δ' ἦν τἀνθένδ' ὁρᾶν.
ἀποσπάσας γὰρ εἱμάτων χρυσηλάτους
περόνας ἀπ' αὐτῆς, αἷσιν ἐξεστέλλετο,
ἄρας ἔπαισεν ἄρθρα τῶν αὑτοῦ κύκλων,
αὐδῶν τοιαῦθ', ὁθούνεκ' οὐκ ὄψοιτό νιν
οὔθ' οἷ' ἔπασχεν οὔθ' ὁποῖ' ἔδρα κακά,
ἀλλ' ἐν σκότῳ τὸ λοιπὸν οὓς μὲν οὐκ ἔδει
ὀψοίαθ', οὓς δ' ἔχρῃζεν οὐ γνωσοίατο.
τοιαῦτ' ἐφυμνῶν πολλάκις τε κοὐχ ἅπαξ
ἤρασσε περόναις βλέφαρα. φοίνιαι δ' ὁμοῦ
γλῆναι γένει' ἔτεγγον, οὐδ' ἀνίεσαν
φόνου μυδώσας σταγόνας, ἀλλ' ὁμοῦ μέλας
ὄμβρος χάλαζά θ' αἱματοῦσσ' ἐτέγγετο.
    τάδ' ἐς δυοῖν ἔρρωγεν οὐ μόνου κάρα
ἀλλ' ἀνδρὶ καὶ γυναικὶ συμμιγῆ κακά.
ὁ πρὶν παλαιὸς δ' ὄλβος ἦν πάροιθε μὲν
ὄλβος δικαίως, νῦν δὲ τῇδε θἠμέρᾳ
στεναγμός, ἄτη, θάνατος, αἰσχύνη, κακῶν
ὅσ' ἐστὶ πάντων ὀνόματ', οὐδέν ἐστ' ἀπόν.
Χο. νῦν δ' ἔσθ' ὁ τλήμων ἔν τινι σχολῇ κακοῦ;
Εξ. βοᾷ διοίγειν κλῇθρα καὶ δηλοῦν τινα
τοῖς πᾶσι Καδμείοισι τὸν πατροκτόνον,
τὸν μητρός, αὐδῶν ἀνόσι' οὐδὲ ῥητά μοι,
ὡς ἐκ χθονὸς ῥίψων ἑαυτόν, οὐδ' ἔτι
μενῶν δόμοις ἀραῖος, ὡς ἠράσατο.
ῥώμης γε μέντοι καὶ προηγητοῦ τινος

figli. Mentre così infuriava, un dio glielo indicò; e certamente non fu nessuno di noi che eravamo vicino. Con un urlo spaventoso, come seguisse una guida, si lanciò contro i due battenti, svellendo dal fondo i serrami, e si precipitò nella camera. Lì scorgemmo impiccata la donna, strozzata da attorti lacci; ed egli, misero, come la vede, terribilmente urlando, allenta il cappio sospeso; e quando l'infelice giacque a terra, fu uno spettacolo atroce a vedersi. Strappata dalle vesti di lei la fibbia aurea, di cui era adorna, la levò in alto e colpì i globi dei suoi occhi, gridando che così non avrebbero visto né le sventure che soffriva, né quelle che provocava; e che oramai nelle tenebre non avrebbe visto quelli che non doveva,[65] non avrebbe conosciuto quelli che desiderava.[66] Così gridando, si colpiva ripetutamente, e non una sola volta, le pupille con la fibbia; e le orbite sanguinanti bagnavano la barba, e non versavano liquide stille di sangue, ma rovesciavano una nera pioggia, una sanguinosa tempesta. Queste sciagure scaturirono contro entrambi, non uno solo: sciagure comuni all'uomo e alla donna. La felicità antica era veramente felicità; ma ora, in questo giorno, pianto, sventura, morte, obbrobrio, e quante sciagure hanno un nome, e nessuna è esclusa.

CORIFEO E adesso l'infelice ha qualche tregua al male?

NUNZIO II Ordina di aprire le porte, e di mostrare a tutti i Cadmei l'uccisore del padre, colui che della madre –,[67] e grida nefande parole, che io non posso ripetere: che si esilierà lui stesso dal paese, né rimarrà più nella casa, maledetto dalle imprecazioni che egli stesso aveva lanciato. Ma ha

65 Ossia, i figli avuti da Giocasta.

66 I suoi veri genitori, Laio e Giocasta.

67 La reticenza blocca il discorso su un termine parallelo a πατροκτόνον, da cui dovrebbe dipendere il genitivo μητρὸς. Lo stesso nunzio manifesta di seguito lo scrupolo di verecondia, che gli impone il silenzio.

δεῖται· τὸ γὰρ νόσημα μεῖζον ἢ φέρειν.
δείξει δὲ καὶ σοί. κλῇθρα γὰρ πυλῶν τάδε
διοίγεται· θέαμα δ' εἰσόψῃ τάχα
τοιοῦτον οἷον καὶ στυγοῦντ' ἐποικτίσαι.

Χο. ὦ δεινὸν ἰδεῖν πάθος ἀνθρώποις,
ὦ δεινότατον πάντων ὅσ' ἐγὼ
προσέκυρσ' ἤδη. τίς σ', ὦ τλᾶμον,
προσέβη μανία; τίς ὁ πηδήσας
μείζονα δαίμων τῶν μακίστων
πρὸς σῇ δυσδαίμονι μοίρᾳ;
φεῦ φεῦ δύσταν', ἀλλ' οὐδ' ἐσιδεῖν
δύναμαί σ', ἐθέλων πόλλ' ἀνερέσθαι,
πολλὰ πυθέσθαι, πολλὰ δ' ἀθρῆσαι·
τοίαν φρίκην παρέχεις μοι.
Οι. αἰαῖ αἰαῖ,
φεῦ φεῦ,
δύστανος ἐγώ,
ποῖ γᾶς φέρομαι τλάμων; πᾷ μοι
φθογγὰ διαπωτᾶται φοράδην;
ἰὼ δαῖμον, ἵν' ἐξήλου.
Χο. ἐς δεινόν, οὐδ' ἀκουστόν, οὐδ' ἐπόψιμον.

Οι. ἰὼ σκότου στρ.
νέφος ἐμὸν ἀπότροπον, ἐπιπλόμενον ἄφατον,
ἀδάματόν τε καὶ δυσούριστον ⟨ὄν⟩.
οἴμοι,
οἴμοι μάλ' αὖθις· οἷον εἰσέδυ μ' ἅμα
κέντρων τε τῶνδ' οἴστρημα καὶ μνήμη κακῶν.
Χο. καὶ θαῦμά γ' οὐδὲν ἐν τοσοῖσδε πήμασιν
διπλᾶ σε πενθεῖν καὶ διπλᾶ φέρειν κακά.

Οι. ἰὼ φίλος, ἀντ.
σὺ μὲν ἐμὸς ἐπίπολος ἔτι μόνιμος· ἔτι γὰρ
ὑπομένεις με τὸν τυφλὸν κηδεύων.
φεῦ φεῦ·

bisogno di un sostegno e di una guida; il suo male è troppo grande da portare. Lo mostrerà anche a te. Ecco che si aprono i serrami della porta; ora vedrai uno spettacolo tale, da muovere certo a pietà anche un nemico.

(Appare Edipo, il volto insanguinato, procedendo a tastoni.)

CORO O sofferenza terribile a vedersi per i mortali,
la più terribile fra tutte quante io
finora incontrai! Quale follia,
o infelice, ti investì? Quale dio
fece assalto più possente di ogni altro
al tuo sciagurato destino?
Ahi, ahi, sventurato! E non posso
nemmeno guardarti, pur volendo interrogarti molto,
molto sapere, molto investigare;
tale raccapriccio susciti in me.

EDIPO Ahimè, ahi, me disgraziato,
dove andrò, misero?
Dove vola sperdendosi la mia voce?
Ahi destino, dove precipitasti!

CORIFEO A un terribile esito, da non sentire né vedere.

EDIPO Ahi, di tenebra
nube mia tremenda, che indicibile mi sovrasti,
indomita e infausta per me.
Ahimè,
ahimè ancora; come mi penetrò insieme
il tormento di queste trafitture e il ricordo dei mali!

CORIFEO E non è meraviglia che in tali sciagure tu provi duplice dolore, e duplici mali sopporti.

EDIPO Ah, amico,
tu rimani ancora ad assistermi; ancora
sostieni di avere cura della mia cecità.
Ahi, ahi,

οὐ γάρ με λήθεις, ἀλλὰ γιγνώσκω σαφῶς,
καίπερ σκοτεινός, τήν γε σὴν αὐδὴν ὅμως.
Χο. ὦ δεινὰ δράσας, πῶς ἔτλης τοιαῦτα σὰς
ὄψεις μαρᾶναι; τίς σ' ἐπῆρε δαιμόνων;

Οι. Ἀπόλλων τάδ' ἦν, Ἀπόλλων, φίλοι, στρ.
ὁ κακὰ κακὰ τελῶν ἐμὰ τάδ' ἐμὰ πάθεα.
ἔπαισε δ' αὐτόχειρ νιν οὔ-
τις, ἀλλ' ἐγὼ τλάμων.
τί γὰρ ἔδει μ' ὁρᾶν,
ὅτῳ γ' ὁρῶντι μηδὲν ἦν ἰδεῖν γλυκύ;
Χο. ἦν ταῦθ' ὅπωσπερ καὶ σὺ φής.
Οι. τί δῆτ' ἐμοὶ βλεπτὸν ἦν
στερκτόν, ἢ προσήγορον
ἔτ' ἔστ' ἀκούειν ἁδονᾷ, φίλοι;
ἀπάγετ' ἐκτόπιον ὅτι τάχιστά με,
ἀπάγετ', ὦ φίλοι, τὸν μέγ' ὀλέθριον,
τὸν καταρατότατον, ἔτι δὲ καὶ θεοῖς
ἐχθρότατον βροτῶν.
Χο. δείλαιε τοῦ νοῦ τῆς τε συμφορᾶς ἴσον,
ὡς σ' ἠθέλησα μηδαμὰ γνῶναί ποτ' ἄν.

Οι. ὄλοιθ' ὅστις ὅς μ' ἀπ' ἀγρίας πέδας ἀντ.
νομάδ' ἐπιποδίας ἔλαβ' ἀπό τε φόνου
ἔρυτο κἀνέσωσεν, οὐ-
δὲν ἐς χάριν πράσσων.
τότε γὰρ ἂν θανὼν
οὐκ ἦ φίλοισιν οὐδ' ἐμοὶ τοσόνδ' ἄχος.
Χο. θέλοντι κἀμοὶ τοῦτ' ἂν ἦν.
Οι. οὔκουν πατρός γ' ἂν φονεὺς
ἦλθον, οὐδὲ νυμφίος
βροτοῖς ἐκλήθην ὧν ἔφυν ἄπο.
νῦν δ' ἄθεος μέν εἰμ', ἀνοσίων δὲ παῖς,
ὁμογενὴς δ' ἀφ' ὧν αὐτὸς ἔφυν τάλας.
εἰ δέ τι πρεσβύτερον ἔτι κακοῦ κακόν,
τοῦτ' ἔλαχ' Οἰδίπους.

non m'inganno, ma riconosco chiaramente,
pure nelle tenebre, la tua voce.

CORIFEO Oh, terribile azione hai compiuto! Come osasti in tal modo spegnere i tuoi occhi? Quale dio ti spinse?

EDIPO Apollo, Apollo fu, amici,
che mi diede questo mio tremendo, tremendo destino.
E non mi colpì la mano di alcun altro,
ma la mia stessa, infelice.
Perché infatti dovrei vedere,
quando nulla per me sarebbe dolce vedere?

CORIFEO È davvero così, come tu dici.

EDIPO Che cosa avrei potuto vedere
con gioia, quale voce
ancora posso udire con piacere, amici?
Portatemi via al più presto da questo luogo,
portate via, o amici, questo grande flagello,
questo maledetto fra tutti,
fra i mortali il più odioso agli dèi.

CORIFEO Misera è la mente tua come la tua sorte; come avrei voluto che tu non sapessi mai!

EDIPO Fosse perito, chiunque fu, che in ceppi crudeli
sull'erba di un pascolo mi raccolse, e da morte
mi difese e mi salvò, nulla
di grato facendomi!
Fossi morto allora,
non sarei stato ai miei cari né a me tanto flagello!

CORIFEO Anch'io avrei voluto così.

EDIPO Non sarei divenuto assassino
di mio padre, né mi avrebbero detto i mortali
sposo di colei da cui nacqui.
Ora sono un sacrilego, figlio di nefandi genitori,
con figli a sé eguali, nati donde nacque lui stesso,[68] misero.
Se esiste un male
più grave d'ogni male, questo l'ebbe in sorte Edipo.

[68] L'espressione è di difficile e controversa interpretazione. Si può intendere ὁμογενὴς τουτοῖς, οἱ γεγόνασιν ἀφ' ὧν κτλ come risulta dalla traduzione; oppure ὁμογενὴς τουτοῖς ἀφ' ὧν: Edipo

Χο. οὐκ οἶδ' ὅπως σε φῶ βεβουλεῦσθαι καλῶς.
κρείσσων γὰρ ἦσθα μηκέτ' ὢν ἢ ζῶν τυφλός.
Οι. ὡς μὲν τάδ' οὐχ ὧδ' ἔστ' ἄριστ' εἰργασμένα,
μή μ' ἐκδίδασκε, μηδὲ συμβούλευ' ἔτι.
ἐγὼ γὰρ οὐκ οἶδ' ὄμμασιν ποίοις βλέπων
πατέρα ποτ' ἂν προσεῖδον εἰς Ἅιδου μολών,
οὐδ' αὖ τάλαιναν μητέρ', οἷν ἐμοὶ δυοῖν
ἔργ' ἐστὶ κρείσσον' ἀγχόνης εἰργασμένα.
ἀλλ' ἡ τέκνων δῆτ' ὄψις ἦν ἐφίμερος,
βλαστοῦσ' ὅπως ἔβλαστε, προσλεύσσειν ἐμοί;
οὐ δῆτα τοῖς γ' ἐμοῖσιν ὀφθαλμοῖς ποτε·
οὐδ' ἄστυ γ', οὐδὲ πύργος, οὐδὲ δαιμόνων
ἀγάλμαθ' ἱερά, τῶν ὁ παντλήμων ἐγὼ
κάλλιστ' ἀνὴρ εἷς ἔν γε ταῖς Θήβαις τραφεὶς
ἀπεστέρησ' ἐμαυτόν, αὐτὸς ἐννέπων
ὠθεῖν ἅπαντας τὸν ἀσεβῆ, τὸν ἐκ θεῶν
φανέντ' ἄναγνον καὶ γένους τοῦ Λαΐου.
τοιάνδ' ἐγὼ κηλῖδα μηνύσας ἐμὴν
ὀρθοῖς ἔμελλον ὄμμασιν τούτους ὁρᾶν;
ἥκιστά γ'· ἀλλ' εἰ τῆς ἀκουούσης ἔτ' ἦν
πηγῆς δι' ὤτων φραγμός, οὐκ ἂν ἐσχόμην
τὸ μὴ ἀποκλῇσαι τοὐμὸν ἄθλιον δέμας,
ἵν' ἦ τυφλός τε καὶ κλύων μηδέν· τὸ γὰρ
τὴν φροντίδ' ἔξω τῶν κακῶν οἰκεῖν γλυκύ.
ἰὼ Κιθαιρών, τί μ' ἐδέχου; τί μ' οὐ λαβὼν
ἔκτεινας εὐθύς, ὡς ἔδειξα μήποτε
ἐμαυτὸν ἀνθρώποισιν ἔνθεν ἦ γεγώς;
ὦ Πόλυβε καὶ Κόρινθε καὶ τὰ πάτρια
λόγῳ παλαιὰ δώμαθ', οἷον ἆρά με
κάλλος κακῶν ὕπουλον ἐξεθρέψατε.
νῦν γὰρ κακός τ' ὢν κἀκ κακῶν εὑρίσκομαι.
ὦ τρεῖς κέλευθοι καὶ κεκρυμμένη νάπη
δρυμός τε καὶ στενωπὸς ἐν τριπλαῖς ὁδοῖς,
αἳ τοὐμὸν αἷμα τῶν ἐμῶν χειρῶν ἄπο
ἐπίετε πατρός, ἆρά μου μέμνησθ' ἔτι
οἷ' ἔργα δράσας ὑμὶν εἶτα δεῦρ' ἰὼν

CORIFEO Non so se approvare la tua decisione. Era meglio per te morire, piuttosto che vivere cieco.

EDIPO Non venirmi a dire che non ho fatto ciò che era meglio, non darmi più consigli. Io non so con quali occhi, vedendo, avrei guardato mio padre, una volta disceso nell'Ade, o la misera madre: verso entrambi ho commesso atti, per cui non sarebbe bastato impiccarmi. O forse potevo desiderare la vista dei figli, nati come nacquero? No davvero, mai, per i miei occhi; e neppure la città, né le mura, né le sacre immagini degli dèi: di tutto ciò io sventuratissimo, l'uomo più illustre fra i Tebani, privai me stesso, proclamando che tutti scacciassero l'empio, l'individuo rivelato dagli dèi impuro e figlio di Laio. Dopo avere denunziato così la mia infamia, dovevo guardare a fronte alta questi cittadini? No, affatto: anzi, se fosse stato possibile otturare nelle mie orecchie anche la fonte dell'udito, non avrei esitato a sbarrare del tutto questo mio misero corpo, così da essere sordo, oltre che cieco. È dolce per l'animo dimorare fuori dai mali. Ahi, Citerone, perché mi accogliesti? Perché, dopo avermi preso, non mi uccidesti subito, così che io non rivelassi mai agli uomini da chi sono nato? O Polibo e Corinto, e voi, che credevo antiche dimore degli avi, quale bellezza colma di male nutrivate in me: ora scopro d'essere uno sventurato, nato da sventurati! O tre strade e nascosta vallata, o querceto e gola alla convergenza delle tre vie, che beveste il sangue di mio padre, il mio, dalle mie stesse mani versato, vi ricordate di me? Quali delitti commisi presso di voi, e quali

è « allo stesso livello di generazione » (ὁμογενής) rispetto ai suoi genitori, perché come Laio è padre dei figli di Giocasta, ed è insieme marito e figlio di Giocasta.

ὁποῖ' ἔπρασσον αὖθις; ὦ γάμοι γάμοι,
ἐφύσαθ' ἡμᾶς, καὶ φυτεύσαντες πάλιν
ἀνεῖτε ταὐτὸν σπέρμα, κἀπεδείξατε
πατέρας, ἀδελφούς, παῖδας, αἷμ' ἐμφύλιον,
νύμφας γυναῖκας μητέρας τε, χὠπόσα
αἴσχιστ' ἐν ἀνθρώποισιν ἔργα γίγνεται.
ἀλλ', οὐ γὰρ αὐδᾶν ἔσθ' ἃ μηδὲ δρᾶν καλόν,
ὅπως τάχιστα πρὸς θεῶν ἔξω μέ που
καλύψατ', ἢ φονεύσατ', ἢ θαλάσσιον
ἐκρίψατ', ἔνθα μήποτ' εἰσόψεσθ' ἔτι.
ἴτ', ἀξιώσατ' ἀνδρὸς ἀθλίου θιγεῖν·
πίθεσθε, μὴ δείσητε· τἀμὰ γὰρ κακὰ
οὐδεὶς οἷός τε πλὴν ἐμοῦ φέρειν βροτῶν.
Χο. ἀλλ' ὧν ἐπαιτεῖς ἐς δέον πάρεσθ' ὅδε
Κρέων τὸ πράσσειν καὶ τὸ βουλεύειν, ἐπεὶ
χώρας λέλειπται μοῦνος ἀντὶ σοῦ φύλαξ.
Οι. οἴμοι, τί δῆτα λέξομεν πρὸς τόνδ' ἔπος;
τίς μοι φανεῖται πίστις ἔνδικος; τὰ γὰρ
πάρος πρὸς αὐτὸν πάντ' ἐφηύρημαι κακός.
Κρ. οὐχ ὡς γελαστής, Οἰδίπους, ἐλήλυθα,
οὐδ' ὡς ὀνειδιῶν τι τῶν πάρος κακῶν.
ἀλλ' εἰ τὰ θνητῶν μὴ καταισχύνεσθ' ἔτι
γένεθλα, τὴν γοῦν πάντα βόσκουσαν φλόγα
αἰδεῖσθ' ἄνακτος Ἡλίου, τοιόνδ' ἄγος
ἀκάλυπτον οὕτω δεικνύναι, τὸ μήτε γῆ
μήτ' ὄμβρος ἱερὸς μήτε φῶς προσδέξεται.
ἀλλ' ὡς τάχιστ' ἐς οἶκον ἐσκομίζετε·
τοῖς ἐν γένει γὰρ τἀγγενῆ μάλισθ' ὁρᾶν
μόνοις τ' ἀκούειν εὐσεβῶς ἔχει κακά.
Οι. πρὸς θεῶν, ἐπείπερ ἐλπίδος μ' ἀπέσπασας,
ἄριστος ἐλθὼν πρὸς κάκιστον ἄνδρ' ἐμέ,
πιθοῦ τί μοι· πρὸς σοῦ γάρ, οὐδ' ἐμοῦ, φράσω.
Κρ. καὶ τοῦ με χρείας ὧδε λιπαρεῖς τυχεῖν;
Οι. ῥῖψόν με γῆς ἐκ τῆσδ' ὅσον τάχισθ', ὅπου
θνητῶν φανοῦμαι μηδενὸς προσήγορος.

altri poi, giunto qui, ancora commisi! O nozze, nozze, voi mi generaste: e dopo avermi generato suscitaste ancora lo stesso seme, e mostraste padri, fratelli, figli, tutti dello stesso sangue; e spose insieme mogli e madri, e ogni cosa più turpe che esiste fra gli uomini. Ma, poiché ciò che non è bello fare non bisogna neppure dire, nascondetemi al più presto, per gli dèi, via di qui, o uccidetemi, o precipitatemi in mare, dove non mi vedrete mai più. Venite, non disdegnate di toccare un infelice; datemi ascolto, non temete: i miei mali nessun altro mortale può portarli, tranne me.

CORIFEO Ma alle tue richieste giunge opportuno Creonte, per agire e per decidere, poiché è rimasto unico custode del paese al tuo posto.

EDIPO Ahimè, che cosa gli dirò? Quale giusta fiducia potrò avere? In ogni mio atto verso di lui finora sono stato ingiusto.

CREONTE (*uscendo dal palazzo*) Non sono venuto, Edipo, per deriderti o per rinfacciarti le offese di prima. Ma voi, se non avete più rispetto dell'umanità, rispettate almeno la fiamma che nutre tutta la vita, Helios sovrano; vergognatevi di mostrargli senza veli un tale obbrobrio, che né la terra né la sacra acqua né la luce accoglieranno. Riconducetelo al più presto in casa: solo per i parenti è pietà vedere e ascoltare i mali della famiglia.

EDIPO Per gli dèi, poiché mi hai strappato dall'ansia, venendo tu, il migliore degli uomini, da me che sono il peggiore, dammi ascolto: per te parlo, e non per me.

CREONTE E che cosa vuoi ottenere, pregandomi così vivamente?

EDIPO Gettami fuori da questa terra al più presto, dove a nessun mortale io possa parlare.

Κρ. ἔδρασ' ἂν εὖ τοῦτ' ἴσθ' ἄν, εἰ μὴ τοῦ θεοῦ
πρώτιστ' ἔχρῃζον ἐκμαθεῖν τί πρακτέον.
Οι. ἀλλ' ἥ γ' ἐκείνου πᾶσ' ἐδηλώθη φάτις,
τὸν πατροφόντην, τὸν ἀσεβῆ μ' ἀπολλύναι.
Κρ. οὕτως ἐλέχθη ταῦθ'· ὅμως δ' ἵν' ἕσταμεν
χρείας ἄμεινον ἐκμαθεῖν τί δραστέον.
Οι. οὕτως ἄρ' ἀνδρὸς ἀθλίου πεύσεσθ' ὕπερ;
Κρ. καὶ γὰρ σὺ νῦν τἂν τῷ θεῷ πίστιν φέροις.
Οι. καὶ σοί γ' ἐπισκήπτω τε καὶ προστρέψομαι,
τῆς μὲν κατ' οἴκους αὐτὸς ὃν θέλεις τάφον
θοῦ· καὶ γὰρ ὀρθῶς τῶν γε σῶν τελεῖς ὕπερ·
ἐμοῦ δὲ μήποτ' ἀξιωθήτω τόδε
πατρῷον ἄστυ ζῶντος οἰκητοῦ τυχεῖν,
ἀλλ' ἔα με ναίειν ὄρεσιν, ἔνθα κλῄζεται
οὑμὸς Κιθαιρὼν οὗτος, ὃν μήτηρ τέ μοι
πατήρ τ' ἐθέσθην ζῶντε κύριον τάφον,
ἵν' ἐξ ἐκείνων, οἵ μ' ἀπωλλύτην, θάνω.
  καίτοι τοσοῦτόν γ' οἶδα, μήτε μ' ἂν νόσον
μήτ' ἄλλο πέρσαι μηδέν· οὐ γὰρ ἄν ποτε
θνῄσκων ἐσώθην, μὴ 'πί τῳ δεινῷ κακῷ.
ἀλλ' ἡ μὲν ἡμῶν μοῖρ', ὅποιπερ εἶσ', ἴτω·
παίδων δὲ τῶν μὲν ἀρσένων μή μοι, Κρέον,
προσθῇ μέριμναν· ἄνδρες εἰσίν, ὥστε μὴ
σπάνιν ποτὲ σχεῖν, ἔνθ' ἂν ὦσι, τοῦ βίου·
τοῖν δ' ἀθλίαιν οἰκτραῖν τε παρθένοιν ἐμαῖν,
οἷν οὔποθ' ἡμὴ χωρὶς ἐστάθη βορᾶς
τράπεζ' ἄνευ τοῦδ' ἀνδρός, ἀλλ' ὅσων ἐγὼ
ψαύοιμι, πάντων τῶνδ' ἀεὶ μετειχέτην·
τοῖν μοι μέλεσθαι· καὶ μάλιστα μὲν χεροῖν
ψαῦσαί μ' ἔασον κἀποκλαύσασθαι κακά.
ἴθ' ὦναξ,
ἴθ' ὦ γονῇ γενναῖε. χερσί τἂν θιγὼν
δοκοῖμ' ἔχειν σφας, ὥσπερ ἡνίκ' ἔβλεπον.
τί φημί;

CREONTE L'avrei già fatto, sappilo bene, se non avessi voluto anzitutto sapere dal dio come occorre agire.

EDIPO Ma la parola del dio è del tutto chiara: sopprimere me, il parricida, l'empio.

CREONTE Così si pronunziò: tuttavia, nella distretta in cui ci troviamo, è meglio sapere che cosa bisogna fare.

EDIPO Chiederete dunque ancora responsi per un miserabile?

CREONTE Ora dovresti avere fede anche tu nel dio.

EDIPO A te mi affido, e di questo ti supplico: colei che è in casa ponila tu stesso nel sepolcro, come vuoi; e così compirai il tuo dovere verso i tuoi. Quanto a me, questa mia città paterna non mi abbia mai più ad abitarla, finché vivo. Lascia che io stia fra i monti, su questo che è chiamato il mio Citerone, che il padre e la madre, quando ancora vivevano, mi fissarono come tomba: che io muoia per opera di quelli che mi volevano uccidere. Eppure so che né malattia né alcun'altra cosa potrà uccidermi; non mi sarei salvato da morte, se non per un'orribile sventura. Ma il mio destino segua pure il suo corso: dei miei figli maschi, Creonte, non darti pensiero; sono uomini, e, dovunque si trovino, non mancherà mai loro di che vivere.[69] Ma delle mie due misere e sventurate figlie, che erano sempre presenti alla mia tavola, e di qualsiasi cosa io gustassi sempre avevano parte, di loro abbi cura; e soprattutto lascia che le tocchi con le mie mani, e pianga sui nostri mali. Suvvia, signore, suvvia, uomo generoso e nobile. Se le toccassi con le mani, mi parrebbe di averle, come quando vedevo. Che dico? Non le sento piangere,

[69] βίος è qui nel valore concreto di « mezzi di sussistenza ».

οὐ δὴ κλύω που πρὸς θεῶν τοῖν μοι φίλοιν
δακρυρροούντοιν, καί μ' ἐποικτίρας Κρέων
ἔπεμψέ μοι τὰ φίλτατ' ἐκγόνοιν ἐμοῖν;
λέγω τι;

Κρ. λέγεις· ἐγὼ γάρ εἰμ' ὁ πορσύνας τάδε,
γνοὺς τὴν παροῦσαν τέρψιν, ἥ σ' εἶχεν, πάλαι.

Οι. ἀλλ' εὐτυχοίης, καί σε τῆσδε τῆς ὁδοῦ
δαίμων ἄμεινον ἢ 'μὲ φρουρήσας τύχοι.
ὦ τέκνα, ποῦ ποτ' ἐστέ; δεῦρ' ἴτ', ἔλθετε
ὡς τὰς ἀδελφὰς τάσδε τὰς ἐμὰς χέρας,
αἳ τοῦ φυτουργοῦ πατρὸς ὑμὶν ὧδ' ὁρᾶν
τὰ πρόσθε λαμπρὰ προυξένησαν ὄμματα·
ὃς ὑμίν, ὦ τέκν', οὔθ' ὁρῶν οὔθ ἱστορῶν
πατὴρ ἐφάνθην ἔνθεν αὐτὸς ἠρόθην.
καὶ σφὼ δακρύω· προσβλέπειν γὰρ οὐ σθένω·
νοούμενος τὰ λοιπὰ τοῦ πικροῦ βίου,
οἷον βιῶναι σφὼ πρὸς ἀνθρώπων χρεών.
ποίας γὰρ ἀστῶν ἥξετ' εἰς ὁμιλίας,
ποίας δ' ἑορτάς, ἔνθεν οὐ κεκλαυμέναι
πρὸς οἶκον ἵξεσθ' ἀντὶ τῆς θεωρίας;
ἀλλ' ἡνίκ' ἂν δὴ πρὸς γάμων ἥκητ' ἀκμάς,
τίς οὗτος ἔσται, τίς παραρρίψει, τέκνα,
τοιαῦτ' ὀνείδη λαμβάνειν, ἃ τοῖς ἐμοῖς
γονεῦσιν ἔσται σφῷν θ' ὁμοῦ δηλήματα;
τί γὰρ κακῶν ἄπεστι; τὸν πατέρα πατὴρ
ὑμῶν ἔπεφνε· τὴν τεκοῦσαν ἤροσεν,
ὅθεν περ αὐτὸς ἐσπάρη, κἀκ τῶν ἴσων
ἐκτήσαθ' ὑμᾶς, ὧνπερ αὐτὸς ἐξέφυ.
τοιαῦτ' ὀνειδιεῖσθε. κᾆτα τίς γαμεῖ;
οὐκ ἔστιν οὐδείς, ὦ τέκν', ἀλλὰ δηλαδὴ
χέρσους φθαρῆναι κἀγάμους ὑμᾶς χρεών.
ὦ παῖ Μενοικέως, ἀλλ' ἐπεὶ μόνος πατὴρ
τούτοιν λέλειψαι, νὼ γάρ, ὣ 'φυτεύσαμεν,
ὀλώλαμεν δύ' ὄντε, μή σφε δὴ παρῇς
πτωχὰς ἀνάνδρους ἐγγενεῖς ἀλωμένας,

per gli dèi, le mie due care? Creonte ha avuto pietà e le ha fatte venire, le predilette tra i miei figli? È vero?

CREONTE Sì; sono io che l'ho ordinato, sapendo la gioia che ne avevi un tempo.

(Escono dal palazzo le piccole Antigone e Ismene, condotte da una schiava, e si avvicinano a Edipo.)

EDIPO Possa tu avere ogni bene; e per averle fatte venire, un dio ti protegga meglio di me. Figlie, dove siete? Venite qui, venite a queste mie mani fraterne, che vi hanno procurato di vedere in questo stato gli occhi del padre che vi generò, un tempo luminosi: io che, senza vedere, senza indagare, divenni a voi padre, donde io stesso fui concepito. Anche su di voi piango: poiché non posso vedervi, ma penso alla misera vita che vi resta, e che dovrete vivere tra gli uomini. A quali riunioni di cittadini andrete, a quali feste, da cui non ritornerete piangendo a casa, senza potervi assistere? E quando giungerete in età di nozze, chi potrà essere, chi s'arrischierà, o figlie, a prendersi tali ignominie, che, come già per i miei genitori, saranno rovina anche per voi? Quale sventura vi manca? Vostro padre uccise il padre; fecondò la madre, da cui egli stesso era stato procreato, ed ebbe voi dallo stesso grembo onde nacque. Questo vi sarà rinfacciato. E chi dunque vi sposerà? Nessuno, o figlie, ma certo dovrete consumarvi sterili e senza nozze. O figlio di Meneceo, poiché sei rimasto per esse il solo padre – noi, che le generammo, siamo entrambi periti –, non lasciare che, essendo della tua stirpe, vadano erranti, mendiche e abbandonate,[70]

[70] I quattro accusativi che formano questo verso, tutti riferiti a σφε, si trovano peraltro in diverse valenze sintattiche e di significato. Da παρῆς (congettura di Housman per παρίδης dei mss.; altri preferiscono correggere in περιίδης) dipende il participio complementare ἀλωμένας; questo è precisato da πτωχὰς e ἀνάνδρους, in funzione di predicati; mentre ἐγγενεῖς ha valore concessivo, che si proietta su παρῆς.

μηδ' ἐξισώσῃς τάσδε τοῖς ἐμοῖς κακοῖς.
ἀλλ' οἴκτισόν σφας, ὧδε τηλικάσδ' ὁρῶν
πάντων ἐρήμους, πλὴν ὅσον τὸ σὸν μέρος.
ξύννευσον, ὦ γενναῖε, σῇ ψαύσας χερί.
σφῷν δ', ὦ τέκν', εἰ μὲν εἰχέτην ἤδη φρένας,
πόλλ' ἂν παρῄνουν· νῦν δὲ τοῦτ' εὔχεσθέ μοι,
οὗ καιρὸς αἰεὶ ζῆν, βίου δὲ λῴονος
ὑμᾶς κυρῆσαι τοῦ φυτεύσαντος πατρός.
Κρ. ἅλις ἵν' ἐξήκεις δακρύων· ἀλλ' ἴθι στέγης ἔσω.
Οι. πειστέον, κεἰ μηδὲν ἡδύ. Κρ. πάντα γὰρ καιρῷ καλά.
Οι. οἶσθ' ἐφ' οἷς οὖν εἶμι; Κρ. λέξεις, καὶ τότ' εἴσομαι κλύων.
Οι. γῆς μ' ὅπως πέμψεις ἄποικον. Κρ. τοῦ θεοῦ μ' αἰτεῖς δόσιν.
Οι. ἀλλὰ θεοῖς γ' ἔχθιστος ἥκω. Κρ. τοιγαροῦν τεύξῃ τάχα.
Οι. φῂς τάδ' οὖν; Κρ. ἃ μὴ φρονῶ γὰρ οὐ φιλῶ λέγειν μάτην.
Οι. ἄπαγέ νύν μ' ἐντεῦθεν ἤδη. Κρ. στεῖχέ νυν, τέκνων δ' ἀφοῦ.
Οι. μηδαμῶς ταύτας γ' ἕλῃ μου. Κρ. πάντα μὴ βούλου κρατεῖν·
καὶ γὰρ ἁκράτησας οὔ σοι τῷ βίῳ ξυνέσπετο.
[Χο. ὦ πάτρας Θήβης ἔνοικοι, λεύσσετ', Οἰδίπους ὅδε,
ὃς τὰ κλείν' αἰνίγματ' ᾔδει καὶ κράτιστος ἦν ἀνήρ,
ὅστις οὐ ζήλῳ πολιτῶν καὶ τύχαις ἐπιβλέπων,
εἰς ὅσον κλύδωνα δεινῆς συμφορᾶς ἐλήλυθεν.
ὥστε θνητὸν ὄντ' ἐκείνην τὴν τελευταίαν ἰδεῖν
ἡμέραν ἐπισκοποῦντα μηδέν' ὀλβίζειν, πρὶν ἂν
τέρμα τοῦ βίου περάσῃ μηδὲν ἀλγεινὸν παθών.]

e non renderle pari ai miei mali. Ma abbi pietà di loro, vedendole, pur tanto giovani, prive di ogni cosa, se non da parte tua. Dà il tuo assenso, o generoso, e porgimi la tua mano. (*Creonte prende la mano di Edipo.*) Per voi, o figlie, se foste in età di capire, avrei molti consigli; ma ora levate questa preghiera: di trovare, dovunque vi accadrà di vivere, una vita migliore di quella del padre che vi generò.

CREONTE Ora hai pianto abbastanza; suvvia, rientra in casa.

EDIPO Devo obbedirti, anche se non mi è gradito.

CREONTE Ogni cosa è bella a suo tempo.

EDIPO Sai a quale patto vado?

CREONTE Dimmelo, e quando avrò sentito lo saprò.

EDIPO Che tu mi bandisca da questa terra.

CREONTE Mi chiedi quello che può dare il dio.

EDIPO Ma sono divenuto l'uomo più aborrito dagli dèi.

CREONTE Quindi presto lo otterrai.

EDIPO Acconsenti dunque?

CREONTE Non mi piace dire invano ciò che non penso.

EDIPO Allora conducimi via di qui.

CREONTE Vieni, ma lascia le figlie.

EDIPO No, non levarmele.

CREONTE Non volere che tutto sia in tuo potere; quello che ottenesti, non ti accompagnò per la vita. (*Rientra nella reggia, riconducendovi Edipo; rientrano anche le due fanciulle e il seguito.*)

CORIFEO O cittadini di Tebe, patria mia, guardate, questo Edipo, che conosceva gli enigmi famosi ed era il più valente tra gli uomini, né alcuno tra i cittadini poteva considerarne senza invidia la sorte, a quale flutto di tremenda sciagura è giunto. Onde non si stimi felice nessun mortale guardando al giorno estremo, prima che abbia trascorso il termine di vita senza avere sofferto nulla di doloroso.[71]

[71] I vv. 1524-1530 sono generalmente considerati un falso, probabile interpolazione di attori, che si sostituì all'autentica conclusione sofoclea: allarmante somiglianza essi trovano nella chiusa delle *Fenicie* euripidee (vv. 1758-1763). Difficile accertare se alla loro origine oppure a successive vicende della tradizione si debba l'incomprensibile stesura dei vv. 1528 sg. e l'assurdità sintattica del v. 1526.

ΟΙΔΙΠΟΥΣ ΕΠΙ ΚΟΛΩΝΩΙ

ΤΑ ΤΟΥ ΔΡΑΜΑΤΟΣ ΠΡΟΣΩΠΑ

ΟΙΔΙΠΟΥΣ

ΑΝΤΙΓΟΝΗ

ΞΕΝΟΣ

ΧΟΡΟΣ ΑΤΤΙΚΩΝ ΓΕΡΟΝΤΩΝ

ΙΣΜΗΝΗ

ΘΗΣΕΥΣ

ΚΡΕΩΝ

ΠΟΛΥΝΕΙΚΗΣ

ΑΓΓΕΛΟΣ

EDIPO A COLONO

LE PERSONE DEL DRAMMA*

EDIPO, *esule da Tebe*

ANTIGONE, *figlia di Edipo*

STRANIERO

CORO *di anziani cittadini dell'Attica*

ISMENE, *figlia di Edipo*

TESEO, *re di Atene*

CREONTE, *cognato di Edipo*

POLINICE, *figlio di Edipo*

NUNZIO

La scena rappresenta un bosco, dinanzi al quale passa una strada: si tratta del recinto sacro alle Eumenidi, sul colle di Colono Equestre, pochi chilometri a nord di Atene; in fondo, la statua dell'eroe Colono, dal quale prende nome la località.

* Secondo l'ordine di entrata in scena.

ΟΙΔΙΠΟΥΣ

Τέκνον τυφλοῦ γέροντος Ἀντιγόνη, τίνας
χώρους ἀφίγμεθ᾽ ἢ τίνων ἀνδρῶν πόλιν;
τίς τὸν πλανήτην Οἰδίπουν καθ᾽ ἡμέραν
τὴν νῦν σπανιστοῖς δέξεται δωρήμασιν,
σμικρὸν μὲν ἐξαιτοῦντα, τοῦ σμικροῦ δ᾽ ἔτι
μεῖον φέροντα, καὶ τόδ᾽ ἐξαρκοῦν ἐμοί;
στέργειν γὰρ αἱ πάθαι με χὡ χρόνος ξυνὼν
μακρὸς διδάσκει καὶ τὸ γενναῖον τρίτον.
ἀλλ᾽, ὦ τέκνον, θάκησιν εἴ τινα βλέπεις
ἢ πρὸς βεβήλοις ἢ πρὸς ἄλσεσιν θεῶν,
στῆσόν με κἀξίδρυσον, ὡς πυθώμεθα
ὅπου ποτ᾽ ἐσμέν· μανθάνειν γὰρ ἥκομεν
ξένοι πρὸς ἀστῶν, ἃν δ᾽ ἀκούσωμεν τελεῖν.

ΑΝΤΙΓΟΝΗ

πάτερ ταλαίπωρ᾽ Οἰδίπους, πύργοι μὲν οἳ
πόλιν στέφουσιν, ὡς ἀπ᾽ ὀμμάτων, πρόσω·
χῶρος δ᾽ ὅδ᾽ ἱρός, ὡς σάφ᾽ εἰκάσαι, βρύων
δάφνης, ἐλαίας, ἀμπέλου· πυκνόπτεροι δ᾽
εἴσω κατ᾽ αὐτὸν εὐστομοῦσ᾽ ἀηδόνες·
οὗ κῶλα κάμψον τοῦδ᾽ ἐπ᾽ ἀξέστου πέτρου·
μακρὰν γὰρ ὡς γέροντι προυστάλης ὁδόν.

Οι. κάθιζέ νύν με καὶ φύλασσε τὸν τυφλόν.
Αν. χρόνου μὲν οὕνεκ᾽ οὐ μαθεῖν με δεῖ τόδε.
Οι. ἔχεις διδάξαι δή μ᾽ ὅποι καθέσταμεν;
Αν. τὰς γοῦν Ἀθήνας οἶδα, τὸν δὲ χῶρον οὔ.
Οι. πᾶς γάρ τις ηὔδα τοῦτό γ᾽ ἡμὶν ἐμπόρων.

PROLOGO

EDIPO (*entrando da destra, guidato per mano e quasi sorretto da Antigone*) Figlia di un vecchio cieco, Antigone, in quale paese siamo giunti, quali uomini abitano questa città? Chi accoglierà in questo giorno con modeste offerte l'errante Edipo? Poco chiedo, e ancora meno di poco ottengo. E tuttavia questo mi basta: a contentarmi mi insegnano i patimenti e la lunga esistenza vissuta, e infine la fierezza. Ma tu, o figlia, se scorgi qualche luogo dove posare, sia profano sia in un recinto sacro agli dèi, fammi fermare e siedimi lì, onde informarci dove mai ci troviamo; stranieri come siamo, dobbiamo rivolgerci a quelli del luogo per sapere, e per fare quanto avremo udito.

ANTIGONE Edipo, padre mio infelice, in lontananza, per quanto io scorgo, si ergono delle torri, che cingono una città; questo è un luogo sacro, evidentemente, rigoglioso di lauri, di olivi, di viti; e numerosi in esso cantano dolcemente gli usignoli. Piega qui le tue membra, su questa ruvida pietra; hai percorso un cammino molto lungo per un vecchio.

EDIPO Fammi sedere, e proteggi questo povero cieco.

ANTIGONE Da molto tempo non ho bisogno di farmelo dire.

EDIPO Puoi dirmi dunque dove siamo?

ANTIGONE So che siamo ad Atene, ma ignoro il luogo.

EDIPO Tutti i viandanti così a noi dicevano, infatti.

Αν. ἀλλ' ὅστις ὁ τόπος ἢ μάθω μολοῦσά ποι;
Οι. ναί, τέκνον, εἴπερ ἐστί γ' ἐξοικήσιμος.
Αν. ἀλλ' ἐστὶ μὴν οἰκητός· οἴομαι δὲ δεῖν
οὐδέν· πέλας γὰρ ἄνδρα τόνδε νῷν ὁρῶ.
Οι. ἦ δεῦρο προσστείχοντα κἀξορμώμενον;
Αν. καὶ δὴ μὲν οὖν παρόντα· χὤ τι σοι λέγειν
εὔκαιρόν ἐστιν, ἔννεφ', ὡς ἀνὴρ ὅδε.
Οι. ὦ ξεῖν', ἀκούων τῆσδε τῆς ὑπέρ τ' ἐμοῦ
αὑτῆς θ' ὁρώσης οὕνεχ' ἡμὶν αἴσιος
σκοπὸς προσήκεις ὧν ἀδηλοῦμεν φράσαι . . .

ΞΕΝΟΣ

πρίν νυν τὰ πλείον' ἱστορεῖν, ἐκ τῆσδ' ἕδρας
ἔξελθ'· ἔχεις γὰρ χῶρον οὐχ ἁγνὸν πατεῖν.
Οι. τίς δ' ἔσθ' ὁ χῶρος; τοῦ θεῶν νομίζεται;
Ξε. ἄθικτος οὐδ' οἰκητός. αἱ γὰρ ἔμφοβοι
θεαί σφ' ἔχουσι, Γῆς τε καὶ Σκότου κόραι.
Οι. τίνων τὸ σεμνὸν ὄνομ' ἂν εὐξαίμην κλύων;
Ξε. τὰς πάνθ' ὁρώσας Εὐμενίδας ὅ γ' ἐνθάδ' ἂν
εἴποι λεώς νιν· ἄλλα δ' ἀλλαχοῦ καλά.
Οι. ἀλλ' ἵλεῳ μὲν τὸν ἱκέτην δεξαίατο·
ὡς οὐχ ἕδρας γε τῆσδ' ἂν ἐξέλθοιμ' ἔτι.
Ξε. τί δ' ἐστὶ τοῦτο; Οι. ξυμφορᾶς ξύνθημ' ἐμῆς.
Ξε. ἀλλ' οὐδὲ μέντοι τοὐξανιστάναι πόλεως
δίχ' ἐστὶ θάρσος, πρίν γ' ἂν ἐνδείξω τί δρᾷς.
Οι. πρός νυν θεῶν, ὦ ξεῖνε, μή μ' ἀτιμάσῃς,
τοιόνδ' ἀλήτην, ὧν σε προστρέπω φράσαι.
Ξε. σήμαινε, κοὐκ ἄτιμος ἔκ γ' ἐμοῦ φανῇ.
Οι. τίς ἔσθ' ὁ χῶρος δῆτ' ἐν ᾧ βεβήκαμεν;

ANTIGONE Devo andare a informarmi qual è il luogo?

EDIPO Sì, figlia, se pure è un luogo da abitarvi.

ANTIGONE È abitato, di certo; ma credo che non occorra. Ecco, vedo qualcuno avvicinarsi.

EDIPO Viene verso di noi correndo?

ANTIGONE È già arrivato, anzi: parla dunque e di' quanto ti pare opportuno, poiché egli (*riferendosi a un uomo che sta entrando da sinistra*) è qui.

EDIPO O straniero, ho udito da costei, che vede per me e per se stessa, che giungi opportuno a informarci di quanto ignoriamo –

STRANIERO (*interrompendo*) Prima di fare altre domande, allontànati da questo seggio: tu occupi un luogo che è sacrilegio calcare.

EDIPO Che luogo è? A quale degli dèi è sacro?

STRANIERO Nessuno può toccarlo o abitarvi: lo occupano le dee, figlie della Terra e dell'Erebo.[1]

EDIPO E qual è, dimmi, il nome venerando per invocarle?

STRANIERO La gente del luogo le chiama le Eumenidi che tutto vedono: ma di altri nomi si compiacciono altrove.

EDIPO Benigne possano accogliere il supplice! Non vorrei più allontanarmi da questa sede.[2]

STRANIERO Che vuoi dire?

EDIPO È il segno del mio destino.

STRANIERO Non spetta a me farti levare di lì senza una decisione della città, prima di avere esposto il tuo comportamento.

EDIPO Per gli dèi, o straniero, non negare a me, così errabondo, quanto ti supplico di dirmi.

STRANIERO Spiegami, e da me non avrai rifiuto.

EDIPO Qual è dunque questo luogo dove siamo giunti?

[1] Prima allusione alle Erinni, divinità che personificano la punizione divina. Secondo le fonti più autorevoli, le Erinni erano solo tre: Tisifone, Aletto e Megera. In Atene esse erano oggetto di particolare venerazione sotto il nome, adottato per eufemismo apotropaico, di Eumenidi, con cui vengono qui indicate al v. 42.

[2] L'ottativo con ἂν esprime in modo pacato una ferma risoluzione. Si può essere incerti se ὡς abbia valore causale, oppure valga « sappi che ».

Ξε. ὅσ' οἶδα κἀγὼ πάντ' ἐπιστήσῃ κλύων.
χῶρος μὲν ἱερὸς πᾶς ὅδ' ἔστ'· ἔχει δέ νιν
σεμνὸς Ποσειδῶν· ἐν δ' ὁ πυρφόρος θεὸς
Τιτὰν Προμηθεύς· ὃν δ' ἐπιστείβεις τόπον
χθονὸς καλεῖται τῆσδε χαλκόπους ὀδός,
ἔρεισμ' Ἀθηνῶν· οἱ δὲ πλησίοι γύαι
τόνδ' ἱππότην Κολωνὸν εὔχονται σφίσιν
ἀρχηγὸν εἶναι, καὶ φοροῦσι τοὔνομα
τὸ τοῦδε κοινὸν πάντες ὠνομασμένοι.
τοιαῦτά σοι ταῦτ' ἐστίν, ὦ ξέν', οὐ λόγοις
τιμώμεν', ἀλλὰ τῇ ξυνουσίᾳ πλέον.
Οι. ἦ γάρ τινες ναίουσι τούσδε τοὺς τόπους;
Ξε. καὶ κάρτα, τοῦδε τοῦ θεοῦ γ' ἐπώνυμοι.
Οι. ἄρχει τίς αὐτῶν, ἢ 'πὶ τῷ πλήθει λόγος;
Ξε. ἐκ τοῦ κατ' ἄστυ βασιλέως τάδ' ἄρχεται.
Οι. οὗτος δὲ τίς λόγῳ τε καὶ σθένει κρατεῖ;
Ξε. Θησεὺς καλεῖται, τοῦ πρὶν Αἰγέως τόκος.
Οι. ἆρ' ἄν τις αὐτῷ πομπὸς ἐξ ὑμῶν μόλοι;

STRANIERO Ascolta, e saprai tutto quello che so anch'io. Questo luogo è tutto sacro: lo possiede il venerando Poseidon,[3] e vi dimora il Titano Prometeo, il dio portatore del fuoco.[4] Il luogo che calchi è detto « soglia bronzea » di questa terra, baluardo di Atene: e i campi dintorno vantano l'origine dell'equestre Colono (*ne indica la statua*); e tutti qui prendono nome da lui. E queste tradizioni, o straniero, sono onorate non per fama, ma piuttosto da chi frequenta i luoghi.[5]

EDIPO Vi sono dunque degli abitanti di questi luoghi?

STRANIERO Certo, e prendono nome dal dio.

EDIPO E qualcuno regna su di essi, oppure il popolo ha facoltà di parola?

STRANIERO Il potere appartiene al re della città.

EDIPO E chi è costui che domina con la legge e con la forza?

STRANIERO Teseo si chiama, figlio del vecchio Egeo.[6]

EDIPO Qualcuno di voi vorrebbe andare da lui?

[3] Poseidon, dio del mare, si era impossessato di Atene scagliando il suo tridente sull'acropoli, dove subito si formò un pozzo d'acqua. Più tardi, sotto il regno di Cecrope, Atena rivendicò il possesso dell'Attica piantando un olivo accanto al pozzo. Ne seguì una contesa fra i due dei, e il voto degli Olimpi diede ad Atena il possesso della regione. A Colono, tuttavia, sorgeva un altare dedicato a Poseidon, oggetto di particolare venerazione; e a ciò si riferisce la formula qui usata.

[4] Prometeo, considerato dalla tradizione il creatore del genere umano, riportò con l'inganno il fuoco ai mortali dopo che Zeus l'aveva sottratto al loro impiego. Per vendicarsi, Zeus lo incatenò ad un picco del Caucaso, dove un avvoltoio gli divorava senza sosta il fegato, che di notte ricresceva. A Prometeo « portatore di fuoco » era dedicato un altare vicino a Colono, precisamente nell'Accademia, ove aveva luogo la partenza della nota « Corsa delle fiaccole », una sacra staffetta in cui il messaggio era rappresentato da una torcia, e il cui arrivo era sull'Acropoli.

[5] Ossia, il vanto di Colono non è affidato alla storia sacra, bensì al fascino maestoso e gentile che il luogo esercita sui suoi stessi abitanti: così in Tucidide (II 43) il discorso famoso di Pericle definisce gli Ateniesi τὴν τῆς πόλεως δύναμιν καθ' ἡμέραν ἔργῳ θεωμένους καὶ ἐραστὰς γιγνομένους αὐτῆς.

[6] Teseo, re di Atene, nacque dall'unione di Egeo, figlio di Pandione e nipote di Cecrope, con Etra. Dopo aver superato numerose fatiche Teseo si recò a Creta, dove uccise il Minotauro, liberando così Atene dal sacrificio dei fanciulli che il re Minosse le aveva imposto. La tradizione gli ascriveva l'unificazione dei borghi dell'Attica in uno stato, la cui capitale era Atene.

Ξε. ὡς πρὸς τί; λέξων ἢ καταρτύσων μολεῖν;
Οι. ὡς ἂν προσαρκῶν σμικρὰ κερδάνῃ μέγα.
Ξε. καὶ τίς πρὸς ἀνδρὸς μὴ βλέποντος ἄρκεσις;
Οι. ὅσ' ἂν λέγωμεν πάνθ' ὁρῶντα λέξομεν.
Ξε. οἶσθ', ὦ ξέν', ὡς νῦν μὴ σφαλῇς; ἐπείπερ εἶ
γενναῖος, ὡς ἰδόντι, πλὴν τοῦ δαίμονος,
αὐτοῦ μέν', οὗπερ κἀφάνης, ἕως ἐγὼ
τοῖς ἐνθάδ' αὐτοῦ μὴ κατ' ἄστυ δημόταις
λέξω τάδ' ἐλθών. οἵδε γὰρ κρινοῦσί γε
εἰ χρή σε μίμνειν, ἢ πορεύεσθαι πάλιν.
Οι. ὦ τέκνον, ἦ βέβηκεν ἡμὶν ὁ ξένος;
Αν. βέβηκεν, ὥστε πᾶν ἐν ἡσύχῳ, πάτερ,
ἔξεστι φωνεῖν, ὡς ἐμοῦ μόνης πέλας.
Οι. ὦ πότνιαι δεινῶπες, εὖτε νῦν ἕδρας
πρώτων ἐφ' ὑμῶν τῆσδε γῆς ἔκαμψ' ἐγώ,
Φοίβῳ τε κἀμοὶ μὴ γένησθ' ἀγνώμονες,
ὅς μοι, τὰ πόλλ' ἐκεῖν' ὅτ' ἐξέχρη κακά,
ταύτην ἔλεξε παῦλαν ἐν χρόνῳ μακρῷ,
ἐλθόντι χώραν τερμίαν, ὅπου θεῶν
σεμνῶν ἕδραν λάβοιμι καὶ ξενόστασιν·
ἐνταῦθα κάμψειν τὸν ταλαίπωρον βίον,
κέρδη μὲν οἰκήσαντα τοῖς δεδεγμένοις,
ἄτην δὲ τοῖς πέμψασιν, οἵ μ' ἀπήλασαν·
σημεῖα δ' ἥξειν τῶνδέ μοι παρηγγύα,
ἢ σεισμόν, ἢ βροντήν τιν', ἢ Διὸς σέλας.
ἔγνωκα μέν νυν ὥς με τήνδε τὴν ὁδὸν
οὐκ ἔσθ' ὅπως οὐ πιστὸν ἐξ ὑμῶν πτερὸν
ἐξήγαγ' ἐς τόδ' ἄλσος. οὐ γὰρ ἄν ποτε
πρώταισιν ὑμῖν ἀντέκυρσ' ὁδοιπορῶν,
νήφων ἀοίνοις, κἀπὶ σεμνὸν ἑζόμην
βάθρον τόδ' ἀσκέπαρνον. ἀλλά μοι, θεαί,
βίου κατ' ὀμφὰς τὰς 'Απόλλωνος δότε
πέρασιν ἤδη καὶ καταστροφήν τινα,
εἰ μὴ δοκῶ τι μειόνως ἔχειν, ἀεὶ
μόχθοις λατρεύων τοῖς ὑπερτάτοις βροτῶν.
ἴτ', ὦ γλυκεῖαι παῖδες ἀρχαίου Σκότου,

STRANIERO Per che cosa? Per riferire un discorso o per farlo venire qui?

EDIPO Perché da piccolo beneficio tragga grande vantaggio.

STRANIERO Quale utilità gli può venire da un uomo che non vede?

EDIPO Tutto quanto dirò sarà evidente.

STRANIERO Sai, o straniero, come fare addesso per non errare? Poiché tu sei nobile, si vede, a parte la tua sventura. Resta qui, dove mi apparisti, finché io vada a riferire agli abitanti di questo borgo, non a quelli della città: essi giudicheranno se devi rimanere, o andartene ancora. (*Esce da destra.*)

EDIPO Figlia, lo straniero ci ha lasciati?

ANTIGONE È andato, e puoi parlare con tutta tranquillità, padre; soltanto io ti sono vicina.

EDIPO O dee Venerande dal terribile sguardo,[7] poiché presso di voi per prime io mi assisi in questa terra, a Febo e anche a me non siate inesorabili: fu lui, quando mi prediceva quelle tante mie sventure, a rivelarmi che dopo gran tempo avrei trovato tregua, giungendo all'ultima terra, dove dalle dee Venerande avrei ottenuto asilo e ospitalità. Qui avrei terminato questa misera vita, con vantaggio di chi mi avrebbe accolto, ma a rovina di chi mi scacciò esiliandomi. E garantì che segni me ne sarebbero venuti: un terremoto, o un tuono, o un lampo di Zeus.[8] Ora comprendo che certamente un sicuro auspicio da parte vostra mi ha condotto per questa via a questo sacro bosco; non mi sarei certo, nel mio errare, imbattuto in voi per prime, io sobrio in voi astemie,[9] e non mi sarei seduto su questo venerando intatto sasso. Datemi dunque, o dee, conforme al vaticinio d'Apollo, termine e mutamento alla mia vita: se non vi sembro troppo misera cosa, io che sono stato schiavo, continuamente, delle più grandi sventure per un mortale. Orsù, dolci figlie della

7 Altro epiteto delle Erinni.

8 Si tratta delle manifestazioni che convenzionalmente indicavano agli uomini il volere degli dei.

9 Alle Eumenidi si offrivano sacrifici d'acqua, miele e latte, senza vino (cfr. Eschilo, *Eumenidi*, v. 107); e a Edipo errante e mendico è imposta la sobrietà.

ἴτ', ὦ μεγίστης Παλλάδος καλούμεναι
πασῶν Ἀθῆναι τιμιωτάτη πόλις,
οἰκτίρατ' ἀνδρὸς Οἰδίπου τόδ' ἄθλιον
εἴδωλον· οὐ γὰρ δὴ τό γ' ἀρχαῖον δέμας.
Αν. σίγα. πορεύονται γὰρ οἵδε δή τινες
χρόνῳ παλαιοί, σῆς ἕδρας ἐπίσκοποι.
Οι. σιγήσομαί τε καὶ σύ μ' ἐξ ὁδοῦ πόδα
κρύψον κατ' ἄλσος, τῶνδ' ἕως ἂν ἐκμάθω
τίνας λόγους ἐροῦσιν. ἐν γὰρ τῷ μαθεῖν
ἔνεστιν ηὑλάβεια τῶν ποιουμένων.

ΧΟΡΟΣ

ὅρα. τίς ἄρ' ἦν; ποῦ ναίει; στρ.
ποῦ κυρεῖ ἐκτόπιος συθεὶς ὁ πάντων,
ὁ πάντων ἀκορέστατος;
προσδέρκου, λεῦσσέ νιν,
προσπεύθου πανταχῇ.
πλανάτας,
πλανάτας τις ὁ πρέσβυς, οὐδ'
ἔγχωρος· προσέβα γὰρ οὐκ
ἄν ποτ' ἀστιβὲς ἄλσος ἐς
τᾶνδ' ἀμαιμακετᾶν κορᾶν,
ἃς τρέμομεν λέγειν,
καὶ παραμειβόμεσθ'
ἀδέρκτως,
ἀφώνως, ἀλόγως τὸ τᾶς
εὐφάμου στόμα φροντίδος
ἱέντες·
τὰ δὲ νῦν τιν' ἥκειν
λόγος οὐδὲν ἅζονθ',
ὃν ἐγὼ λεύσσων περὶ πᾶν οὔπω

Tenebra antica,[10] e tu Atene, che dalla potentissima Pallade hai nome,[11] o città gloriosa fra tutte, abbiate pietà del misero fantasma di colui che fu Edipo: poiché non sono più l'uomo di un tempo.

ANTIGONE Taci; ecco, avanzano alcuni vecchi, a vedere dove tu siedi.

EDIPO Tacerò, e tu guidami via dalla strada e nascondimi nel bosco, finché abbia sentito che cosa diranno: dal conoscere viene prudenza nell'agire. (*Si allontana con Antigone verso il bosco; mentre da destra, a gruppi, entra il coro degli anziani di Colono.*)

PARODO

CORO Guarda. Chi era dunque? Dove si trova?
Dove se n'è andato lontano,
di tutti gli uomini il più impudente?
Osserva, scoprilo,
investiga ogni dove.
Un vagabondo, un vagabondo è il vecchio,
non di questa terra; non sarebbe entrato mai
nel bosco inviolato
delle vergini invincibili[12]
che tremiamo di nominare;
e passiamo oltre
senza guardare, senza parlare,
taciti mandando reverente discorso
della mente.[13] Ma ora dicono che è arrivato qualcuno
senza nessun rispetto:
che io, pur guardando in ogni parte

10 Cfr. v. 40, dove l'Erebo è per antonomasia il luogo della più buia tenebra, nelle contrade dell'Oltretomba.

11 Pallade è epiteto rituale della dea Atena. Ad Atene si usavano indifferentemente i due termini.

12 Si tratta ancora di un riferimento alle Erinni.

13 L'immagine è piuttosto ardita, ma il significato è chiaro: ἱέντες στόμα è figura costruita in analogia a φωνὴν ἱέναι, con più efficace effetto di paradosso (poiché nella preghiera mentale appunto la bocca rimane inattiva), ed εὐφάμου (per εὐφήμου) è riferito per ipallage a φροντίδος anziché a στόμα.

δύναμαι τέμενος
γνῶναι ποῦ μοί ποτε ναίει.

Οι. ὅδ' ἐκεῖνος ἐγώ· φωνῇ γὰρ ὁρῶ,
τὸ φατιζόμενον.
Χο. ἰὼ ἰώ,
δεινὸς μὲν ὁρᾶν, δεινὸς δὲ κλύειν.
Οι. μή μ', ἱκετεύω, προσίδητ' ἄνομον.
Χο. Ζεῦ ἀλεξῆτορ, τίς ποθ' ὁ πρέσβυς;
Οι. οὐ πάνυ μοίρας εὐδαιμονίσαι
πρώτης, ὦ τῆσδ' ἔφοροι χώρας.
δηλῶ δ'· οὐ γὰρ ἂν ὧδ' ἀλλοτρίοις
ὄμμασιν εἷρπον
κἀπὶ σμικροῖς μέγας ὥρμουν.

Χο. ἓ ἕ, ἀλαῶν ὀμμάτων. ἀντ.
ἆρα καὶ ἦσθα φυτάλμιος δυσαίων;
μακραίων γάρ, ἐπεικάσαι.
ἀλλ' οὐ μὰν ἔν γ' ἐμοὶ
προσθήσεις τάσδ' ἀράς.
περᾷς γὰρ
περᾷς· ἀλλ' ἵνα τῷδ' ἐν ἀ-
φθέγκτῳ μὴ προπέσῃς νάπει
ποιάεντι, κάθυδρος οὗ
κρατὴρ μειλιχίων ποτῶν
ῥεύματι συντρέχει,

del recinto,[14] non ancora
riesco a vedere dove mai si trovi.

EDIPO (*uscendo dal bosco, con Antigone*)
Ecco, quello sono io; alla voce vedo,
come si suole dire.
CORO Ahimè, ahimè,
orrore a vedersi, orrore a udirsi.
EDIPO Non mi guardate, vi prego; sono empio.
CORO Zeus protettore, chi è mai questo vecchio?
EDIPO Non certo da stimare il più felice per la sorte
migliore, custodi di questa terra.
E lo dimostro: non mi muoverei
così con gli occhi d'un altro;
né io, che sono grande, mi appoggerei a questa piccola.[15]

CORO Ahi, i tuoi occhi ciechi!
Fin dalla nascita lo fosti?
Lunga, infelice[16] fu la tua vita, si vede.
Ma per quanto sta in me
non aggiungerai queste maledizioni.[17]
Oltre tu vai, troppo oltre.
Ma non ti inoltrare[18] nel tacito
bosco erboso, dove nel cratere
pieno d'acqua si mescolano
libagioni di miele:[19]

14 Si chiamava τέμενος lo spazio di territorio consacrato alla divinità, il cui accesso era impedito ai profani.

15 Il plurale σμικροῖς per una sola persona è generico, forse causato dalla simmetria con il membro precedente, e comunque rientra in un modulo non infrequente nello stesso Sofocle.

16 L'interpunzione adottata da Pearson separa δυσαίων da μακραίων sopprimendo l'effetto di omoioteleuto, evidentemente intenzionale.

17 S'intende la maledizione di avere calpestato il luogo sacro. È sottinteso un pronome riflessivo, oppure un complemento come « ai tuoi mali »; ma è forse ancora preferibile il medio προσθήσει, congetturato da Blaydes.

18 Nell'originale, ἀλλ' ἵνα ... μὴ προπέσῃς dipende da εὖ φύλαξαι, al v. 161 sg.

19 Il cratere delle libagioni si trovava nella parte più recondita del bosco. In questo modo il coro avverte Edipo di non procedere oltre nel territorio consacrato, dove egli già si trova.

τῶν, ξένε πάμμορ', εὖ
φύλαξαι,
μετάσταθ', ἀπόβαθι. πολ-
λὰ κέλευθος ἐρατύοι·
κλύεις, ὦ
πολύμοχθ' ἀλᾶτα;
λόγον εἴ τιν' οἴσεις
πρὸς ἐμὰν λέσχαν, ἀβάτων ἀποβάς,
ἵνα πᾶσι νόμος
φώνει· πρόσθεν δ' ἀπερύκου.

Οι. θύγατερ, ποῖ τις φροντίδος ἔλθῃ;
Αν. ὦ πάτερ, ἀστοῖς ἴσα χρὴ μελετᾶν,
εἴκοντας ἃ δεῖ κἀκούοντας.
Οι. πρόσθιγέ νύν μου. Αν. ψαύω καὶ δή.
Οι. ξεῖνοι, μὴ δῆτ' ἀδικηθῶ σοὶ
πιστεύσας καὶ μεταναστάς.

Χο. οὔ τοι μήποτέ σ' ἐκ τῶνδ' ἑδράνων, ὦ στρ.
γέρον, ἄκοντά τις ἄξει.
Οι. ἔτ' οὖν; Χο. ἔτι βαῖνε πόρσω.
Οι. ἔτι; Χο. προβίβαζε, κούρα,
πόρσω· σὺ γὰρ ἀίεις.
Αν. ἕπεο μάν, ἕπε' ὧδ' ἀμαυ-
ρῷ κώλῳ, πάτερ, ᾇ σ' ἄγω.
Οι. . . . .
Αν. . . . .
. . . .
Οι. . . . .
Χο. τόλμα ξεῖνος ἐπὶ ξένας,
ὦ τλάμων, ὅ τι καὶ πόλις
τέτροφεν ἄφιλον ἀποστυγεῖν
καὶ τὸ φίλον σέβεσθαι.

Οι. ἄγε νυν σύ με, παῖ,
ἵν' ἂν εὐσεβίας ἐπιβαίνοντες

da questo guàrdati bene,
o straniero infelicissimo.
Torna indietro, allontànati.
Lungo tratto ci separa:[20]
odi, o infelice errante?
Se tu hai da replicare
al mio discorso, esci da quel luogo vietato
e parla dove a tutti
è lecito; ma prima, sta lontano.

EDIPO Figlia, che cosa dobbiamo decidere?
ANTIGONE O padre, bisogna comportarsi come dicono i cittadini: cedere secondo necessità, e obbedire.
EDIPO Dammi dunque la mano.
ANTIGONE Ecco, la prendo.
EDIPO Stranieri, non mi fate offesa:
ho fiducia in voi, e torno indietro.

CORO Nessuno mai da questo luogo, o vecchio,
ti trascinerà via a forza.
EDIPO (*avanza di qualche passo*) Ancora?
CORO Vieni avanti ancora.
EDIPO Ancora?
CORO Conducilo, o fanciulla,
più avanti; tu comprendi.
ANTIGONE Seguimi, seguimi, col tuo piede
cieco, o padre, dove ti conduco.[21]
CORO Straniero in terra straniera, o infelice,
tu devi aborrire
ciò che alla città fu sempre odioso,
e rispettare quanto essa ha caro.

EDIPO Conducimi tu dunque, figlia,
nel luogo concesso dalla pietà,

[20] La traduzione accetta il tràdito ἐρατύει: il coro teme che Edipo non abbia udito le sue parole, perché è ormai troppo distante. L'ottativo ἐρατύοι, congetturato da Musgrave e accolto da Pearson, è invece un'esortazione a Edipo, perché si tenga a distanza dal luogo sacro.
[21] Dopo questo verso, le esigenze della corresponsione metrica indicano una lacuna di quattro versi.

τὸ μὲν εἴπωμεν, τὸ δ' ἀκούσωμεν,
καὶ μὴ χρείᾳ πολεμῶμεν.

Χο. αὐτοῦ· μηκέτι τοῦδ' αὐτοπέτρου βή- ἀντ.
μάτος ἔξω πόδα κλίνῃς.
Οι. οὕτως; Χο. ἅλις, ὡς ἀκούεις.
Οι. ἦ ἐσθῶ; Χο. λέχριός γ' ἐπ' ἄκρου
λάου βραχὺς ὀκλάσας.
Αν. πάτερ, ἐμὸν τόδ'· ἐν ἀσυχαί-
ᾳ βάσει βάσιν ἅρμοσαι, . . .
Οι. ἰώ μοί μοι
Αν. γεραὸν ἐς χέρα σῶμα σὸν
προκλίνας φιλίαν ἐμάν.
Οι. ὤμοι δύσφρονος ἄτας.
Χο. ὦ τλάμων, ὅτε νῦν χαλᾷς,
αὔδασον, τίς ἔφυς βροτῶν;
τίς ὁ πολύπονος ἄγῃ ; τίν' ἂν
σοῦ πατρίδ' ἐκπυθοίμαν ;

Οι. ὦ ξένοι, ἀπόπτολις· ἀλλὰ μή,
Χο. τί τόδ' ἀπεννέπεις, γέρον;
Οι. μὴ μὴ μή μ' ἀνέρῃ τίς εἰ-
μι, μηδ' ἐξετάσῃς πέρα ματεύων.
Χο. τί τόδ'; Οι. αἰνὰ φύσις. Χο. αὔδα.
Οι. τέκνον, ὤμοι, τί γεγώνω;
Χο. τίνος εἶ σπέρματος, ⟨ὦ⟩
ξένε, φώνει, πατρόθεν;
Οι. ὤμοι ἐγώ, τί πάθω, τέκνον ἐμόν;
Αν. λέγ', ἐπείπερ ἐπ' ἔσχατα βαίνεις.
Οι. ἀλλ' ἐρῶ· οὐ γὰρ ἔχω κατακρυφάν.
Χο. μακρὰ μέλλετον, ἀλλὰ τάχυνε.
Οι. Λαΐου ἴστε τιν' ἔκγονον; Χο. ἰού.
Οι. τό τε Λαβδακιδᾶν γένος; Χο. ὦ Ζεῦ.
Οι. ἄθλιον Οἰδιπόδαν; Χο. σὺ γὰρ ὅδ' εἶ;

dove io possa parlare e possa udire,
senza lottare con la necessità.

CORO Fermati dove sei: non muovere il piede
oltre quel gradino di sasso.
EDIPO (*incerto*) Così?
CORO Basta, come ti ho detto.
EDIPO Mi siedo dunque?
CORO Di traverso, sull'orlo
della roccia, piegandoti un poco.
ANTIGONE Padre, questo è compito mio; pian piano
adatta il tuo passo al mio –
EDIPO Ahi, ahimè!
ANTIGONE – e appoggia il vecchio tuo corpo
al mio braccio amorevole.
EDIPO (*sedendosi*) Ahimè, rovina funesta!
CORO O infelice, ora che hai tregua,
parla: di chi sei figlio?
Chi sei tu, che oppresso dagli affanni,
ti fai guidare? Potrei sapere qual è la tua patria?

EDIPO O stranieri, io non ho patria. Ma non –
CORO Che cosa ci rifiuti, o vecchio?
EDIPO No, non chiedermi chi sono:
non voler sapere di più.
CORO Perché?
EDIPO Orrenda è la mia origine.
CORO Parla.
EDIPO (*angosciato*) Figlia, ahimè, che dire?
CORO Di qual seme sei, o straniero,
per parte di padre? Parla.
EDIPO Ahimè, ahi, che cosa può succedermi, figlia mia?
ANTIGONE Parla; ormai sei giunto all'estremo limite.
EDIPO Parlerò dunque: non posso nascondere.
CORO Troppo indugiate, voi due: deciditi dunque.
EDIPO Sapete di un figlio di Laio?
CORO Ahi!
EDIPO E della stirpe dei Labdacidi?
CORO O Zeus!
EDIPO E del misero Edipo?
CORO Tu sei quello?

Οι. δέος ἴσχετε μηδὲν ὅσ' αὐδῶ.
Χο. ἰὼ ὢ ὤ. Οι. δύσμορος. Χο. ὢ ὤ.
Οι. θύγατερ, τί ποτ' αὐτίκα κύρσει;
Χο. ἔξω πόρσω βαίνετε χώρας.
Οι. ἃ δ' ὑπέσχεο ποῖ καταθήσεις;
Χο. οὐδενὶ μοιριδία τίσις ἔρχεται
ὧν προπάθῃ τὸ τίνειν· ἀπάτα δ' ἀπά-
ταις ἑτέραις ἑτέρα παραβαλλομέ-
να πόνον, οὐ χάριν, ἀντιδίδωσιν ἔ-
χειν. σὺ δὲ τῶνδ' ἑδράνων πάλιν ἔκτοπος
αὖτις ἄφορμος ἐμᾶς χθονὸς ἔκθορε,
μή τι πέρα χρέος
ἐμᾷ πόλει προσάψῃς.

Αν. ὦ ξένοι αἰδόφρονες,
ἀλλ' ἐπεὶ γεραὸν πατέρα
τόνδ' ἐμὸν οὐκ ἀνέτλατ' ἔργων
ἀκόντων ἀΐοντες αὐδάν,
ἀλλ' ἐμὲ τὰν μελέαν, ἱκετεύομεν,
ὦ ξένοι, οἰκτίραθ', ἃ
πατρὸς ὑπὲρ † τοῦ μόνου † ἄντομαι,
ἄντομαι οὐκ ἀλαοῖς προσορωμένα
ὄμμα σὸν ὄμμασιν, ὥς τις ἀφ' αἵματος
ὑμετέρου προφανεῖσα, τὸν ἄθλιον
αἰδοῦς κῦρσαι· ἐν ὔμμι γὰρ ὡς θεῷ
κείμεθα τλάμονες· ἀλλ' ἴτε, νεύσατε
τὰν ἀδόκητον χάριν,
πρός σ' ὅ τι σοι φίλον ἐκ σέθεν ἄντομαι,
ἢ τέκνον, ἢ λέχος, ἢ χρέος, ἢ θεός.
οὐ γὰρ ἴδοις ἂν ἀθρῶν βροτὸν ὅστις ἄν,
εἰ θεὸς ἄγοι,
ἐκφυγεῖν δύναιτο.

EDIPO Non abbiate paura di quanto vi dico.
CORO Ahi, ahi!
EDIPO Disgraziato!
CORO Ahi, ahi!
EDIPO Figlia, che mi accadrà ora?
CORO Andate via, fuori da questo paese!
EDIPO Così manterrai la tua promessa?
CORO Castigo fatale non giunge ad alcuno
che vendichi un'offesa; ma inganno
che altri inganni ripaga
non beneficio porta in cambio, ma affanno.
Via da questi luoghi riparti,
lungi dalla mia terra affréttati;
che alla mia città più oltre
tu non abbia ad attaccare colpa.
ANTIGONE (*prostrandosi dinanzi al coro*)
O stranieri pietosi,
poiché da questo mio vecchio padre
non tolleraste di udire
il racconto dei suoi atti involontari,
di me infelice almeno, vi supplichiamo,
o stranieri, abbiate pietà!
Per mio padre soltanto[22] vi prego,
vi prego guardandovi negli occhi
con occhi non ciechi, come se fossi
del vostro stesso sangue:
che questo infelice trovi pietà!
Nelle vostre mani,
come in quelle di un dio, noi miseri siamo; suvvia,
accordate questa grazia insperata!
Per quanto vi è caro vi scongiuro:
sia figlio, o moglie, o ricchezza, o dio.
Non vedrai tra gli uomini, fissando lo sguardo,
chi possa salvarsi,
se un dio lo trascina.

22 Nella traduzione è riprodotto l'emendamento di Hermann τοὐμοῦ μόνου: forse più incisiva, anche in rapporto a quanto segue, è la proposta τετυφλωμένου, « accecato », avanzata da Pearson in apparato.

Χο. ἀλλ' ἴσθι, τέκνον Οἰδίπου, σέ τ' ἐξ ἴσοι
οἰκτίρομεν καὶ τόνδε συμφορᾶς χάριν·
τὰ δ' ἐκ θεῶν τρέμοντες οὐ σθένοιμεν ἂν
φωνεῖν πέρα τῶν πρὸς σὲ νῦν εἰρημένων.

Οι. τί δῆτα δόξης, ἢ τί κληδόνος καλῆς
μάτην ῥεούσης ὠφέλημα γίγνεται,
εἰ τάς γ' Ἀθήνας φασὶ θεοσεβεστάτας
εἶναι, μόνας δὲ τὸν κακούμενον ξένον
σῴζειν οἵας τε καὶ μόνας ἀρκεῖν ἔχειν;
κἄμοιγε ποῦ ταῦτ' ἐστίν, οἵτινες βάθρων
ἐκ τῶνδέ μ' ἐξάραντες εἶτ' ἐλαύνετε,
ὄνομα μόνον δείσαντες; οὐ γὰρ δὴ τό γε
σῶμ' οὐδὲ τἄργα τἄμ'· ἐπεὶ τά γ' ἔργα μου
πεπονθότ' ἐστὶ μᾶλλον ἢ δεδρακότα,
εἴ σοι τὰ μητρὸς καὶ πατρὸς χρείη λέγειν,
ὧν οὕνεκ' ἐκφοβῇ με· τοῦτ' ἐγὼ καλῶς
ἔξοιδα. καίτοι πῶς ἐγὼ κακὸς φύσιν,
ὅστις παθὼν μὲν ἀντέδρων, ὥστ' εἰ φρονῶν
ἔπρασσον, οὐδ' ἂν ὧδ' ἐγιγνόμην κακός;
νῦν δ' οὐδὲν εἰδὼς ἱκόμην ἵν' ἱκόμην,
ὑφ' ὧν δ' ἔπασχον, εἰδότων ἀπωλλύμην.
ἀνθ' ὧν ἱκνοῦμαι πρὸς θεῶν ὑμᾶς, ξένοι,
ὥσπερ με κἀνεστήσαθ' ὧδε σώσατε,
καὶ μὴ θεοὺς τιμῶντες εἶτα τοὺς θεοὺς
†μοίραις† ποεῖσθε μηδαμῶς· ἡγεῖσθε δὲ
βλέπειν μὲν αὐτοὺς πρὸς τὸν εὐσεβῆ βροτῶν,
βλέπειν δὲ πρὸς τοὺς δυσσεβεῖς, φυγὴν δέ του
μήπω γενέσθαι φωτὸς ἀνοσίου βροτῶν.
ξὺν οἷς σὺ μὴ κάλυπτε τὰς εὐδαίμονας
ἔργοις Ἀθήνας ἀνοσίοις ὑπηρετῶν.
ἀλλ' ὥσπερ ἔλαβες τὸν ἱκέτην ἐχέγγυον,
ῥύου με κἀκφύλασσε· μηδέ μου κάρα
τὸ δυσπρόσοπτον εἰσορῶν ἀτιμάσῃς.
ἥκω γὰρ ἱερὸς εὐσεβής τε καὶ φέρων

PRIMO EPISODIO

CORIFEO Sappi, figlia di Edipo, che te e lui del pari per la vostra sventura commiseriamo; ma noi temiamo gli dèi, e non potremmo dire più di quanto ora ti abbiamo detto.

EDIPO Qual è dunque il beneficio della fama, del glorioso nome a torto diffuso, se dicono che Atene è la più pia delle città, che essa sola può salvare l'ospite colpito dalla sciagura, che essa sola può soccorrerlo? A che mi vale questo, se voi mi fate levare da questo rifugio e mi scacciate, solo per paura di un nome? Non certo il mio corpo è la causa, né le mie azioni: le mie azioni, piuttosto che compierle, io le soffersi, se mi è lecito parlarti di mio padre e di mia madre, per i quali hai orrore di me. Questo lo so bene. E pure, come sarei di mia natura uno scellerato, io che ricambiai il male sofferto; tanto che, se pure avessi agito consapevolmente, nemmeno così sarei uno scellerato? Io dunque, senza sapere nulla, giunsi dove giunsi, ma erano ben consapevoli quelli che furono la mia rovina. Perciò vi supplico per gli dèi, o stranieri: come mi allontanaste prima, così ora salvatemi; e non vi accada, voi che onorate gli dèi, di non tenerli poi in nessun conto.[23] Considerate che essi guardano a chi fra i mortali è pio, ma guardano anche agli empi, e nessun sacrilego è mai sfuggito agli dèi. Secondo il loro volere, non offuscare la gloria di Atene cedendo ad atti sacrileghi: ma come mi accogliesti supplice con la tua promessa, difendimi e proteggimi; e non respingermi vedendo il mio volto ripugnante. Sacro e pio qui giungo, a portare beneficio a questi

[23] Alla difficoltà del testo tràdito tenta di porre rimedio la congettura di Dettweiler ποιεῖσθ' ἐν μηδαμαῖς (riferito a μοίραις), che è accettata nella traduzione.

ὄνησιν ἀστοῖς τοῖσδ'· ὅταν δ' ὁ κύριος
παρῇ τις, ὑμῶν ὅστις ἐστὶν ἡγεμών,
τότ' εἰσακούων πάντ' ἐπιστήσῃ· τὰ δὲ
μεταξὺ τούτου μηδαμῶς γίγνου κακός.
Χο. ταρβεῖν μέν, ὦ γεραιέ, τἀνθυμήματα
πολλή 'στ' ἀνάγκη τἀπὸ σοῦ· λόγοισι γὰρ
οὐκ ὠνόμασται βραχέσι. τοὺς δὲ τῆσδε γῆς
ἄνακτας ἀρκεῖ ταῦτά μοι διειδέναι.
Οι. καὶ ποῦ 'σθ' ὁ κραίνων τῆσδε τῆς χώρας, ξένοι;
Χο. πατρῷον ἄστυ γῆς ἔχει· σκοπὸς δέ νιν,
ὃς κἀμὲ δεῦρ' ἔπεμπεν, οἴχεται στελῶν.
Οι. ἦ καὶ δοκεῖτε τοῦ τυφλοῦ τιν' ἐντροπὴν
ἢ φροντίδ' ἕξειν, αὐτὸν ὥστ' ἐλθεῖν πέλας;
Χο. καὶ κάρθ', ὅταν περ τοὔνομ' αἴσθηται τὸ σόν.
Οι. τίς δ' ἔσθ' ὁ κείνῳ τοῦτο τοὔπος ἀγγελῶν;
Χο. μακρὰ κέλευθος· πολλὰ δ' ἐμπόρων ἔπη
φιλεῖ πλανᾶσθαι, τῶν ἐκεῖνος ἀίων,
θάρσει, παρέσται. πολὺ γάρ, ὦ γέρον, τὸ σὸν
ὄνομα διήκει πάντας, ὥστε κεἰ βραδὺς
εὕδει, κλύων σου δεῦρ' ἀφίξεται ταχύς.
Οι. ἀλλ' εὐτυχὴς ἵκοιτο τῇ θ' αὑτοῦ πόλει
ἐμοί τε· τίς γὰρ ἐσθλὸς οὐχ αὑτῷ φίλος;
Αν. ὦ Ζεῦ, τί λέξω; ποῖ φρενῶν ἔλθω, πάτερ;
Οι. τί δ' ἔστι, τέκνον Ἀντιγόνη; Αν. γυναῖχ' ὁρῶ
στείχουσαν ἡμῶν ἆσσον, Αἰτναίας ἐπὶ
πώλου βεβῶσαν· κρατὶ δ' ἡλιοστερὴς
κυνῆ πρόσωπα Θεσσαλίς νιν ἀμπέχει.
τί φῶ;
ἆρ' ἔστιν; ἆρ' οὐκ ἔστιν; ἢ γνώμη πλανᾷ;
καὶ φημὶ κἀπόφημι κοὐκ ἔχω τί φῶ.
τάλαινα,
οὐκ ἔστιν ἄλλη. φαιδρὰ γοῦν ἀπ' ὀμμάτων
σαίνει με προσστείχουσα· σημαίνει δ' ὅτι
μόνης φίλον τόδ' ἐστὶν Ἰσμήνης κάρα.
Οι. πῶς εἶπας, ὦ παῖ; Αν. παῖδα σήν, ἐμὴν δ' ὁρᾶν
ὅμαιμον· αὐδῇ δ' αὐτίκ' ἐξέσται μαθεῖν.

cittadini: quando sarà qui il vostro signore, chiunque sia chi vi regge, allora ascolterai e saprai tutto. Ma frattanto, non essere ingiusto.

CORIFEO È necessario, o vecchio, che io rispetti questi argomenti,[24] da te esposti con discorso non breve: a me basta che su questo decidano i capi del paese.

EDIPO E dov'è il sovrano di questa terra, stranieri?

CORIFEO Abita nella città del padre; è andato a chiamarlo colui che ti vide e fece venire qui anche me.

EDIPO Credete che avrà tanta cura e riguardo di un cieco, da venire di persona?

CORIFEO Certo, una volta che avrà saputo il tuo nome.

EDIPO E chi gli riferirà questo?

CORIFEO Lungo è il cammino; i discorsi dei viandanti sogliono propagarsi, e a sentirli egli verrà: siine certo. Il tuo nome, o vecchio, è diffuso ovunque; e anche se tarda nel sonno, udendo di te, verrà qui subito.

EDIPO Ben venga dunque, per il bene della sua città e per il mio; quale uomo saggio non ama se stesso?

ANTIGONE (*improvvisamente*) O Zeus, che dire? Che cosa pensare, padre?

EDIPO Che c'è, Antigone, figlia mia?

ANTIGONE Vedo una donna che avanza verso di noi, cavalcando una giumenta etnea:[25] e sul capo ha un cappello tessalico, che le copre il volto riparandolo dal sole. Che dire? È lei? Non è lei? O la mente si smarrisce? Ora affermo, ora nego, e non so che cosa dire. Misera me, è proprio lei: col suo sguardo luminoso mi accarezza, venendo incontro; e mi significa che è proprio lei, Ismene.

EDIPO Che dici, figlia?

ANTIGONE Che vedo tua figlia, mia sorella; e dalla voce presto potrai riconoscerla.

24 Propriamente « che gli scrupoli che mi vengono da te mi turbino »: la prospettiva secondo cui parla qui il corifeo è decisamente soggettiva.

25 L'epiteto è da intendersi come puramente esornativo: i cavalli di Sicilia erano una razza particolarmente pregiata.

ΙΣΜΗΝΗ

ὦ δισσὰ πατρὸς καὶ κασιγνήτης ἐμοὶ
ἥδιστα προσφωνήμαθ', ὡς ὑμᾶς μόλις
εὑροῦσα λύπῃ δεύτερον μόλις βλέπω.
Οι. ὦ τέκνον, ἥκεις; Ισ. ὦ πάτερ δύσμοιρ' ὁρᾶν.
Οι. τέκνον, πέφηνας; Ισ. οὐκ ἄνευ μόχθου γέ μοι.
Οι. πρόσψαυσον, ὦ παῖ. Ισ. θιγγάνω δυοῖν ὁμοῦ.
Οι. ὦ σπέρμ' ὅμαιμον. Ισ. ὦ δυσάθλιαι τροφαί.
Οι. ἦ τῆσδε κἀμοῦ; Ισ. δυσμόρου τ' ἐμοῦ τρίτης.
Οι. τέκνον, τί δ' ἦλθες; Ισ. σῇ, πάτερ, προμηθίᾳ.
Οι. πότερα πόθοισι; Ισ. καὶ λόγων γ' αὐτάγγελος,
ξὺν ᾧπερ εἶχον οἰκετῶν πιστῷ μόνῳ.
Οι. οἱ δ' αὐθόμαιμοι ποῦ νεανίαι πονεῖν;
Ισ. εἴσ' οὗπέρ εἰσι· δεινὰ τἀν κείνοις τανῦν.
Οι. ὦ πάντ' ἐκείνω τοῖς ἐν Αἰγύπτῳ νόμοις
φύσιν κατεικασθέντε καὶ βίου τροφάς·
ἐκεῖ γὰρ οἱ μὲν ἄρσενες κατὰ στέγας
θακοῦσιν ἱστουργοῦντες, αἱ δὲ σύννομοι
τἄξω βίου τροφεῖα πορσύνουσ' ἀεί.
σφῷν δ', ὦ τέκν', οὓς μὲν εἰκὸς ἦν πονεῖν τάδε,
κατ' οἶκον οἰκουροῦσιν ὥστε παρθένοι,
σφὼ δ' ἀντ' ἐκείνων τἀμὰ δυστήνου κακὰ
ὑπερπονεῖτον. ἡ μὲν ἐξ ὅτου νέας
τροφῆς ἔληξε καὶ κατίσχυσεν δέμας,
ἀεὶ μεθ' ἡμῶν δύσμορος πλανωμένη,
γερονταγωγεῖ, πολλὰ μὲν κατ' ἀγρίαν
ὕλην ἄσιτος νηλιπός τ' ἀλωμένη,
πολλοῖσι δ' ὄμβροις ἡλίου τε καύμασι
μοχθοῦσα τλήμων δεύτερ' ἡγεῖται τὰ τῆς
οἴκοι διαίτης, εἰ πατὴρ τροφὴν ἔχοι.
σὺ δ', ὦ τέκνον, πρόσθεν μὲν ἐξίκου πατρὶ
μαντεῖ' ἄγουσα πάντα, Καδμείων λάθρᾳ,
ἃ τοῦδ' ἐχρήσθη σώματος, φύλαξ δέ μου

ISMENE (*entrando da sinistra, seguita da un servo*) O padre, o sorella, i due nomi per me più dolci! A stento vi ho ritrovati, e dal dolore a stento vi vedo!

EDIPO Figlia, sei giunta?

ISMENE O padre, nella sventura ti vedo!

EDIPO Figlia, sei qui?

ISMENE Non senza pena per me.

EDIPO Toccami, figlia.

ISMENE Insieme vi abbraccio.

EDIPO O seme del mio sangue!

ISMENE O miserande vite!

EDIPO (*additando Antigone*) Di costei e di me?

ISMENE E di me misera, ancora.

EDIPO Figlia, perché venisti?

ISMENE Perché pensavo a te, padre.

EDIPO Desideravi vedermi?

ISMENE E anche per portarti notizie io stessa, insieme con quest'unico servo fidato che avevo.

EDIPO E i fratelli dove sono? Che fanno?

ISMENE Sono dove sono; e cose terribili accadono ora fra essi.

EDIPO Simile ai costumi d'Egitto è la loro natura e la loro vita, davvero! Là gli uomini seggono in casa a tessere; mentre le loro compagne vanno sempre fuori a procurare il cibo per vivere.[26] Così per i miei figli: quelli che era giusto soffrissero queste pene, se ne stanno in casa come fanciulle; e voi due, in loro vece, sopportate i gravi affanni di questo sventurato. L'una, da quando uscì dall'infanzia forte oramai nel corpo, sempre infelice errando con me, è guida a un vecchio; vagando sovente per selvagge foreste digiuna e scalza, e penando per piogge molte o per vampe di sole, la misera rinunzia a vivere in una casa, perché il padre abbia da nutrirsi. (*A Ismene*) E tu, poi, o figlia, già prima venisti da tuo padre a riferirgli, di nascosto dai Cadmei, tutte le profezie che furono vaticinate sulla mia persona,[27] e fedele custo-

[26] In termini simili si esprime anche Erodoto (II 35): « Presso gli Egiziani sono le donne che vanno al mercato e che commerciano, mentre gli uomini restano in casa a tessere ».

[27] È questa l'unica menzione di oracoli su Edipo che i Tebani ricevettero quando egli viveva ancora in Tebe, oppure ne era stato appena allontanato. Ma è probabile che si tratti di un'occasionale invenzione di Sofocle, per istituire un rapporto fra Edi-

πιστὴ κατέστης, γῆς ὅτ' ἐξηλαυνόμην·
νῦν δ' αὖ τίν' ἥκεις μῦθον, Ἰσμήνη, πατρὶ
φέρουσα; τίς σ' ἐξῆρεν οἴκοθεν στόλος;
ἥκεις γὰρ οὐ κενή γε, τοῦτ' ἐγὼ σαφῶς
ἔξοιδα, μὴ οὐχὶ δεῖμ' ἐμοὶ φέρουσά τι.
Ισ. ἐγὼ τὰ μὲν παθήμαθ' ἅπαθον, πάτερ,
ζητοῦσα τὴν σὴν ποῦ κατοικοίης τροφήν,
παρεῖσ' ἐάσω. δὶς γὰρ οὐχὶ βούλομαι
πονοῦσά τ' ἀλγεῖν καὶ λέγουσ' αὖθις πάλιν.
ἃ δ' ἀμφὶ τοῖν σοῖν δυσμόροιν παίδοιν κακὰ
νῦν ἐστι, ταῦτα σημανοῦσ' ἐλήλυθα.
πρὶν μὲν γὰρ αὐτοῖς ἦν ἔρως Κρέοντί τε
θρόνους ἐᾶσθαι μηδὲ χραίνεσθαι πόλιν
λόγῳ σκοποῦσι τὴν πάλαι γένους φθοράν,
οἵα κατέσχε τὸν σὸν ἄθλιον δόμον·
νῦν δ' ἐκ θεῶν του κἀλιτηρίου φρενὸς
εἰσῆλθε τοῖν τρὶς ἀθλίοιν ἔρις κακή,
ἀρχῆς λαβέσθαι καὶ κράτους τυραννικοῦ.
χὠ μὲν νεάζων καὶ χρόνῳ μείων γεγὼς
τὸν πρόσθε γεννηθέντα Πολυνείκη θρόνων
ἀποστερίσκει, κἀξελήλακεν πάτρας.
ὁ δ', ὡς καθ' ἡμᾶς ἔσθ' ὁ πληθύων λόγος,
τὸ κοῖλον Ἄργος βὰς φυγάς, προσλαμβάνει
κῆδός τε καινὸν καὶ ξυνασπιστὰς φίλους,
ὡς αὐτίκ' Ἄργος ἢ τὸ Καδμείων πέδον
τιμῇ καθέλξον, ἢ πρὸς οὐρανὸν βιβῶν.
ταῦτ' οὐκ ἀριθμός ἐστιν, ὦ πάτερ, λόγων,
ἀλλ' ἔργα δεινά· τοὺς δὲ σοὺς ὅποι θεοὶ
πόνους κατοικτιοῦσιν οὐκ ἔχω μαθεῖν.
Οι. ἤδη γὰρ ἔσχες ἐλπίδ' ὡς ἐμοῦ θεοὺς
ὤραν τιν' ἕξειν, ὥστε σωθῆναί ποτε;
Ισ. ἔγωγε τοῖς νῦν γ', ὦ πάτερ, μαντεύμασιν.
Οι. ποίοισι τούτοις; τί δὲ τεθέσπισται, τέκνον;
Ισ. σὲ τοῖς ἐκεῖ ζητητὸν ἀνθρώποις ποτὲ
θανόντ' ἔσεσθαι ζῶντά τ' εὐσοίας χάριν.
Οι. τίς δ' ἂν τοιοῦδ' ὑπ' ἀνδρὸς εὖ πράξειεν ἄν;

de mi fosti, quando ero bandito dal mio paese. E ora che notizie rechi, Ismene, a tuo padre? Per quale scopo movesti di casa? Tu certo non sei venuta per nulla, ne sono sicuro, senza portarmi qualche motivo di terrore.

ISMENE Le sofferenze che patii, padre, cercando dove tu vivessi, tralascerò: non voglio soffrire due volte, a penare e a raccontare le mie pene. Sono venuta per informarti dei mali in cui si trovano i tuoi due sventurati figli. Prima essi, a gara, volevano lasciare il trono a Creonte, e non contaminare la città, considerando l'antica rovina della stirpe, che aveva fatto così infelice la tua casa. Ma ora un dio e la loro mente perversa hanno insinuato una funesta rivalità in quei tre volte sciagurati, per impadronirsi del regno e del potere sovrano. E il giovane, il minore per nascita, ha tolto il trono a Polinice, che è nato prima, e lo ha scacciato dalla patria. Ma questi, come è voce diffusa tra noi, recatosi esule nella piana d'Argo, si procura nuova alleanza[28] e fidi compagni d'arme; cosicché, presto, Argo o abbatterà la gloria della terra cadmea, o la eleverà al cielo. E non sono soltanto vane parole, o padre, ma fatti terribili: e non so vedere quando gli dèi avranno pietà delle tue pene.

EDIPO Avevi speranza, dunque, che gli dèi si sarebbero in qualche modo curati di me, così che io sia salvo finalmente?

ISMENE Certo, padre, per i recenti oracoli.

EDIPO Quali? Che cosa è stato vaticinato, figlia?

ISMENE Che i Tebani avrebbero dovuto cercarti vivo o morto, per la loro salvezza.

EDIPO E chi potrebbe avere del bene da un uomo quale io sono?

po e Ismene, pure salvaguardando la tradizione che voleva Antigone unica compagna del padre nell'esilio.

28 Κῆδος precisa che l'alleanza procedeva da un nuovo rapporto di parentela: Polinice aveva sposato Argìa, la figlia di Adrasto re di Argo.

Ισ. ἐν σοὶ τὰ κείνων φασὶ γίγνεσθαι κράτη.
Οι. ὅτ' οὐκέτ' εἰμί, τηνικαῦτ' ἄρ' εἴμ' ἀνήρ;
Ισ. νῦν γὰρ θεοί σ' ὀρθοῦσι, πρόσθε δ' ὤλλυσαν.
Οι. γέροντα δ' ὀρθοῦν φλαῦρον ὃς νέος πέσῃ.
Ισ. καὶ μὴν Κρέοντά γ' ἴσθι σοι τούτων χάριν
ἥξοντα βαιοῦ κοὐχὶ μυρίου χρόνου.
Οι. ὅπως τί δράσῃ, θύγατερ; ἑρμήνευέ μοι.
Ισ. ὥς σ' ἄγχι γῆς στήσωσι Καδμείας, ὅπως
κρατῶσι μὲν σοῦ, γῆς δὲ μὴ 'μβαίνῃς ὅρων.
Οι. ἡ δ' ὠφέλησις τίς θύρασι κειμένου;
Ισ. κείνοις ὁ τύμβος δυστυχῶν ὁ σὸς βαρύς.
Οι. κἄνευ θεοῦ τις τοῦτό γ' ἂν γνώμῃ μάθοι.
Ισ. τούτου χάριν τοίνυν σε προσθέσθαι πέλας
χώρας θέλουσι, μηδ' ἵν' ἂν σαυτοῦ κρατῇς.
Οι. ἦ καὶ κατασκιῶσι Θηβαίᾳ κόνει;
Ισ. ἀλλ' οὐκ ἐᾷ τοὔμφυλον αἷμά σ', ὦ πάτερ.
Οι. οὐκ ἆρ' ἐμοῦ γε μὴ κρατήσωσίν ποτε.
Ισ. ἔσται ποτ' ἆρα τοῦτο Καδμείοις βάρος.
Οι. ποίας φανείσης, ὦ τέκνον, συναλλαγῆς;
Ισ. τῆς σῆς ὑπ' ὀργῆς, σοῖς ὅταν στῶσιν τάφοις.
Οι. ἃ δ' ἐννέπεις, κλύουσα τοῦ λέγεις, τέκνον;
Ισ. ἀνδρῶν θεωρῶν Δελφικῆς ἀφ' ἑστίας.
Οι. καὶ ταῦτ' ἐφ' ἡμῖν Φοῖβος εἰρηκὼς κυρεῖ;
Ισ. ὥς φασιν οἱ μολόντες ἐς Θήβης πέδον.
Οι. παίδων τις οὖν ἤκουσε τῶν ἐμῶν τάδε;
Ισ. ἄμφω γ' ὁμοίως, κἀξεπίστασθον καλῶς.
Οι. κᾆθ' οἱ κάκιστοι τῶνδ' ἀκούσαντες πάρος
τοὐμοῦ πόθου προὔθεντο τὴν τυραννίδα;
Ισ. ἀλγῶ κλύουσα ταῦτ' ἐγώ, φέρω δ' ὅμως.
Οι. ἀλλ' οἱ θεοί σφιν μήτε τὴν πεπρωμένην
ἔριν κατασβέσειαν, ἐν δ' ἐμοὶ τέλος
αὐτοῖν γένοιτο τῆσδε τῆς μάχης πέρι,
ἧς νῦν ἔχονται κἀπαναίρονται δόρυ·
ὡς οὔτ' ἂν ὃς νῦν σκῆπτρα καὶ θρόνους ἔχει
μείνειεν, οὔτ' ἂν οὑξεληλυθὼς πάλιν
ἔλθοι ποτ' αὖθις· οἵ γε τὸν φύσαντ' ἐμὲ

ISMENE Dicono che in te sta la loro potenza.

EDIPO (*ironico*) Quando non esisto più, allora sono un uomo?

ISMENE Ora gli dèi ti risollevano, prima ti rovinarono.

EDIPO Vano è risollevare da vecchio chi giovane cadde.

ISMENE Eppure sappi che proprio per questa ragione Creonte verrà da te, e non fra molto tempo, ma presto.

EDIPO E che vuole fare, figlia? Spiegami.

ISMENE Ti sistemeranno presso la terra cadmea, per averti in loro potere, ma senza che tu varchi i confini del paese.

EDIPO E quale vantaggio verrà loro da uno che rimane fuori, sulla porta?

ISMENE Se la tua tomba non sarà onorata, sarà infausta per loro.

EDIPO Anche senza un dio si poteva capirlo con la ragione.

ISMENE Per questo motivo appunto vogliono collocarti presso la loro terra, e non dove tu possa disporre di te stesso.

EDIPO E mi copriranno con terra tebana?

ISMENE Non lo permette il sangue familiare che versasti, padre.

EDIPO E allora non disporranno mai di me.

ISMENE Questo sarà certo grave per i Cadmei.

EDIPO Per quale congiuntura, figlia?

ISMENE Per la tua ira, quando vengano presso la tua tomba.

EDIPO Da chi hai appreso ciò che dici, figlia?

ISMENE Da messi sacri, di ritorno dal focolare di Delfi.[29]

EDIPO Febo ha detto proprio questo riguardo a me?

ISMENE Così dicono quelli che sono tornati a Tebe.

EDIPO E dunque l'ha sentito qualcuno dei miei figli?

ISMENE Entrambi, allo stesso modo, e lo sanno bene.

EDIPO E quegli scellerati, dopo avere saputo ciò, hanno anteposto il regno al mio affetto?

ISMENE Le tue parole mi danno dolore; e tuttavia lo sopporto.

EDIPO Allora gli dèi non spengano la loro fatale contesa, e dipenda da me l'esito di questa lotta, cui ora si accingono e si levano in armi! Così, né quello che ora possiede lo scettro e il trono li conserverà, né quello che è esiliato ritornerà di nuovo in patria: essi che, quando io, loro padre, fui così

[29] Cfr. la n. 50 dell'*Edipo Re*.

οὕτως ἀτίμως πατρίδος ἐξωθούμενον
οὐκ ἔσχον οὐδ' ἤμυναν, ἀλλ' ἀνάστατος
αὐτοῖν ἐπέμφθην κἀξεκηρύχθην φυγάς.
εἴποις ἂν ὡς θέλοντι τοῦτ' ἐμοὶ τότε
πόλις τὸ δῶρον εἰκότως κατήνεσεν.
οὐ δῆτ', ἐπεί τοι τὴν μὲν αὐτίχ' ἡμέραν,
ὁπηνίκ' ἔζει θυμός, ἥδιστον δέ μοι
τὸ κατθανεῖν ἦν καὶ τὸ λευσθῆναι πέτροις,
οὐδεὶς ἔρωτος τοῦδ' ἐφαίνετ' ὠφελῶν·
χρόνῳ δ', ὅτ' ἤδη πᾶς ὁ μόχθος ἦν πέπων,
κἀμάνθανον τὸν θυμὸν ἐκδραμόντα μοι
μείζω κολαστὴν τῶν πρὶν ἡμαρτημένων,
τὸ τηνίκ' ἤδη τοῦτο μὲν πόλις βίᾳ
ἤλαυνέ μ' ἐκ γῆς χρόνιον, οἱ δ' ἐπωφελεῖν,
οἱ τοῦ πατρός, τῷ πατρὶ δυνάμενοι, τὸ δρᾶν
οὐκ ἠθέλησαν, ἀλλ' ἔπους σμικροῦ χάριν
φυγάς σφιν ἔξω πτωχὸς ἠλώμην ἀεί·
ἐκ τοῖνδε δ', οὔσαιν παρθένοιν, ὅσον φύσις
δίδωσιν αὐταῖν, καὶ τροφὰς ἔχω βίου
καὶ γῆς ἄδειαν καὶ γένους ἐπάρκεσιν·
τὼ δ' ἀντὶ τοῦ φύσαντος εἰλέσθην θρόνους
καὶ σκῆπτρα κραίνειν καὶ τυραννεύειν χθονός.
ἀλλ' οὔ τι μὴ λάχωσι τοῦδε συμμάχου,
οὐδέ σφιν ἀρχῆς τῆσδε Καδμείας ποτὲ
ὄνησις ἥξει· τοῦτ' ἐγᾦδα, τῆσδέ τε
μαντεῖ' ἀκούων, συννοῶν τε τἀξ ἐμοῦ
παλαίφαθ' ἁμοὶ Φοῖβος ἤνυσέν ποτε.
πρὸς ταῦτα καὶ Κρέοντα πεμπόντων ἐμοῦ
μαστῆρα, κεἴ τις ἄλλος ἐν πόλει σθένει.
ἐὰν γὰρ ὑμεῖς, ὦ ξένοι, θέλητ' ἐμοὶ
σὺν ταῖσδε ταῖς σεμναῖσι δημούχοις θεαῖς
ἀλκὴν ποεῖσθαι, τῇδε τῇ πόλει μέγαν
σωτῆρ' ἀρεῖσθε, τοῖς δ' ἐμοῖς ἐχθροῖς πόνους.

ignominiosamente cacciato dalla patria, non mi trattennero né mi difesero, ma lasciarono entrambi che fossi bandito e che fosse proclamato il mio esilio. (*Al corifeo*) Tu forse dirai che io lo desideravo, allora, e la città, probabilmente, mi faceva un dono. Ma non è così: quel giorno, quando il mio cuore ribolliva, e la cosa più dolce per me era morire lapidato, nessuno apparve a soddisfare questo mio desiderio. Soltanto più tardi, quando tutto il dolore fu mitigato e compresi che la mia ira aveva ecceduto nel punire le colpe passate, proprio allora, dopo molto tempo, la città mi scacciò da quella terra: ed essi, che erano miei figli e potevano aiutare loro padre, non vollero fare nulla, non dissero una parola: e così io andai errando esule, mendico, in terra straniera, sempre. E da queste due fanciulle, come la natura concede loro, ricevo nutrimento per vivere, e sicuro asilo, e soccorso filiale; mentre quelli, anziché loro padre, scelsero il trono e lo scettro e la signoria del paese. Ma non mi avranno alleato mai, né godranno mai il regno della terra cadmea; di questo io sono certo, sia udendo gli oracoli riferiti da costei, sia riflettendo tra me sugli antichi vaticini, che Febo mi ha realizzato. E ora mandino pure Creonte a chiamarmi, o qualunque altro cittadino importante: se voi, o stranieri, insieme con queste dee Venerande protettrici del paese vorrete darmi aiuto, procurerete un potente salvatore alla vostra città, e pene ai miei nemici.

Χο. ἐπάξιος μέν, Οἰδίπους, κατοικτίσαι,
αὐτός τε παῖδές θ' αἵδ'· ἐπεὶ δὲ τῆσδε γῆς
σωτῆρα σαυτὸν τῷδ' ἐπεμβάλλεις λόγῳ,
παραινέσαι σοι βούλομαι τὰ σύμφορα.
Οι. ὦ φίλταθ', ὡς νῦν πᾶν τελοῦντι προξένει.
Χο. θοῦ νῦν καθαρμὸν τῶνδε δαιμόνων, ἐφ' ἃς
τὸ πρῶτον ἵκου, καὶ κατέστειψας πέδον.
Οι. τρόποισι ποίοις; ὦ ξένοι, διδάσκετε.
Χο. πρῶτον μὲν ἱρὰς ἐξ ἀειρύτου χοὰς
κρήνης ἐνεγκοῦ, δι' ὁσίων χειρῶν θιγών.
Οι. ὅταν δὲ τοῦτο χεῦμ' ἀκήρατον λάβω;
Χο. κρατῆρές εἰσιν, ἀνδρὸς εὔχειρος τέχνη,
ὧν κρᾶτ' ἔρεψον καὶ λαβὰς ἀμφιστόμους.
Οι. θαλλοῖσιν, ἢ κρόκαισιν, ἢ ποίῳ τρόπῳ;
Χο. οἰὸς νεώρους νεοπόκῳ μαλλῷ λαβών.
Οι. εἶἑν· τὸ δ' ἔνθεν ποῖ τελευτῆσαί με χρή;
Χο. χοὰς χέασθαι στάντα πρὸς πρώτην ἕω.
Οι. ἦ τοῖσδε κρωσσοῖς οἷς λέγεις χέω τάδε;
Χο. τρισσάς γε πηγάς· τὸν τελευταῖον δ' ὅλον.
Οι. τοῦ τόνδε πλήσας θῶ; δίδασκε καὶ τόδε.
Χο. ὕδατος, μελίσσης· μηδὲ προσφέρειν μέθυ.
Οι. ὅταν δὲ τούτων γῆ μελάμφυλλος τύχῃ;
Χο. τρὶς ἐννέ' αὐτῇ κλῶνας ἐξ ἀμφοῖν χεροῖν
τιθεὶς ἐλαίας τάσδ' ἐπεύχεσθαι λιτάς.
Οι. τούτων ἀκοῦσαι βούλομαι· μέγιστα γάρ.
Χο. ὥς σφας καλοῦμεν Εὐμενίδας, ἐξ εὐμενῶν
στέρνων δέχεσθαι τὸν ἱκέτην σωτηρίους
αἰτοῦ σύ τ' αὐτὸς κεἴ τις ἄλλος ἀντὶ σοῦ,
ἄπυστα φωνῶν μηδὲ μηκύνων βοήν.
ἔπειτ' ἀφέρπειν ἄστροφος. καὶ ταῦτά σοι
δράσαντι θαρσῶν ἂν παρασταίην ἐγώ,
ἄλλως δὲ δειμαίνοιμ' ἄν, ὦ ξέν', ἀμφὶ σοί.
Οι. ὦ παῖδε, κλύετον τῶνδε προσχώρων ξένων;
Αν. ἠκούσαμέν τε χὤ τι δεῖ πρόστασσε δρᾶν.
Οι. ἐμοὶ μὲν οὐχ ὁδωτά· λείπομαι γὰρ ἐν
τῷ μὴ δύνασθαι μηδ' ὁρᾶν, δυοῖν κακοῖν·

CORIFEO Degno invero di pietà, o Edipo, sei tu, e queste tue figlie: e poiché con le tue parole prometti che sarai salvatore della mia terra, voglio consigliarti utilmente.

EDIPO O carissimo, spiegami: io farò tutto.

CORIFEO Fa subito una libagione riparatrice a queste dee, cui giungesti supplice e il cui suolo calchi.

EDIPO In qual modo, o stranieri? Insegnatemi.

CORIFEO Dapprima porta sacre libagioni da una fonte perenne, attingendo con mani pure.

EDIPO E quando avrò attinto quest'acqua incontaminata?

CORIFEO Vi sono là dei crateri, opera di un abile artefice; di essi incorona gli orli e le duplici anse.

EDIPO Con rami, o con lana, o in qual modo?

CORIFEO Con bioccoli appena tosati di giovane pecora.

EDIPO Bene; e poi come devo compiere il rito?

CORIFEO Versa le libagioni stando rivolto verso oriente.

EDIPO Queste libagioni le farò con i vasi di cui hai parlato?

CORIFEO Tre per ciascun vaso: e l'ultimo versa per intero.

EDIPO Di che cosa devo riempirlo? Spiegami anche questo.

CORIFEO Di acqua e di miele; non aggiungere vino.

EDIPO E quando la terra scura di foglie avrà ricevuto le libagioni?

CORIFEO Deponi su di essa, con ambo le mani, tre volte nove ramoscelli d'olivo, e supplica con questa preghiera –

EDIPO (*interrompendo*) Questa vorrei sapere; è la cosa più importante.

CORIFEO – che, come noi le chiamiamo Benigne, con benigno animo accolgano il supplice salvatore.[30] Prega tu stesso, o qualcun altro in vece tua, parlando sommessamente, senza elevare la voce: poi ritìrati senza voltarti. Quando avrai compiuto tali atti, potrò assisterti fiducioso; altrimenti dovrei temere per te, o straniero.

EDIPO Figlie, avete udito gli ospiti che qui abitano?

ANTIGONE Abbiamo udito: e tu disponi che cosa bisogna fare.

EDIPO Io non posso andare; non ho forza e non vedo, duplice

30 Σωτήριον, nei mss. e nella traduzione, è detto Edipo, perché il suo sepolcro porterà salvezza al paese. Pearson preferisce un emendamento di Bake, che riferisce σωτηρίους alle Eumenidi, le quali, accogliendo Edipo, lo salverebbero in una definitiva redenzione: possibile, ma superfluo.

σφῷν δ' ἀτέρα μολοῦσα πραξάτω τάδε.
ἀρκεῖν γὰρ οἶμαι κἀντὶ μυρίων μίαν
ψυχὴν τάδ' ἐκτίνουσαν, ἢν εὔνους παρῇ.
ἀλλ' ἐν τάχει τι πράσσετον· μόνον δέ με
μὴ λείπετ'. οὐ γὰρ ἂν σθένοι τοὐμὸν δέμας
ἐρῆμον ἕρπειν οὐδ' ὑφηγητοῦ δίχα.
Ισ. ἀλλ' εἶμ' ἐγὼ τελοῦσα· τὸν τόπον δ' ἵνα
χρῆσται μ' ἐφευρεῖν, τοῦτο βούλομαι μαθεῖν.
Χο. τοὐκεῖθεν ἄλσους, ὦ ξένη, τοῦδ'. ἢν δέ του
σπάνιν τιν' ἴσχῃς, ἔστ' ἔποικος, ὃς φράσει.
Ισ. χωροῖμ' ἂν ἐς τόδ'· Ἀντιγόνη, σὺ δ' ἐνθάδε
φύλασσε πατέρα τόνδε· τοῖς τεκοῦσι γὰρ
οὐδ' εἰ πονεῖ τις, δεῖ πόνου μνήμην ἔχειν.

Χο. δεινὸν μὲν τὸ πάλαι κείμενον ἤδη στρ.
κακόν, ὦ ξεῖν', ἐπεγείρειν·
ὅμως δ' ἔραμαι πυθέσθαι
Οι. τί τοῦτο;
Χο. τᾶς δειλαίας ἀπόρου φανείσας
ἀλγηδόνος, ᾇ ξυνέστας.
Οι. μὴ πρὸς ξενίας ἀνοίξῃς
τᾶς σᾶς ἃ πέπονθ' ἀναιδῆ.
Χο. τό τοι πολὺ καὶ μηδαμὰ λῆγον
χρῄζω, ξεῖν', ὀρθὸν ἄκουσμ' ἀκοῦσαι.
Οι. ὤμοι.
Χο. στέρξον, ἱκετεύω.
Οι. φεῦ φεῦ.
Χο. πείθου· κἀγὼ γὰρ ὅσον σὺ προσχρῄζεις.

Οι. ἤνεγκ' οὖν κακότατ', ὦ ξένοι, ἤνεγκ' ἀντ.
ἀέκων μέν, θεὸς ἴστω,
τούτων δ' αὐθαίρετον οὐδέν.
Χο. ἀλλ' ἐς τί;
Οι. κακᾷ μ' εὐνᾷ πόλις οὐδὲν ἴδριν
γάμων ἐνέδησεν ἄτᾳ.
Χο. ἦ ματρόθεν, ὡς ἀκούω,
δυσώνυμα λέκτρ' ἐπλήσω;

infermità. Vada una di voi due, e compia questi riti: credo che una persona sola basti a fare il sacrificio anche in luogo di molte, se sia piamente disposta. Ma fate presto, non lasciatemi solo: non avrei forza di muovermi, abbandonato e senza guida.

ISMENE Vado io a sacrificare; ma vorrei sapere dove troverò il luogo.

CORIFEO Da quella parte del bosco, o straniera. Se ti mancasse qualcosa, c'è lì qualcuno che ti spiegherà.

ISMENE Vado dunque; tu, Antigone, resta qui a vegliare su nostro padre: dinanzi ai genitori, anche se si soffre, non bisogna nemmeno menzionare le sofferenze. (*Si inoltra nel bosco.*)

CORO Cosa grave invero, o straniero,
è ridestare un male sepolto da tempo:
ma pure, bramo sapere –
EDIPO Che cosa?
CORO – del miserando invincibile
soffrire, cui sei congiunto.
EDIPO No, per la tua ospitalità, taci:
soffrii casi nefandi.
CORO Di una fama diffusa e tuttora viva
vorrei udire, o straniero, la verità.
EDIPO Ahimè!
CORO Accontentami, ti prego.
EDIPO (*riluttante*) Ahi, ahi!
CORO Dammi ascolto: come feci anch'io ai tuoi desideri.

EDIPO I casi più turpi ho sopportato, o stranieri,
ho sopportato senza volerlo, lo sappia il dio,
nulla scelsi di mia volontà.
CORO Ma come?
EDIPO A empio amplesso la città
in funeste nozze m'avvinse del tutto ignaro.
CORO Della madre, come udii,
occupasti il letto nefando?

Οι. ὤμοι, θάνατος μὲν τάδ᾽ ἀκούειν,
ὦ ξεῖν᾽· αὗται δὲ δύ᾽ ἐξ ἐμοῦ ⟨μὲν⟩
Χο. πῶς φής;
Οι. παῖδε, δύο δ᾽ ἄτα
Χο. ὦ Ζεῦ.
Οι. ματρὸς κοινᾶς ἀπέβλαστον ὠδῖνος.

Χο. σαί τ᾽ εἴσ᾽ ἄρ᾽ ἀπόγονοί τε καὶ στρ.
Οι. κοιναί γε πατρὸς ἀδελφεαί.
Χο. ἰώ. Οι. ἰὼ δῆτα μυ-
ρίων γ᾽ ἐπιστροφαὶ κακῶν.
Χο. ἔπαθες Οι. ἔπαθον ἄλαστ᾽ ἔχειν.
Χο. ἔρεξας Οι. οὐκ ἔρεξα. Χο. τί γάρ; Οι. ἐδεξάμην
δῶρον, ὃ μήποτ᾽ ἐγὼ ταλακάρδιος
ἐπωφελήσας πόλεος ἐξελέσθαι.

Χο. δύστανε, τί γάρ; ἔθου φόνον ἀντ.
Οι. τί τοῦτο; τί δ᾽ ἐθέλεις μαθεῖν;
Χο. πατρός; Οι. παπαῖ, δευτέραν
ἔπαισας ἐπὶ νόσῳ νόσον.
Χο. ἔκανες Οι. ἔκανον. ἔχει δέ μοι
Χο. τί τοῦτο; Οι. πρὸς δίκας τι. Χο. τί γάρ; Οι. ἐγὼ
φράσω.
καὶ γὰρ ἄνους ἐφόνευσ᾽ ἀπό τ᾽ ὤλεσα·
νόμῳ δὲ καθαρός, ἄιδρις ἐς τόδ᾽ ἦλθον.

Χο. καὶ μὴν ἄναξ ὅδ᾽ ἡμὶν Αἰγέως γόνος
Θησεὺς κατ᾽ ὀμφὴν σὴν ἀποσταλεὶς πάρα.

ΘΗΣΕΥΣ

πολλῶν ἀκούων ἔν τε τῷ πάρος χρόνῳ
τὰς αἱματηρὰς ὀμμάτων διαφθορὰς
ἔγνωκά σ᾽, ὦ παῖ Λαΐου, τανῦν θ᾽ ὁδοῖς

EDIPO Ahimè, morte è per me udirlo,
o straniero! E queste mie due –
CORO Che dici?
EDIPO – figlie, duplice sventura, –
CORO O Zeus!
EDIPO – nacquero dalle doglie della nostra comune madre!

CORO Figlie tue, dunque, esse sono e –
EDIPO – sorelle del padre, ancora.
CORO Ahi!
EDIPO Ahi, vicende di sventure infinite!
CORO Soffristi –
EDIPO Soffrii cose indimenticabili.
CORO Facesti –
EDIPO Non feci.
CORO Come?
EDIPO Ricevetti
un dono, che io sventurato, dopo averla soccorsa,
mai avrei dovuto ricevere dalla città.

CORO Infelice, e che? Non uccidesti –
EDIPO Che intendi? Che vuoi sapere?
CORO – tuo padre?
EDIPO Ahimè, una seconda volta colpisti, piaga su piaga!
CORO Uccidesti –
EDIPO Uccisi. Ma la cosa –
CORO Che dici?
EDIPO – ha per me qualche giustificazione.
CORO Quale?
EDIPO Ti spiegherò.
Anche altri[31] uccisi e spensi;
sono puro di fronte alla legge: ignaro giunsi a tanto.

CORO Ma ecco, il nostro sovrano, il figlio di Egeo, Teseo, è qui, mosso al tuo appello.

TESEO (*entrando da destra, con seguito*) Ti ho riconosciuto, o figlio di Laio, avendo sentito da molti, per l'innanzi, della sanguinosa distruzione dei tuoi occhi; e ora, da ciò che mi è

[31] La traduzione accoglie il tràdito ἄλλους, peraltro di assai difficile interpretazione e oggetto di svariati tentativi di emenda-

ἐν ταῖσδ' ἀκούων μᾶλλον ἐξεπίσταμαι.
σκευή τε γάρ σε καὶ τὸ δύστηνον κάρα
δηλοῦτον ἡμῖν ὄνθ' ὃς εἶ, καί σ' οἰκτίσας
θέλω 'περέσθαι, δύσμορ' Οἰδίπου, τίνα
πόλεως ἐπέστης προστροπὴν ἐμοῦ τ' ἔχων,
αὐτός τε χἡ σὴ δύσμορος παραστάτις.
δίδασκε· δεινὴν γάρ τιν' ἂν πρᾶξιν τύχοις
λέξας ὁποίας ἐξαφισταίμην ἐγώ·
ὃς οἶδα καὐτὸς ὡς ἐπαιδεύθην ξένος,
ὥσπερ σύ, χὡς εἷς πλεῖστ' ἀνὴρ ἐπὶ ξένης
ἤθλησα κινδυνεύματ' ἐν τὠμῷ κάρᾳ,
ὥστε ξένον γ' ἂν οὐδέν' ὄνθ', ὥσπερ σὺ νῦν,
ὑπεκτραποίμην μὴ οὐ συνεκσῴζειν· ἐπεὶ
ἔξοιδ' ἀνὴρ ὢν χὤτι τῆς εἰς αὔριον
οὐδὲν πλέον μοι σοῦ μέτεστιν ἡμέρας.
Οι. Θησεῦ, τὸ σὸν γενναῖον ἐν σμικρῷ λόγῳ
παρῆκεν ὥστε βραχέα μὴ αἰδεῖσθαι φράσαι.
σὺ γάρ μ' ὅς εἰμι, κἀφ' ὅτου πατρὸς γεγὼς
καὶ γῆς ὁποίας ἦλθον, εἰρηκὼς κυρεῖς·
ὥστ' ἐστί μοι τὸ λοιπὸν οὐδὲν ἄλλο πλὴν
εἰπεῖν ἃ χρῄζω, χὡ λόγος διοίχεται.
Θη. τοῦτ' αὐτὸ νῦν δίδασχ', ὅπως ἂν ἐκμάθω.
Οι. δώσων ἱκάνω τοὐμὸν ἄθλιον δέμας
σοὶ δῶρον, οὐ σπουδαῖον εἰς ὄψιν· τὰ δὲ
κέρδη παρ' αὐτοῦ κρείσσον' ἢ μορφὴ καλή.
Θη. ποῖον δὲ κέρδος ἀξιοῖς ἥκειν φέρων;
Οι. χρόνῳ μάθοις ἄν, οὐχὶ τῷ παρόντι που.
Θη. ποίῳ γὰρ ἡ σὴ προσφορὰ δηλώσεται;
Οι. ὅταν θάνω 'γὼ καὶ σύ μου ταφεὺς γένῃ.
Θη. τὰ λοίσθ' ἄρ' αἰτῇ τοῦ βίου, τὰ δ' ἐν μέσῳ
ἢ λῆστιν ἴσχεις ἢ δι' οὐδενὸς ποιῇ.
Οι. ἐνταῦθα γάρ μοι κεῖνα συγκομίζεται.
Θη. ἀλλ' ἐν βραχεῖ δὴ τήνδε μ' ἐξαιτῇ χάριν.
Οι. ὅρα γε μήν· οὐ σμικρός, οὔκ, ἀγὼν ὅδε.
Θη. πότερα τὰ τῶν σῶν ἐκγόνων κἀμοῦ λέγεις;

stato detto durante il cammino, ancora meglio conosco. I tuoi abiti e il tuo volto miserando a noi mostrano chi sei; e provando compassione di te, vorrei domandarti, sventurato Edipo, con quale supplica ti presenti alla città e a me, tu e quest'infelice che ti assiste. Parla. Solo se tu mi dicessi qualcosa di terribile, io mi sottrarrei; ricordo bene di essere stato allevato anch'io, come te, fuggiasco; e di avere affrontato in terra straniera, più che chiunque altro, innumerevoli pericoli per la mia vita:[32] sì che non saprei mai rifiutare aiuto a un ospite, quale ora tu sei, perché si salvi. So bene che sono un uomo, e che il domani non appartiene a me più che a te.

EDIPO Teseo, la tua nobiltà apparsa in pur breve discorso mi concede di risponderti brevemente, senza ritegno. Tu stesso hai detto chi sono, di chi sono figlio, da quale terra venni: a me null'altro resta se non dire ciò che desidero, e il discorso è finito.

TESEO Dimmelo dunque ora, che io sappia.

EDIPO Vengo a darti in dono il mio misero corpo, non certo apprezzabile a vedersi; ma i suoi vantaggi valgono più che un bell'aspetto.

TESEO Quale vantaggio stimi di essere venuto a portare?

EDIPO Col tempo verrai a saperlo, non ora.

TESEO Quando dunque sarà manifesto il beneficio tuo?

EDIPO Quando io sarò morto, e tu mi avrai seppellito.

TESEO Chiedi cosa che riguarda il termine della vita: ma del tempo di mezzo ti dimentichi, oppure non fai conto.

EDIPO È quello, per me, che tutto comprende.

TESEO Ma il favore che mi chiedi è modesto.

EDIPO E pure, considera: non piccola, no, è questa contesa.

TESEO Parli dei tuoi figli o di me?[33]

mento. Pearson adotta ἄνους di Porson: « fuori di me », nel senso di « ero incosciente », « non sapevo » di uccidere il padre.

32 Teseo era stato allevato in Trezene nella casa di Pitteo, il padre di sua madre. Quando giunse alla giovinezza gli fu rivelata l'identità del padre, e per raggiungerlo in Atene attraversò la Grecia compiendo nel viaggio numerose prodezze. In questi versi Teseo paragona quindi le proprie vicende alla vita errabonda di Edipo.

33 Il testo tràdito, seguito nella versione, non soddisfa del tutto; e l'emendamento proposto da Schneidewin e accolto da Pear-

Οι. κεῖνοι κομίζειν κεῖσ' ἀναγκάσουσί με.
Θη. ἀλλ' εἰ θελόντ' ἄν γ', οὐδὲ σοὶ φεύγειν καλόν.
Οι. ἀλλ' οὐδ', ὅτ' αὐτὸς ἤθελον, παρίεσαν.
Θη. ὦ μῶρε, θυμὸς δ' ἐν κακοῖς οὐ ξύμφορον.
Οι. ὅταν μάθῃς μου, νουθέτει, τανῦν δ' ἔα.
Θη. δίδασκ'. ἄνευ γνώμης γὰρ οὔ με χρὴ λέγειν.
Οι. πέπονθα, Θησεῦ, δεινὰ πρὸς κακοῖς κακά.
Θη. ἦ τὴν παλαιὰν ξυμφορὰν γένους ἐρεῖς;
Οι. οὐ δῆτ'· ἐπεὶ πᾶς τοῦτό γ' Ἑλλήνων θροεῖ.
Θη. τί γὰρ τὸ μεῖζον ἢ κατ' ἄνθρωπον νοσεῖς;
Οι. οὕτως ἔχει μοι· γῆς ἐμῆς ἀπηλάθην
πρὸς τῶν ἐμαυτοῦ σπερμάτων· ἔστιν δέ μοι
πάλιν κατελθεῖν μήποθ', ὡς πατροκτόνῳ.
Θη. πῶς δῆτά σ' ἂν πεμψαίαθ', ὥστ' οἰκεῖν δίχα;
Οι. τὸ θεῖον αὐτοὺς ἐξαναγκάζει στόμα.
Θη. ποῖον πάθος δείσαντας ἐκ χρηστηρίων;
Οι. ὅτι σφ' ἀνάγκη τῇδε πληγῆναι χθονί.
Θη. καὶ πῶς γένοιτ' ἂν τἀμὰ κἀκείνων πικρά;
Οι. ὦ φίλτατ' Αἰγέως παῖ, μόνοις οὐ γίγνεται
θεοῖσι γῆρας οὐδὲ κατθανεῖν ποτε,
τὰ δ' ἄλλα συγχεῖ πάνθ' ὁ παγκρατὴς χρόνος.
φθίνει μὲν ἰσχὺς γῆς, φθίνει δὲ σώματος,
θνῄσκει δὲ πίστις, βλαστάνει δ' ἀπιστία,
καὶ πνεῦμα ταὐτὸν οὔποτ' οὔτ' ἐν ἀνδράσιν
φίλοις βέβηκεν οὔτε πρὸς πόλιν πόλει.
τοῖς μὲν γὰρ ἤδη, τοῖς δ' ἐν ὑστέρῳ χρόνῳ
τὰ τερπνὰ πικρὰ γίγνεται καὖθις φίλα.
καὶ ταῖσι Θήβαις εἰ τανῦν εὐημερεῖ
καλῶς τὰ πρὸς σέ, μυρίας ὁ μυρίος
χρόνος τεκνοῦται νύκτας ἡμέρας τ' ἰών,
ἐν αἷς τὰ νῦν ξύμφωνα δεξιώματα
δόρει διασκεδῶσιν ἐκ σμικροῦ λόγου·
ἵν' οὑμὸς εὕδων καὶ κεκρυμμένος νέκυς
ψυχρός ποτ' αὐτῶν θερμὸν αἷμα πίεται,
εἰ Ζεὺς ἔτι Ζεὺς χὠ Διὸς Φοῖβος σαφής.
ἀλλ' οὐ γὰρ αὐδᾶν ἡδὺ τἀκίνητ' ἔπη,

EDIPO Essi mi riporteranno là a forza.

TESEO Se tu lo vuoi. Neppure per te è bello l'esilio.

EDIPO Ma, quando lo volevo io, non mi lasciarono.

TESEO Folle, l'ira non giova nelle sventure.

EDIPO Quando avrai saputo, mi ammonirai; ora lasciami parlare.

TESEO Spiegami: non voglio parlare senza sapere.

EDIPO Sventure terribili su sventure, Teseo, soffersi.

TESEO Vuoi dire la colpa antica della stirpe?

EDIPO No, di questa parlano tutti gli Elleni.

TESEO Cosa soffri dunque di più grave che a un uomo convenga?

EDIPO Questa è la mia condizione: fui scacciato dalla mia terra dai miei stessi figli; e, come a parricida, non mi è lecito tornarvi mai più.

TESEO Perché dunque ti richiamerebbero, per farti abitare in disparte?

EDIPO Li costringe la parola divina.

TESEO Quale danno temono, secondo l'oracolo?

EDIPO Che a loro tocchi di essere colpiti da questa terra.

TESEO E come sorgerebbe ostilità fra me e loro?

EDIPO O carissimo figlio di Egeo, agli dèi soltanto appartiene di non invecchiare e di non morire mai; ogni altra cosa distrugge il tempo onnipossente. Perisce la forza della terra, perisce quella del corpo, muore la fedeltà, germoglia la perfidia, e non sempre corre fra persone amiche lo stesso spirito, e neppure fra città e città: ad alcuni ora, ad altri più tardi ciò che piaceva diviene amaro, e poi di nuovo gradito. E se ora le tue relazioni con Tebe sono pacifiche e serene, innumerevoli giorni e notti il tempo infinito genera e vede, in cui i concordi patti di ora andranno dispersi con le armi per un piccolo motivo. Allora il mio freddo cadavere, dormendo sepolto sotterra, berrà il loro sangue caldo, se Zeus è ancora Zeus, e Febo, figlio di Zeus, è veritiero. Ma poiché non è piacevole rivelare le parole segrete, lasciami dove co-

son, che sostituisce κἀμοῦ a ἢ 'μοῦ, dà un significato più congruente al contesto: «Parli forse di quella (τὰ riprende ἀγών) fra i tuoi figli e me?»

ἔα μ' ἐν οἷσιν ἠρξάμην, τὸ σὸν μόνον
πιστὸν φυλάσσων· κοὔποτ' Οἰδίπουν ἐρεῖς
ἀχρεῖον οἰκητῆρα δέξασθαι τόπων
τῶν ἐνθάδ', εἴπερ μὴ θεοὶ ψεύσουσί με.
Χο. ἄναξ, πάλαι καὶ ταῦτα καὶ τοιαῦτ' ἔπη
γῇ τῇδ' ὅδ' ἀνὴρ ὡς τελῶν ἐφαίνετο.
Θη. τίς δῆτ' ἂν ἀνδρὸς εὐμένειαν ἐκβάλοι
τοιοῦδ', ὅτῳ πρῶτον μὲν ἡ δορύξενος
κοινὴ παρ' ἡμῖν αἰέν ἐστιν ἑστία;
ἔπειτα δ' ἱκέτης δαιμόνων ἀφιγμένος
γῇ τῇδε κἀμοὶ δασμὸν οὐ σμικρὸν τίνει.
ἁγὼ σεβισθεὶς οὔποτ' ἐκβαλῶ χάριν
τὴν τοῦδε, χώρᾳ δ' ἔμπολιν κατοικιῶ.
εἰ δ' ἐνθάδ' ἡδὺ τῷ ξένῳ μίμνειν, σέ νιν
τάξω φυλάσσειν, εἴτ' ἐμοῦ στείχειν μέτα.
τὸ δ' ἡδὺ τούτων, Οἰδίπου, δίδωμί σοι
κρίναντι χρῆσθαι· τῇδε γὰρ ξυνοίσομαι.
Οι. ὦ Ζεῦ, διδοίης τοῖσι τοιούτοισιν εὖ.
Θη. τί δῆτα χρῄζεις; ἦ δόμους στείχειν ἐμούς;
Οι. εἴ μοι θέμις γ' ἦν. ἀλλ' ὁ χῶρός ἐσθ' ὅδε,
Θη. ἐν ᾧ τί πράξεις; οὐ γὰρ ἀντιστήσομαι.
Οι. ἐν ᾧ κρατήσω τῶν ἔμ' ἐκβεβληκότων.
Θη. μέγ' ἂν λέγοις δώρημα τῆς συνουσίας.
Οι. εἰ σοί γ' ἅπερ φῂς ἐμμενεῖ τελοῦντί μοι.
Θη. θάρσει τὸ τοῦδέ γ' ἀνδρός· οὔ σε μὴ προδῶ.
Οι. οὔτοι σ' ὑφ' ὅρκου γ' ὡς κακὸν πιστώσομαι.
Θη. οὔκουν πέρα γ' ἂν οὐδὲν ἢ λόγῳ φέροις.
Οι. πῶς οὖν ποιήσεις; Θη. τοῦ μάλιστ' ὄκνος σ' ἔχει;
Οι. ἥξουσιν ἄνδρες Θη. ἀλλὰ τοῖσδ' ἔσται μέλον.
Οι. ὅρα με λείπων Θη. μὴ δίδασχ' ἃ χρή με δρᾶν.

minciai, e tieni soltanto fede alla tua parola: non dirai mai di avere accolto invano Edipo ad abitare questi luoghi, se gli dèi non m'inganneranno.

CORIFEO Signore, già da tempo egli si mostra disposto a compiere queste e simili promesse alla nostra terra.

TESEO E chi respingerebbe la benevolenza di un uomo tale? Anzitutto, gli è sempre comune il nostro focolare ospitale; poi, giunto supplice degli dèi, a questa terra e a me paga non piccolo tributo. E io, rispettando queste cose, non respingerò i suoi benefici, ma lo ammetterò senz'altro ad abitare nel nostro paese. E se all'ospite è gradito rimanere qui, affido a te la sua protezione; se poi gli piace seguirmi –, lascio a te, Edipo, di scegliere:[34] io acconsentirò alla tua volontà.

EDIPO O Zeus, possa tu concedere ogni bene a tali uomini!

TESEO Che cosa dunque desideri? Venire al mio palazzo?

EDIPO Se mi fosse consentito: ma questo è il luogo –

TESEO Dove farai che cosa? Io non mi opporrò.

EDIPO – nel quale avrò vittoria su coloro che mi hanno esiliato.

TESEO Grande dono tu dici della tua presenza.

EDIPO Se rimane per me la tua promessa per quel che farò.

TESEO Sii sicuro, quanto a me: non ti verrò meno.

EDIPO Non ti obbligherò certo sotto giuramento, come un uomo malvagio.

TESEO Non otterresti nulla oltre la mia parola.

EDIPO Come farai dunque?

TESEO Che cosa è che temi tanto?

EDIPO Verranno uomini –

TESEO (*indicando la scorta armata*) Se ne occuperanno costoro.

EDIPO Bada che lasciandomi –

TESEO Non insegnarmi che cosa devo fare.

[34] Nel testo di Dain, seguito nella traduzione, i vv. 639 sgg. suonano: τάξω φυλάξειν· εἰ δ' ἐμοῦ στείχειν μέτα | τόδ' ἡδὺ – τούτων, Οἰδίπου, δίδωμί σοι | κρίναντι χρῆσθαι. La sospensione e la derivante struttura anacolutica (che pare adombrata, anche se in modo diverso, nel testo di Pearson) sembrano la meno rischiosa possibilità di spiegare il testo tràdito, sospettato dai critici di essere lacunoso, quando non frutto di un'interpolazione.

Οι. ὀκνοῦντ' ἀνάγκη. Θη. τοὐμὸν οὐκ ὀκνεῖ κέαρ.
Οι. οὐκ οἶσθ' ἀπειλὰς Θη. οἶδ' ἐγώ σε μή τινα
ἐνθένδ' ἀπάξοντ' ἄνδρα πρὸς βίαν ἐμοῦ.
πολλαὶ δ' ἀπειλαὶ πολλὰ δὴ μάτην ἔπη
θυμῷ κατηπείλησαν· ἀλλ' ὁ νοῦς ὅταν
αὑτοῦ γένηται, φροῦδα τἀπειλήματα.
κείνοις δ' ἴσως κεὶ δείν' ἐπερρώσθη λέγειν
τῆς σῆς ἀγωγῆς, οἶδ' ἐγώ, φανήσεται
μακρὸν τὸ δεῦρο πέλαγος οὐδὲ πλώσιμον.
θαρσεῖν μὲν οὖν ἔγωγε κἄνευ τῆς ἐμῆς
γνώμης ἐπαινῶ, Φοῖβος εἰ προὔπεμψέ σε·
ὅμως δὲ κἀμοῦ μὴ παρόντος οἶδ' ὅτι
τοὐμὸν φυλάξει σ' ὄνομα μὴ πάσχειν κακῶς.

Χο. εὐίππου, ξένε, τᾶσδε χώ- στρ.
ρας ἵκου τὰ κράτιστα γᾶς ἔπαυλα,
τὸν ἀργῆτα Κολωνόν, ἔνθ'
ἁ λίγεια μινύρεται
θαμίζουσα μάλιστ' ἀη-
δὼν χλωραῖς ὑπὸ βάσσαις,
τὸν οἰνωπὸν ἔχουσα κισ-
σὸν καὶ τὰν ἄβατον θεοῦ
φυλλάδα μυριόκαρπον ἀνάλιον
ἀνήνεμόν τε πάντων
χειμώνων· ἵν' ὁ βακχιώ-
τας ἀεὶ Διόνυσος ἐμβατεύει
θείαις ἀμφιπολῶν τιθήναις.

θάλλει δ' οὐρανίας ὑπ' ἄ- ἀντ.
χνας ὁ καλλίβοτρυς κατ' ἦμαρ αἰεὶ
νάρκισσος, μεγάλοιν θεοῖν

EDIPO È necessario, per chi teme.

TESEO Ma non teme il mio cuore.

EDIPO Tu non sai le minacce –

TESEO Io so che nessuno ti strapperà via di qui, facendomi violenza. Molte minacce sogliono portare con sé molte vane parole nell'ira; ma quando la mente rientra in sé, le minacce svaniscono. Ed essi, certo, anche se osarono proferire tremende minacce di riportarti via, troveranno qui – sono sicuro – un mare ampio e non navigabile. Ti esorto dunque a stare di buon animo, anche senza questa mia decisione, poiché Febo ti ha condotto qui: pure se io fossi assente, so che il mio nome ti proteggerà dal soffrire alcun male. (*Esce da sinistra col seguito.*)

PRIMO STASIMO

CORO A questa contrada dai bei cavalli,[35] ospite,
giungesti, la migliore dimora della terra,
la candida Colono,
dove soave canta il suo lamento
dalle verdi forre
l'usignolo senza posa,
vivendo tra l'edera cupa
e l'inaccessibile selva
del dio dai frutti innumerevoli,
riparata dal sole e dal vento
d'ogni tempesta, che in eterno
Dioniso nelle sue orge percorre
insieme con le divine nutrici.

E per la rugiada celeste
fiorisce sempre ogni giorno il narciso
dai bei grappoli, alle due grandi dee[36]

[35] L'Attica è la « contrada dai bei cavalli »; di essa Colono, il cui eroe eponimo è definito ἱππότης al v. 59, rappresenta l'eccellenza.

[36] L'espressione si riferisce a Demetra e Kore, le dee dei misteri di Eleusi, dove erano associate con Dioniso.

ἀρχαῖον στεφάνωμ', ὅ τε
χρυσαυγὴς κρόκος· οὐδ' ἄυ-
πνοι κρῆναι μινύθουσιν
Κηφισοῦ νομάδες ῥεέ-
θρων, ἀλλ' αἰὲν ἐπ' ἤματι
ὠκυτόκος πεδίων ἐπινίσεται
ἀκηράτῳ σὺν ὄμβρῳ
στερνούχου χθονός· οὐδὲ Μου-
σᾶν χοροί νιν ἀπεστύγησαν, οὐδ' αὖ
ἁ χρυσάνιος Ἀφροδίτα.

ἔστιν δ' οἷον ἐγὼ γᾶς στρ.
Ἀσίας οὐκ ἐπακούω,
οὐδ' ἐν τᾷ μεγάλᾳ Δωρίδι νάσῳ
Πέλοπος πώποτε βλαστὸν
φύτευμ' ἀχείρωτον αὐτοποιόν,
ἐγχέων φόβημα δαΐων,
ὃ τᾷδε θάλλει μέγιστα χώρᾳ,
γλαυκᾶς παιδοτρόφου φύλλον ἐλαίας·
τὸ μέν τις οὐ νεαρὸς οὐδὲ γήρᾳ
συνναίων ἁλιώσει χερὶ πέρσας· ὁ
γὰρ εἰσαιὲν ὁρῶν κύκλος
λεύσσει νιν Μορίου Διὸς
χἁ γλαυκῶπις Ἀθάνα.

ἄλλον δ' αἶνον ἔχω μα- ἀντ.
τροπόλει τᾷδε κράτιστον,
δῶρον τοῦ μεγάλου δαίμονος, εἰπεῖν,
⟨χθονὸς⟩ αὔχημα μέγιστον,
εὔιππον, εὔπωλον, εὐθάλασσον.
ὦ παῖ Κρόνου, σὺ γάρ νιν ἐς
τόδ' εἷσας αὔχημ', ἄναξ Ποσειδάν,

corona antica, e il croco
splendente come oro; né le insonni
vaghe correnti
del Cefiso[37] languiscono,
ma sempre rapide
feconde trascorrono
con pure acque per le piane
della terra dall'ampio seno; e delle Muse
i cori non disdegnano questo paese, né
Afrodite dalle redini d'oro.

E vi è una pianta, quale
io non udii esistere in terra d'Asia,
né nella grande isola doria
di Pelope,[38] albero
non piantato da mano d'uomo, che da sé ricresce,[39]
terrore delle lance nemiche,
che in questa terra soprattutto germoglia:
il glauco olivo, che nutre i nostri figli.
E nessun uomo, giovane o vecchio,
lo distruggerà sradicandolo con forza:
poiché sempre sotto il suo sguardo
lo tiene l'occhio di Zeus protettore
e Atena dagli occhi glauchi.

E un'altra lode, la più alta,
io ho da dire per la mia città materna,
dono di un dio grande,
vanto supremo del paese:
i bei cavalli, i bei puledri, il bel mare.
O figlio di Crono, tu
a questo vanto la levasti, Poseidon potente,

[37] La menzione del fiume Cefiso viene qui forse volutamente accostata a quella dei fiori di narciso del v. 683: il dio di tale fiume, infatti, secondo il mito, aveva generato Narciso insieme alla ninfa Liriope.
[38] L'espressione indica il Peloponneso, dal nome dell'eroe Pelope.
[39] Forse allusione al fatto riferito da Erodoto (VIII 55), secondo cui l'olivo dell'Eretteo, bruciato dai Persiani, era ricresciuto spontaneamente il giorno dopo.

ἵπποισιν τὸν ἀκεστῆρα χαλινὸν
πρώταισι ταῖσδε κτίσας ἀγυιαῖς.
ἁ δ' εὐήρετμος ἔκπαγλ' ἁλία χερσὶ
†παραπτομένα† πλάτα
θρῴσκει, τῶν ἑκατομπόδων
Νηρῄδων ἀκόλουθος.

Αν. ὦ πλεῖστ' ἐπαίνοις εὐλογούμενον πέδον,
νῦν σὸν τὰ λαμπρὰ ταῦτα δὴ φαίνειν ἔπη.
Οι. τί δ' ἔστιν, ὦ παῖ, καινόν; Αν. ἆσσον ἔρχεται
Κρέων ὅδ' ἡμῖν οὐκ ἄνευ πομπῶν, πάτερ.
Οι. ὦ φίλτατοι γέροντες, ἐξ ὑμῶν ἐμοὶ
φαίνοιτ' ἂν ἤδη τέρμα τῆς σωτηρίας.
Χο. θάρσει, παρέσται· καὶ γὰρ εἰ γέρων κυρῶ,
τὸ τῆσδε χώρας οὐ γεγήρακε σθένος.

ΚΡΕΩΝ

ἄνδρες χθονὸς τῆσδ' εὐγενεῖς οἰκήτορες,
ὁρῶ τιν' ὑμᾶς ὀμμάτων εἰληφότας
φόβον νεώρη τῆς ἐμῆς ἐπεισόδου·
ὃν μήτ' ὀκνεῖτε μήτ' ἀφῆτ' ἔπος κακόν.
ἥκω γὰρ οὐχ ὡς δρᾶν τι βουληθείς, ἐπεὶ
γέρων μέν εἰμι, πρὸς πόλιν δ' ἐπίσταμαι
σθένουσαν ἥκων, εἴ τιν' Ἑλλάδος, μέγα.
ἀλλ' ἄνδρα τόνδε τηλικόσδ' ἀπεστάλην
πείσων ἕπεσθαι πρὸς τὸ Καδμείων πέδον,
οὐκ ἐξ ἑνὸς στείλαντος, ἀλλ' ἀστῶν ὕπο
πάντων κελευσθείς, οὕνεχ' ἧκέ μοι γένει
τὰ τοῦδε πενθεῖν πήματ' ἐς πλεῖστον πόλεως.
ἀλλ', ὦ ταλαίπωρ' Οἰδίπους, κλύων ἐμοῦ
ἱκοῦ πρὸς οἴκους. πᾶς σε Καδμείων λεὼς
καλεῖ δικαίως, ἐκ δὲ τῶν μάλιστ' ἐγώ,
ὅσῳπερ, εἰ μὴ πλεῖστον ἀνθρώπων ἔφυν
κάκιστος, ἀλγῶ τοῖσι σοῖς κακοῖς, γέρον,

il morso che modera i cavalli trovando
per la prima volta in queste contrade.
E la nave dai saldi remi
sul mare mirabilmente corre volando,[40]
compagna alle Nereidi[41] innumerevoli.

SECONDO EPISODIO

ANTIGONE O paese celebrato con tante lodi, ora tocca a te dimostrare queste splendide parole!

EDIPO Che c'è di nuovo, figlia?

ANTIGONE S'avvicina a noi Creonte, e non senza scorta, padre.

EDIPO O carissimi vecchi, da voi ora venga il compimento della mia salvezza!

CORIFEO Sii tranquillo, lo avrai: anche se io sono vecchio, non è invecchiata la forza di questo paese.

CREONTE (*entrando da destra, con seguito di armati*) Nobili abitanti di questa terra, vedo nei vostri occhi un improvviso sgomento per il mio arrivo: non abbiate paura e non pronunciate parole ostili. Non vengo per far male – sono vecchio anch'io – e so d'essere giunto a una città molto potente, se mai altra, in Ellade: ma, per la mia età, fui mandato per convincere quest'uomo a seguirmi nella terra dei Cadmei. E non da uno solo fui inviato, ma per volontà di tutti i cittadini, perché a me, suo congiunto, più che ad ogni altro cittadino toccava piangere le sue disgrazie. (*A Edipo*) Suvvia, o sventurato Edipo, ascoltami, ritorna in patria. Tutto il popolo cadmeo ti chiama, a buon diritto, e io soprattutto: tanto più che soffro delle tue sventure, o vecchio (altrimenti sarei il più malvagio degli uomini), nel vederti sempre mi-

40 Παραπτομένα si può salvare, se nel v. 704 si legge αἰὲν in luogo di εἰσαιὲν, per motivi di responsione metrica. In tale caso, intendendosi πλάτα nel suo significato primario, il passo varrebbe: « e il remo ben formato adattandosi alle mani mirabilmente corre sul mare ». Altrimenti, si offrono varie possibilità di emendamento, ricorrendo a participi analoghi (ad esempio, παραιθυσσομένα di Postgate): in questo senso è orientata la traduzione.

41 Le Nereidi, figlie del dio Nereo, erano le ninfe del mare.

ὁρῶν σε τὸν δύστηνον ὄντα μὲν ξένον,
ἀεὶ δ' ἀλήτην κἀπὶ προσπόλου μιᾶς
βιοστερῆ χωροῦντα, τὴν ἐγὼ τάλας
οὐκ ἄν ποτ' ἐς τοσοῦτον αἰκείας πεσεῖν
ἔδοξ', ὅσον πέπτωκεν ἥδε δύσμορος,
ἀεί σε κηδεύουσα καὶ τὸ σὸν κάρα
πτωχῷ διαίτῃ, τηλικοῦτος, οὐ γάμων
ἔμπειρος, ἀλλὰ τοὐπιόντος ἁρπάσαι.
  ἆρ' ἄθλιον τοὔνειδος, ὦ τάλας ἐγώ,
ὠνείδισ' ἐς σὲ κἀμὲ καὶ τὸ πᾶν γένος;
ἀλλ' οὐ γὰρ ἔστι τἀμφανῆ κρύπτειν, σύ νυν
πρὸς θεῶν πατρῴων, Οἰδίπους, πεισθεὶς ἐμοὶ
κρύψον, θελήσας ἄστυ καὶ δόμους μολεῖν
τοὺς σοὺς πατρῴους, τήνδε τὴν πόλιν φίλως
εἰπών· ἐπαξία γάρ· ἡ δ' οἴκοι πλέον
δίκῃ σέβοιτ' ἄν, οὖσα σὴ πάλαι τροφός.
Οι. ὦ πάντα τολμῶν κἀπὸ παντὸς ἂν φέρων
λόγου δικαίου μηχάνημα ποικίλον,
τί ταῦτα πειρᾷ κἀμὲ δεύτερον θέλεις
ἑλεῖν, ἐν οἷς μάλιστ' ἂν ἀλγοίην ἁλούς;
πρόσθεν τε γάρ με τοῖσιν οἰκείοις κακοῖς
νοσοῦνθ', ὅτ' ἦν μοι τέρψις ἐκπεσεῖν χθονός,
οὐκ ἤθελες θέλοντι προσθέσθαι χάριν,
ἀλλ' ἡνίκ' ἤδη μεστὸς ἦ θυμούμενος,
καὶ τοὐν δόμοισιν ἦν διαιτᾶσθαι γλυκύ,
τότ' ἐξεώθεις κἀξέβαλλες, οὐδέ σοι
τὸ συγγενὲς τοῦτ' οὐδαμῶς τότ' ἦν φίλον·
νῦν τ' αὖθις, ἡνίκ' εἰσορᾷς πόλιν τέ μοι
ξυνοῦσαν εὔνουν τήνδε καὶ γένος τὸ πᾶν,
πειρᾷ μετασπᾶν, σκληρὰ μαλθακῶς λέγων.
καίτοι τίς αὕτη τέρψις, ἄκοντας φιλεῖν;
ὥσπερ τις εἴ σοι λιπαροῦντι μὲν τυχεῖν
μηδὲν διδοίη μηδ' ἐπαρκέσαι θέλοι,
πλήρη δ' ἔχοντι θυμὸν ὧν χρῄζοις, τότε
δωροῖθ', ὅτ' οὐδὲν ἡ χάρις χάριν φέροι·
ἆρ' ἂν ματαίου τῆσδ' ἂν ἡδονῆς τύχοις;

seramente ramingo in terra straniera, accompagnato solo da questa fanciulla, privo di ogni mezzo. E mai avrei creduto, ahimè, che potesse cadere in tanta miseria, come quella in cui è caduta, questa disgraziata che sempre provvede a te e alla tua persona mendicando il cibo, così giovane, senza conoscere nozze, ma alla mercé del primo venuto. Non è forse una miseranda ignominia, o me infelice, questa che rinfaccio a te, e a me, e a tutta la nostra famiglia? Ma non è possibile celare ciò che è evidente: tu dunque, per gli dèi patrii, o Edipo, dammi ascolto, nascondi questa vergogna. Acconsenti a tornare nella città e nella casa paterna, dopo avere salutato amichevolmente questa città: essa ne è degna, ma è giusto che tu rispetti di più la tua, che a lungo ti nutrì.

EDIPO O tu capace di ogni ardire, e di trarre da ogni argomento un'astuta apparenza di onestà, perché fai questo tentativo? Perché vuoi attirarmi per la seconda volta in un agguato dove, preso che fossi, ancora di più soffrirei? Prima, allorché soffrivo per le mie sventure familiari, quando era per me una gioia fuggire dal paese, tu non volesti accordarmi questa grazia che desideravo; ma quando ormai ero sazio del mio furore, e dolce mi sarebbe stato vivere nella mia casa, allora mi scacciasti e mi bandisti. Non ti era cara affatto, allora, questa parentela: ma ora, quando vedi che questa città, che tutto il popolo mi assiste benevolmente, tenti di strapparmi via, manifestando duri propositi con blande parole. Ebbene, che piacere è questo, di voler bene a chi non lo desidera? Come se uno, quando lo preghi insistentemente per qualcosa, non ti desse nulla e non volesse aiutarti; e poi, quando hai il cuore sazio di ciò che desideravi, allora te ne facesse dono: questo favore non ti riuscirebbe inutile?

τοιαῦτα μέντοι καὶ σὺ προσφέρεις ἐμοί,
λόγῳ μὲν ἐσθλά, τοῖσι δ' ἔργοισιν κακά.
φράσω δὲ καὶ τοῖσδ', ὥς σε δηλώσω κακόν.
ἥκεις ἔμ' ἄξων, οὐχ ἵν' ἐς δόμους ἄγῃς,
ἀλλ' ὡς πάραυλον οἰκίσῃς, πόλις δέ σοι
κακῶν ἄνατος τῆσδ' ἀπαλλαχθῇ χθονός.
οὐκ ἔστι σοι ταῦτ', ἀλλά σοι τάδ' ἔστ', ἐκεῖ
χώρας ἀλάστωρ οὑμὸς ἐνναίων ἀεί·
ἔστιν δὲ παισὶ τοῖς ἐμοῖσι τῆς ἐμῆς
χθονὸς λαχεῖν τοσοῦτον, ἐνθανεῖν μόνον.
ἆρ' οὐκ ἄμεινον ἢ σὺ τἀν Θήβαις φρονῶ;
πολλῷ γ', ὅσῳπερ καὶ σαφεστέρων κλύω,
Φοίβου τε καὐτοῦ Ζηνός, ὃς κείνου πατήρ.
τὸ σὸν δ' ἀφῖκται δεῦρ' ὑπόβλητον στόμα,
πολλὴν ἔχον στόμωσιν· ἐν δὲ τῷ λέγειν
κάκ' ἂν λάβοις τὰ πλείον' ἢ σωτήρια.
ἀλλ' οἶδα γάρ σε ταῦτα μὴ πείθων, ἴθι·
ἡμᾶς δ' ἔα ζῆν ἐνθάδ'· οὐ γὰρ ἂν κακῶς
οὐδ' ὧδ' ἔχοντες ζῷμεν, εἰ τερποίμεθα.
Κρ. πότερα νομίζεις δυστυχεῖν ἔμ' ἐς τὰ σά,
ἢ σ' ἐς τὰ σαυτοῦ μᾶλλον ἐν τῷ νῦν λόγῳ;
Οι. ἐμοὶ μέν ἐσθ' ἥδιστον, εἰ σὺ μήτ' ἐμὲ
πείθειν οἷός τ' εἶ μήτε τούσδε τοὺς πέλας.
Κρ. ὦ δύσμορ', οὐδὲ τῷ χρόνῳ φύσας φανῇ
φρένας ποτ', ἀλλὰ λῦμα τῷ γήρᾳ τρέφῃ;
Οι. γλώσσῃ σὺ δεινός· ἄνδρα δ' οὐδέν' οἶδ' ἐγὼ
δίκαιον ὅστις ἐξ ἅπαντος εὖ λέγει.
Κρ. χωρὶς τό τ' εἰπεῖν πολλὰ καὶ τὸ καίρια.
Οι. ὡς δὴ σὺ βραχέα, ταῦτα δ' ἐν καιρῷ λέγεις.
Κρ. οὐ δῆθ' ὅτῳ γε νοῦς ἴσος καὶ σοὶ πάρα.
Οι. ἄπελθ', ἐρῶ γὰρ καὶ πρὸ τῶνδε, μηδέ με
φύλασσ' ἐφορμῶν ἔνθα χρὴ ναίειν ἐμέ.
Κρ. μαρτύρομαι τούσδ', οὐ σέ, πρός γε τοὺς φίλους
οἷ' ἀνταμείβῃ ῥήματ', ἤν σ' ἕλω ποτέ . . .
Οι. τίς δ' ἄν με τῶνδε συμμάχων ἕλοι βίᾳ;
Κρ. ἦ μὴν σὺ κἄνευ τοῦδε λυπηθεὶς ἔσῃ.

Eppure tale è la proposta che mi fai, buona a parole, ma cattiva in realtà. E lo spiegherò anche a questi uomini, per dimostrare la tua malvagità. Tu vieni a prendermi non per ricondurmi a casa, ma per avermi vicino, così che la tua città esca indenne dalla guerra con questo paese. Ma ciò non ti riesce: e avverrà invece che là, nella tua terra, abiti in eterno il mio genio vendicatore; e ai miei figli spetterà della mia terra solo tanto per morirvi. Non conosco forse meglio di te la condizione di Tebe? Molto meglio, quanto più verace è chi mi ha informato, Febo e lo stesso Zeus, padre suo. Con la tua subdola lingua bene affilata te ne sei venuto qui: ma dalle tue parole trarrai tutto fuorché salvezza. So bene che non ti convincerò: ma vattene, lascia che io viva qui. Neppure così vivrò male, dato che mi piacerà.

CREONTE Credi forse che, con questo tuo discorso, venga maggiore danno a me che a te stesso, per quanto ti riguarda?

EDIPO Per me la cosa più dolce è che tu non riesca a convincere né me né questi, che mi stanno accanto.

CREONTE O disgraziato, neppure col tempo mostri di aver messo giudizio! E ora disonori la tua vecchiaia?

EDIPO Abile tu sei a parlare: ma non conosco alcun uomo giusto, che sappia parlare bene intorno a qualsiasi argomento.

CREONTE Sono cose diverse, il parlare molto e il dire parole opportune.

EDIPO (*ironico*) Tu davvero parli poco e a proposito, ora.

CREONTE Ma non per chi ha una mente come la tua.

EDIPO Vattene, te lo intimo anche a nome di questi uomini, non stare a sorvegliarmi qui, dove occorre che io viva.

CREONTE Chiamo a testimoni costoro, non te, per le parole che rispondi a un amico: se mai riesco a prenderti.

EDIPO E chi potrebbe strapparmi a questi alleati con violenza?

CREONTE Eppure tu, anche senza violenza, avrai da soffrire.

Οι. ποίῳ σὺν ἔργῳ τοῦτ᾽ ἀπειλήσας ἔχεις;
Κρ. παίδοιν δυοῖν σοι τὴν μὲν ἀρτίως ἐγὼ
ξυναρπάσας ἔπεμψα, τὴν δ᾽ ἄξω τάχα.
Οι. οἴμοι. Κρ. τάχ᾽ ἕξεις μᾶλλον οἰμώζειν τάδε.
Οι. τὴν παῖδ᾽ ἔχεις μου; Κρ. τήνδε τ᾽ οὐ μακροῦ χρόνου.
Οι. ἰὼ ξένοι, τί δράσετ᾽; ἢ προδώσετε,
κοὐκ ἐξελᾶτε τὸν ἀσεβῆ τῆσδε χθονός;
Χο. χώρει, ξέν᾽, ἔξω θᾶσσον· οὔτε γὰρ τανῦν
δίκαι᾽ ἃ πράσσεις οὔθ᾽ ἃ πρόσθεν εἴργασαι.
Κρ. ὑμῖν ἂν εἴη τήνδε καιρὸς ἐξάγειν
ἄκουσαν, εἰ θέλουσα μὴ πορεύσεται.
Αν. οἴμοι τάλαινα, ποῖ φύγω; ποίαν λάβω
θεῶν ἄρηξιν ἢ βροτῶν; Χο. τί δρᾷς, ξένε;
Κρ. οὐχ ἅψομαι τοῦδ᾽ ἀνδρός, ἀλλὰ τῆς ἐμῆς.
Οι. ὦ γῆς ἄνακτες. Χο. ὦ ξέν᾽, οὐ δίκαια δρᾷς.
Κρ. δίκαια. Χο. πῶς δίκαια; Κρ. τοὺς ἐμοὺς ἄγω.

Οι. ἰὼ πόλις. στρ.
Χο. τί δρᾷς, ὦ ξέν᾽; οὐκ ἀφήσεις; τάχ᾽ ἐς
βάσανον εἶ χερῶν.
Κρ. εἴργου. Χο. σοῦ μὲν οὔ, τάδε γε μωμένου.
Κρ. πόλει μαχῇ γάρ, εἴ τι πημανεῖς ἐμέ.
Οι. οὐκ ἠγόρευον ταῦτ᾽ ἐγώ; Χο. μέθες χεροῖν
τὴν παῖδα θᾶσσον. Κρ. μὴ ᾽πίτασσ᾽ ἃ μὴ κρατεῖς.
Χο. χαλᾶν λέγω σοι. Κρ. σοὶ δ᾽ ἔγωγ᾽ ὁδοιπορεῖν.
Χο. προβᾶθ᾽ ὧδε, βᾶτε βᾶτ᾽, ἔντοποι.
πόλις ἐναίρεται, πόλις ἐμά, σθένει.
προβᾶθ᾽ ὧδέ μοι.

EDIPO Con quale azione mi stai minacciando?

CREONTE Delle tue figlie, una l'ho rapita poco fa e l'ho fatta portare via, l'altra presto la condurrò con me.

EDIPO Ahimè!

CREONTE Presto avrai da lamentarti ancora di più.

EDIPO Tu hai mia figlia?

CREONTE (*indicando Antigone*) E anche quest'altra, fra non molto.

EDIPO (*al coro*) Ospiti, che farete? Mi abbandonerete, forse, e non scaccerete l'empio da questa terra?

CORIFEO (*a Creonte*) Straniero, vattene subito: non è giusto né ciò che fai ora, né ciò che hai fatto prima.

CREONTE (*alle guardie*) È tempo che voi portiate via costei: anche a forza, se non vuole muoversi.

ANTIGONE (*tentando di fuggire*) Ahimè misera, dove fuggire? Quale aiuto avrò dagli dèi o dagli uomini?

CORIFEO Che fai, straniero?

CREONTE Non metterò le mani su quest'uomo: ma su costei, che è mia.

EDIPO O signori di questa terra!

CORIFEO O straniero, non è giusto ciò che fai.

CREONTE È giusto.

CORIFEO Come, giusto?

CREONTE Porto via chi mi appartiene.

EDIPO O città!

CORO Che fai, straniero? Lasciala; o farai subito
prova delle mie mani!

CREONTE Sta lontano!

CORIFEO Non da te, se questo vuoi fare.

CREONTE Con la città avrai guerra, se mi farai del male.

EDIPO (*al coro*) Non lo dicevo io?

CORIFEO Togli le mani dalla fanciulla, subito!

CREONTE Non comandare ciò che non è in tuo potere.

CORIFEO (*a una guardia*) Ti ingiungo di lasciarla.

CREONTE E io di andartene.

CORO Accorrete, correte, correte qui, voi del luogo!
La città, la città nostra perisce per violenza:
accorrete qui, a me!

Αν. ἀφέλκομαι δύστηνος, ὦ ξένοι ξένοι.
Οι. ποῦ, τέκνον, εἶ μοι; Αν. πρὸς βίαν πορεύομαι.
Οι. ὄρεξον, ὦ παῖ, χεῖρας. Αν. ἀλλ᾽ οὐδὲν σθένω.
Κρ. οὐκ ἄξεθ᾽ ὑμεῖς; Οι. ὦ τάλας ἐγώ, τάλας.
Κρ. οὔκουν ποτ᾽ ἐκ τούτοιν γε μὴ σκήπτροιν ἔτι
ὁδοιπορήσῃς· ἀλλ᾽ ἐπεὶ νικᾶν θέλεις
πατρίδα τε τὴν σὴν καὶ φίλους, ὑφ᾽ ὧν ἐγὼ
ταχθεὶς τάδ᾽ ἔρδω, καὶ τύραννος ὢν ὅμως,
νίκα. χρόνῳ γάρ, οἶδ᾽ ἐγώ, γνώσῃ τάδε,
ὁθούνεκ᾽ αὐτὸς αὑτὸν οὔτε νῦν καλὰ
δρᾷς οὔτε πρόσθεν εἰργάσω, βίᾳ φίλων
ὀργῇ χάριν δούς, ἥ σ᾽ ἀεὶ λυμαίνεται.
Χο. ἐπίσχες αὐτοῦ, ξεῖνε. Κρ. μὴ ψαύειν λέγω.
Χο. οὔτοι σ᾽ ἀφήσω, τῶνδέ γ᾽ ἐστερημένος.
Κρ. καὶ μεῖζον ἆρα ῥύσιον πόλει τάχα
θήσεις· ἐφάψομαι γὰρ οὐ τούτοιν μόναιν.
Χο. ἀλλ᾽ ἐς τί τρέψῃ; Κρ. τόνδ᾽ ἀπάξομαι λαβών.
Χο. δεινὸν λέγεις. Κρ. ὡς τοῦτο νῦν πεπράξεται.
Χο. ἢν μή σ᾽ ὁ κραίνων τῆσδε γῆς ἀπειργάθῃ.
Οι. ὦ φθέγμ᾽ ἀναιδές, ἦ σὺ γὰρ ψαύσεις ἐμοῦ;
Κρ. αὐδῶ σιωπᾶν. Οι. μὴ γὰρ αἵδε δαίμονες
θεῖέν μ᾽ ἄφωνον τῆσδε τῆς ἀρᾶς ἔτι,
ὅς μ᾽, ὦ κάκιστε, ψιλὸν ὄμμ᾽ ἀποσπάσας
πρὸς ὄμμασιν τοῖς πρόσθεν ἐξοίχῃ βίᾳ.
τοιγὰρ σὲ καὐτὸν καὶ γένος τὸ σὸν θεῶν
ὁ πάντα λεύσσων Ἥλιος δοίη βίον
τοιοῦτον οἷον κἀμὲ γηράναι ποτέ.
Κρ. ὁρᾶτε ταῦτα, τῆσδε γῆς ἐγχώριοι;
Οι. ὁρῶσι κἀμὲ καὶ σέ, καὶ φρονοῦσ᾽ ὅτι
ἔργοις πεπονθὼς ῥήμασίν σ᾽ ἀμύνομαι.
Κρ. οὔτοι καθέξω θυμόν, ἀλλ᾽ ἄξω βίᾳ
κεἰ μοῦνός εἰμι τόνδε καὶ χρόνῳ βραδύς.

ANTIGONE (*dibattendosi*) Mi trascinano via, sventurata, o stranieri!

EDIPO Dove sei, figlia mia?

ANTIGONE Devo andarmene a forza.

EDIPO Tendimi, o figlia, le mani!

ANTIGONE Non ho forza.

CREONTE (*alle guardie*) Conducetela via. (*Le guardie escono trascinando Antigone.*)

EDIPO O misero, misero me!

CREONTE (*ironico*) Ora non camminerai più con questi due bastoni. Volevi vincere la tua patria e i tuoi cari, ai cui ordini io, pur essendo re, ho fatto questo: ecco, vinci. Col tempo, sono sicuro, comprenderai che né ora stai facendo del bene a te stesso, né lo facesti per l'innanzi, indulgendo, contro i tuoi, all'ira, che sempre ti rovina. (*Si accinge a uscire.*)

CORIFEO Fermati lì, straniero!

CREONTE Ti proibisco di toccarmi.

CORIFEO Non ti lascerò, perché mi hai tolto le fanciulle.

CREONTE Allora imporrai presto alla città un tributo maggiore: non su di loro soltanto metterò le mani.

CORIFEO Che cosa mediti?

CREONTE Porterò via anche costui.

CORIFEO Terribile cosa tu dici.

CREONTE E ora sarà fatta. (*Esegue.*)

CORIFEO Se non te lo impedirà il re di questo paese.

EDIPO Quali parole impudenti! E mi metti le mani addosso?

CREONTE Ti impongo di tacere.

EDIPO No, queste dee non mi tolgano la voce senza che ti abbia maledetto: te, scellerato, che mi hai strappato l'occhio indifeso, che vedeva per i miei occhi di una volta, e lo porti via a forza. Ma il Sole, il dio che tutto vede, dia a te stesso e alla tua stirpe tal vita, quale quella in cui sono invecchiato io.

CREONTE Vedete voi, abitanti di questo paese?

EDIPO Vedono me e te; e pensano che nei fatti io soffro, ma soltanto a parole mi difendo.

CREONTE Non frenerò più la mia ira, ma lo trarrò via a forza, costui, anche se sono solo e grave per l'età.

Οι. ἰὼ τάλας. ἀντ.
Χο. ὅσον λῆμ' ἔχων ἀφίκου, ξέν', εἰ
τάδε δοκεῖς τελεῖν.
Κρ. δοκῶ. Χο. τἄνδ' ἄρ' οὐκέτι νεμῶ πόλιν.
Κρ. τοῖς τοι δικαίοις χὠ βραχὺς νικᾷ μέγαν.
Οι. ἀκούεθ' οἷα φθέγγεται; Χο. τά γ' οὐ τελεῖ
. . . . . . Κρ. Ζεὺς ταῦτ' ἂν εἰδείη, σὺ δ' οὔ.
Χο. ἆρ' οὐχ ὕβρις τάδ'; Κρ. ὕβρις, ἀλλ' ἀνεκτέα.
Χο. ἰὼ πᾶς λεώς, ἰὼ γᾶς πρόμοι,
μόλετε σὺν τάχει, μόλετ'· ἐπεὶ πέρα
περῶσ' οἵδε δή.

Θη. τίς ποθ' ἡ βοή; τί τοὔργον; ἐκ τίνος φόβου ποτὲ
βουθυτοῦντά μ' ἀμφὶ βωμὸν ἔσχετ' ἐναλίῳ θεῷ
τοῦδ' ἐπιστάτῃ Κολωνοῦ; λέξαθ', ὡς εἰδῶ τὸ πᾶν,
οὗ χάριν δεῦρ' ᾖξα θᾶσσον ἢ καθ' ἡδονὴν ποδός.
Οι. ὦ φίλτατ', ἔγνων γὰρ τὸ προσφώνημά σου,
πέπονθα δεινὰ τοῦδ' ὑπ' ἀνδρὸς ἀρτίως.
Θη. τὰ ποῖα ταῦτα; τίς δ' ὁ πημήνας; λέγε.
Οι. Κρέων ὅδ', ὃν δέδορκας, οἴχεται τέκνων
ἀποσπάσας μου τὴν μόνην ξυνωρίδα.
Θη. πῶς εἶπας; Οι. οἷά περ πέπονθ' ἀκήκοας.
Θη. οὔκουν τις ὡς τάχιστα προσπόλων μολὼν
πρὸς τούσδε βωμοὺς πάντ' ἀναγκάσει λεὼν
ἄνιππον ἱππότην τε θυμάτων ἄπο
σπεύδειν ἀπὸ ῥυτῆρος, ἔνθα δίστομοι
μάλιστα συμβάλλουσιν ἐμπόρων ὁδοί,
ὡς μὴ παρέλθωσ' αἱ κόραι, γέλως δ' ἐγὼ
ξένῳ γένωμαι τῷδε, χειρωθεὶς βίᾳ;
ἴθ', ὡς ἄνωγα, σὺν τάχει. τοῦτον δ' ἐγώ,
εἰ μὲν δι' ὀργῆς ἧκον, ἧς ὅδ' ἄξιος,
ἄτρωτον οὐ μεθῆκ' ἂν ἐξ ἐμῆς χερός·

EDIPO Ahi, me infelice!

CORO Con quanta arroganza sei venuto, o straniero, se pensi di compiere quest'atto!

CREONTE Lo penso.

CORIFEO Allora io non sono più nulla in questa città.

CREONTE Quando è nel giusto, il debole vince anche il forte.

EDIPO Sentite che cosa dice?

CORIFEO Ma non lo farà, ne sono sicuro.[42]

CREONTE Zeus può saperlo, tu no.

CORIFEO Non è tracotanza questa?

CREONTE È tracotanza, ma devi sopportarla.

CORO Orsù, popolo tutto, principi del paese,
accorrete in fretta, accorrete!
Costoro oltrepassano ogni limite.

TESEO (*accorrendo, con scorta di armati*) Che sono mai queste grida? Che accade? Per quale timore mi interrompeste mentre sacrificavo sull'altare del dio marino, protettore della nostra Colono? Dite, che io sappia tutto, per quale motivo ho dovuto accorrere qui più in fretta di quanto gradissero le mie gambe.

EDIPO O carissimo, riconosco la tua voce! Ho sofferto cose terribili da costui.

TESEO Quali mai? Chi ti ha fatto del male? Parla!

EDIPO Creonte, quest'uomo che tu vedi, se ne va strappandomi le mie due sole figlie.

TESEO Come hai detto?

EDIPO Hai udito ciò che ho sofferto.

TESEO (*al seguito*) Qualcuno delle mie guardie vada al più presto agli altari e faccia accorrere rapidamente, abbandonando il sacrificio, tutto il popolo a piedi e i cavalieri a briglia sciolta, dove s'incontrano le due strade per i viandanti! Che le due fanciulle non passino oltre; e io, sopraffatto con la violenza, non divenga oggetto di riso per questo straniero. Va svelto, come ti ho ordinato. Quanto a costui, se dovessi sfogare l'ira che si merita, non uscirebbe illeso dalle

42 La traduzione accoglie una tra le varie integrazioni della lacuna, che si trova nella prima metà del trimetro: σαφῶς ἐγῷδα, proposto da Spengel.

νῦν δ' οὕσπερ αὐτὸς τοὺς νόμους εἰσῆλθ' ἔχων,
τούτοισι κοὐκ ἄλλοισιν ἁρμοσθήσεται.
οὐ γάρ ποτ' ἔξει τῆσδε τῆς χώρας, πρὶν ἂν
κείνας ἐναργεῖς δεῦρό μοι στήσῃς ἄγων·
ἐπεὶ δέδρακας οὔτ' ἐμοῦ κατάξια
οὔθ' ὧν πέφυκας αὐτὸς οὔτε σῆς χθονός,
ὅστις δίκαι' ἀσκοῦσαν εἰσελθὼν πόλιν
κἄνευ νόμου κραίνουσαν οὐδέν, εἶτ' ἀφεὶς
τὰ τῆσδε τῆς γῆς κύρι' ὧδ' ἐπεσπεσὼν
ἄγεις θ' ἃ χρῄζεις καὶ παρίστασαι βίᾳ·
καί μοι πόλιν κένανδρον ἢ δούλην τινὰ
ἔδοξας εἶναι, κἄμ' ἴσον τῷ μηδενί.
  καίτοι σε Θῆβαί γ' οὐκ ἐπαίδευσαν κακόν·
οὐ γὰρ φιλοῦσιν ἄνδρας ἐκδίκους τρέφειν,
οὐδ' ἄν σ' ἐπαινέσειαν, εἰ πυθοίατο
συλῶντα τἀμὰ καὶ τὰ τῶν θεῶν, βίᾳ
ἄγοντα φωτῶν ἀθλίων ἱκτήρια.
οὔκουν ἔγωγ' ἂν σῆς ἐπεμβαίνων χθονός,
οὐδ' εἰ τὰ πάντων εἶχον ἐνδικώτατα,
ἄνευ γε τοῦ κραίνοντος, ὅστις ἦν, χθονὸς
οὔθ' εἷλκον οὔτ' ἂν ἦγον, ἀλλ' ἠπιστάμην
ξένον παρ' ἀστοῖς ὡς διαιτᾶσθαι χρεών.
σὺ δ' ἀξίαν οὐκ οὖσαν αἰσχύνεις πόλιν
τὴν αὐτὸς αὑτοῦ, καί σ' ὁ πληθύων χρόνος
γέρονθ' ὁμοῦ τίθησι καὶ τοῦ νοῦ κενόν.
  εἶπον μὲν οὖν καὶ πρόσθεν, ἐννέπω δὲ νῦν,
τὰς παῖδας ὡς τάχιστα δεῦρ' ἄγειν τινά,
εἰ μὴ μέτοικος τῆσδε τῆς χώρας θέλεις
εἶναι βίᾳ τε κοὐχ ἑκών· καὶ ταῦτά σοι
τῷ νῷ θ' ὁμοίως κἀπὸ τῆς γλώσσης λέγω.
Χο. ὁρᾷς ἵν' ἥκεις, ὦ ξέν'; ὡς ἀφ' ὧν μὲν εἶ
φαίνῃ δίκαιος, δρῶν δ' ἐφευρίσκῃ κακά.
Κρ. ἐγὼ οὔτ' ἄνανδρον τήνδε τὴν πόλιν νέμων,
ὦ τέκνον Αἰγέως, οὔτ' ἄβουλον, ὡς σὺ φής,
τοὔργον τόδ' ἐξέπραξα, γιγνώσκων δ' ὅτι
οὐδείς ποτ' αὐτοὺς τῶν ἐμῶν ἂν ἐμπέσοι

mie mani; ma ora con la stessa legge, e non diversa, che egli ha portato qui, sarà trattato. (*A Creonte*) Tu dunque non uscirai da questa terra, prima di averle ricondotte qui, davanti ai miei occhi. Hai compiuto atti non degni di me, né della tua stessa stirpe, né della tua patria: tu che, venuto in una città che esercita la giustizia e che non fa nulla senza leggi, incurante delle autorità di questo paese sei piombato qui, e porti via quello che vuoi e te ne impadronisci a forza; e hai creduto che in questa mia città non ci fossero uomini ma schiavi, o che io non valessi nulla.[43] Eppure non Tebe, certo, ti allevò così malvagio: lì non è costume allevare uomini ingiusti, e non avrebbero da lodarti, se sapessero che rubi ciò che appartiene a me e agli dèi, che trascini via a violenza miseri supplici. Certo io, venendo nella tua terra, neppure se avessi i più sacrosanti diritti strapperei e porterei via qualcuno dal paese contro la volontà di chi governa, chiunque egli fosse, ma saprei come un ospite deve comportarsi con i cittadini. Ma tu stesso disonori la tua propria città, che non lo merita; e i molti anni ti rendono vecchio insieme e privo di senno. Ebbene, te l'ho già detto prima e ora te lo ripeto: qualcuno riconduca subito qui le fanciulle, se non vuoi abitare questo paese contro la tua volontà. Questo ti dico, con la bocca e insieme col pensiero.

CORIFEO (*a Creonte*) Vedi a che sei giunto, straniero? Per la tua origine sembri un uomo giusto, ma dalle tue azioni ti si scopre malvagio.

CREONTE Io non ho agito così, o figlio d'Egeo, perché ritenessi questa città priva di uomini o di leggi, come tu dici: ma pensando che non sarebbe venuta agli Ateniesi tanta

43 Secondo alcuni interpreti, si può intendere qui un'allusione all'età avanzata di Teseo: ma cfr. il v. 1491.

ζῆλος ξυναίμων, ὥστ' ἐμοῦ τρέφειν βίᾳ.
ᾔδη δ' ὁθούνεκ' ἄνδρα καὶ πατροκτόνον
κἄναγνον οὐ δεξοίατ', οὐδ' ὅτῳ γάμοι
ξυνόντες ηὑρέθησαν ἀνόσιοι τέκνων.
τοιοῦτον αὐτοῖς Ἄρεος εὔβουλον πάγον
ἐγὼ ξυνῄδη χθόνιον ὄνθ', ὃς οὐκ ἐᾷ
τοιούσδ' ἀλήτας τῇδ' ὁμοῦ ναίειν πόλει·
ᾧ πίστιν ἴσχων τήνδ' ἐχειρούμην ἄγραν.
καὶ ταῦτ' ἂν οὐκ ἔπρασσον, εἰ μή μοι πικρὰς
αὐτῷ τ' ἀρὰς ἠρᾶτο καὶ τὠμῷ γένει·
ἀνθ' ὧν πεπονθὼς ἠξίουν τάδ' ἀντιδρᾶν.
θυμοῦ γὰρ οὐδὲν γῆράς ἐστιν ἄλλο πλὴν
θανεῖν· θανόντων δ' οὐδὲν ἄλγος ἅπτεται.
πρὸς ταῦτα πράξεις οἷον ἂν θέλῃς· ἐπεὶ
ἐρημία με, κεἰ δίκαι' ὅμως λέγω,
σμικρὸν τίθησι· πρὸς δὲ τὰς πράξεις ὅμως,
καὶ τηλικόσδ' ὤν, ἀντιδρᾶν πειράσομαι.

Οι. ὦ λῆμ' ἀναιδές, τοῦ καθυβρίζειν δοκεῖς,
πότερον ἐμοῦ γέροντος, ἢ σαυτοῦ, τόδε;
ὅστις φόνους μοι καὶ γάμους καὶ συμφορὰς
τοῦ σοῦ διῆκας στόματος, ἃς ἐγὼ τάλας
ἤνεγκον ἄκων· θεοῖς γὰρ ἦν οὕτω φίλον,
τάχ' ἄν τι μηνίουσιν ἐς γένος πάλαι.
ἐπεὶ καθ' αὑτόν γ' οὐκ ἂν ἐξεύροις ἐμοὶ
ἁμαρτίας ὄνειδος οὐδὲν ἀνθ' ὅτου
τάδ' εἰς ἐμαυτὸν τοὺς ἐμούς θ' ἡμάρτανον.
ἐπεὶ δίδαξον, εἴ τι θέσφατον πατρὶ
χρησμοῖσιν ἱκνεῖθ' ὥστε πρὸς παίδων θανεῖν,
πῶς ἂν δικαίως τοῦτ' ὀνειδίζοις ἐμοί,
ὃς οὔτε βλάστας πω γενεθλίους πατρός,
οὐ μητρὸς εἶχον, ἀλλ' ἀγέννητος τότ' ἦ;
εἰ δ' αὖ φανεὶς δύστηνος, ὡς ἐγὼ 'φάνην,
ἐς χεῖρας ἦλθον πατρὶ καὶ κατέκτανον,
μηδὲν ξυνιεὶς ὧν ἔδρων εἰς οὕς τ' ἔδρων,
πῶς ἂν τό γ' ἆκον πρᾶγμ' ἂν εἰκότως ψέγοις;
μητρὸς δέ, τλῆμον, οὐκ ἐπαισχύνῃ γάμους

sollecitudine per i miei familiari, da nutrirli contro la mia volontà. Ero convinto che non avrebbero accolto un uomo parricida e impuro, le cui nozze generarono una prole rivelatasi incestuosa. Sapevo bene che in questa terra ha sede il saggio Areopago,[44] che non permette a tali vagabondi di abitare qui insieme ai cittadini: e confidando in ciò mi impadronii di questa preda. Non l'avrei fatto, se non avesse scagliato aspre maledizioni contro me stesso e contro la mia stirpe: quest'offesa ritenni giusto di ricambiarla così. Per l'ira non c'è vecchiaia, ma soltanto morte; e i morti non tocca alcun dolore. Perciò tu farai quel che vuoi: il fatto di essere solo, anche se ho ragione, mi rende debole; ma le tue azioni, pure se sono così vecchio, cercherò di contraccambiarle.

EDIPO O cuore impudente, chi credi di offendere così: me, che sono vecchio, o te stesso? Mi rinfacciasti dalla tua bocca uccisioni e nozze e sventure, che io misero subii non volendo: così piacque agli dèi, forse irati da tempo contro la mia stirpe. Quanto a me, non potresti trovare nessuna macchia di colpa, che io abbia dovuto scontare compiendo questi delitti contro me stesso e contro i miei. Spiegami dunque: se dagli oracoli venne vaticinio a mio padre che sarebbe morto per mano dei figli, come potresti giustamente accusare me, che ancora non ero seminato dal padre, né concepito dalla madre, ma non ero neppure generato? E se io, una volta nato nella sventura, come nacqui, venni alle mani con mio padre e lo uccisi, senza comprendere che cosa facevo e a chi lo facevo, come puoi ragionevolmente rimproverarmi l'atto involontario? Quanto poi alle nozze della madre, che pure era tua sorella, non ti vergogni, sciagurato, di costrin-

44 Al tribunale dell'Areopago era conferita la suprema giurisdizione criminale in Atene.

οὔσης ὁμαίμου σῆς μ' ἀναγκάζων λέγειν
οἵους ἐρῶ τάχ'· οὐ γὰρ οὖν σιγήσομαι,
σοῦ γ' ἐς τόδ' ἐξελθόντος ἀνόσιον στόμα.
ἔτικτε γάρ μ' ἔτικτεν, ὤμοι μοι κακῶν,
οὐκ εἰδότ' οὐκ εἰδυῖα, καὶ τεκοῦσά με
αὑτῆς ὄνειδος παῖδας ἐξέφυσέ μοι.
ἀλλ' ἓν γὰρ οὖν ἔξοιδα, σὲ μὲν ἑκόντ' ἐμὲ
κείνην τε ταῦτα δυσστομεῖν· ἐγὼ δέ νιν
ἄκων τ' ἔγημα, φθέγγομαί τ' ἄκων τάδε.
ἀλλ' οὐ γὰρ οὔτ' ἐν τοῖσδ' ἀκούσομαι κακὸς
γάμοισιν οὔθ' οὓς αἰὲν ἐμφορεῖς σύ μοι
φόνους πατρῴους ἐξονειδίζων πικρῶς.
ἓν γάρ μ' ἄμειψαι μοῦνον ὧν σ' ἀνιστορῶ.
εἴ τίς σε τὸν δίκαιον αὐτίκ' ἐνθάδε
κτείνοι παραστάς, πότερα πυνθάνοι' ἂν εἰ
πατήρ σ' ὁ καίνων, ἢ τίνοι' ἂν εὐθέως;
δοκῶ μέν, εἴπερ ζῆν φιλεῖς, τὸν αἴτιον
τίνοι' ἄν, οὐδὲ τοὔνδικον περιβλέποις.
τοιαῦτα μέντοι καὐτὸς εἰσέβην κακά,
θεῶν ἀγόντων· ὥστ' ἐγὼ οὐδὲ τὴν πατρὸς
ψυχὴν ἂν οἶμαι ζῶσαν ἀντειπεῖν ἐμοί.
σὺ δ', εἶ γὰρ οὐ δίκαιος, ἀλλ' ἅπαν καλὸν
λέγειν νομίζων, ῥητὸν ἄρρητόν τ' ἔπος,
τοιαῦτ' ὀνειδίζεις με τῶνδ' ἐναντίον.
καί σοι τὸ Θησέως ὄνομα θωπεῦσαι καλόν,
καὶ τὰς Ἀθήνας, ὡς κατῴκηνται καλῶς·
κᾆθ' ὧδ' ἐπαινῶν πολλὰ τοῦδ' ἐκλανθάνῃ,
ὁθούνεκ' εἴ τις γῆ θεοὺς ἐπίσταται
τιμαῖς σεβίζειν, ἥδε τῷδ' ὑπερφέρει,
ἀφ' ἧς σὺ κλέψας τὸν ἱκέτην γέροντ' ἐμὲ
αὐτόν τ' ἐχειροῦ τὰς κόρας τ' οἴχῃ λαβών.
ἀνθ' ὧν ἐγὼ νῦν τάσδε τὰς θεὰς ἐμοὶ
καλῶν ἱκνοῦμαι καὶ κατασκήπτω λιταῖς
ἐλθεῖν ἀρωγοὺς ξυμμάχους θ', ἵν' ἐκμάθῃς
οἵων ὑπ' ἀνδρῶν ἥδε φρουρεῖται πόλις.

germi a dire ciò che ora dirò? Poiché non posso tacere, una volta che sei giunto a questo empio discorso. Mi ha partorito, sì, ha partorito senza sapere – ahi, mia sventura! – me che non sapevo; e dopo avermi partorito, mi generò figli a sua vergogna. E questa sola cosa io so bene: che tu deliberatamente oltraggi me e lei; ma io non volendo la sposai, e non volentieri ora ne parlo. Tuttavia non sarò detto empio per queste nozze, né per l'uccisione di mio padre, che tu sempre mi rinfacci, insultandomi aspramente. E rispondi ad una soltanto delle mie domande: se uno qui, sul momento, venisse contro te, l'uomo giusto, per ucciderti, tu ti informeresti forse se chi ti minaccia è tuo padre, oppure lo puniresti subito? Penso che, se ami la vita, puniresti il colpevole, senza guardare al diritto. Ebbene, in tale disgrazia incorsi io pure, trascinato dagli dèi: e in questo credo che neppure l'anima di mio padre, se vivesse, potrebbe contraddirmi. Ma tu, che non sei un uomo giusto e credi bello parlare di ogni cosa, di quel che si può dire e di quel che si deve tacere, mi muovi questi rimproveri davanti a costoro. E a te pare bello adulare il nome di Teseo e di Atene, e dire che è ben governata; ma, pur così lodandola, dimentichi una lode: che se mai paese sa venerare ed onorare gli dèi, essa in questo eccelle. E proprio da Atene volevi rapire questo vecchio supplice, e mettevi le mani su di lui e gli portavi via le figlie. Perciò io ora, invocando queste dee,[45] le supplico e le scongiuro con le mie preghiere di venire a me soccorritrici e alleate, perché tu comprenda da quali uomini è presidiata questa città.

[45] L'espressione indica ancora una volta le Erinni-Eumenidi, « queste » perché Edipo si trova nei pressi del loro santuario. Esse dovranno intervenire sia come garanti della giustizia divina, sia come protettrici di Atene, alla cui tutela Edipo si è affidato.

Χο. ὁ ξεῖνος, ὦναξ, χρηστός· αἱ δὲ συμφοραὶ
αὐτοῦ πανώλεις, ἄξιαι δ' ἀμυναθεῖν.
Θη. ἅλις λόγων· ὡς οἱ μὲν ἐξειργασμένοι
σπεύδουσιν, ἡμεῖς δ' οἱ παθόντες ἕσταμεν.
Κρ. τί δῆτ' ἀμαυρῷ φωτὶ προστάσσεις ποεῖν;
Θη. ὁδοῦ κατάρχειν τῆς ἐκεῖ, πομπὸν δ' ἐμοὶ
χωρεῖν, ἵν', εἰ μὲν ἐν τόποισι τοῖσδ' ἔχεις
τὰς παῖδας, ἡκῶν αὐτὸς ἐκδείξῃς ἐμοί·
εἰ δ' ἐγκρατεῖς φεύγουσιν, οὐδὲν δεῖ πονεῖν·
ἄλλοι γὰρ οἱ σπεύδοντες, οὓς οὐ μή ποτε
χώρας φυγόντες τῆσδ' ἐπεύξωνται θεοῖς.
ἀλλ' ἐξυφηγοῦ· γνῶθι δ' ὡς ἔχων ἔχῃ
καί σ' εἷλε θηρῶνθ' ἡ τύχη· τὰ γὰρ δόλῳ
τῷ μὴ δικαίῳ κτήματ' οὐχὶ σῴζεται.
κοὐκ ἄλλον ἕξεις ἐς τόδ'· ὡς ἔξοιδά σε
οὐ ψιλὸν οὐδ' ἄσκευον ἐς τοσήνδ' ὕβριν
ἥκοντα τόλμης τῆς παρεστώσης τανῦν,
ἀλλ' ἔσθ' ὅτῳ σὺ πιστὸς ὢν ἔδρας τάδε.
ἃ δεῖ μ' ἀθρῆσαι, μηδὲ τήνδε τὴν πόλιν
ἑνὸς ποῆσαι φωτὸς ἀσθενεστέραν.
νοεῖς τι τούτων, ἢ μάτην τὰ νῦν τέ σοι
δοκεῖ λελέχθαι χὤτε ταῦτ' ἐμηχανῶ;
Κρ. οὐδὲν σὺ μεμπτὸν ἐνθάδ' ὢν ἐρεῖς ἐμοί·
οἴκοι δὲ χἡμεῖς εἰσόμεσθ' ἃ χρὴ ποεῖν.
Θη. χωρῶν ἀπείλει νῦν· σὺ δ' ἡμίν, Οἰδίπους,
ἕκηλος αὐτοῦ μίμνε, πιστωθεὶς ὅτι,
ἢν μὴ θάνω 'γὼ πρόσθεν, οὐχὶ παύσομαι
πρὶν ἄν σε τῶν σῶν κύριον στήσω τέκνων.
Οι. ὄναιο, Θησεῦ, τοῦ τε γενναίου χάριν
καὶ τῆς πρὸς ἡμᾶς ἐνδίκου προμηθίας.

Χο. εἴην ὅθι δαΐων στρ.
ἀνδρῶν τάχ' ἐπιστροφαὶ
τὸν χαλκοβόαν Ἄρη
μείξουσιν, ἢ πρὸς Πυθίαις,

CORIFEO Lo straniero, o signore, è buono; rovinose sono le sue sciagure, ma meritano soccorso.

TESEO Basta con le parole! I colpevoli fuggono veloci, e noi, gli offesi, ce ne stiamo qui.

CREONTE Che cosa dunque ordini di fare, a un uomo indifeso?

TESEO Di farmi strada e di accompagnarmi; se tieni le fanciulle in questi luoghi, vieni tu stesso a mostrarle. Ma se i rapitori sono fuggiti, non occorre darsi da fare: altri li inseguono, e quelli non avranno da ringraziare gli dèi di essere loro sfuggiti fuori di questa terra. Precedimi, dunque; e ricorda che, se hai preso, tu stesso sei preso; e mentre andavi a caccia, la sorte ti ha catturato. Non si salvano i profitti di un ingiusto inganno. E non avrai nessun altro con te, in quest'impresa. So bene che tu non sei venuto solo e impreparato alla violenza di un simile ardire; ma c'è qualcuno nel quale tu confidavi per quest'atto. Su questo devo vegliare, per impedire che la città sia più debole di un uomo solo. Comprendi queste parole, o ti sembrano vane ciarle ora, come quando macchinavi questa trama?

CREONTE Qui non posso ribattere nulla di quanto dici; ma in patria saprò anch'io che cosa fare.

TESEO Cammina, ora, e minaccia pure; e tu, Edipo, rimani qui tranquillo. Abbi fiducia che, se non muoio prima, non desisterò fino a che non ti avrò restituito le tue figlie.

EDIPO (*mentre Teseo e il seguito escono, conducendo Creonte*) Possa tu avere ogni bene, Teseo, per il tuo nobile animo, e per la giusta cura che ti prendi di noi.

SECONDO STASIMO

CORO Se io fossi là, dove assalti
di uomini nemici tra breve
in mischia sonante di bronzo
si mescoleranno, ovvero a Pito,[46]

[46] Cfr. *Edipo Re*, nota 8.

ἢ λαμπάσιν ἀκταῖς,
οὗ πότνιαι σεμνὰ τιθηνοῦνται τέλη
θνατοῖσιν, ὧν καὶ χρυσέα
κλῂς ἐπὶ γλώσσᾳ βέβακε
προσπόλων Εὐμολπιδᾶν·
ἔνθ' οἶμαι τὸν ἐγρεμάχαν
Θησέα καὶ τὰς διστόλους
ἀδμῆτας ἀδελφὰς
αὐτάρκει τάχ' ἐμμείξειν βοᾷ
τούσδ' ἀνὰ χώρους·

ἤ που τὸν ἐφέσπερον ἀντ.
πέτρας νιφάδος πελῶσ'
Οἰάτιδος ἐκ νομοῦ,
πώλοισιν, ἢ ῥιμφαρμάτοις
φεύγοντες ἁμίλλαις.
ἁλώσεται· δεινὸς ὁ προσχώρων Ἄρης,
δεινὰ δὲ Θησειδᾶν ἀκμά.
πᾶς γὰρ ἀστράπτει χαλινός,
πᾶσα δ' ὁρμᾶται κατὰ
ἀμπυκτήρι' ⟨ἀντιπάλων⟩

o sul lido fulgente di faci,
dove le dee Venerande per i mortali presiedono
ad angusti riti, la cui chiave
aurea è posta sulla lingua
dei ministri Eumolpidi![47]
Lì credo che il pugnace
Teseo e le due vergini
sorelle s'incontreranno
presto tra le alte grida della battaglia,
proprio in quei luoghi;

oppure verso Espero
alla rupe nevosa muoveranno
dai pascoli di Ea,[48]
su cavalli o su celeri carri
a gara fuggendo.
Sarà preso;[49] terribile è la guerra che s'appressa,
terribile il valore dei Teseidi.[50]
Lampeggiano i morsi,
compatta balza a briglia sciolta
la schiera dei giovani,[51]

47 Il « lido fulgente di faci » allude al territorio di Eleusi, dove si celebravano i misteri di Demetra e Kore, « le dee Venerande ». Gli Eumolpidi sono i sacerdoti a cui era affidato il controllo di tali misteri: da Eumolpo, primo ministro del culto, la carica passò al figlio Cerice e ai suoi discendenti.

48 Secondo lo scoliaste, la « rupe nevosa » sarebbe il monte Egialeo, che si trovava ai limiti del territorio del demo di Ea, appunto a ovest di Colono.

49 ἁλώσεται ammette diverse interpretazioni, in rapporto al soggetto a cui si riferisce. Più probabile è che s'intenda Creonte, nel significato di « sarà sconfitto » (non « sarà catturato », perché egli è già nelle mani di Teseo). Altre possibilità sono « sarà raggiunto » chi sta fuggendo con la preda (cfr. φεύγοντες al v. precedente); oppure « una cattura avrà luogo » (intendendo il verbo come impersonale); o ancora « ci sarà vittoria », sottintendendo ὁ ἀγών, come suggerisce Elmsley sul confronto con il v. 1148, dove ᾑρέθη è equivalente a una forma di ἁλίσκομαι.

50 Ossia, genericamente gli Ateniesi, dal nome di Teseo.

51 Nei mss. dopo ἀμπυκτήρια, che è un termine rarissimo, si legge φάλαρα πώλων, ossia la sua spiegazione. Si tratta del caso evidente di una glossa che si è inserita nel testo, scacciando la lezione autentica, che ormai si può ricostruire solo per con-

ἄμβασις, οἳ τὰν ἱππίαν
τιμῶσιν Ἀθάναν
καὶ τὸν πόντιον γαιάοχον
Ῥέας φίλον υἱόν.

ἔρδουσ', ἢ μέλλουσιν; ὡς — στρ.
προμνᾶταί τί μοι
γνώμα τάχ' ἐνδώσειν
τᾶν δεινὰ τλασᾶν, δεινὰ δ' εὑ-
ρουσᾶν πρὸς αὐθαίμων πάθη.
τελεῖ τελεῖ Ζεύς τι κατ' ἆμαρ.
μάντις εἴμ' ἐσθλῶν ἀγώνων.
εἴθ' ἀελλαία ταχύρρωστος πελειὰς
αἰθερίας νεφέλας κύρ-
σαιμι τῶνδ' ἀγώνων
ἐωρήσασα τοὐμὸν ὄμμα.

ἰὼ θεῶν πάνταρχε, παν- — ἀντ.
τόπτα Ζεῦ, πόροις
γᾶς τᾶσδε δαμούχοις
σθένει 'πινικείῳ τὸν εὔ-
αγρον τελειῶσαι λόχον,
σεμνά τε παῖς Παλλὰς Ἀθάνα.
καὶ τὸν ἀγρευτὰν Ἀπόλλω
καὶ κασιγνήταν πυκνοστίκτων ὀπαδὸν
ὠκυπόδων ἐλάφων στέρ-
γω διπλᾶς ἀρωγὰς
μολεῖν γᾷ τᾷδε καὶ πολίταις.

che venerano
Atena, signora dei cavalli,
e il dio marino che cinge la terra,
diletto figlio di Rea.[52]

Agiscono o indugiano?
Il mio cuore presagisce
che presto ricondurranno
le fanciulle che terribilmente patirono,
terribili sofferenze trovarono da parte di congiunti!
Lo farà Zeus, lo farà in questo giorno.
Sono vate di propizia battaglia.
Oh se colomba celere come procella
le aeree nubi potessi raggiungere,
sulla battaglia
posando il mio occhio a contemplare![53]

O sommo re degli dèi,
onniveggente Zeus, concedi
ai capi di questa terra
che compiano agguato di buona preda
con vittorioso vigore;
e tu pure, veneranda sua figlia, Pallade Atena!
E Apollo cacciatore
e la sorella che screziate
cerve veloci insegue,[54]
prego che vengano duplice aiuto
a questa terra e ai cittadini.

gettura: la traduzione accetta νεαρῶν, che è una proposta di Dain, mentre ἀντιπάλων (« degli avversari ») di Pearson non tiene forse sufficientemente conto della distinzione fra le due schiere, imposta dalla relativa che segue.

52 Ossia, il dio del mare Poseidon, figlio di Rea e di Crono.

53 La traduzione si attiene alla congettura di Dain θεωρὸν θεῖσα, che rispetto al tràdito θεωρήσασα ha il vantaggio di offrire una reggenza a τῶνδ' ἀγώνων. Varie altre congetture sono state proposte: αἰωρήσασα o la sua forma alternativa ἑωρήσασα, proposte da Wunder, valgono « sollevando », « sospendendo », ma non riesce del tutto agevole spiegare la costruzione con il genitivo.

54 Si tratta di Artemide: l'invocazione agli dèi della caccia procede naturalmente dall'immagine che assimila l'inseguimento ai fuggiaschi appunto a un'azione di caccia.

ὦ ξεῖν' ἀλῆτα, τῷ σκοπῷ μὲν οὐκ ἐρεῖς
ὡς ψευδόμαντις· τὰς κόρας γὰρ εἰσορῶ
τάσδ' ἆσσον αὖθις ὧδε προσπολουμένας.
Οι. ποῦ ποῦ; τί φής; πῶς εἶπας; Αν. ὦ πάτερ πάτερ,
τίς ἂν θεῶν σοι τόνδ' ἄριστον ἄνδρ' ἰδεῖν
δοίη, τὸν ἡμᾶς δεῦρο προσπέμψαντά σοι;
Οι. ὦ τέκνον, ἦ πάρεστον; Αν. αἵδε γὰρ χέρες
Θησέως ἔσωσαν φιλτάτων τ' ὀπαόνων.
Οι. προσέλθετ', ὦ παῖ, πατρί, καὶ τὸ μηδαμὰ
ἐλπισθὲν ἥξειν σῶμα βαστάσαι δότε.
Αν. αἰτεῖς ἃ τεύξῃ· σὺν πόθῳ γὰρ ἡ χάρις.
Οι. ποῦ δῆτα, ποῦ 'στον; Αν. αἵδ' ὁμοῦ πελάζομεν.
Οι. ὦ φίλτατ' ἔρνη. Αν. τῷ τεκόντι πᾶν φίλον.
Οι. ὦ σκῆπτρα φωτός. Αν. δυσμόρου γε δύσμορα.
Οι. ἔχω τὰ φίλτατ', οὐδ' ἔτ' ἂν πανάθλιος
θανὼν ἂν εἴην σφῷν παρεστώσαιν ἐμοί.
ἐρείσατ', ὦ παῖ, πλευρὸν ἀμφιδέξιον
ἐμφύντε τῷ φύσαντι, κἀναπαύσατον
τοῦ πρόσθ' ἐρήμου τοῦδε δυστήνου πλάνου.
καί μοι τὰ πραχθέντ' εἴπαθ' ὡς βράχιστ', ἐπεὶ
ταῖς τηλικαῖσδε σμικρὸς ἐξαρκεῖ λόγος.
Αν. ὅδ' ἔσθ' ὁ σώσας· τοῦδε χρὴ κλύειν, πάτερ,
καὶ σοί τε τοὔργον τοῦτ' ἐμοί τ' ἔσται βραχύ.
Οι. ὦ ξεῖνε, μὴ θαύμαζε πρὸς τὸ λιπαρές,
τέκν' εἰ φανέντ' ἄελπτα μηκυνῶ λόγον.
ἐπίσταμαι γὰρ τήνδε τὴν ἐς τάσδε μοι
τέρψιν παρ' ἄλλου μηδενὸς πεφασμένην.
σὺ γάρ νιν ἐξέσωσας, οὐκ ἄλλος βροτῶν.
καί σοι θεοὶ πόροιεν ὡς ἐγὼ θέλω,
αὐτῷ τε καὶ γῇ τῇδ'· ἐπεὶ τό γ' εὐσεβὲς
μόνοις παρ' ὑμῖν ηὗρον ἀνθρώπων ἐγὼ
καὶ τοὐπιεικὲς καὶ τὸ μὴ ψευδοστομεῖν.
εἰδὼς δ' ἀμύνω τοῖσδε τοῖς λόγοις τάδε.
ἔχω γὰρ ἅχω διὰ σὲ κοὐκ ἄλλον βροτῶν.

TERZO EPISODIO

CORIFEO O straniero errante, da quello che scorgo non dirai che sono falso profeta; vedo avvicinarsi di nuovo le fanciulle scortate.

EDIPO Dove, dove? Che dici? Come hai detto?

ANTIGONE (*entrando da destra con Ismene e Teseo*) O padre, padre, se un dio ti concedesse di vedere quest'uomo nobile, che ci ha ricondotte qui a te!

EDIPO O figlia, davvero siete qui entrambe?

ANTIGONE Le braccia di Teseo e dei suoi fedeli compagni ci salvarono.

EDIPO Avvicinatevi, figlie, a vostro padre, e fatemi toccare i vostri corpi, che tornano contro ogni speranza.

ANTIGONE Tu chiedi ciò che stai per avere: compiere il tuo desiderio è gioia per noi.

EDIPO (*a tentoni*) Dove, dove siete dunque?

ANTIGONE Ecco, insieme ti stiamo vicine.

EDIPO O carissimi miei virgulti!

ANTIGONE Tutto è caro a un padre.

EDIPO O miei sostegni!

ANTIGONE Infelici sostegni di un infelice.

EDIPO Ho quanto mi è più caro; e anche se morissi, non sarei più del tutto infelice, avendovi accanto. Sostenete vostro padre, o figlie, stringendovi a lui dai due lati, e date tregua all'infelice solitario mio vagare. E narratemi l'accaduto brevemente: a chi è giovane come voi basta breve discorso.

ANTIGONE Ecco il nostro salvatore; lui bisogna ascoltare, padre, e per te e per me sarà breve opera.

EDIPO Ospite, non ti stupisca se esagero, facendo un lungo discorso alle mie figlie insperatamente ricomparse: so che questa gioia di loro da nessun altro mi viene se non da te. Tu le salvasti, non altro mortale: e a te gli dèi concedano come io desidero, a te e alla tua terra; soltanto presso di voi tra gli uomini ho trovato pietà e giustizia e sincerità. Lo so bene, e con queste parole ti ricambio: quello che ho, l'ho

καί μοι χέρ', ὦναξ, δεξιὰν ὄρεξον, ὡς
ψαύσω φιλήσω τ', εἰ θέμις, τὸ σὸν κάρα.
καίτοι τί φωνῶ; πῶς σ' ἂν ἄθλιος γεγὼς
θιγεῖν θελήσαιμ' ἀνδρὸς ᾧ τίς οὐκ ἔνι
κηλὶς κακῶν ξύνοικος; οὐκ ἔγωγέ σε,
οὐδ' οὖν ἐάσω. τοῖς γὰρ ἐμπείροις βροτῶν
μόνοις οἷόν τε συνταλαιπωρεῖν τάδε.
σὺ δ' αὐτόθεν μοι χαῖρε καὶ τὰ λοιπά μου
μέλου δικαίως, ὥσπερ ἐς τόδ' ἡμέρας.
Θη. οὔτ' εἴ τι μῆκος τῶν λόγων ἔθου πλέον,
τέκνοισι τερφθεὶς τοῖσδε, θαυμάσας ἔχω,
οὔτ' εἰ πρὸ τοὐμοῦ προὔλαβες τὰ τῶνδ' ἔπη.
βάρος γὰρ ἡμᾶς οὐδὲν ἐκ τούτων ἔχει.
οὐ γὰρ λόγοισι τὸν βίον σπουδάζομεν
λαμπρὸν ποιεῖσθαι μᾶλλον ἢ τοῖς δρωμένοις.
δείκνυμι δ'· ὧν γὰρ ὤμοσ' οὐκ ἐψευσάμην
οὐδέν σε, πρέσβυ. τάσδε γὰρ πάρειμ' ἄγων
ζώσας, ἀκραιφνεῖς τῶν κατηπειλημένων.
χὤπως μὲν ἁγὼν ᾑρέθη τί δεῖ μάτην
κομπεῖν, ἅ γ' εἴσῃ καὐτὸς ἐκ τούτοιν ξυνών;
λόγος δ' ὃς ἐμπέπτωκεν ἀρτίως ἐμοὶ
στείχοντι δεῦρο, συμβαλοῦ γνώμην, ἐπεὶ
σμικρὸς μὲν εἰπεῖν, ἄξιος δὲ θαυμάσαι.
πρᾶγος δ' ἀτίζειν οὐδὲν ἄνθρωπον χρεών.
Οι. τί δ' ἔστι, τέκνον Αἰγέως; δίδασκέ με,
ὡς μὴ εἰδότ' αὐτὸν μηδὲν ὧν σὺ πυνθάνῃ.
Θη. φασίν τιν' ἡμῖν ἄνδρα, σοὶ μὲν ἔμπολιν
οὐκ ὄντα, συγγενῆ δέ, προσπεσόντα πως
βωμῷ καθῆσθαι τῷ Ποσειδῶνος, παρ' ᾧ
θύων ἔκυρον, ἡνίχ' ὡρμώμην ἐγώ.
Οι. ποδαπόν; τί προσχρῄζοντα τῷ θακήματι;
Θη. οὐκ οἶδα πλὴν ἕν· σοῦ γάρ, ὡς λέγουσί μοι,
βραχύν τιν' αἰτεῖ μῦθον οὐκ ὄγκου πλέων.
Οι. ποῖόν τιν'; οὐ γὰρ ἥδ' ἕδρα σμικροῦ λόγου.
Θη. σοὶ φασὶν αὐτὸν ἐς λόγους μολόντα δὴ
αἰτεῖν ἀπελθεῖν ἀσφαλῶς τῆς δεῦρ' ὁδοῦ.

soltanto per opera tua. Dammi la tua destra, o re, che io la stringa, che io ti baci, se consenti. Ma che dico? Uno sventurato quale io sono, come potrebbe chiederti di toccare un uomo in cui abita la macchia di tante colpe?[55] Non te lo permetterò: solo chi le ha provate, può partecipare a queste sventure. Lì dove sei, io ti saluto; e prenditi lealmente cura di me in futuro, come facesti finora.

TESEO Non mi sono meravigliato che tu abbia parlato a lungo, per la gioia di riavere le tue figlie, né che tu abbia anteposto le loro parole alle mie: non sono affatto offeso per questo. Non con le parole, ma piuttosto con le azioni io cerco di dare gloria alla mia vita. E te lo provo: per quanto ti giurai, non ti ho ingannato, vecchio. Ecco, ti riporto le figlie, vive, illese da ogni minaccia. E quanto poi all'esito della lotta, perché farne vanto, se tu stesso potrai saperlo, stando insieme con loro? Ma su una voce che mi giunse poco fa, mentre venivo qui, rivolgi la tua attenzione. Bastano poche parole a dirla, ma merita stupore: e un uomo non deve trascurare nessun fatto.

EDIPO Che c'è, figlio di Egeo? Spiegami, perché non so nulla di quanto mi chiedi.

TESEO Dicono che un uomo, che non è tuo concittadino ma tuo congiunto, stia prostrato presso l'altare di Poseidon, dove io mi trovavo a sacrificare, quando mossi per venire qui.

EDIPO Di quale paese? Che cosa chiede, così supplicando?

TESEO So questo soltanto: vuole da te, a quanto mi dicono, una parola da poco, senza importanza.

EDIPO Quale mai? Quel luogo non è senza importanza.

TESEO Dicono che chiede di venire a colloquio con te, e poi di tornarsene via di qui in sicurezza.

[55] La formula τίς οὐκ (interrogativo) equivale a πᾶσα; si noti che la valenza interrogativa, dunque, incide tanto sulla principale, quanto sulla subordinata, considerate ciascuna per sé.

Οι. τίς δῆτ' ἂν εἴη τήνδ' ὁ προσθακῶν ἕδραν;
Θη. ὅρα κατ' Ἄργος εἴ τις ὑμὶν ἐγγενὴς
ἔσθ', ὅστις ἄν σου τοῦτο προσχρῄζοι τυχεῖν.
Οι. ὦ φίλτατε, σχὲς οὗπερ εἶ. Θη. τί δ' ἔστι σοι;
Οι. μή μου δεηθῇς. Θη. πράγματος ποίου; λέγε.
Οι. ἔξοιδ' ἀκούων τῶνδ' ὅς ἐσθ' ὁ προστάτης.
Θη. καὶ τίς ποτ' ἐστίν, ὅν γ' ἐγὼ ψέξαιμί τι;
Οι. παῖς οὑμός, ὦναξ, στυγνός, οὗ λόγων ἐγὼ
ἄλγιστ' ἂν ἀνδρῶν ἐξανασχοίμην κλύων.
Θη. τί δ'; οὐκ ἀκούειν ἔστι, καὶ μὴ δρᾶν ἃ μὴ
χρῄζεις; τί σοι τοῦτ' ἐστὶ λυπηρὸν κλύειν;
Οι. ἔχθιστον, ὦναξ, φθέγμα τοῦθ' ἥκει πατρί·
καὶ μή μ' ἀνάγκῃ προσβάλῃς τάδ' εἰκαθεῖν.
Θη. ἀλλ' εἰ τὸ θάκημ' ἐξαναγκάζει σκόπει·
μή σοι πρόνοι' ᾖ τοῦ θεοῦ φυλακτέα.
Αν. πάτερ, πιθοῦ μοι, κεἰ νέα παραινέσω.
τὸν ἄνδρ' ἔασον τόνδε τῇ θ' αὑτοῦ φρενὶ
χάριν παρασχεῖν τῷ θεῷ θ' ἃ βούλεται,
καὶ νῷν ὕπεικε τὸν κασίγνητον μολεῖν.
οὐ γάρ σε, θάρσει, πρὸς βίαν παρασπάσει
γνώμης ἃ μή σοι συμφέροντα λέξεται.
λόγων δ' ἀκοῦσαι τίς βλάβη; τά τοι κακῶς
ηὑρημέν' ἔργα τῷ λόγῳ μηνύεται.
ἔφυσας αὐτόν· ὥστε μηδὲ δρῶντά σε
τὰ τῶν κακίστων δυσσεβέστατ', ὦ πάτερ,
θέμις σέ γ' εἶναι κεῖνον ἀντιδρᾶν κακῶς.
ἀλλ' ἔα νιν. εἰσὶ χἀτέροις γοναὶ κακαὶ
καὶ θυμὸς ὀξύς, ἀλλὰ νουθετούμενοι
φίλων ἐπῳδαῖς ἐξεπᾴδονται φύσιν.
σὺ δ' εἰς ἐκεῖνα, μὴ τὰ νῦν, ἀποσκόπει
πατρῷα καὶ μητρῷα πήμαθ' ἅπαθες,
κἂν κεῖνα λεύσσῃς, οἶδ' ἐγώ, γνώσῃ κακοῦ
θυμοῦ τελευτὴν ὡς κακὴ προσγίγνεται.
ἔχεις γὰρ οὐχὶ βαιὰ τἀνθυμήματα,
τῶν σῶν ἀδέρκτων ὀμμάτων τητώμενος.
ἀλλ' ἡμὶν εἶκε. λιπαρεῖν γὰρ οὐ καλὸν

EDIPO E chi sarebbe questo supplice?

TESEO Rifletti se c'è qualche vostro parente in Argo, che possa chiederti questo favore.

EDIPO Carissimo, fermati a questo punto.

TESEO Che ti accade?

EDIPO Non farmi domande!

TESEO A proposito di che? Dimmi.

EDIPO Dalle tue parole ho compreso chi è il supplice.

TESEO E chi è costui? Perché dovrei biasimarlo?

EDIPO È il figlio mio, nefasto, o signore: ascoltare le sue parole sarebbe per me il dolore più grande.

TESEO Perché? Non puoi ascoltarlo, e non fare ciò che non vuoi? Perché ti è penoso udirlo?

EDIPO Odiosissima, signore, la sua voce giunge al padre; non costringermi a cedere.

TESEO Ma rifletti se non ti costringe il suo atteggiamento; tu devi rispettare la provvidenza del dio.

ANTIGONE Padre, ascoltami, sebbene giovane ti darò un consiglio. Lascia che questo signore dia soddisfazione, come desidera, all'animo suo e al dio; e a noi due concedi che venga qui nostro fratello. Sii tranquillo, non ti distoglierà a forza dal tuo proposito ciò che dirà contro il tuo interesse. Qual è il danno a udire delle parole? Esse rivelano le cattive intenzioni. Tu lo generasti; e anche se commise verso di te le azioni più empie e scellerate, non è giusto, padre, che tu gli renda male per male. Lascialo venire. Anche altri genitori hanno figli malvagi e aspra ira; ma ammoniti quasi con incantesimi dai loro cari, mitigano la loro natura. Tu non pensare[56] ai mali presenti, ma a quelli che soffristi da tuo padre e da tua madre; e guardando ad essi comprenderai, sono certa, come tristo è l'esito di una trista collera: ne hai un non lieve argomento dai tuoi occhi ciechi, di cui sei privo. Cedi a noi, dunque: non è bello che insista chi chiede

[56] Propriamente, ἀποσκόπει è un verbo che indica l'atto di vedere, come di seguito λεύσσῃς, al v. 1197. Si può supporre che il loro impiego si riferisca intenzionalmente alla condizione di cecità di Edipo, quasi a indicare che ora per lui è solo il pensiero a svolgere la funzione degli occhi.

δίκαια προσχρῄζουσιν, οὐδ' αὐτὸν μὲν εὖ
πάσχειν, παθόντα δ' οὐκ ἐπίστασθαι τίνειν.
Οι. τέκνον, βαρεῖαν ἡδονὴν νικᾶτέ με
λέγοντες· ἔστω δ' οὖν ὅπως ὑμῖν φίλον.
μόνον, ξέν', εἴπερ κεῖνος ὧδ' ἐλεύσεται,
μηδεὶς κρατείτω τῆς ἐμῆς ψυχῆς ποτέ.
Θη. ἅπαξ τὰ τοιαῦτ', οὐχὶ δὶς χρῄζω κλύειν,
ὦ πρέσβυ. κομπεῖν δ' οὐχὶ βούλομαι· σὺ δε
σῶν ἴσθ', ἐάν περ κἀμέ τις σῴζῃ θεῶν.

Χο. ὅστις τοῦ πλέονος μέρους στρ.
χρῄζει τοῦ μετρίου παρεὶς
ζώειν, σκαιοσύναν φυλάσ-
σων ἐν ἐμοὶ κατάδηλος ἔσται.
ἐπεὶ πολλὰ μὲν αἱ μακραὶ
ἁμέραι κατέθεντο δὴ
λύπας ἐγγυτέρω, τὰ τέρ-
ποντα δ' οὐκ ἂν ἴδοις ὅπου,
ὅταν τις ἐς πλέον πέσῃ
τοῦ δέοντος· ὁ δ' ἐπίκουρος ἰσοτέλεστος,
Ἄιδος ὅτε μοῖρ' ἀνυμέναιος
ἄλυρος ἄχορος ἀναπέφηνε,
θάνατος ἐς τελευτάν.

μὴ φῦναι τὸν ἅπαντα νι- ἀντ.
κᾷ λόγον· τὸ δ', ἐπεὶ φανῇ,
βῆναι κεῖσ' ὁπόθεν περ ἥ-
κει πολὺ δεύτερον ὡς τάχιστα.
ὡς εὖτ' ἂν τὸ νέον παρῇ
κούφας ἀφροσύνας φέρον,
τίς πλάγχθη πολὺ μόχθος ἔ-
ξω; τίς οὐ καμάτων ἔνι;
φθόνος, στάσεις, ἔρις, μάχαι
καὶ φόνοι· τό τε κατάμεμπτον ἐπιλέλογχε

il giusto; né che, chi ha avuto un beneficio, non sappia poi ricambiarlo.

EDIPO Figlia, con le vostre parole mi convincete a darvi una gioia, pur grave per me; ma sia come piace a voi. Soltanto, ospite, se quell'uomo verrà qui, nessuno si impadronisca della mia persona.

TESEO Queste parole basta sentirle una volta sola, vecchio, non due. Non voglio vantarmi, ma sta sicuro che sarai salvo, purché un dio conservi salvo anche me. (*Esce da destra, col seguito.*)

TERZO STASIMO

CORO Chi troppo a lungo vivere
ambisce, giusta misura
eccedendo, per me racchiude
manifestamente stoltezza.
Poiché di solito i molti giorni
impongono eventi
sempre più prossimi al dolore; e dove sia gioia
non potrai vedere,
quando si cada oltre
il dovuto; ma a tutti comune soccorre,
quando il destino dell'Ade appare
senza imenei senza lira senza cori,
la morte alla fine.

Non essere nati è condizione
che tutte supera; ma poi, una volta apparsi,
tornare al più presto colà donde si venne,
è certo il secondo bene.
Quando giovinezza non più sia accanto
con le sue lievi follie,
quale mai affanno sta lontano,
quale mai pena non è presente?
Invidia, rivolte, contese, battaglie
e stragi: poi, spregiata sopraggiunge

πύματον ἀκρατὲς ἀπροσόμιλον
γῆρας ἄφιλον, ἵνα πρόπαντα
κακὰ κακῶν ξυνοικεῖ.

ἐν ᾧ τλάμων ὅδ', οὐκ ἐγὼ μόνος, ἐπ.
πάντοθεν βόρειος ὥς τις ἀκτὰ
κυματοπλὴξ χειμερία κλονεῖται,
ὣς καὶ τόνδε κατ' ἄκρας
δειναὶ κυματοαγεῖς
ἆται κλονέουσιν ἀεὶ ξυνοῦσαι,
αἱ μὲν ἀπ' ἀελίου δυσμᾶν,
αἱ δ' ἀνατέλλοντος,
αἱ δ' ἀνὰ μέσσαν ἀκτῖν',
αἱ δ' ἐννυχιᾶν ἀπὸ Ῥιπᾶν.

Αν. καὶ μὴν ὅδ' ἡμῖν, ὡς ἔοικεν, ὁ ξένος . . .
Οι. τίς οὗτος; Αν. ὅνπερ καὶ πάλαι κατείχομεν 1252
γνώμῃ, πάρεστι δεῦρο Πολυνείκης ὅδε. 1253
ἀνδρῶν δὲ μοῦνος, ὦ πάτερ, δι' ὄμματος 1250
ἀστακτὶ λείβων δάκρυον ὧδ' ὁδοιπορεῖ. 1251

ΠΟΛΥΝΕΙΚΗΣ

οἴμοι, τί δράσω; πότερα τἀμαυτοῦ κακὰ
πρόσθεν δακρύσω, παῖδες, ἢ τὰ τοῦδ' ὁρῶν
πατρὸς γέροντος; ὃν ξένης ἐπὶ χθονὸς
σὺν σφῷν ἐφηύρηκ' ἐνθάδ' ἐκβεβλημένον
ἐσθῆτι σὺν τοιᾷδε, τῆς ὁ δυσφιλὴς
γέρων γέροντι συγκατῴκηκεν πίνος
πλευρὰν μαραίνων, κρατὶ δ' ὀμματοστερεῖ
κόμη δι' αὔρας ἀκτένιστος ᾄσσεται·
ἀδελφὰ δ', ὡς ἔοικε, τούτοισιν φορεῖ
τὰ τῆς ταλαίνης νηδύος θρεπτήρια.
ἁγὼ πανώλης ὄψ' ἄγαν ἐκμανθάνω·

estrema impotente intrattabile
vecchiezza senza amici, dove
tutti i mali più crudeli coabitano.

In essa è quest'infelice, non io soltanto;
come scogliera boreale da ogni lato
percossa dalle onde invernali è sconvolta,
così anche costui al sommo
terribili sventure violente
al pari di onde investono sempre senza tregua,
quali sorgendo da occidente,
quali da levante,
quali ancora da mezzogiorno,
e quali dai Ripei tenebrosi.[57]

QUARTO EPISODIO

ANTIGONE Ecco arriva, sembra, il forestiero; solo e senza alcuno avanza, o padre, copioso pianto versando dagli occhi.[58]

EDIPO Chi è costui?

ANTIGONE Chi da un po' avevamo in mente, Polinice: eccolo, è qui.

POLINICE (*entrando da sinistra*) Ahimè, che farò? Piangerò prima, fanciulle, i miei mali, o quelli del vecchio padre, che qui vedo? Lo trovo in terra straniera insieme con voi, esiliato, in una veste tale, il cui ripugnante squallore è invecchiato con lui macerandogli il fianco; e sul capo privo di occhi un'incolta chioma s'agita al vento: e simile, sembra, porta il nutrimento del suo povero ventre. E io, sciagurato, troppo

[57] I mitici monti Ripei segnavano il confine settentrionale del mondo conosciuto.

[58] La traduzione rinuncia alla trasposizione dei vv. 1250 sg., proposta da Housman e accolta da Pearson, che comporta un'interruzione del discorso di Antigone da parte di Edipo. Il significato di ἀνδρῶν δὲ μούνος è indubbio; ma vale la pena di ricordare la bizzarra interpretazione, secondo cui la frase varrebbe « piangendo dirottamente, lui solo fra gli uomini » (a differenza delle donne, cui il pianto è consueto).

καὶ μαρτυρῶ κάκιστος ἀνθρώπων τροφαῖς
ταῖς σαῖσιν ἥκειν· τἀμὰ μὴ 'ξ ἄλλων πύθῃ.
ἀλλ' ἔστι γὰρ καὶ Ζηνὶ σύνθακος θρόνων
Αἰδὼς ἐπ' ἔργοις πᾶσι, καὶ πρὸς σοί, πάτερ,
παραστάθήτω. τῶν γὰρ ἡμαρτημένων
ἄκη μέν ἐστι, προσφορὰ δ' οὐκ ἔστ' ἔτι.
τί σιγᾷς;
φώνησον, ὦ πάτερ, τι· μή μ' ἀποστραφῇς.
οὐδ' ἀνταμείβῃ μ' οὐδέν; ἀλλ' ἀτιμάσας
πέμψεις ἄναυδος, οὐδ' ἃ μηνίεις φράσας;
ὦ σπέρματ' ἀνδρὸς τοῦδ', ἐμαὶ δ' ὁμαίμονες,
πειράσατ' ἀλλ' ὑμεῖς γε κινῆσαι πατρὸς
τὸ δυσπρόσοιστον κἀπροσήγορον στόμα,
ὡς μή μ' ἄτιμον, τοῦ θεοῦ γε προστάτην,
οὕτως ἀφῇ με μηδὲν ἀντειπὼν ἔπος.
Αν. λέγ', ὦ ταλαίπωρ', αὐτὸς ὧν χρείᾳ πάρει.
τὰ πολλὰ γάρ τοι ῥήματ' ἢ τέρψαντά τι,
ἢ δυσχεράναντ', ἢ κατοικτίσαντά πως,
παρέσχε φωνὴν τοῖς ἀφωνήτοις τινά.
Πο. ἀλλ' ἐξερῶ· καλῶς γὰρ ἐξηγῇ σύ μοι·
πρῶτον μὲν αὐτὸν τὸν θεὸν ποιούμενος
ἀρωγόν, ἔνθεν μ' ὧδ' ἀνέστησεν μολεῖν
ὁ τῆσδε τῆς γῆς κοίρανος, διδοὺς ἐμοὶ
λέξαι τ' ἀκοῦσαί τ' ἀσφαλεῖ σὺν ἐξόδῳ.
καὶ ταῦτ' ἀφ' ὑμῶν, ὦ ξένοι, βουλήσομαι
καὶ τοῖνδ' ἀδελφαῖν καὶ πατρὸς κυρεῖν ἐμοί.
ἃ δ' ἦλθον ἤδη σοι θέλω λέξαι, πάτερ.
γῆς ἐκ πατρῴας ἐξελήλαμαι φυγάς,
τοῖς σοῖς πανάρχοις οὕνεκ' ἐνθακεῖν θρόνοις
γονῇ πεφυκὼς ἠξίουν γεραιτέρᾳ.
ἀνθ' ὧν μ' Ἐτεοκλῆς, ὢν φύσει νεώτερος,
γῆς ἐξέωσεν, οὔτε νικήσας λόγῳ
οὔτ' εἰς ἔλεγχον χειρὸς οὐδ' ἔργου μολών,
πόλιν δὲ πείσας. ὧν ἐγὼ μάλιστα μὲν
τὴν σὴν Ἐρινὺν αἰτίαν εἶναι λέγω·
ἔπειτα κἀπὸ μάντεων ταύτῃ κλύω.

tardi lo apprendo; e dichiaro di venire qui come il peggiore degli uomini, per le cure che ti dovevo: non saranno altri a dirti questo di me. Ma condivide il trono con Zeus anche la Clemenza, per tutte le azioni: e assista anche te, padre, poiché dei trascorsi errori v'è rimedio, ma non accrescimento. Perché taci? Di' qualche cosa, padre, non respingermi. Non mi rispondi nulla? Mi rimanderai nel disonore, senza una parola, senza nemmeno dirmi perché sei irato? O voi che siete sue figlie, sorelle mie, tentate almeno voi di muovere l'implacabile, inesorabile bocca del padre, che non mi lasci andare così spregiato, sebbene supplice del dio, senza rispondermi neanche una parola.

ANTIGONE Di' tu stesso, disgraziato, per quale necessità sei qui: un lungo discorso, sia che allieti, o susciti sdegno, o muova a compassione, fa venire la voce anche a chi non vuole parlare.

POLINICE Allora parlerò, poiché mi dai un buon consiglio. Ma prima chiamerò in aiuto il dio stesso, dal cui altare mi trasse per venire qui il re di questa terra, concedendomi di parlare e di ascoltare, e di andarmene poi in sicurezza. E questo da voi, o stranieri, desidero ottenere, e dalle mie sorelle e da mio padre; e ti dirò dunque, padre, perché sono venuto. Sono stato cacciato in esilio dalla terra paterna, perché reclamavo, essendo il più anziano per nascita, di sedere sul tuo trono con potere assoluto. E invece Eteocle, più giovane di me, mi ha bandito dal paese, non avendomi vinto con buone ragioni, né essendo venuto a prova di forza o di opere, ma perché seppe convincere la città. E causa di questo io affermo essere soprattutto la tua Erinni: e mi dicono così anche

ἐπεὶ γὰρ ἦλθον Ἄργος ἐς τὸ Δωρικόν,
λαβὼν Ἄδραστον πενθερόν, ξυνωμότας
ἔστησ' ἐμαυτῷ γῆς ὅσοιπερ Ἀπίας
πρῶτοι καλοῦνται καὶ τετίμηνται δορί,
ὅπως τὸν ἑπτάλογχον ἐς Θήβας στόλον
ξὺν τοῖσδ' ἀγείρας ἢ θάνοιμι πανδίκως,
ἢ τοὺς τάδ' ἐκπράξαντας ἐκβάλοιμι γῆς.
εἶέν· τί δῆτα νῦν ἀφιγμένος κυρῶ;
σοὶ προστροπαίους, ὦ πάτερ, λιτὰς ἔχων,
αὐτός τ' ἐμαυτοῦ ξυμμάχων τε τῶν ἐμῶν,
οἳ νῦν σὺν ἑπτὰ τάξεσιν σὺν ἑπτά τε
λόγχαις τὸ Θήβης πεδίον ἀμφεστᾶσι πᾶν·
οἷος δορυσσοῦς Ἀμφιάρεως, τὰ πρῶτα μὲν
δόρει κρατύνων, πρῶτα δ' οἰωνῶν ὁδοῖς·
ὁ δεύτερος δ' Αἰτωλὸς Οἰνέως τόκος
Τυδεύς· τρίτος δ' Ἐτέοκλος, Ἀργεῖος γεγώς·
τέταρτον Ἱππομέδοντ' ἀπέστειλεν πατὴρ
Ταλαός· ὁ πέμπτος δ' εὔχεται κατασκαφῇ
Καπανεὺς τὸ Θήβης ἄστυ δῃώσειν πυρί·
ἕκτος δὲ Παρθενοπαῖος Ἀρκὰς ὄρνυται,
ἐπώνυμος τῆς πρόσθεν ἀδμήτης χρόνῳ
μητρὸς λοχευθείς, πιστὸς Ἀταλάντης γόνος·
ἐγὼ δὲ σός, κεἰ μὴ σός, ἀλλὰ τοῦ κακοῦ
πότμου φυτευθείς, σός γέ τοι καλούμενος,
ἄγω τὸν Ἄργους ἄφοβον ἐς Θήβας στρατόν.
οἵ σ' ἀντὶ παίδων τῶνδε καὶ ψυχῆς, πάτερ,
ἱκετεύομεν ξύμπαντες ἐξαιτούμενοι
μῆνιν βαρεῖαν εἰκαθεῖν ὁρμωμένῳ
τῷδ' ἀνδρὶ τοὐμοῦ πρὸς κασιγνήτου τίσιν,
ὅς μ' ἐξέωσε κἀπεσύλησεν πάτρας.
εἰ γάρ τι πιστόν ἐστιν ἐκ χρηστηρίων,
οἷς ἂν σὺ προσθῇ, τοῖσδ' ἔφασκ' εἶναι κράτος.
πρός νύν σε κρηνῶν καὶ θεῶν ὁμογνίων
αἰτῶ πιθέσθαι καὶ παρεικαθεῖν, ἐπεὶ
πτωχοὶ μὲν ἡμεῖς καὶ ξένοι, ξένος δὲ σύ·

gli indovini. Infatti, giunto ad Argo in terra dorica e divenuto genero di Adrasto, legai a me con giuramento quanti sono detti i primi della terra apia e sono stimati per il loro valore.[59] Ho raccolto insieme a loro un esercito di sette schiere contro Tebe; e morrò difendendo il mio diritto, o scaccerò dal paese chi mi ha fatto questo torto. Ma perché dunque ora sono venuto qui? Ti porto, o padre, le supplici preghiere mie e dei miei alleati, i quali ora con sette eserciti e con sette lance circondano tutta la piana di Tebe.[60] Uno è il bellicoso Anfiarao, che eccelle nelle armi e pure nell'interpretare il volo degli uccelli; secondo è l'Etòlo figlio di Eneo, Tideo; terzo è l'Argivo Eteoclo; quarto Ippomedonte, mandato dal padre Talao; il quinto, Capaneo, si vanta che distruggerà, annientandola col fuoco, la rocca di Tebe; sesto s'avventa l'Arcade Partenopeo, così chiamato dalla madre che, fino allora intatta, tardi lo partorì, fedele figlio di Atalanta; e io – figlio tuo, o, se non tuo, generato dalla tua mala ventura e comunque chiamato tuo – conduco contro Tebe l'intrepido esercito d'Argo. E noi tutti, per queste tue figlie, per la tua vita, padre, ti supplichiamo, scongiurandoti di deporre la tua grave collera contro di me, ora che muovo a punire mio fratello, il quale mi cacciò in esilio, e mi privò della patria. E se bisogna avere fede negli oracoli, hanno detto che conquisterebbe il potere chi fosse assistito da te. Ora, per le sorgenti di Tebe e per gli dèi protettori della stirpe, ti scongiuro di darmi ascolto e di cedere, poiché mendico ed esule io sono, ed esule sei tu: viviamo, tu e io, adu-

59 Adrasto era il re di Argo (cfr. la nota 28). La « terra apia » è il Peloponneso, così chiamato dal nome di Apis, il mago di Naupatto che liberò la regione dai mostri (cfr. Eschilo, *Supplici*, v. 260 sgg.).

60 I sette capi dell'esercito argivo elencati di seguito sono diffusamente descritti nei vv. 375-651 dei *Sette contro Tebe* di Eschilo.

ἄλλους δὲ θωπεύοντες οἰκοῦμεν σύ τε
κἀγώ, τὸν αὐτὸν δαίμον' ἐξειληχότες.
ὁ δ' ἐν δόμοις τύραννος, ὢ τάλας ἐγώ,
κοινῇ καθ' ἡμῶν ἐγγελῶν ἁβρύνεται·
ὅν, εἰ σὺ τἠμῇ ξυμπαραστήσῃ φρενί,
βραχεῖ σὺν ὄγκῳ καὶ χρόνῳ διασκεδῶ.
ὥστ' ἐν δόμοισι τοῖσι σοῖς στήσω σ' ἄγων,
στήσω δ' ἐμαυτόν, κεῖνον ἐκβαλὼν βίᾳ.
καὶ ταῦτα σοῦ μὲν ξυνθέλοντος ἔστι μοι
κομπεῖν, ἄνευ σοῦ δ' οὐδὲ σωθῆναι σθένω.
Χο. τὸν ἄνδρα, τοῦ πέμψαντος οὕνεκ', Οἰδίπου,
εἰπὼν ὁποῖα ξύμφορ' ἔκπεμψαι πάλιν.
Οι. ἀλλ' εἰ μέν, ἄνδρες, τῆσδε δημοῦχος χθονὸς
μὴ 'τύγχαν' αὐτὸν δεῦρο προσπέμψας ἐμοὶ
Θησεύς, δικαιῶν ὥστ' ἐμοῦ κλύειν λόγους,
οὔ τἄν ποτ' ὀμφῆς τῆς ἐμῆς ἐπῄσθετο·
νῦν δ' ἀξιωθεὶς εἶσι κἀκούσας γ' ἐμοῦ
τοιαῦθ' ἃ τὸν τοῦδ' οὔ ποτ' εὐφρανεῖ βίον·
ὅς γ', ὦ κάκιστε, σκῆπτρα καὶ θρόνους ἔχων,
ἃ νῦν ὁ σὸς ξύναιμος ἐν Θήβαις ἔχει,
τὸν αὐτὸς αὑτοῦ πατέρα τόνδ' ἀπήλασας
κἄθηκας ἄπολιν καὶ στολὰς ταύτας φορεῖν
ἃς νῦν δακρύεις εἰσορῶν, ὅτ' ἐν πόνῳ
ταὐτῷ βεβηκὼς τυγχάνεις ἴσων ἐμοί.
οὐ κλαυτὰ δ' ἐστίν, ἀλλ' ἐμοὶ μὲν οἰστέα
τάδ' ἕωσπερ ἂν ζῶ, σοῦ φονέως μεμνημένος·
σὺ γάρ με μόχθῳ τῷδ' ἔθηκας ἔντροφον,
σύ μ' ἐξέωσας· ἐκ σέθεν δ' ἀλώμενος
ἄλλους ἐπαιτῶ τὸν καθ' ἡμέραν βίον.
εἰ δ' ἐξέφυσα τάσδε μὴ 'μαυτῷ τροφοὺς
τὰς παῖδας, ἦ τἂν οὐκ ἂν ἦ, τὸ σὸν μέρος·
νῦν δ' αἵδε μ' ἐκσῴζουσιν, αἵδ' ἐμαὶ τροφοί,
αἵδ' ἄνδρες, οὐ γυναῖκες, ἐς τὸ συμπονεῖν·
ὑμεῖς δ' ἀπ' ἄλλου κοὐκ ἐμοῦ πεφύκατον.
τοιγάρ σ' ὁ δαίμων εἰσορᾷ μὲν οὔ τί πω
ὡς αὐτίκ', εἴπερ οἵδε κινοῦνται λόχοι

lando il prossimo, partecipi di una medesima sorte. Ed egli, sovrano nella reggia, me infelice!, ridendo di entrambi insieme insuperbisce; ma io, se tu favorirai il mio proposito, con piccolo sforzo in breve lo sgominerò. E ti ricondurrò alla tua reggia, dove sederò io stesso, dopo avere scacciato lui con la violenza. E di questo potrò vantarmi, se lo vorrai anche tu; ma senza di te, non ho neppure la forza di uscirne salvo.

CORIFEO Per riguardo a chi lo ha fatto venire, Edipo, rispondigli come conviene, e poi rimandalo.

EDIPO (*al coro*) O reggitori[61] di questo paese, se costui non l'avesse mandato qui da me Teseo, ritenendo giusto che io gli parlassi, egli non avrebbe mai sentito il suono della mia voce. E ora se ne andrà soddisfatto, ma avendo udito da me cose tali, che non rallegreranno mai la sua vita. (*A Polinice*) Tu, o scellerato, quando possedevi lo scettro e il trono, che ora possiede in Tebe tuo fratello, scacciasti tu stesso il tuo stesso padre, e lo privasti della patria e gli desti da portare queste vesti, alla cui vista piangi ora, quando ti trovi nella stessa mia sventura. La mia sorte non è da piangere, ma solo da sopportare finché vivo, ricordando che fosti tu ad uccidermi; tu mi riducesti a vivere in questa miseria, tu mi scacciasti; per causa tua ramingo chiedo agli altri di che vivere alla giornata. E se non avessi generato queste figlie che mi nutrono, non esisterei più per quanto ti riguarda. Ora sono loro a tenermi in vita, sono esse le mie nutrici, uomini e non donne, nel penare con me: voi due da un altro siete nati, non da me. Certo, un dio ti guarda: ma non ancora come farà tra breve, se davvero queste schiere muovo-

61 I mss. si dividono fra δημοῦχοι, preferito dalla traduzione, e δημοῦχος riferito a Teseo, che è scelto da Pearson. I vecchi del coro possono ben venire appellati « reggenti » da Edipo nell'agitazione del momento, essendo assente Teseo; ma una preferenza definitiva tra le due varianti rimane difficile.

πρὸς ἄστυ Θήβης. οὐ γὰρ ἔσθ' ὅπως πόλιν
κείνην ἐρείψεις, ἀλλὰ πρόσθεν αἵματι
πεσῇ μιανθεὶς χὠ σύναιμος ἐξ ἴσου.
τοιάσδ' ἀρὰς σφῷν πρόσθε τ' ἐξανῆκ' ἐγὼ
νῦν τ' ἀνακαλοῦμαι ξυμμάχους ἐλθεῖν ἐμοί,
ἵν' ἀξιῶτον τοὺς φυτεύσαντας σέβειν,
καὶ μὴ 'ξατιμάζητον, εἰ τυφλοῦ πατρὸς
τοιώδ' ἔφυτον. αἵδε γὰρ τάδ' οὐκ ἔδρων.
τοιγὰρ τὸ σὸν θάκημα καὶ τοὺς σοὺς θρόνους
κρατοῦσιν, εἴπερ ἔστιν ἡ παλαίφατος
Δίκη, ξύνεδρος Ζηνὸς ἀρχαίοις νόμοις.
σὺ δ' ἔρρ' ἀπόπτυστός τε κἀπάτωρ ἐμοῦ,
κακῶν κάκιστε, τάσδε συλλαβὼν ἀράς,
ἅς σοι καλοῦμαι, μήτε γῆς ἐμφυλίου
δόρει κρατῆσαι μήτε νοστῆσαί ποτε
τὸ κοῖλον Ἄργος, ἀλλὰ συγγενεῖ χερὶ
θανεῖν κτανεῖν θ' ὑφ' οὗπερ ἐξελήλασαι.
τοιαῦτ' ἀρῶμαι, καὶ καλῶ τὸ Ταρτάρου
στυγνὸν πατρῷον ἔρεβος, ὥς σ' ἀποικίσῃ,
καλῶ δὲ τάσδε δαίμονας, καλῶ δ' Ἄρη
τὸν σφῷν τὸ δεινὸν μῖσος ἐμβεβληκότα.
καὶ ταῦτ' ἀκούσας στεῖχε, κἀξάγγελλ' ἰὼν
τοῖς πᾶσι Καδμείοισι τοῖς σαυτοῦ θ' ἅμα
πιστοῖσι συμμάχοισιν, οὕνεκ' Οἰδίπους
τοιαῦτ' ἔνειμε παισὶ τοῖς αὑτοῦ γέρα.

Χο. Πολύνεικες, οὔτε ταῖς παρελθούσαις ὁδοῖς
ξυνήδομαί σοι, νῦν τ' ἴθ' ὡς τάχος πάλιν.

Πο. οἴμοι κελεύθου τῆς τ' ἐμῆς δυσπραξίας
οἴμοι δ' ἑταίρων· οἷον ἆρ' ὁδοῦ τέλος
Ἄργους ἀφωρμήθημεν, ὢ τάλας ἐγώ,
τοιοῦτον οἷον οὐδὲ φωνῆσαί τινι
ἔξεσθ' ἑταίρων, οὐδ' ἀποστρέψαι πάλιν,
ἀλλ' ὄντ' ἄναυδον τῇδε συγκῦρσαι τύχῃ.
ὦ τοῦδ' ὅμαιμοι παῖδες, ἀλλ' ὑμεῖς, ἐπεὶ
τὰ σκληρὰ πατρὸς κλύετε τοῦδ' ἀρωμένου,
μή τοί με πρὸς θεῶν σφώ γ', ἐὰν αἱ τοῦδ' ἀραὶ

no contro la rocca di Tebe. Poiché non avverrà che tu espugni quella città; ma prima cadrai macchiandoti di sangue, e tuo fratello del pari. Tali maledizioni già prima io scagliai contro di voi; ed ecco, le invoco ancora a mie alleate, affinché impariate che bisogna venerare i genitori, e non disprezziate vostro padre cieco, da cui tali nasceste: le sorelle tue non così hanno agito. Per questo le mie imprecazioni vinceranno le tue suppliche e il tuo trono, se è vero che l'antica Dike siede accanto a Zeus, secondo le leggi antiche. E tu va in malora, aborrito e rinnegato da tuo padre, o scelleratissimo fra gli scellerati, e portati queste maledizioni che io scaglio su di te: tu non vincerai con le armi la tua terra natale, e non tornerai mai alle valli di Argo, ma morrai per mano del fratello, e ucciderai lui, dal quale sei stato esiliato. Così ti maledico, e invoco l'orrida tenebra del Tartaro, affinché ti accolga; e invoco le dee di questo luogo, e invoco Ares, che ha gettato tra di voi quest'odio tremendo. Ora che hai ascoltato le mie parole, va; e annunzia a tutti i Cadmei, e insieme ai tuoi fidi alleati, che Edipo tali doni ha distribuito ai suoi figli.

CORIFEO Polinice, non mi rallegro con te per il cammino che hai fatto; e ora torna indietro al più presto.

POLINICE Ahimè, sventurato mio viaggio e vano; ahi, miei compagni! Per quale esito muovemmo da Argo, misero me, tale che non potrò rivelarlo ad alcuno dei miei compagni, né farli tornare indietro; ma debbo andare incontro, in silenzio, a questa sorte! Ma voi almeno, o mie sorelle, figlie di quest'uomo, voi che avete udito nostro padre maledirmi aspramente, no, per gli dèi, se le sue maledizioni si compi-

πατρὸς τελῶνται καί τις ὑμὶν ἐς δόμους
νόστος γένηται, μή μ᾽ ἀτιμάσητέ γε,
ἀλλ᾽ ἐν τάφοισι θέσθε κἀν κτερίσμασιν.
καὶ σφῷν ὁ νῦν ἔπαινος, ὃν κομίζετον
τοῦδ᾽ ἀνδρὸς οἷς πονεῖτον, οὐκ ἐλάσσονα
ἔτ᾽ ἄλλον οἴσει τῆς ἐμῆς ὑπουργίας.
Αν. Πολύνεικες, ἱκετεύω σε πεισθῆναί τί μοι.
Πο. ὦ φιλτάτη, τὸ ποῖον, Ἀντιγόνη; λέγε.
Αν. στρέψαι στράτευμ᾽ εἰς Ἄργος ὡς τάχιστά γε,
καὶ μὴ σέ τ᾽ αὐτὸν καὶ πόλιν διεργάσῃ.
Πο. ἀλλ᾽ οὐχ οἷόν τε. πῶς γὰρ αὖθις ἂν πάλιν
στράτευμ᾽ ἄγοιμι ταὐτὸν εἰσάπαξ τρέσας;
Αν. τί δ᾽ αὖθις, ὦ παῖ, δεῖ σε θυμοῦσθαι; τί σοι
πάτραν κατασκάψαντι κέρδος ἔρχεται;
Πο. αἰσχρὸν τὸ φεύγειν, καὶ τὸ πρεσβεύοντ᾽ ἐμὲ
οὕτω γελᾶσθαι τοῦ κασιγνήτου πάρα.
Αν. ὁρᾷς τὰ τοῦδ᾽ οὖν ὡς ἐς ὀρθὸν ἐκφέρεις
μαντεύμαθ᾽, ὃς σφῷν θάνατον ἐξ ἀμφοῖν θροεῖ;
Πο. χρῄζει γάρ· ἡμῖν δ᾽ οὐχὶ συγχωρητέα.
Αν. οἴμοι τάλαινα· τίς δὲ τολμήσει κλύων
τὰ τοῦδ᾽ ἕπεσθαι τἀνδρός, οἷ᾽ ἐθέσπισεν;
Πο. οὐδ᾽ ἀγγελοῦμεν φλαῦρ᾽· ἐπεὶ στρατηλάτου
χρηστοῦ τὰ κρείσσω μηδὲ τἀνδεᾶ λέγειν.
Αν. οὕτως ἄρ᾽, ὦ παῖ, ταῦτά σοι δεδογμένα;
Πο. καὶ μή μ᾽ ἐπίσχῃς γ᾽· ἀλλ᾽ ἐμοὶ μὲν ἥδ᾽ ὁδὸς
ἔσται μέλουσα δύσποτμός τε καὶ κακὴ
πρὸς τοῦδε πατρὸς τῶν τε τοῦδ᾽ Ἐρινύων.
σφῷν δ᾽ εὖ διδοίη Ζεύς, τάδ᾽ εἰ τελεῖτέ μοι,
θανόντ᾽ ἐπεὶ οὐδὲ ζῶντά μ᾽ αὖθις ἕξετον.
μέθεσθε δ᾽ ἤδη, χαίρετόν τ᾽. οὐ γάρ μ᾽ ἔτι
βλέποντ᾽ ἐσόψεσθ᾽ αὖθις. Αν. ὦ τάλαιν᾽ ἐγώ.

ranno e farete ritorno in patria, non mi recate offesa, ma ponetemi nella tomba con gli onori dovuti. E alla lode che riportate dalle vostre pene per costui si aggiungerà ancora, non minore, quella della grazia concessami.

ANTIGONE Polinice, ti supplico, ascolta questa mia preghiera.

POLINICE Diletta Antigone, quale? Dimmi.

ANTIGONE Riporta al più presto l'esercito ad Argo, e non rovinare te stesso e la città.

POLINICE Ma non è possibile; come potrei guidare ancora quell'esercito nel ritorno,[62] dopo avere mostrato paura?

ANTIGONE Sei giovane: perché indulgere ancora all'ira? Che vantaggio ti viene a distruggere la tua patria?

POLINICE È vergogna per me l'esilio, e l'essere così deriso, io che sono il maggiore, da mio fratello.

ANTIGONE Vedi come diritte procedono[63] le profezie del padre, il quale vi annuncia reciproca morte?

POLINICE È lui che lo predice: ma noi non dobbbiamo cedere.

ANTIGONE Ahimè misera; e chi oserà seguirti, conoscendo le profezie che ha fatto?

POLINICE Non porterò sinistre notizie; un buon comandante parla dei suoi vantaggi, non delle difficoltà.

ANTIGONE È questa dunque, mio caro, la tua decisione?

POLINICE E tu non trattenermi: dovrò percorrere io questa via sventurata e nefasta, assegnatami dal padre e dalle sue Erinni. Quanto a voi, su buona via vi guidi Zeus, se mi darete, quando sarò morto, le cure che non potrete più darmi da vivo. Lasciatemi ormai, addio! Non mi vedrete più in vita.

ANTIGONE Me misera!

[62] Forse, è preferibile considerare αὖθις ... πάλιν come un nesso unico, e intendere « come potrei guidare ancora quel medesimo esercito », ossia le armate di Argo.

[63] Nel testo è accolta la congettura di Tyrwhitt ἐκφέρεις: con la sua inflessibile ostilità al fratello, Polinice porta a compimento la predizione del padre. La traduzione segue ἐκφέρει dei mss., intendendolo come intransitivo; la forma può peraltro valutarsi anche come seconda persona singolare del presente medio.

Πο. μή τοί μ' ὀδύρου. Αν. καὶ τίς ἄν σ' ὁρμώμενον
ἐς προὖπτον Ἅιδην οὐ καταστένοι, κάσι;
Πο. εἰ χρή, θανοῦμαι. Αν. μὴ σύ γ', ἀλλ' ἐμοὶ πιθοῦ.
Πο. μὴ πεῖθ' ἃ μὴ δεῖ. Αν. δυστάλαινά τἄρ' ἐγώ,
εἴ σου στερηθῶ. Πο. ταῦτα δ' ἐν τῷ δαίμονι
καὶ τῇδε φῦναι χἀτέρᾳ. σφῷν δ' οὖν ἐγὼ
θεοῖς ἀρῶμαι μή ποτ' ἀντῆσαι κακῶν·
ἀνάξιαι γὰρ πᾶσίν ἐστε δυστυχεῖν.

Χο. νέα τάδε νεόθεν ἦλθέ μοι στρ.
⟨νέα⟩ βαρύποτμα κακὰ παρ' ἀλαοῦ ξένου,
εἴ τι μοῖρα μὴ κιγχάνει.
μάταν γὰρ οὐδὲν ἀξίω-
μα δαιμόνων ἔχω φράσαι.
ὁρᾷ ὁρᾷ πάντ' ἀεὶ
χρόνος, †ἐπεὶ† μὲν ἕτερα,
τὰ δὲ παρ' ἦμαρ αὖθις αὔξων ἄνω.
ἔκτυπεν αἰθήρ, ὦ Ζεῦ.

Οι. ὦ τέκνα τέκνα, πῶς ἄν, εἴ τις ἔντοπος,
τὸν πάντ' ἄριστον δεῦρο Θησέα πόροι;
Αν. πάτερ, τί δ' ἐστὶ τἀξίωμ' ἐφ' ᾧ καλεῖς;
Οι. Διὸς πτερωτὸς ἥδε μ' αὐτίκ' ἄξεται
βροντὴ πρὸς Ἅιδην. ἀλλὰ πέμψαθ' ὡς τάχος.

Χο. ἴδε μάλα μέγας ἐρείπεται ἀντ.
κτύπος ἄφατος ὅδε διόβολος· ἐς δ' ἄκραν
δεῖμ' ὑπῆλθε κρατὸς φόβαν.
ἔπταξα θυμόν· οὐράνια
γὰρ ἀστραπὰ φλέγει πάλιν.

POLINICE Non compiangermi.
ANTIGONE E chi non piangerebbe, vedendoti andare a manifesta morte, fratello?
POLINICE Morrò, se è destino.
ANTIGONE No, ascoltami!
POLINICE Non chiedermi di ascoltarti: non posso!
ANTIGONE Me infelice, se sarò privata di te!
POLINICE Questo dipende dal dio, che vada così o altrimenti. Per voi io prego gli dèi che non vi tocchi mai sventura: non meritate – per consenso di tutti – d'essere infelici. (*Esce da sinistra.*)

CORO Nuove di nuovo a me giunsero
funeste sciagure da parte dell'ospite cieco,
se pure non è la Moira[64] a colpire.
Nessun decreto degli dèi
è vano, posso dimostrarlo.
Vede, vede ogni cosa il tempo
sempre: e alcune in un anno,[65]
altre invece in un giorno porta a compimento.
(*Si ode rumoreggiare il tuono.*)
Tuona in cielo, o Zeus!

EDIPO O figlie, figlie, se qualcuno del luogo potesse far venire qui il magnanimo Teseo!
ANTIGONE Padre, qual è il motivo per cui lo chiami?
EDIPO Questo alato tuono di Zeus fra poco mi condurrà all'Ade: mandate dunque al più presto. (*Si ode ancora il tuono.*)

CORO Ecco, grandissimo s'abbatte
questo fragore indicibile scagliato da Zeus; e timore
m'invade fino al sommo della chioma.
L'animo mio è sbigottito; di nuovo
nel cielo folgore lampeggia.

64 La Moira è la personificazione del destino (μοῖρα, da μείρομαι indica la parte assegnata a ciascun uomo); in realtà le Moire, secondo la tradizione, erano tre: Cloto, Lachesi e Atropo.
65 ἐπ'⟨ἔτ⟩ει è congettura di Dain, seguita nella traduzione.

τί μὰν ἀφήσει τέλος;
δέδια τόδ'· οὐ γὰρ ἅλιον
ἀφορμᾷ ποτ' οὐδ' ἄνευ ξυμφορᾶς.
ὦ μέγας αἰθήρ, ὦ Ζεῦ.

Οι. ὦ παῖδες, ἥκει τῷδ' ἐπ' ἀνδρὶ θέσφατος
βίου τελευτή, κοὐκέτ' ἔστ' ἀποστροφή.
Αν. πῶς οἶσθα; τῷ δὲ τοῦτο συμβαλὼν ἔχεις;
Οι. καλῶς κάτοιδ'· ἀλλ' ὡς τάχιστά μοι μολὼν
ἄνακτα χώρας τῆσδέ τις πορευσάτω.

Χο. ἔα ἔα, ἰδοὺ μάλ' αὖ- στρ.
θις ἀμφίσταται διαπρύσιος ὄτοβος.
ἵλαος, ὦ δαίμων, ἵλαος, εἴ τι γᾷ
ματέρι τυγχάνεις ἀφεγγὲς φέρων.
ἐναισίου δὲ σοῦ τύχοι-
μι, μηδ' ἄλαστον ἄνδρ' ἰδὼν
ἀκερδῆ χάριν μετάσχοιμί πως.
Ζεῦ ἄνα, σοὶ φωνῶ.

Οι. ἆρ' ἐγγὺς ἁνήρ; ἆρ' ἔτ' ἐμψύχου, τέκνα,
κιχήσεταί μου καὶ κατορθοῦντος φρένα;
Αν. τί δ' ἂν θέλοις τὸ πιστὸν ἐμφῦναι φρενί;
Οι. ἀνθ' ὧν ἔπασχον εὖ τελεσφόρον χάριν
δοῦναί σφιν, ἥνπερ τυγχάνων ὑπεσχόμην.

Χο. ἰὼ ἰώ, παῖ, βᾶθι βᾶθ', ἀντ.
†εἴτ' ἄκραν ἐπὶ† γύαλον ἐναλίῳ
Ποσειδανίῳ θεῷ τυγχάνεις
βούθυτον ἑστίαν ἁγίζων, ἱκοῦ.
ὁ γὰρ ξένος σε καὶ πόλι-
σμα καὶ φίλους ἐπαξιοῖ
δικαίαν χάριν παρασχεῖν παθών.
σπεῦσον ἄισσ', ὦναξ.

Θη. τίς αὖ παρ' ὑμῶν κοινὸς ἠχεῖται κτύπος,
σαφὴς μὲν ἀστῶν, ἐμφανὴς δὲ τοῦ ξένου;

Quale evento manderà?
Ho paura; non mai invano
s'avventa, né senza sventura.
O grande etere, o Zeus!

EDIPO O figlie, per me è giunta la fine della vita, predetta dagli dèi; e non v'è scampo.

ANTIGONE Come lo sai? Donde lo argomenti?

EDIPO Lo so bene; ma qualcuno vada a chiamarmi in fretta il re di questo paese. (*Altro tuono.*)

CORO Ahi ahi, ecco, di nuovo
da ogni parte mi circonda penetrante rimbombo!
Pietoso, pietoso sii, o dio, se porti
alla madre terra qualche oscuro evento.
Propizio io ti riceva;
né, per avere visto un uomo maledetto,
dannosa grazia mi venga:
Zeus signore, a te parlo.

EDIPO È vicino il re? Mi troverà ancora in vita, figlie, e padrone della mia mente?

ANTIGONE Quale pegno di fede vorresti infondere nel suo animo?

EDIPO Voglio ricambiare i suoi benefici, rendergli compiutamente la grazia che gli promisi.

CORO Ahi, ahi, figlio, corri, corri![66]
Se anche in un antro
marino al dio Poseidon un toro
sul fuoco dell'altare stai sacrificando, vieni!
L'ospite brama di offrire
giusta grazia per i benefici
a te e alla città e agli amici.
Affrettati, corri, signore!

TESEO (*giungendo da destra*) Quale concorde clamore levate, manifesto e chiaro, tutti insieme, voi cittadini e l'ospite?

[66] I vecchi del coro si rivolgono naturalmente all'assente Teseo.

μή τις Διὸς κεραυνός, ἤ τις ὀμβρία
χάλαζ' ἐπιρράξασα; πάντα γὰρ θεοῦ
τοιαῦτα χειμάζοντος εἰκάσαι πάρα.

Οι. ἄναξ, ποθοῦντι προυφάνης, καί σοι θεῶν
τύχην τις ἐσθλὴν τῆσδ' ἔθηκε τῆς ὁδοῦ.

Θη. τί δ' ἐστίν, ὦ παῖ Λαΐου, νέορτον αὖ;

Οι. ῥοπὴ βίου μοι· καί σ' ἅπερ ξυνήνεσα
θέλω πόλιν τε τήνδε μὴ ψεύσας θανεῖν.

Θη. ἐν τῷ δὲ κεῖσαι τοῦ μόρου τεκμηρίῳ;

Οι. αὐτοὶ θεοὶ κήρυκες ἀγγέλλουσί μοι,
ψεύδοντες οὐδὲν σημάτων προκειμένων.

Θη. πῶς εἶπας, ὦ γεραιέ, δηλοῦσθαι τάδε;

Οι. αἱ πολλὰ βρονταὶ διατελεῖς τὰ πολλά τε
στράψαντα χειρὸς τῆς ἀνικήτου βέλη.

Θη. πείθεις με· πολλὰ γάρ σε θεσπίζονθ' ὁρῶ
κοὐ ψευδόφημα· χὤ τι χρὴ ποεῖν λέγε.

Οι. ἐγὼ διδάξω, τέκνον Αἰγέως, ἅ σοι
γήρως ἄλυπα τῇδε κείσεται πόλει.
χῶρον μὲν αὐτὸς αὐτίκ' ἐξηγήσομαι,
ἄθικτος ἡγητῆρος, οὗ με χρὴ θανεῖν.
τοῦτον δὲ φράζε μήποτ' ἀνθρώπων τινί,
μήθ' οὗ κέκευθε μήτ' ἐν οἷς κεῖται τόποις·
ὥς σοι πρὸ πολλῶν ἀσπίδων ἀλκὴν ὅδε
δορός τ' ἐπακτοῦ γειτονῶν ἀεὶ τιθῇ.
ἃ δ' ἐξάγιστα μηδὲ κινεῖται λόγῳ
αὐτὸς μαθήσῃ, κεῖσ' ὅταν μόλῃς μόνος·
ὡς οὔτ' ἂν ἀστῶν τῶνδ' ἂν ἐξείποιμί τῳ
οὔτ' ἂν τέκνοισι τοῖς ἐμοῖς, στέργων ὅμως.
ἀλλ' αὐτὸς αἰεὶ σῷζε, χὤταν ἐς τέλος
τοῦ ζῆν ἀφικνῇ, τῷ προφερτάτῳ μόνῳ
σήμαιν', ὁ δ' αἰεὶ τὠπιόντι δεικνύτω.
χοὔτως ἀδῇον τήνδ' ἐνοικήσεις πόλιν
σπαρτῶν ὑπ' ἀνδρῶν· αἱ δὲ μυρίαι πόλεις,
κἂν εὖ τις οἰκῇ, ῥᾳδίως καθύβρισαν.
θεοὶ γὰρ εὖ μέν, ὀψὲ δ' εἰσορῶσ', ὅταν
τὰ θεῖ' ἀφείς τις ἐς τὸ μαίνεσθαι τραπῇ·

Forse per un fulmine di Zeus, o per un nembo di furiosa grandine?[67] Tutto si può supporre, quando un dio suscita tale tempesta.

EDIPO O re, secondo il mio desiderio sei giunto: e un dio ha concesso buona sorte al tuo cammino.

TESEO Che c'è ancora di nuovo, figlio di Laio?

EDIPO Inclina la bilancia della mia vita; e voglio morire senza avere defraudato te e la tua città di quanto promisi.

TESEO E quale indizio hai della tua fine?

EDIPO Gli stessi dèi sono gli araldi che me l'annunciano, senza smentire alcuno dei segni prestabiliti.

TESEO E come dici, o vecchio, che si rivelano?

EDIPO Molti continui tuoni e molto balenare di folgori dell'invicibile mano.

TESEO Mi persuadi; vedo che esponi molti vaticini, e non mendaci; dimmi che cosa bisogna fare.

EDIPO Io t'insegnerò, figlio di Egeo, cose che rimarranno, indenni da vecchiaia, per te e per la tua città. Ora ti condurrò io stesso, senza nessuna guida, al posto dove debbo morire. E tu non rivelerai mai ad alcuno né dove si cela, né in quale luogo si trova: affinché ti valga sempre di protezione, invece di molti scudi e di un esercito straniero, contro i vicini. Ma quei segreti, che neppure la parola deve rimuovere, li apprenderai tu stesso, quando sarai giunto là, da solo; non posso rivelarli ad alcuno di questi cittadini, e nemmeno alle mie figlie, per quanto le ami. Ma serbali per sempre tu; e quando arriverai al termine della tua vita, comunicali solo al più degno, e questi sempre li riveli al suo successore. E così abiterai questa città, posta al sicuro dagli uomini del drago;[68] innumerevoli città, pur bene governate, facilmente trascorrono alla violenza. Gli dèi vedono bene, anche se tardi, quando, trascurati i precetti divini, qualcuno si volga

[67] L'ellissi del verbo esprime la concitazione, con cui accorre Teseo. Si può intendere che i due nominativi κεραυνός e χάλαζα siano una sorta di epesegesi di κτύπος, che ne prospetti le cause; oppure che si sottintenda un'espressione del genere di ἐξέπληξεν ὑμᾶς, come supposto da Jebb.

[68] La gente di Tebe era nata, secondo la tradizione, dalla terra dove Cadmo aveva seminato i denti di un drago da lui ucciso: σπαρτός dalla radice di σπείρω, « seminare ».

ὃ μὴ σύ, τέκνον Αἰγέως, βούλου παθεῖν.
τὰ μὲν τοιαῦτ' οὖν εἰδότ' ἐκδιδάσκομεν.
χῶρον δ', ἐπείγει γάρ με τοὐκ θεοῦ παρόν,
στείχωμεν ἤδη, μηδ' ἔτ' ἐντρεπώμεθα.
ὦ παῖδες, ὧδ' ἕπεσθ'. ἐγὼ γὰρ ἡγεμὼν
σφῷν αὖ πέφασμαι καινός, ὥσπερ σφὼ πατρί.
χωρεῖτε, καὶ μὴ ψαύετ', ἀλλ' ἐᾶτέ με
αὐτὸν τὸν ἱερὸν τύμβον ἐξευρεῖν, ἵνα
μοῖρ' ἀνδρὶ τῷδε τῇδε κρυφθῆναι χθονί.
τῇδ', ὧδε, τῇδε βᾶτε· τῇδε γάρ μ' ἄγει
Ἑρμῆς ὁ πομπὸς ἥ τε νερτέρα θεός.
ὦ φῶς ἀφεγγές, πρόσθε πού ποτ' ἦσθ' ἐμόν,
νῦν δ' ἔσχατόν σου τοὐμὸν ἅπτεται δέμας.
ἤδη γὰρ ἕρπω τὸν τελευταῖον βίον
κρύψων παρ' Ἅιδην. ἀλλά, φίλτατε ξένων,
αὐτός τε χώρα θ' ἥδε πρόσπολοί τε σοὶ
εὐδαίμονες γένοισθε, κἀπ' εὐπραξίᾳ
μέμνησθέ μου θανόντος εὐτυχεῖς ἀεί.

Χο. εἰ θέμις ἐστί μοι τὰν ἀφανῆ θεὸν — στρ.
καὶ σὲ λιταῖς σεβίζειν,
ἐννυχίων ἄναξ,
Ἀϊδωνεῦ Ἀϊδωνεῦ,
δός μοι μήτ' ἐπίπονα
μήτ' ἐπὶ βαρυαχεῖ
ξένον ἐξανύσαι
μόρῳ τὰν παγκευθῆ κάτω
νεκύων πλάκα καὶ Στύγιον δόμον.
πολλῶν γὰρ ἂν καὶ μάταν
πημάτων ἱκνουμένων
πάλιν σφε δαίμων δίκαιος αὔξοι.

alla demenza: e tu, figlio di Egeo, non vorrai che questo accada a te. Ma tali insegnamenti io do a chi già li conosce. Andiamo ormai sul luogo, poiché la presenza del dio mi spinge, e non indugiamo oltre. (*Alle figlie*) O figlie, seguitemi; strana guida sono a mia volta per voi, come voi foste al padre. Venite, e non toccatemi; lasciate che trovi io stesso la sacra tomba, dove è destino che io abbia sepoltura in questa terra. (*Guidandole, sicuro*) Da questa parte, così, da questa parte muovete: mi conduce Hermes, guida dei morti, e la dea infera.[69] O luce senza luce per me, un tempo in qualche modo fosti pur mia, e ora per l'ultima volta il mio corpo ti tocca! Ecco, io muovo a nascondere nell'Ade la suprema ora di vita: e tu, il più caro degli ospiti, tu e questo paese e i tuoi uomini abbiate buona sorte, e nella prosperità ricordatevi di me, quando sarò morto, per sempre felici! (*Tutti escono da sinistra, dietro Edipo.*)

QUARTO STASIMO

CORO Se mi è lecito la dea invisibile
e te adorare con preci,
o signore delle tenebre,
Aidoneo, Aidoneo,[70]
concedi che senza pene
e senza dolorosa agonia
l'ospite giunga alla sotterranea
plaga dei morti che tutto nasconde,
e alla dimora stigia![71]
Dalle molte e immeritate
sventure che lo colsero
finalmente un dio giusto lo risollevi!

[69] Hermes aveva anche il compito di araldo del dio Hades: con una verga d'oro chiudeva gli occhi dei morenti e li trasportava nell'oltretomba. La dea infera è Persefone, sposa di Hades.
[70] La « dea invisibile » è ancora Persefone; Aidoneo è nome alternativo di Hades.
[71] Il fiume Stige, che i morti dovevano attraversare sulla barca

ὦ χθόνιαι θεαί, σῶμά τ' ἀνικάτου ἀντ.
θηρός, ὃν ἐν πύλαισι
ταῖσι πολυξένοις
εὐνᾶσθαι κνυζεῖσθαί τ'
ἐξ ἄντρων ἀδάματον
φύλακα παρ' Ἀΐδᾳ
λόγος αἰὲν ἔχει.
τόν, ὦ Γᾶς παῖ καὶ Ταρτάρου,
κατεύχομαι ἐν καθαρῷ βῆναι
ὁρμωμένῳ νερτέρας
τῷ ξένῳ νεκρῶν πλάκας·
σέ τοι κικλήσκω τὸν αἰένυπνον.

ΑΓΓΕΛΟΣ

ἄνδρες πολῖται, ξυντομωτάτως μὲν ἂν
τύχοιμι λέξας Οἰδίπουν ὀλωλότα·
ἃ δ' ἦν τὰ πραχθέντ' οὔθ' ὁ μῦθος ἐν βραχεῖ
φράσαι πάρεστιν οὔτε τἄργ' ὅσ' ἦν ἐκεῖ.
Χο. ὄλωλε γὰρ δύστηνος; Αγ. ὡς λελοιπότα
κεῖνον τὸν †ἀεὶ† βίοτον ἐξεπίστασο.
Χο. πῶς; ἆρα θείᾳ κἀπόνῳ τάλας τύχῃ;
Αγ. τοῦτ' ἐστὶν ἤδη κἀποθαυμάσαι πρέπον.
ὡς μὲν γὰρ ἐνθένδ' εἷρπε, καὶ σύ που παρὼν
ἔξοισθ', ὑφηγητῆρος οὐδενὸς φίλων,
ἀλλ' αὐτὸς ἡμῖν πᾶσιν ἐξηγούμενος·
ἐπεὶ δ' ἀφῖκτο τὸν καταρράκτην ὀδὸν

O dee infere,[72] e invincibile
belva, che su queste porte
a molti ospiti aperte
dormi e ringhi dagli antri –
come da sempre è fama –,
indomita guardia dell'Ade;
o figlio della Terra
e del Tartaro, ti supplico, lascia libero il passo
per l'ospite che muove
alle sotterranee regioni dei morti!
Te invoco, dio del sonno eterno![73]

ESODO

NUNZIO (*entrando da sinistra*) Cittadini, in pochissime parole potrei dirvi che Edipo è morto; ma quel che accadde il mio discorso non può dirlo in breve, né tali furono gli eventi che là si svolsero.

CORIFEO È morto, l'infelice?

NUNZIO Sappi che egli ha ottenuto vita eterna.[74]

CORIFEO Come? Forse l'infelice per divina sorte morì senza dolore?

NUNZIO Di questo appunto conviene meravigliarsi. Come se ne andò di qui, anche tu lo sai, perché eri presente: senza che nessuno dei suoi lo guidasse, ma anzi facendo lui stesso strada a noi tutti. Ma quando giunse sull'orlo della voragine

di Caronte, rappresentava il confine del Tartaro. Qui l'aggettivo è usato con funzione antonomastica, a indicare generalmente l'Oltretomba.

72 Secondo lo scoliaste, le « dee infere » sono le Erinni, qui accostate al cane Cerbero, custode dell'Ade.

73 Probabile invocazione a Thanatos, la personificazione divina della morte.

74 Nel testo dei mss., riprodotto da Pearson, ἀεὶ è palesemente incongruo rispetto a λελοιπότα, « sappi che ha lasciato »; ma i tentativi di correzione non hanno portato a esiti soddisfacenti. La traduzione si rifà a un emendamento proposto da Wilamowitz e adottato da Dain: λελογκότα, che rovescia il concetto e salva ἀεὶ. Il concetto risulta comunque sottinteso al verso successivo.

χαλκοῖς βάθροισι γῆθεν ἐρριζωμένον,
ἔστη κελεύθων ἐν πολυσχίστων μιᾷ,
κοίλου πέλας κρατῆρος, οὗ τὰ Θησέως
Περίθου τε κεῖται πίστ' ἀεὶ ξυνθήματα·
ἀφ' οὗ μέσος στὰς τοῦ τε Θορικίου πέτρου
κοίλης τ' ἀχέρδου κἀπὸ λαΐνου τάφου,
καθέζετ'· εἶτ' ἔλυσε δυσπινεῖς στολάς.
κἄπειτ' ἀύσας παῖδας ἠνώγει ῥυτῶν
ὑδάτων ἐνεγκεῖν λουτρὰ καὶ χοάς ποθεν·
τὼ δ' εὐχλόου Δήμητρος εἰς ἐπόψιον
πάγον μολούσα τάσδ' ἐπιστολὰς πατρὶ
ταχεῖ 'πόρευσαν σὺν χρόνῳ, λουτροῖς τέ νιν
ἐσθῆτί τ' ἐξήσκησαν ᾗ νομίζεται.
ἐπεὶ δὲ παντὸς εἶχε δρῶντος ἡδονὴν
κοὐκ ἦν ἔτ' ἀργὸν οὐδὲν ὧν ἐφίετο,
κτύπησε μὲν Ζεὺς χθόνιος, αἱ δὲ παρθένοι
ῥίγησαν, ὡς ἤκουσαν· ἐς δὲ γούνατα
πατρὸς πεσοῦσαι 'κλαῖον οὐδ' ἀνίεσαν
στέρνων ἀραγμοὺς οὐδὲ παμμήκεις γόους.
ὁ δ' ὡς ἀκούει φθόγγον ἐξαίφνης πικρόν,
πτύξας ἐπ' αὐταῖς χεῖρας εἶπεν, ὦ τέκνα,
οὐκ ἔστ' ἔθ' ὑμῖν τῇδ' ἐν ἡμέρᾳ πατήρ.
ὄλωλε γὰρ δὴ πάντα τἀμά, κοὐκέτι
τὴν δυσπόνητον ἕξετ' ἀμφ' ἐμοὶ τροφήν·
σκληρὰν μέν, οἶδα, παῖδες· ἀλλ' ἓν γὰρ μόνον
τὰ πάντα λύει ταῦτ' ἔπος μοχθήματα.
τὸ γὰρ φιλεῖν οὐκ ἔστιν ἐξ ὅτου πλέον
ἢ τοῦδε τἀνδρὸς ἔσχεθ', οὗ τητώμεναι
τὸν λοιπὸν ἤδη τοῦ βίου διάξετον.
τοιαῦτ' ἐπ' ἀλλήλοισιν ἀμφικείμενοι
λύγδην ἔκλαιον πάντες. ὡς δὲ πρὸς τέλος
γόων ἀφίκοντ' οὐδ' ἔτ' ὠρώρει βοή,
ἦν μὲν σιωπή, φθέγμα δ' ἐξαίφνης τινὸς
θώϋξεν αὐτόν, ὥστε πάντας ὀρθίας
στῆσαι φόβῳ δείσαντας ἐξαίφνης τρίχας.
καλεῖ γὰρ αὐτὸν πολλὰ πολλαχῇ θεός·

con bronzei gradini radicati nella terra, ristette in uno dei molteplici sentieri, presso la cavità dove stanno i pegni d'eterna amicizia di Teseo e di Piritoo.[75] E fermatosi a metà tra questi e la rupe di Torico, tra il pero selvatico dal tronco incavato e il sepolcro di pietra, sedette; poi sciolse le vesti cenciose e, chiamate ad alta voce le figlie, ordinò di portargli libagioni e lavacri di acque correnti, dovunque le trovassero. Ed esse, raggiunto il verdeggiante colle di Demetra che s'erge di fronte, eseguirono rapidamente questi ordini del padre, e di lavacri e di veste lo provvidero come prescrive il rito. Tutto fu fatto per accontentarlo, e nessun suo desiderio fu trascurato; ed ecco, Zeus infero tuonò, e le vergini rabbrividirono nell'udire: cadute alle ginocchia del padre piangevano, e non smettevano di percuotersi il petto e di levare lunghissimi lamenti. Ed egli, come sente quell'amaro suono, d'un tratto, le strinse fra le braccia e disse: « O figlie, in questo giorno voi non avete più padre. Quanto faceste per me è finito, e non avrete più il peso del mio sostentamento; duro peso, lo so, figlie mie. Ma una sola parola cancella tutte queste sofferenze: da nessuno potete avere più amore che da quest'uomo. Senza di lui vivrete ormai il resto della vostra vita ». Tali lamenti singhiozzando levavano, abbracciati l'uno alle altre; e quando smisero di piangere e nessun gemito più si sentiva, fu silenzio, e improvvisamente una voce lo chiamò gridando, sì che a tutti noi, atterriti, subito si rizzarono per lo spavento i capelli. Un dio lo chiamava ripetutamente: « O tu, Edipo, perché indugia-

[75] Teseo e il re dei Lapiti Piritoo si erano recati insieme nell'Ade per rapirne Persefone.

ὦ οὗτος οὗτος, Οἰδίπους, τί μέλλομεν
χωρεῖν; πάλαι δὴ τἀπὸ σοῦ βραδύνεται.
ὁ δ' ὡς ἐπῄσθετ' ἐκ θεοῦ καλούμενος,
αὐδᾷ μολεῖν οἱ γῆς ἄνακτα Θησέα.
κἀπεὶ προσῆλθεν, εἶπεν, ὦ φίλον κάρα,
δός μοι χερὸς σῆς πίστιν ἀρχαίαν τέκνοις,
ὑμεῖς τε, παῖδες, τῷδε· καὶ καταίνεσον
μήποτε προδώσειν τάσδ' ἑκών, τελεῖν δ' ὅσ' ἂν
μέλλῃς φρονῶν εὖ ξυμφέροντ' αὐταῖς ἀεί.
ὁ δ', ὡς ἀνὴρ γενναῖος, οὐκ οἴκτου μέτα
κατῄνεσεν τάδ' ὅρκιος δράσειν ξένῳ.
ὅπως δὲ ταῦτ' ἔδρασεν, εὐθὺς Οἰδίπους
ψαύσας ἀμαυραῖς χερσὶν ὧν παίδων λέγει,
ὦ παῖδε, τλάσας χρὴ τὸ γενναῖον φρενὶ
χωρεῖν τόπων ἐκ τῶνδε, μηδ' ἃ μὴ θέμις
λεύσσειν δικαιοῦν, μηδὲ φωνούντων κλύειν.
ἀλλ' ἕρπεθ' ὡς τάχιστα· πλὴν ὁ κύριος
Θησεὺς παρέστω μανθάνων τὰ δρώμενα.
τοσαῦτα φωνήσαντος εἰσηκούσαμεν
ξύμπαντες· ἀστακτὶ δὲ σὺν ταῖς παρθένοις
στένοντες ὡμαρτοῦμεν. ὡς δ' ἀπήλθομεν,
χρόνῳ βραχεῖ στραφέντες, ἐξαπείδομεν
τὸν ἄνδρα τὸν μὲν οὐδαμοῦ παρόντ' ἔτι,
ἄνακτα δ' αὐτὸν ὀμμάτων ἐπίσκιον
χεῖρ' ἀντέχοντα κρατός, ὡς δεινοῦ τινος
φόβου φανέντος οὐδ' ἀνασχετοῦ βλέπειν.
ἔπειτα μέντοι βαιὸν οὐδὲ σὺν χρόνῳ
ὁρῶμεν αὐτὸν γῆν τε προσκυνοῦνθ' ἅμα
καὶ τὸν θεῶν Ὄλυμπον ἐν ταὐτῷ λόγῳ.
μόρῳ δ' ὁποίῳ κεῖνος ὤλετ' οὐδ' ἂν εἷς
θνητῶν φράσειε πλὴν τὸ Θησέως κάρα.
οὐ γάρ τις αὐτὸν οὔτε πυρφόρος θεοῦ
κεραυνὸς ἐξέπραξεν οὔτε ποντία
θύελλα κινηθεῖσα τῷ τότ' ἐν χρόνῳ,
ἀλλ' ἤ τις ἐκ θεῶν πομπός, ἢ τὸ νερτέρων
εὔνουν διαστὰν γῆς ἀλάμπετον βάθρον.

mo ad andare? Già da tempo tu ritardi ». Egli, come comprese di essere chiamato da un dio, grida che gli si accosti il re del paese, Teseo, e quando questi gli fu vicino, disse: « O caro, dammi per le mie figlie l'antico pegno della tua mano; e voi, figlie, a lui; e prometti di non abbandonarle mai di tua volontà, e di fare quanto reputerai essere loro utile, sempre ». Ed egli, da uomo nobile, senza piangere, promise con giuramento all'ospite che così avrebbe fatto. E fatto ciò,[76] subito Edipo, toccando con cieche mani le due fanciulle, dice: « O figlie, ora dovete farvi coraggio, nobilmente, e allontanarvi da questi luoghi, senza chiedere di vedere ciò che non è lecito, né di ascoltare quel che diremo. Andate dunque, presto: solo il re Teseo rimanga qui, ad apprendere gli eventi ». A queste sue parole obbedimmo tutti; e piangendo copiosamente ci avviammo insieme alle fanciulle. Come ci fummo allontanati, poco dopo ci voltammo e vedemmo che lui non c'era più, da nessuna parte, e che il re, solo, teneva una mano davanti al volto, coprendosi gli occhi, come se fosse apparso qualche terribile prodigio, insostenibile a vedersi. Ma poco tempo dopo, lo vediamo prostrarsi, adorando insieme la Terra e l'Olimpo degli dèi nella stessa preghiera. E in che modo sia morto, non potrebbe dirlo nessuno dei mortali, tranne Teseo; poiché non lo finì un fiammeggiante fulmine del dio, né una procella levatasi dal mare in quel momento, ma una guida venuta da parte degli dèi, oppure l'abisso sotterraneo senza luce, a lui

[76] Il testo stesso ripete δράσειν e ἔδρασεν nei due versi contigui: di fronte all'esigenza di chiarezza la lingua greca tende a consentire ripetizioni, che riescono fastidiose all'orecchio moderno.

ἀνὴρ γὰρ οὐ στενακτὸς οὐδὲ σὺν νόσοις
ἀλγεινὸς ἐξεπέμπετ', ἀλλ' εἴ τις βροτῶν
θαυμαστός. εἰ δὲ μὴ δοκῶ φρονῶν λέγειν,
οὐκ ἂν παρείμην οἷσι μὴ δοκῶ φρονεῖν.

Χο. ποῦ δ' αἵ τε παῖδες χοἱ προπέμψαντες φίλων;

Αγ. αἵδ' οὐχ ἑκάς· γόων γὰρ οὐκ ἀσήμονες
φθόγγοι σφε σημαίνουσι δεῦρ' ὁρμωμένας.

Αν. αἰαῖ, φεῦ· ἔστιν ἔστι νῷν δὴ *στρ.*
οὐ τὸ μέν, ἄλλο δὲ μή, πατρὸς ἔμφυτον
ἄλαστον αἷμα δυσμόροιν στενάζειν,
ᾧτινι τὸν πολὺν
ἄλλοτε μὲν πόνον ἔμπεδον εἴχομεν,
ἐν πυμάτῳ δ' ἀλόγιστα παροίσομεν
ἰδόντε καὶ παθούσα.

Χο. τί δ' ἔστιν; Αν. ἔστιν μὲν εἰκάσαι, φίλοι.

Χο. βέβηκεν; Αν. ὡς μάλιστ' ἂν ἐν πόθῳ λάβοις.
τί γάρ, ὅτῳ μήτ' Ἄρης
μήτε πόντος ἀντέκυρσεν,
ἄσκοποι δὲ πλάκες ἔμαρψαν
ἐν ἀφανεῖ τινι μόρῳ φερόμενον.
τάλαινα, νῷν δ' ὀλεθρία
νὺξ ἐπ' ὄμμασιν βέβακε.
πῶς γὰρ ἤ τιν' ἀπίαν
γᾶν ἢ πόντιον
κλύδων' ἀλώμεναι βίου
δύσοιστον ἕξομεν τροφάν;

Ισ. οὐ κάτοιδα. κατά με φόνιος
Ἀΐδας ἕλοι πατρὶ
ξυνθανεῖν γεραιῷ
τάλαιναν, ὡς ἔμοιγ' ὁ μέλ-
λων βίος οὐ βιωτός.

spalancandosi benigno. Egli infatti se ne andò senza gemiti e senza dolori di malattia, degno di meraviglia se mai altro mortale. E se pare che io non ragioni, non so come persuadere quelli a cui sembro non ragionare.

CORIFEO E le fanciulle e quelli che le accompagnarono, dove sono?

NUNZIO Non lontane; chiare voci di pianti rivelano che esse stanno venendo qui.

ANTIGONE (*entrando da sinistra con Ismene*)
Ahi, ahi; ora noi sventurate
possiamo, possiamo senza limite[77]
piangere il nefando nostro sangue paterno,
per il quale in passato
molto, incessante travaglio avemmo:
e da ultimo inconcepibili pene,
che vedemmo e soffrimmo, racconteremo.

CORIFEO E cosa è?

ANTIGONE Si può immaginarlo, amici.

CORIFEO Se ne è andato?

ANTIGONE Come non potresti augurarti meglio.
E come no? Su di lui non Ares,
non il mare s'abbatterono,
ma plaghe invisibili lo ghermirono
trascinato in misteriosa morte.
Misera, una funesta notte
è scesa sui nostri occhi.
Come, vagando in lontane terre
o sui flutti del mare, alla nostra vita
avremo difficile sostentamento?

ISMENE Non so. Vorrei che sotterra il sanguinario
Ade me pure prendesse,
a morire insieme col vecchio padre,
misera, poiché non più vita
è la vita che mi attende.

77 Letteralmente, οὐ τὸ μέν, ἄλλο δὲ μή vale « non per un aspetto soltanto, e per qualche altro no ».

Χο. ὦ διδύμα τέκνων ἀρί-
στα, τὸ φέρον ἐκ θεοῦ καλῶς
[φέρειν χρὴ]
μηδὲν ἄγαν φλέγεσθον· οὔ
τοι κατάμεμπτ' ἔβητον.

Αν. πόθος ⟨τοι⟩ καὶ κακῶν ἄρ' ἦν τις. ἀντ.
καὶ γὰρ ὃ μηδαμὰ δὴ φίλον, ἦν φίλον,
ὁπότε γε καὶ τὸν ἐν χεροῖν κατεῖχον.
ὦ πάτερ, ὦ φίλος,
ὦ τὸν ἀεὶ κατὰ γᾶς σκότον εἱμένος·
οὐδέ γ' ἀπὼν ἀφίλητος ἐμοί ποτε
καὶ τᾷδε μὴ κυρήσῃς.
Χο. ἔπραξεν. Αν. ἔπραξεν οἷον ἤθελεν.
Χο. τὸ ποῖον; Αν. ἇς ἔχρῃζε γᾶς ἐπὶ ξένας
ἔθανε· κοίταν δ' ἔχει
νέρθεν εὐσκίαστον αἰεν,
οὐδὲ πένθος ἔλιπ' ἄκλαυτον.
ἀνὰ γὰρ ὄμμα σε τόδ', ὦ πάτερ, ἐμὸν
στένει δακρῦον, οὐδ' ἔχω
πῶς με χρὴ τὸ σὸν τάλαιναν
ἀφανίσαι τόσον ἄχος.
ὤμοι γᾶς ἐπὶ
ξένας θανεῖν ἔχρῃζες, ἀλλ'
ἐρῆμος ἔθανες ὧδέ μοι.
Ισ. ὦ τάλαινα, τίς ἄρα με πότμος
. . . .
. . . .
ἔτ' ἀμμένει σέ τ', ὦ φίλα,
⟨τὰς⟩ πατρὸς ὧδ' ἐρήμας;

CORIFEO O le più nobili fra le sorelle,
sorte divina sopportate nobilmente,[78]
non struggetevi troppo; nulla
di biasimevole mai faceste.

ANTIGONE Certo, anche dei mali v'è rimpianto:
ciò che non è affatto caro, pur mi era caro
quando tenevo lui tra le braccia.
O padre, o caro,
o tu per sempre avvolto nelle tenebre sotterranee,
neppure lontano ti mancherà mai
l'amore mio e della sorella.
CORIFEO Ottenne.
ANTIGONE Ottenne quanto voleva.
CORIFEO Che cosa?
ANTIGONE Nel paese straniero morì,
dove desiderava; ed ha letto
sotterra in propizia ombra sempre,
e non lasciò dolore illacrimato.
Te sempre, o padre, questi miei occhi
piangeranno in lacrime, e non so
come, misera, potrò spegnere
tanto dolore di te.
Ahimè, in terra straniera
volevi morire;
ma così, senza di me moristi.
ISMENE O misera, qual destino dunque me
e te attende, o cara,
così private del padre?[79]

[78] Il testo è corrotto, e la traduzione ne riflette l'idea di fondo. Per quest'uso di τὸ φέρον, si danno due possibili spiegazioni: « ciò che porta » il bene e il male; oppure « ciò che trasporta » l'uomo nel corso della sua vita, senza che gli sia concessa facoltà d'intervento.

[79] Una lacuna è qui accertata dalla corresponsione metrica con il gruppo di vv. 1689-1693. Nel localizzarla Pearson segue una proposta di Lachmann; Dain preferisce ritenere caduti i due versi immediatamente prima del v. 1720 e leggere di continuo gli altri tre, tenendosi alla tradizione manoscritta (ossia leggendo ἐπίμενει in luogo di ἔτ' ἀμμένει, congetturato da Blaydes, e rinunciando a ⟨τὰς⟩).

Χο. ἀλλ' ἐπεὶ ὀλβίως γ' ἔλυ-
σεν τὸ τέλος, ὦ φίλαι, βίου,
λήγετε τοῦδ' ἄχους· κακῶν
γὰρ δυσάλωτος οὐδείς.

Αν. πάλιν, φίλα, συθῶμεν. Ισ. ὡς τί ῥέξομεν; στρ.
Αν. ἵμερος ἔχει με Ισ. τίς; ⟨φράσον⟩
Αν. τὰν χθόνιον ἑστίαν ἰδεῖν
Ισ. τίνος; Αν. πατρός, τάλαιν' ἐγώ.
Ισ. θέμις δὲ πῶς τάδ' ἐστί; μῶν
οὐχ ὁρᾷς; Αν. τί τόδ' ἐπέπληξας;
Ισ. καὶ τόδ', ὡς Αν. τί τόδε μάλ' αὖθις;
Ισ. ἄταφος ἔπιτνε δίχα τε παντός.
Αν. ἄγε με, καὶ τότε μ' ἐνάριξον.
Ισ. αἰαῖ, δυστάλαινα, ποῦ δῆτ'
αὖθις ὧδ' ἐρῆμος ἄπορος
αἰῶνα τλάμον' ἕξω;

Χο. φίλαι, τρέσητε μηδέν. Αν. ἀλλὰ ποῖ φύγω; ἀντ.
Χο. καὶ πάρος ἀπεφύγετον Αν. ⟨τὸ τί;⟩
Χο. ⟨τὰ⟩ σφῷν τὸ μὴ πίτνειν κακῶς.
Αν. φρονῶ, Χο. τί δῆθ' ὅπερ νοεῖς;
Αν. ὅπως μολούμεθ' ἐς δόμους
οὐκ ἔχω. Χο. μηδέ γε μάτευε.
Αν. μόγος ἔχει. Χο. καὶ πάρος ἐπεῖ⟨χε⟩.
Αν. τοτὲ μὲν ἄπορα, τοτὲ δ' ὕπερθεν.
Χο. μέγ' ἄρα πέλαγος ἐλαχέτην τι.
Αν. φεῦ, φεῦ· ποῖ μόλωμεν, ὦ Ζεῦ;
ἐλπίδων γὰρ ἐς τί⟨ν' ἔτι⟩ με
δαίμων τανῦν γ' ἐλαύνει;

CORIFEO Ma poiché felicemente, mie care,
giunse al termine di sua vita,
ponete fine a questo dolore:
nessuno da sventure è immune.

ANTIGONE Torniamo indietro, cara, affrettiamoci.
ISMENE A fare che?
ANTIGONE Ho un desiderio –
ISMENE Quale? Dimmi.
ANTIGONE – di vedere la sotterranea dimora –
ISMENE Di chi?
ANTIGONE – del padre, misera me.
ISMENE E come si potrebbe?
Non sai dunque?
ANTIGONE Perché mi rimproveri?
ISMENE Pure il fatto che –
ANTIGONE Che cosa ancora?
ISMENE – insepolto morì, lontano da tutti.
ANTIGONE Conducimi là, e poi uccidimi.
ISMENE Ahi, ahi, infelice, come poi
sola e senza mezzi
condurrò una misera vita?

CORIFEO Care, non abbiate timore.
ANTIGONE Ma dove fuggire?
CORIFEO Anche prima scampaste –
ANTIGONE Che cosa?
CORIFEO – da una brutta fine.
ANTIGONE Sto pensando.
CORIFEO Che cosa pensi, dunque?
ANTIGONE Come torneremo
a casa, non so.
CORIFEO Non cercarlo neppure.
ANTIGONE Siamo oppresse.
CORIFEO Già prima lo eravate.
ANTIGONE Talvolta è male senza scampo, talvolta ancora peggio.
CORIFEO Grande pelago di mali vi toccò invero.
ANTIGONE Ahi, ahi, dove andremo, o Zeus?
A quale speranza ancora
ci sospinge adesso un dio?

Θη. παύετε θρῆνον, παῖδες· ἐν οἷς γὰρ
χάρις ἡ χθονία νὺξ ἀπόκειται
πενθεῖν οὐ χρή· νέμεσις γάρ.
Αν. ὦ τέκνον Αἰγέως, προσπίτνομέν σοι.
Θη. τίνος, ὦ παῖδες, χρείας ἀνύσαι;
Αν. τύμβον θέλομεν
προσιδεῖν αὐταὶ πατρὸς ἡμετέρου.
Θη. ἀλλ' οὐ θεμιτὸν κεῖσ' ἐ⟨στὶ⟩ μολεῖν.
Αν. πῶς εἶπας, ἄναξ, κοίραν' Ἀθηνῶν;
Θη. ὦ παῖδες, ἀπεῖπεν ἐμοὶ κεῖνος
μήτε πελάζειν ἐς τούσδε τόπους
μήτ' ἐπιφωνεῖν μηδένα θνητῶν
θήκην ἱεράν, ἣν κεῖνος ἔχει.
καὶ ταῦτά μ' ἔφη πράσσοντα καλῶς
χώραν ἕξειν αἰὲν ἄλυπον.
ταῦτ' οὖν ἔκλυεν δαίμων ἡμῶν
χὠ πάντ' ἀίων Διὸς Ὅρκος.
Αν. ἀλλ' εἰ τάδ' ἔχει κατὰ νοῦν κείνῳ,
ταῦτ' ἂν ἀπαρκοῖ· Θήβας δ' ἡμᾶς
τὰς ὠγυγίους πέμψον, ἐάν πως
διακωλύσωμεν ἰόντα φόνον
τοῖσιν ὁμαίμοις.
Θη. δράσω καὶ τάδε καὶ πάνθ' ὁπόσ' ἂν
μέλλω πράσσειν πρόσφορά θ' ὑμῖν
καὶ τῷ κατὰ γῆς, ὃς νέον ἔρρει,
πρὸς χάριν· οὐ δεῖ μ' ἀποκάμνειν.
Χο. ἀλλ' ἀποπαύετε μηδ' ἐπὶ πλείω
θρῆνον ἐγείρετε·
πάντως γὰρ ἔχει τάδε κῦρος.

TESEO Cessate di lamentarvi, fanciulle; per coloro
a cui è grazia la notte sotterranea
non bisogna piangere: è biasimo.
ANTIGONE O figlio di Egeo, a te ci prostriamo.
TESEO Che cosa desiderate, o figlie?
ANTIGONE Vogliamo vedere
noi stesse la tomba di nostro padre.
TESEO Ma non è lecito andarvi.
ANTIGONE Che dici, signore, sovrano di Atene?
TESEO O figlie, egli mi vietò
che alcuno dei mortali s'accostasse
a quei luoghi, o invocasse
il sacro sepolcro che egli occupa.
E disse che se quest'ordine osservo lealmente,
sempre la mia terra sarà senza sventure.
E questa nostra promessa ascoltò un dio,
e Giuramento figlio di Zeus, che tutto ode.[80]
ANTIGONE Se questa dunque è la sua volontà,
basti così: ma noi rimanda
all'antica Tebe, se mai
potremo impedire la morte che muove
verso i nostri fratelli.
TESEO Pur questo farò, e quanto
potrò compiere utile a voi
e grato al morto, che da poco
scese sotterra; e non devo desistere.
CORIFEO Cessate dunque e non più oltre
levate lamento:
comunque, questo è irrevocabile.

[80] Il Giuramento, Ὅρκος, appare nella forma di una personificazione divina già in Esiodo, *Opere*, 804: dove è figlio di Eris in quanto la discordia fomenta il tradimento, e assiste le Erinni perché queste puniscono lo spergiuro; mentre qui è in rapporto con Zeus, come supremo garante della giustizia. Non è escluso che sia da identificare con il δαίμων nominato al verso precedente, intendendo καὶ (in χὠ) con valore epesegetico, « e precisamente ».

ΑΝΤΙΓΟΝΗ

ΤΑ ΤΟΥ ΔΡΑΜΑΤΟΣ ΠΡΟΣΩΠΑ

ΑΝΤΙΓΟΝΗ

ΙΣΜΗΝΗ

ΧΟΡΟΣ ΘΗΒΑΙΩΝ ΓΕΡΟΝΤΩΝ

ΚΡΕΩΝ

ΦΥΛΑΞ

ΑΙΜΩΝ

ΤΕΙΡΕΣΙΑΣ

ΑΓΓΕΛΟΣ

ΕΥΡΥΔΙΚΗ

ΕΞΑΓΓΕΛΟΣ

ANTIGONE

LE PERSONE DEL DRAMMA*

ANTIGONE, *figlia di Edipo*

ISMENE, *figlia di Edipo*

CORO *di vecchi tebani*

CREONTE, *cognato di Edipo*

GUARDIA

EMONE, *figlio di Creonte*

TIRESIA, *indovino*

NUNZIO

EURIDICE, *moglie di Creonte*

NUNZIO II

La scena rappresenta il palazzo reale di Tebe.

* Secondo l'ordine di entrata in scena.

ΑΝΤΙΓΟΝΗ

Ὦ κοινὸν αὐτάδελφον Ἰσμήνης κάρα,
ἆρ' οἶσθ' ὅ τι Ζεὺς τῶν ἀπ' Οἰδίπου κακῶν
ὁποῖον οὐχὶ νῷν ἔτι ζώσαιν τελεῖ;
οὐδὲν γὰρ οὔτ' ἀλγεινὸν οὔτ' ἄτης ἄτερ
οὔτ' αἰσχρὸν οὔτ' ἄτιμόν ἐσθ', ὁποῖον οὐ
τῶν σῶν τε κἀμῶν οὐκ ὄπωπ' ἐγὼ κακῶν.
καὶ νῦν τί τοῦτ' αὖ φασι πανδήμῳ πόλει
κήρυγμα θεῖναι τὸν στρατηγὸν ἀρτίως;
ἔχεις τι κεἰσήκουσας; ἤ σε λανθάνει
πρὸς τοὺς φίλους στείχοντα τῶν ἐχθρῶν κακά;

ΙΣΜΗΝΗ

ἐμοὶ μὲν οὐδεὶς μῦθος, Ἀντιγόνη, φίλων
οὔθ' ἡδὺς οὔτ' ἀλγεινὸς ἵκετ' ἐξ ὅτου
δυοῖν ἀδελφοῖν ἐστερήθημεν δύο,
μιᾷ θανόντοιν ἡμέρᾳ διπλῇ χερί·
ἐπεὶ δὲ φροῦδός ἐστιν Ἀργείων στρατὸς
ἐν νυκτὶ τῇ νῦν, οὐδὲν οἶδ' ὑπέρτερον,
οὔτ' εὐτυχοῦσα μᾶλλον οὔτ' ἀτωμένη.
Αν. ᾔδη καλῶς, καί σ' ἐκτὸς αὐλείων πυλῶν
τοῦδ' οὕνεκ' ἐξέπεμπον, ὡς μόνη κλύοις.
Ισ. τί δ' ἔστι; δηλοῖς γάρ τι καλχαίνουσ' ἔπος.
Αν. οὐ γὰρ τάφου νῷν τὼ κασιγνήτω Κρέων
τὸν μὲν προτίσας, τὸν δ' ἀτιμάσας ἔχει;
Ἐτεοκλέα μέν, ὡς λέγουσι, σὺν δίκῃ
†χρησθεὶς δικαίᾳ† καὶ νόμῳ, κατὰ χθονὸς

PROLOGO

ANTIGONE (*esce dalla reggia, parlando con Ismene: è l'alba*) Ismene, sorella nel sangue comune, quale tra le sventure venute da Edipo credi tu che Zeus non vorrà compiere ancora nella nostra vita? Non v'è cosa dolorosa e funesta, né turpe e disonorevole, che io non abbia visto fra le sventure tue e mie. E ora, poi, cos'è questo bando che il sovrano ha imposto a tutta la città? Ne sai qualcosa? Ne hai sentito parlare? O non vedi quali sciagure da parte dei nemici muovono contro i nostri cari?

ISMENE A me, o Antigone, nessuna notizia dei nostri cari è giunta, né lieta né dolorosa, da quando noi due dei fratelli fummo orbate, in un solo giorno morti di reciproca mano; e dopo che l'esercito argivo è partito questa notte, non so altro, né che io possa esserne più felice né addolorata.

ANTIGONE Lo sapevo bene; e perciò ti ho fatto venire fuori dalle porte dell'atrio, perché tu sola ascoltassi.

ISMENE Che c'è? È chiaro che sei agitata per qualche proponimento.

ANTIGONE Non ha forse Creonte ritenuto degno di sepoltura uno dei nostri due fratelli, e questo onore ha negato all'altro? Eteocle, a quanto dicono, egli ritenne giusto di trattarlo[1] secondo la giustizia e il rito, e lo seppellì sotterra, perché

[1] Il testo dei mss. è evidentemente corrotto, palesandosi a sua volta come un tentativo di risanare una più antica corruttela: infatti χρησθεὶς nel valore di χρησάμενος appartiene al greco tardo. Tra i molti emendamenti proposti nessuno appare definitivo; la traduzione segue una proposta di H. Schütz accolta da Dain, χρῆσθαι δικαιῶν, svolgendo il participio in una coordinata di modo finito.

ἔκρυψε τοῖς ἔνερθεν ἔντιμον νεκροῖς,
τὸν δ' ἀθλίως θανόντα Πολυνείκους νέκυν
ἀστοῖσί φασιν ἐκκεκηρῦχθαι τὸ μὴ
τάφῳ καλύψαι μηδὲ κωκῦσαί τινα,
ἐᾶν δ' ἄκλαυτον, ἄταφον, οἰωνοῖς γλυκὺν
θησαυρὸν εἰσορῶσι πρὸς χάριν βορᾶς.
τοιαῦτά φασι τὸν ἀγαθὸν Κρέοντα σοὶ
κἀμοί, λέγω γὰρ κἀμέ, κηρύξαντ' ἔχειν,
καὶ δεῦρο νεῖσθαι ταῦτα τοῖσι μὴ εἰδόσιν
σαφῆ προκηρύξοντα, καὶ τὸ πρᾶγμ' ἄγειν
οὐχ ὡς παρ' οὐδέν, ἀλλ' ὃς ἂν τούτων τι δρᾷ,
φόνον προκεῖσθαι δημόλευστον ἐν πόλει.
οὕτως ἔχει σοι ταῦτα, καὶ δείξεις τάχα
εἴτ' εὐγενὴς πέφυκας εἴτ' ἐσθλῶν κακή.
Ισ. τί δ', ὦ ταλαῖφρον, εἰ τάδ' ἐν τούτοις, ἐγὼ
λύουσ' ἂν εἴθ' ἅπτουσα προσθείμην πλέον;
Αν. εἰ ξυμπονήσεις καὶ ξυνεργάσῃ σκόπει.
Ισ. ποῖόν τι κινδύνευμα; ποῦ γνώμης ποτ' εἶ;
Αν. εἰ τὸν νεκρὸν ξὺν τῇδε κουφιεῖς χερί.
Ισ. ἦ γὰρ νοεῖς θάπτειν σφ', ἀπόρρητον πόλει;
Αν. τὸν γοῦν ἐμὸν καὶ τὸν σόν,. ἢν σὺ μὴ θέλῃς,
ἀδελφόν· οὐ γὰρ δὴ προδοῦσ' ἁλώσομαι.
Ισ. ὦ σχετλία, Κρέοντος ἀντειρηκότος;
Αν. ἀλλ' οὐδὲν αὐτῷ τῶν ἐμῶν ⟨μ'⟩ εἴργειν μέτα.
Ισ. οἴμοι· φρόνησον, ὦ κασιγνήτη, πατὴρ
ὡς νῷν ἀπεχθὴς δυσκλεής τ' ἀπώλετο,
πρὸς αὐτοφώρων ἀμπλακημάτων διπλᾶς
ὄψεις ἀράξας αὐτὸς αὐτουργῷ χερί·

fosse onorato giù tra i morti. Ma di Polinice, che ha miseramente trovato morte, dicono abbia ordinato ai cittadini che nessuno chiuda il cadavere in una tomba né lo pianga: di lasciarlo illacrimato e insepolto, gradito tesoro per gli uccelli che spiano il piacere del pasto. Tali ordini si dice che il buon Creonte a te e a me – proprio a me, dico! – abbia proclamato; e che verrà qui di nuovo a proclamare ben chiaro il bando a chi lo ignora. Egli ritiene che non sia cosa di poco conto; ma per chi compia qualcuno di tali atti è decretata morte con lapidazione per mano del popolo. Eccoti come stanno le cose: e presto mostrerai se sei di buona razza, ovvero, pur da nobile stirpe, vile.

ISMENE Ma se le cose stanno a questo punto, o infelice, che cosa potrei aggiungere di più io, che rifiuti o che obbedisca?

ANTIGONE Considera se vorrai lottare e collaborare con me.

ISMENE A quale rischio? Che cosa mai pensi?

ANTIGONE Se, insieme con queste mie mani, vorrai sollevare quel cadavere.

ISMENE Pensi dunque di seppellirlo, sebbene sia proibito alla città?

ANTIGONE Ma è fratello mio e anche tuo, pur se tu non voglia: non si dirà che sono io a tradirlo.

ISMENE Sventurata, anche contro il divieto di Creonte?

ANTIGONE Ma egli non ha alcun diritto di impedirmelo.

ISMENE Ahimè rifletti, sorella mia, come nostro padre morì odioso e infamato, dopo essersi trafitti egli stesso di propria mano entrambi gli occhi, per i delitti da lui stesso scoperti.[2]

[2] La triplice ripetizione della radice αὐτ– suona enfatica, ma non pleonastica: in αὐτοφώρων indica che Edipo investigò e scoprì da se stesso le proprie colpe (αὐτόφωρος vale qui ἃ αὐτὸς ἐφώρασεν, mentre altrove significa « scoperto sul fatto stesso »); αὐτὸς dichiara che fu lui stesso a decidere l'orrenda punizione; e αὐτουργῷ precisa che egli rivolse contro se stesso la sua propria mano. Il significato d'assieme è che, di fronte all'involontarietà assoluta delle sue colpe, Edipo scelse di sua propria volontà la pena. Non saprei escludere che διπλᾶς, fortemente accentuato, alluda indirettamente alla duplice colpa, il parricidio e l'incesto; certo è che viene intenzionalmente ripreso al v. 53 in διπλοῦν, con riferimento alla duplice condizione in cui Giocasta ed Edipo reciprocamente si trovano (qui l'espressione sottintende il paradosso che il nome duplice si riferisca a un solo soggetto).

ἔπειτα μήτηρ καὶ γυνή, διπλοῦν ἔπος,
πλεκταῖσιν ἀρτάναισι λωβᾶται βίον·
τρίτον δ᾽ ἀδελφὼ δύο μίαν καθ᾽ ἡμέραν
αὐτοκτονοῦντε τὼ ταλαιπώρω μόρον
κοινὸν κατειργάσαντ᾽ ἐπ᾽ ἀλλήλοιν χεροῖν.
νῦν δ᾽ αὖ μόνα δὴ νὼ λελειμμένα σκόπει
ὅσῳ κάκιστ᾽ ὀλούμεθ᾽, εἰ νόμου βίᾳ
ψῆφον τυράννων ἢ κράτη παρέξιμεν.
ἀλλ᾽ ἐννοεῖν χρὴ τοῦτο μὲν γυναῖχ᾽ ὅτι
ἔφυμεν, ὡς πρὸς ἄνδρας οὐ μαχουμένα·
ἔπειτα δ᾽ οὕνεκ᾽ ἀρχόμεσθ᾽ ἐκ κρεισσόνων
καὶ ταῦτ᾽ ἀκούειν κἄτι τῶνδ᾽ ἀλγίονα.
ἐγὼ μὲν οὖν αἰτοῦσα τοὺς ὑπὸ χθονὸς
ξύγγνοιαν ἴσχειν, ὡς βιάζομαι τάδε,
τοῖς ἐν τέλει βεβῶσι πείσομαι. τὸ γὰρ
περισσὰ πράσσειν οὐκ ἔχει νοῦν οὐδένα.

Αν. οὔτ᾽ ἂν κελεύσαιμ᾽ οὔτ᾽ ἄν, εἰ θέλοις ἔτι
πράσσειν, ἐμοῦ γ᾽ ἂν ἡδέως δρῴης μέτα.
ἀλλ᾽ ἴσθ᾽ ὁποῖά σοι δοκεῖ, κεῖνον δ᾽ ἐγὼ
θάψω. καλόν μοι τοῦτο ποιούσῃ θανεῖν.
φίλη μετ᾽ αὐτοῦ κείσομαι, φίλου μέτα,
ὅσια πανουργήσασ᾽· ἐπεὶ πλείων χρόνος
ὃν δεῖ μ᾽ ἀρέσκειν τοῖς κάτω τῶν ἐνθάδε.
ἐκεῖ γὰρ αἰεὶ κείσομαι· σοὶ δ᾽ εἰ δοκεῖ,
τὰ τῶν θεῶν ἔντιμ᾽ ἀτιμάσασ᾽ ἔχε.

Ισ. ἐγὼ μὲν οὐκ ἄτιμα ποιοῦμαι, τὸ δὲ
βίᾳ πολιτῶν δρᾶν ἔφυν ἀμήχανος.

Αν. σὺ μὲν τάδ᾽ ἂν προὔχοι᾽· ἐγὼ δὲ δὴ τάφον
χώσουσ᾽ ἀδελφῷ φιλτάτῳ πορεύσομαι.

Ισ. οἴμοι, ταλαίνης ὡς ὑπερδέδοικά σου.

Αν. μὴ ᾽μοῦ προτάρβει· τὸν σὸν ἐξόρθου πότμον.

Ισ. ἀλλ᾽ οὖν προμηνύσῃς γε τοῦτο μηδενὶ
τοὔργον, κρυφῇ δὲ κεῦθε, σὺν δ᾽ αὔτως ἐγώ.

Αν. οἴμοι, καταύδα· πολλὸν ἐχθίων ἔσῃ
σιγῶσ᾽, ἐὰν μὴ πᾶσι κηρύξῃς τάδε.

Ισ. θερμὴν ἐπὶ ψυχροῖσι καρδίαν ἔχεις.

In seguito, la madre e moglie sua, duplice nome, distrusse la propria vita con ritorti lacci; e, terza sciagura, entrambi i fratelli in un solo giorno uccidendosi l'un l'altro, gli sciagurati, morte comune compirono con reciproca mano. Ora siamo rimaste noi due sole; e considera quanto ancor più miseramente periremo, se, facendo violenza alla legge, trasgrediremo il decreto o il potere del sovrano. Ma bisogna riflettere su questo, che siamo nate donne, sì da non poter lottare contro uomini; e poi che, essendo sottoposte a chi è più forte, dobbiamo obbedire a questi ordini e ad altri ancora più dolorosi. Io quindi, supplicando i morti sotterra di perdonarmi perché sono costretta così, obbedirò a chi comanda: non ha alcun senso fare cose troppo grandi.

ANTIGONE Non te lo chiederò; e pure se tu volessi ancora farlo, non gradirei che tu agissi insieme con me. Sii pure quale a te pare: io lo seppellirò, e per me sarà bello fare questo, e morire. Amata giacerò insieme a lui che io amo, avendo commesso un santo crimine. A quelli di sotterra infatti io devo compiacere per più tempo che a quelli di qui: poiché là giacerò per sempre. E tu, se ti pare, abbi pure in dispregio ciò che gli dèi onorano.

ISMENE Ma non io nego quest'onore: per natura sono incapace di agire contro il volere della città.

ANTIGONE Metti pure avanti questi pretesti; io vado ad innalzare un tumulo al fratello dilettissimo.

ISMENE O infelice, quanta paura ho per te!

ANTIGONE Non temere per me: assicura la tua sorte.

ISMENE Ma almeno non rivelare ad alcuno questa tua azione: occultala in segreto, e così anch'io.

ANTIGONE Ahimè, gridalo forte; sarai molto più odiosa se, tacendo, non la proclamerai a tutti.

ISMENE Hai cuore ardente per cose che raggelano.

Αν. ἀλλ᾽ οἶδ᾽ ἀρέσκουσ᾽ οἷς μάλισθ᾽ ἁδεῖν με χρή.
Ισ. εἰ καὶ δυνήσῃ γ᾽· ἀλλ᾽ ἀμηχάνων ἐρᾷς.
Αν. οὐκοῦν, ὅταν δὴ μὴ σθένω, πεπαύσομαι.
Ισ. ἀρχὴν δὲ θηρᾶν οὐ πρέπει τἀμήχανα.
Αν. εἰ ταῦτα λέξεις, ἐχθαρῇ μὲν ἐξ ἐμοῦ,
ἐχθρὰ δὲ τῷ θανόντι προσκείσῃ δίκῃ.
ἀλλ᾽ ἔα με καὶ τὴν ἐξ ἐμοῦ δυσβουλίαν
παθεῖν τὸ δεινὸν τοῦτο· πείσομαι γὰρ οὐ
τοσοῦτον οὐδὲν ὥστε μὴ οὐ καλῶς θανεῖν.
Ισ. ἀλλ᾽ εἰ δοκεῖ σοι, στεῖχε· τοῦτο δ᾽ ἴσθ᾽, ὅτι
ἄνους μὲν ἔρχῃ, τοῖς φίλοις δ᾽ ὀρθῶς φίλη.

ΧΟΡΟΣ

ἀκτὶς ἀελίου, τὸ κάλ- στρ.
λιστον ἑπταπύλῳ φανὲν
Θήβᾳ τῶν πρότερον φάος,
ἐφάνθης ποτ᾽, ὦ χρυσέας
ἁμέρας βλέφαρον, Διρκαί-
ων ὑπὲρ ῥεέθρων μολοῦσα,
τὸν λεύκασπιν †᾽Αργόθεν
φῶτα βάντα πανσαγίᾳ
φυγάδα πρόδρομον ὀξυτέρῳ
κινήσασα χαλινῷ·

ANTIGONE Ma so di riuscire gradita a chi soprattutto devo piacere.

ISMENE Se lo potrai; ma brami l'impossibile.

ANTIGONE Ebbene, quando non avrò più forza, smetterò.

ISMENE Ma fin dal principio non bisogna cercare l'impossibile.

ANTIGONE Se parli ancora così, mi verrai in odio, e sarai giustamente odiosa al morto. Lascia dunque che io e la mia stoltezza affrontiamo questa terribile impresa; non mi capiterà nulla di così grave, da impedire che io muoia nobilmente. (*Esce di scena.*)

ISMENE Se così hai deciso, va: certo, tu sei davvero dissennata, ma giustamente cara ai tuoi cari. (*Rientra nel palazzo, mentre sulla scena fa il suo ingresso il coro: spuntano i primi raggi di sole.*)

PARODO

CORO Raggio di sole,
luce bellissima fra quante mai apparvero
a Tebe dalle sette porte,[3]
sei apparso alfine,
occhio di aureo giorno, movendo
sulle correnti dircee,[4]
tu che il guerriero dal bianco scudo
mosso dalla terra apia,[5] in piena armatura,
fuggiasco in rotta
con acuto morso incalzasti.

[3] L'espressione è scelta non solo per distinguere poeticamente la città di Tebe in Beozia da quella egiziana, che di porte ne aveva cento, ma anche per ricordare lo schieramento dei capi argivi, alleati di Polinice, nel tentativo di conquista della città.

[4] L'espressione indica il fiume Dirce, a occidente di Tebe.

[5] La traduzione riprende l'emendamento 'Απιόθεν di Ahrens, per 'Αργόθεν inaccettabile metricamente: la terra di Apis (cfr. Edipo a Colono, nota 59) è appunto in genere il Peloponneso, e qui specificamente l'Argolide. Può darsi che il motivo dello scudo bianco (cfr. anche in seguito il v. 114) risalga a un'associazione popolare fra Ἄργος e ἀργός, « bianco » (Jebb); infine, l'uso del singolare « guerriero » per il plurale « esercito » è corrente.

ὃν ἐφ' ἀμετέρᾳ γᾷ Πολυνείκης
ἀρθεὶς νεικέων ἐξ ἀμφιλόγων
. . . . . . ὀξέα κλάζων
αἰετὸς ἐς γᾶν [ὣς] ὑπερέπτα,
λευκῆς χιόνος πτέρυγι στεγανὸς
πολλῶν μεθ' ὅπλων
ξύν θ' ἱπποκόμοις κορύθεσσι.

στὰς δ' ὑπὲρ μελάθρων φονώ- *ἀντ.*
σαισιν ἀμφιχανὼν κύκλῳ
λόγχαις ἑπτάπυλον στόμα
ἔβα, πρίν ποθ' ἁμετέρων
αἱμάτων γένυσιν πλησθῆ-
ναί τε καὶ στεφάνωμα πύργων
πευκάενθ' Ἥφαιστον ἑλεῖν.
τοῖος ἀμφὶ νῶτ' ἐτάθη
πάταγος Ἄρεος, ἀντιπάλου
δυσχείρωμα δράκοντος.

Ζεὺς γὰρ μεγάλης γλώσσης κόμπους
ὑπερεχθαίρει, καί σφας ἐσιδὼν
πολλῷ ῥεύματι προσνισομένους,
χρυσοῦ καναχῆς ὑπερόπτας,
παλτῷ ῥιπτεῖ πυρὶ βαλβίδων
ἐπ' ἄκρων ἤδη
νίκην ὁρμῶντ' ἀλαλάξαι·

ἀντιτύπᾳ δ' ἐπὶ γᾷ πέσε τανταλωθεὶς *στρ.*
πυρφόρος ὃς τότε μαινομένᾳ ξὺν ὁρμᾷ

CORIFEO Lui contro la nostra terra Polinice
incitato da ambigue contese
addusse ostile;[6] ed egli acutamente stridendo
come aquila verso terra mosse il volo,
spiegando le ali candide qual neve,
con armi molte
e con cimieri criniti.

CORO E fermatosi sopra le nostre case, spalancato
in cerchio sulle sette porte il rostro
delle lance insanguinate,
volò via prima che del nostro sangue
saziasse le mascelle,
e che fiamma di pino
distruggesse la corona di torri.
Tale alle sue spalle fragore
di Ares si levò, poiché impresa difficile
è avere nemico il serpente.[7]

CORIFEO Zeus i vanti di tracotante lingua
detesta: e vedendoli
in fiumana grande avanzare,
in orgoglio di oro squillante,[8]
brandendo la folgore colpisce
sulla cima delle mura quello
che già levava l'alalà di vittoria.[9]

CORO E sulla terra ripercossa cadde precipite,
lui che portando fuoco con impeto folle

[6] La traduzione integra la lacuna con ⟨ἤγαγεν ἐχθρόν · ὁδ'⟩, proposto da Nauck e Mazon.
[7] Il rapporto di δυσχείρωμα con il resto del periodo va inteso come un'associazione assai libera: il fragore di Ares mette in fuga l'aquila argiva, che aveva tentato un'impresa troppo ardua, vincere il drago tebano (cfr. la nota 68 all'*Edipo a Colono*). Il genitivo ἀντιπάλου ... δράκοντος va inteso come oggettivo.
[8] Il testo tràdito da parte dei mss. e accolto da Pearson, a cui liberamente s'accorda anche la traduzione, esige la non facile costruzione del genitivo causale καναχῆς in dipendenza da ὑπερόπτας (che di solito si costruisce con il genitivo oggettivo).
[9] Allusione a Capaneo (cfr. Eschilo, *Sette contro Tebe*, v. 422).

βακχεύων ἐπέπνει
ῥιπαῖς ἐχθίστων ἀνέμων.
εἶχε δ' ἄλλᾳ τὰ μέν,
ἄλλα δ' ἐπ' ἄλλοις ἐπενώ-
μα στυφελίζων μέγας Ἄ-
ρης δεξιόσειρος.

ἑπτὰ λοχαγοὶ γὰρ ἐφ' ἑπτὰ πύλαις
ταχθέντες ἴσοι πρὸς ἴσους ἔλιπον
Ζηνὶ τροπαίῳ πάγχαλκα τέλη,
πλὴν τοῖν στυγεροῖν, ὣ πατρὸς ἑνὸς
μητρός τε μιᾶς φύντε καθ' αὑτοῖν
δικρατεῖς λόγχας στῄσαντ' ἔχετον
κοινοῦ θανάτου μέρος ἄμφω.

ἀλλὰ γὰρ ἁ μεγαλώνυμος ἦλθε Νίκα ἀντ.
τᾷ πολυαρμάτῳ ἀντιχαρεῖσα Θήβᾳ,
ἐκ μὲν δὴ πολέμων
τῶν νῦν θέσθαι λησμοσύναν,
θεῶν δὲ ναοὺς χοροῖς
παννυχίοις πάντας ἐπέλ-
θωμεν, ὁ Θήβας δ' ἐλελί-
χθων Βάκχιος ἄρχοι.

ἀλλ' ὅδε γὰρ δὴ βασιλεὺς χώρας,
Κρέων ὁ Μενοικέως, ... νεοχμὸς
νεαραῖσι θεῶν ἐπὶ συντυχίαις
χωρεῖ τίνα δὴ μῆτιν ἐρέσσων,
ὅτι σύγκλητον τήνδε γερόντων
προύθετο λέσχην,
κοινῷ κηρύγματι πέμψας;

infuriando soffiava
con raffiche dei venti più ostili.
Ma diverso destino egli ebbe:
e a ciascuno la sua sorte assegnava,
imperversando, Ares valido protettore.

CORIFEO Sette condottieri contro sette porte
schierati pari contro pari
lasciarono a Zeus trionfatore bronzei tributi,
fuor che i due sciagurati:[10] da un solo padre
e da una sola madre nati, l'uno contro l'altro
vittoriosa lancia drizzando, di comune morte
ebbero parte entrambi.

CORO Ma Nike[11] dal nome glorioso poi giunse
lieta per Tebe dai molti carri,
delle battaglie recenti
oblio portando.
Ai templi tutti degli dèi
con notturni cori muoviamo: e Bacco
ci guidi, scuotendo il suolo di Tebe.

CORIFEO Ma ecco il re del paese,
Creonte figlio di Meneceo, nuovo capo[12]
per i recenti casi voluti dagli dèi,
s'avanza: quali pensieri agita,
che ha ordinato quest'assemblea
straordinaria di anziani,
convocata con comune bando?

10 L'espressione non riesce del tutto limpida, ma il senso è questo: dei sette condottieri argivi, che furono vinti e lasciarono le proprie armi come trofeo ai tebani vincitori, il solo Polinice non può dirsi propriamente sconfitto, in quanto egli pur morendo ha ucciso il fratello Eteocle, che gli stava di fronte.

11 Personificazione divina della vittoria.

12 La traduzione integra la lacuna secondo la congettura di Wolf ⟨ταγὸς⟩.

ΚΡΕΩΝ

ἄνδρες, τὰ μὲν δὴ πόλεος ἀσφαλῶς θεοὶ
πολλῷ σάλῳ σείσαντες ὤρθωσαν πάλιν·
ὑμᾶς δ' ἐγὼ πομποῖσιν ἐκ πάντων δίχα
ἔστειλ' ἱκέσθαι, τοῦτο μὲν τὰ Λαΐου
σέβοντας εἰδὼς εὖ θρόνων ἀεὶ κράτη,
τοῦτ' αὖθις, ἡνίκ' Οἰδίπους ὤρθου πόλιν,
κἀπεὶ διώλετ', ἀμφὶ τοὺς κείνων ἔτι
παῖδας μένοντας ἐμπέδοις φρονήμασιν.
ὅτ' οὖν ἐκεῖνοι πρὸς διπλῆς μοίρας μίαν
καθ' ἡμέραν ὤλοντο παίσαντές τε καὶ
πληγέντες αὐτόχειρι σὺν μιάσματι,
ἐγὼ κράτη δὴ πάντα καὶ θρόνους ἔχω
γένους κατ' ἀγχιστεῖα τῶν ὀλωλότων.
ἀμήχανον δὲ παντὸς ἀνδρὸς ἐκμαθεῖν
ψυχήν τε καὶ φρόνημα καὶ γνώμην, πρὶν ἂν
ἀρχαῖς τε καὶ νόμοισιν ἐντριβὴς φανῇ.
ἐμοὶ γὰρ ὅστις πᾶσαν εὐθύνων πόλιν
μὴ τῶν ἀρίστων ἅπτεται βουλευμάτων,
ἀλλ' ἐκ φόβου του γλῶσσαν ἐγκλῄσας ἔχει,
κάκιστος εἶναι νῦν τε καὶ πάλαι δοκεῖ·
καὶ μείζον' ὅστις ἀντὶ τῆς αὑτοῦ πάτρας
φίλον νομίζει, τοῦτον οὐδαμοῦ λέγω.
ἐγὼ γάρ, ἴστω Ζεὺς ὁ πάνθ' ὁρῶν ἀεί,
οὔτ' ἂν σιωπήσαιμι τὴν ἄτην ὁρῶν
στείχουσαν ἀστοῖς ἀντὶ τῆς σωτηρίας,
οὔτ' ἂν φίλον ποτ' ἄνδρα δυσμενῆ χθονὸς
θείμην ἐμαυτῷ, τοῦτο γιγνώσκων ὅτι
ἥδ' ἐστὶν ἡ σῴζουσα καὶ ταύτης ἔπι
πλέοντες ὀρθῆς τοὺς φίλους ποιούμεθα.
τοιοῖσδ' ἐγὼ νόμοισι τήνδ' αὔξω πόλιν.
καὶ νῦν ἀδελφὰ τῶνδε κηρύξας ἔχω
ἀστοῖσι παίδων τῶν ἀπ' Οἰδίπου πέρι·
Ἐτεοκλέα μέν, ὃς πόλεως ὑπερμαχῶν
ὄλωλε τῆσδε, πάντ' ἀριστεύσας δορί,

PRIMO EPISODIO

CREONTE (*uscendo dal palazzo, al coro*) Gli dèi, o cittadini, dopo avere sconvolto in grande tempesta la città, l'hanno di nuovo saldamente raddrizzata. E voi per mezzo di messi ho convocato perché veniste in disparte da tutti: so bene che sempre riveriste il potere del trono di Laio; e che in seguito, quando Edipo reggeva la città e dopo la sua morte, siete rimasti ancora accanto ai loro figli con saldo animo. Poiché dunque essi di duplice fato in un solo giorno perirono, di ferita data e ricevuta con fratricida scelleratezza, ecco che posseggo io il trono e tutto il potere, come parente prossimo di quei morti. È impossibile d'altronde conoscere bene l'animo e il pensiero e il senno di qualunque uomo, prima che abbia fatto prova nel governo e nelle leggi. Dunque, ora come in passato, a me sembra pessimo governante chiunque, reggendo una città, non si attiene alle migliori decisioni, ma per qualche timore tiene ben chiusa la bocca; e non tengo in alcun conto chi stima più importante della propria patria una persona cara. Io infatti – e lo sappia Zeus che sempre vede tutto – non saprei tacere quando vedessi muovere contro i cittadini la sciagura invece che la salvezza; e non mi farei mai amico un uomo nemico della patria: poiché so che essa è la nostra salvezza, e che ci procuriamo gli amici solo quando ne teniamo dritto il corso. Con tali princìpi io farò grande la nostra città. E ora, in accordo con questa, ho proclamato un bando ai cittadini riguardo ai figli di Edipo: Eteocle, che è morto combattendo a difesa di questa città, facendo gran prova di valore con la lancia, ri-

τάφῳ τε κρύψαι καὶ τὰ πάντ' ἀφαγνίσαι
ἃ τοῖς ἀρίστοις ἔρχεται κάτω νεκροῖς·
τὸν δ' αὖ ξύναιμον τοῦδε, Πολυνείκη λέγω,
ὃς γῆν πατρῴαν καὶ θεοὺς τοὺς ἐγγενεῖς
φυγὰς κατελθὼν ἠθέλησε μὲν πυρὶ
πρῆσαι κατάκρας, ἠθέλησε δ' αἵματος
κοινοῦ πάσασθαι, τοὺς δὲ δουλώσας ἄγειν,
τοῦτον πόλει τῇδ' ἐκκεκήρυκται τάφῳ
μήτε κτερίζειν μήτε κωκῦσαί τινα,
ἐᾶν δ' ἄθαπτον καὶ πρὸς οἰωνῶν δέμας
καὶ πρὸς κυνῶν ἐδεστὸν αἰκισθέν τ' ἰδεῖν.
τοιόνδ' ἐμὸν φρόνημα, κοὔποτ' ἔκ γ' ἐμοῦ
τιμῇ προέξουσ' οἱ κακοὶ τῶν ἐνδίκων.
ἀλλ' ὅστις εὔνους τῇδε τῇ πόλει, θανὼν
καὶ ζῶν ὁμοίως ἐξ ἐμοῦ τιμήσεται.

Χο. σοὶ ταῦτ' ἀρέσκει, παῖ Μενοικέως, ποεῖν
τὸν τῇδε δύσνουν καὶ τὸν εὐμενῆ πόλει·
νόμῳ δὲ χρῆσθαι παντί, τοῦτ' ἔνεστί σοι
καὶ τῶν θανόντων χὠπόσοι ζῶμεν πέρι.
Κρ. ὡς ἂν σκοποὶ νῦν ἦτε τῶν εἰρημένων . . . .
Χο. νεωτέρῳ τῳ τοῦτο βαστάζειν πρόθες.
Κρ. ἀλλ' εἴσ' ἑτοῖμοι τοῦ νεκροῦ γ' ἐπίσκοποι.
Χο. τί δῆτ' ἂν ἄλλο τοῦτ' ἐπεντέλλοις ἔτι;
Κρ. τὸ μὴ 'πιχωρεῖν τοῖς ἀπιστοῦσιν τάδε.
Χο. οὐκ ἔστιν οὕτω μῶρος ὃς θανεῖν ἐρᾷ.
Κρ. καὶ μὴν ὁ μισθός γ' οὗτος. ἀλλ' ὑπ' ἐλπίδων
ἄνδρας τὸ κέρδος πολλάκις διώλεσεν.

ΦΥΛΑΞ

ἄναξ, ἐρῶ μὲν οὐχ ὅπως σπουδῆς ὕπο
δύσπνους ἱκάνω κοῦφον ἐξάρας πόδα.
πολλὰς γὰρ ἔσχον φροντίδων ἐπιστάσεις,
ὁδοῖς κυκλῶν ἐμαυτὸν εἰς ἀναστροφήν·
ψυχὴ γὰρ ηὔδα πολλά μοι μυθουμένη,

ceva sepoltura e abbia tutte le offerte lustrali, che scendono sotterra agli eroi defunti. Ma il fratello suo, Polinice dico, dall'esilio tornò volendo distruggere completamente col fuoco la terra patria e gli dèi della stirpe, volendo saziarsi del sangue dei suoi e gli altri trarre in schiavitù: e per quanto lo riguarda è stato ordinato alla città che nessuno lo onori di tomba e di compianto, ma sia lasciato insepolto cadavere, pasto ad uccelli e cani, vergogna a vedersi.[13] Questo è il mio pensiero: e mai i cattivi cittadini avranno da parte mia più onore dei giusti. Ma chi è devoto a questa città, morto o vivo egualmente sarà onorato da parte mia.

CORIFEO Tu hai deciso, figlio di Meneceo, che questa sia la sorte[14] di chi è ostile e di chi è amico alla nostra città; ed è in tuo potere prendere ogni provvedimento che vuoi, sia per i morti sia per quanti siamo vivi.

CREONTE Siate dunque i custodi dei miei ordini.[15]

CORIFEO Affida questo peso a uno più giovane.

CREONTE Ma sono già disposte guardie al cadavere.

CORIFEO E che altro dunque vorresti ordinare ancora?

CREONTE Di non mettervi dalla parte di chi disobbedisce.

CORIFEO Non c'è uomo così pazzo da voler morire.

CREONTE E questa appunto sarebbe la sua ricompensa: ma la speranza di guadagno spesso manda gli uomini in rovina.

GUARDIA (*entrando in scena*) Signore, non dirò che giungo ansante in gran fretta, con rapidi passi. Invece ho fatto molte soste per riflettere, volgendomi lungo la strada per tornare indietro; poiché l'animo molte cose mi diceva: « Misero,

13 αἰκισθέν τ'ἰδεῖν è apposizione di quanto precede, secondo il modulo dell'omerico θαῦμα ἰδέσθαι; prima, ἄθαπτον e ἐδεστὸν sono predicati di δέμας, oggetto di ἐᾶν.

14 ποεῖν è lezione di un solo testimone, laddove il resto della tradizione dà l'inaccettabile Κρέων: di esso sono oggetti τὸν ... δύσνουν καὶ τὸν εὐμενῆ. Questi accusativi sono invece soggetti di παθεῖν, congettura di Mazon seguita nella traduzione.

15 Il testo di Pearson presuppone che la frase di Creonte rimanga in sospeso per l'interruzione del corifeo, a cui egli poi risponde, senza concludere la frase precedente. Questo va contro l'uso consueto di Sofocle; ed è forse meglio considerare conclusa la frase iussiva, con l'ellissi di un verbo come ἐπιμελεῖσθε (anche se solitamente la struttura in questi casi è ὅπως con l'indicativo futuro).

τάλας, τί χωρεῖς οἷ μολὼν δώσεις δίκην;
τλήμων, μένεις αὖ; κεἰ τάδ' εἴσεται Κρέων
ἄλλου παρ' ἀνδρός, πῶς σὺ δῆτ' οὐκ ἀλγυνῇ;
τοιαῦθ' ἑλίσσων ἤνυτον σχολῇ βραδύς,
χοὔτως ὁδὸς βραχεῖα γίγνεται μακρά.
τέλος γε μέντοι δεῦρ' ἐνίκησεν μολεῖν
σοί· κεἰ τὸ μηδὲν ἐξερῶ, φράσω δ' ὅμως.
τῆς ἐλπίδος γὰρ ἔρχομαι δεδραγμένος,
τὸ μὴ παθεῖν ἂν ἄλλο πλὴν τὸ μόρσιμον.
Κρ. τί δ' ἐστὶν ἀνθ' οὗ τήνδ' ἔχεις ἀθυμίαν;
Φυ. φράσαι θέλω σοι πρῶτα τἀμαυτοῦ· τὸ γὰρ
πρᾶγμ' οὔτ' ἔδρασ' οὔτ' εἶδον ὅστις ἦν ὁ δρῶν,
οὐδ' ἂν δικαίως ἐς κακὸν πέσοιμί τι.
Κρ. εὖ γε στιχίζῃ κἀποφάργνυσαι κύκλῳ
τὸ πρᾶγμα. δηλοῖς δ' ὥς τι σημανῶν νέον.
Φυ. τὰ δεινὰ γάρ τοι προστίθησ' ὄκνον πολύν.
Κρ. οὔκουν ἐρεῖς ποτ', εἶτ' ἀπαλλαχθεὶς ἄπει;
Φυ. καὶ δὴ λέγω σοι. τὸν νεκρόν τις ἀρτίως
θάψας βέβηκε κἀπὶ χρωτὶ διψίαν
κόνιν παλύνας κἀφαγιστεύσας ἃ χρή.
Κρ. τί φής; τίς ἀνδρῶν ἦν ὁ τολμήσας τάδε;
Φυ. οὐκ οἶδ'· ἐκεῖ γὰρ οὔτε του γενῇδος ἦν
πλῆγμ', οὐ δικέλλης ἐκβολή· στύφλος δὲ γῆ
καὶ χέρσος, ἀρρὼξ οὐδ' ἐπημαξευμένη
τροχοῖσιν, ἀλλ' ἄσημος οὑργάτης τις ἦν.
ὅπως δ' ὁ πρῶτος ἡμὶν ἡμεροσκόπος
δείκνυσι, πᾶσι θαῦμα δυσχερὲς παρῆν.
ὁ μὲν γὰρ ἠφάνιστο, τυμβήρης μὲν οὔ,
λεπτὴ δ' ἄγος φεύγοντος ὣς ἐπῆν κόνις.
σημεῖα δ' οὔτε θηρὸς οὔτε του κυνῶν

perché corri là dove al tuo arrivo sarai punito? Disgraziato, ti fermi ora? E se Creonte verrà a sapere la cosa da un altro, come non avrai a soffrirne? ». Tali pensieri volgendo, muovevo celere fra gli indugi:[16] in questo modo anche un breve cammino diventa lungo. Infine prevalse comunque di venire da te: e anche se non ti chiarirò nulla, almeno ti parlerò. Vengo infatti aggrappato alla speranza che non mi accadrà altro, tranne quanto è destinato.

CREONTE Cos'è a renderti così scoraggiato?

GUARDIA Voglio dirti prima quanto mi riguarda: la cosa non l'ho fatta io, né vidi chi è stato a farla; e non sarebbe giusto che me ne toccasse qualche danno.

CREONTE Bene davvero tu indovini,[17] e innalzi una barriera intorno al fatto: ma è evidente che annunzi qualcosa di strano.

GUARDIA Le cose gravi, certo, producono grande titubanza.

CREONTE Parla dunque una buona volta, e poi vattene via.

GUARDIA Ecco, te lo dico: qualcuno poco fa ha seppellito il morto e se n'è andato, dopo avere sparso sul cadavere arida sabbia e avergli reso gli onori rituali.

CREONTE Cosa dici? E chi mai fu a osare tanto?

GUARDIA Non so. Sul luogo non si vedeva colpo di zappa, né scavo di vanga; la terra era solida e compatta, senza solchi né segni di ruote: chi ha agito non ha lasciato tracce. E quando la prima sentinella diurna ci mostrò la cosa, a tutti venne penoso stupore: il corpo non si vedeva, però non era sepolto; sopra v'era poca polvere, come se uno avesse voluto evitare l'empietà. E non apparivano orme né di fiera né

16 La traduzione si tiene alla variante di uno scolio, σχολῇ ταχύς, che introduce un forte ossimoro, peraltro corrispondente sia all'alterno dubitare della guardia, quale lui stesso racconta nei vv. precedenti, sia all'altro ossimoro fra βραχεῖα e μακρά nel v. seguente. D'altronde, appunto con il concetto espresso in questo verso meglio si accorda il testo dei mss. e di Pearson: « procedevo lentamente fra gli indugi ».

17 στιχίζῃ è congettura dello stesso Pearson, che introduce un verbo rarissimo che vale « mettere in fila » o « in versi », ossia qui « disporre ordinatamente nel discorso il fatto » (τὸ πρᾶγμα). Ma στοχάζῃ dei mss., ripreso nella traduzione, si può sostenere: Creonte vuole dire che la guardia, escludendo nella battuta precedente di avere colpa, ha indovinato il suo proposito di punirlo.

ἐλθόντος, οὐ σπάσαντος ἐξεφαίνετο.
λόγοι δ' ἐν ἀλλήλοισιν ἐρρόθουν κακοί,
φύλαξ ἐλέγχων φύλακα, κἂν ἐγίγνετο
πληγὴ τελευτῶσ', οὐδ' ὁ κωλύσων παρῆν.
εἷς γάρ τις ἦν ἕκαστος οὑξειργασμένος,
κοὐδεὶς ἐναργής, ἀλλ' ἔφευγε μὴ εἰδέναι.
ἦμεν δ' ἑτοῖμοι καὶ μύδρους αἴρειν χεροῖν,
καὶ πῦρ διέρπειν, καὶ θεοὺς ὁρκωμοτεῖν
τὸ μήτε δρᾶσαι μήτε τῳ ξυνειδέναι
τὸ πρᾶγμα βουλεύσαντι μήτ' εἰργασμένῳ.
τέλος δ' ὅτ' οὐδὲν ἦν ἐρευνῶσιν πλέον,
λέγει τις εἷς, ὃ πάντας ἐς πέδον κάρα
νεῦσαι φόβῳ προὔτρεψεν· οὐ γὰρ εἴχομεν
οὔτ' ἀντιφωνεῖν οὔθ' ὅπως δρῶντες καλῶς
πράξαιμεν. ἦν δ' ὁ μῦθος ὡς ἀνοιστέον
σοὶ τοὔργον εἴη τοῦτο κοὐχὶ κρυπτέον.
καὶ ταῦτ' ἐνίκα, κἀμὲ τὸν δυσδαίμονα
πάλος καθαιρεῖ τοῦτο τἀγαθὸν λαβεῖν.
πάρειμι δ' ἄκων οὐχ ἑκοῦσιν, οἶδ' ὅτι·
στέργει γὰρ οὐδεὶς ἄγγελον κακῶν ἐπῶν.
Χο. ἄναξ, ἐμοί τοι μή τι καὶ θεήλατον
τοὔργον τόδ' ἡ ξύννοια βουλεύει πάλαι.
Κρ. παῦσαι, πρὶν ὀργῆς κἀμὲ μεστῶσαι λέγων,
μὴ 'φευρεθῇς ἄνους τε καὶ γέρων ἅμα.
λέγεις γὰρ οὐκ ἀνεκτὰ δαίμονας λέγων
πρόνοιαν ἴσχειν τοῦδε τοῦ νεκροῦ πέρι.
πότερον ὑπερτιμῶντες ὡς εὐεργέτην
ἔκρυπτον αὐτόν, ὅστις ἀμφικίονας
ναοὺς πυρώσων ἦλθε κἀναθήματα
καὶ γῆν ἐκείνων καὶ νόμους διασκεδῶν;
ἢ τοὺς κακοὺς τιμῶντας εἰσορᾷς θεούς;
οὐκ ἔστιν. ἀλλὰ ταῦτα καὶ πάλαι πόλεως
ἄνδρες μόλις φέροντες ἐρρόθουν ἐμοὶ
κρυφῇ, κάρα σείοντες, οὐδ' ὑπὸ ζυγῷ
λόφον δικαίως εἶχον, ὡς στέργειν ἐμέ.
ἐκ τῶνδε τούτους ἐξεπίσταμαι καλῶς

di qualche cane che fosse passato di lì, ma senza dilaniarlo. Fra di noi sonarono allora cattive parole, poiché una guardia accusava un'altra, e alla fine saremmo venuti alle mani né c'era chi lo impedisse. Ciascuno poteva essere l'autore, e nessuno lo era in modo manifesto, ma ognuno si schermiva di non sapere.[18] Eravamo pronti a prendere in mano ferri roventi, a passare attraverso le fiamme, a giurare per gli dèi di non avere compiuto il fatto e di non essere complici né di chi l'aveva deliberato, né di chi l'aveva commesso.[19] Infine, poiché nulla di più veniva fuori dalle indagini, parlò uno e da solo fece volgere a tutti lo sguardo a terra per la paura: poiché non potevamo rispondergli, né sapevamo come avremmo agito bene. Il suo parere era che bisognava riferirti questo fatto, e non nasconderlo. Esso prevalse, e la sorte designò me disgraziato a prendermi questo bell'incarico. Ed eccomi qui, contro voglia dinanzi a chi non vuole, so bene: poiché nessuno ama un messaggero di cattive notizie.

CORIFEO Signore, già da un po' rifletto se questo fatto non sia mandato dagli dèi.

CREONTE Smetti, prima di riempirmi d'ira con le tue parole: non dimostrarti stolto e vecchio insieme. Dici una cosa insopportabile, affermando che gli dèi si danno pensiero di questo cadavere. Forse l'hanno seppellito onorandolo come un benefattore, lui che venne per incendiare i templi con tutte le loro colonne e i doni votivi, e per distruggere la loro terra e le leggi? Hai visto mai gli dèi onorare i malvagi? Non è possibile; ma già da tempo alcuni cittadini, malcontenti della situazione, mormoravano contro di me di nascosto, scuotendo il capo; e non piegavano doverosamente il collo sotto il giogo, così da rispettarmi. So bene che essi

18 L'espressione è singolarmente concentrata, ma il suo significato non lascia dubbi: εἷς ... οὐξειργασμένος sottintende un concetto come « nel pensiero degli altri »; il soggetto di ἔφευγε è ancora ἕκαστος, o meglio un equivalente di πᾶς τις che risulta dall'opposizione a οὐδεὶς.

19 I vv. 264-267 sembrano attestare la presenza anche nella Grecia arcaica dell'istituto dell'ordalia, per quanto non ne resti traccia nella legislazione. Il linguaggio popolare può averne mantenuto il ricordo in alcune espressioni idiomatiche.

παρηγμένους μισθοῖσιν εἰργάσθαι τάδε.
οὐδὲν γὰρ ἀνθρώποισιν οἷον ἄργυρος
κακὸν νόμισμ' ἔβλαστε. τοῦτο καὶ πόλεις
πορθεῖ, τόδ' ἄνδρας ἐξανίστησιν δόμων·
τόδ' ἐκδιδάσκει καὶ παραλλάσσει φρένας
χρηστὰς πρὸς αἰσχρὰ πράγμαθ' ἵστασθαι βροτῶν·
πανουργίας δ' ἔδειξεν ἀνθρώποις ἔχειν
καὶ παντὸς ἔργου δυσσέβειαν εἰδέναι.
ὅσοι δὲ μισθαρνοῦντες ἤνυσαν τάδε,
χρόνῳ ποτ' ἐξέπραξαν ὡς δοῦναι δίκην.
ἀλλ' εἴπερ ἴσχει Ζεὺς ἔτ' ἐξ ἐμοῦ σέβας,
εὖ τοῦτ' ἐπίστασ', ὅρκιος δέ σοι λέγω,
εἰ μὴ τὸν αὐτόχειρα τοῦδε τοῦ τάφου
εὑρόντες ἐκφανεῖτ' ἐς ὀφθαλμοὺς ἐμούς,
οὐχ ὑμὶν Ἅιδης μοῦνος ἀρκέσει, πρὶν ἂν
ζῶντες κρεμαστοὶ τήνδε δηλώσηθ' ὕβριν,
ἵν' εἰδότες τὸ κέρδος ἔνθεν οἰστέον
τὸ λοιπὸν ἁρπάζητε, καὶ μάθηθ' ὅτι
οὐκ ἐξ ἅπαντος δεῖ τὸ κερδαίνειν φιλεῖν.
ἐκ τῶν γὰρ αἰσχρῶν λημμάτων τοὺς πλείονας
ἀτωμένους ἴδοις ἂν ἢ σεσωμένους.
Φυ. εἰπεῖν τι δώσεις, ἢ στραφεὶς οὕτως ἴω;
Κρ. οὐκ οἶσθα καὶ νῦν ὡς ἀνιαρῶς λέγεις;
Φυ. ἐν τοῖσιν ὠσὶν ἢ 'πὶ τῇ ψυχῇ δάκνῃ;
Κρ. τί δὲ ῥυθμίζεις τὴν ἐμὴν λύπην ὅπου;
Φυ. ὁ δρῶν σ' ἀνιᾷ τὰς φρένας, τὰ δ' ὦτ' ἐγώ.
Κρ. οἴμ' ὡς λάλημα δῆλον ἐκπεφυκὸς εἶ.
Φυ. οὔκουν τό γ' ἔργον τοῦτο ποιήσας ποτέ.
Κρ. καὶ ταῦτ' ἐπ' ἀργύρῳ γε τὴν ψυχὴν προδούς.
Φυ. φεῦ·
ἦ δεινόν, ᾧ δοκῇ γε, καὶ ψευδῆ δοκεῖν.
Κρ. κόμψευέ νυν τὴν δόξαν· εἰ δὲ ταῦτα μὴ
φανεῖτέ μοι τοὺς δρῶντας, ἐξερεῖθ' ὅτι
τὰ δειλὰ κέρδη πημονὰς ἐργάζεται.
Φυ. ἀλλ' εὑρεθείη μὲν μάλιστ'· ἐὰν δέ τοι
ληφθῇ τε καὶ μή, τοῦτο γὰρ τύχη κρινεῖ,

hanno spinto costoro a fare ciò per mercede. Tra gli uomini non nacque mai alcuna istituzione cattiva come il danaro: esso distrugge anche le città, esso scaccia dalle proprie case gli uomini, esso ammaestra e seduce anime nobili a compiere azioni vergognose; ed ha insegnato alla gente la malvagità, e a conoscere ogni azione empia. Ma quanti, vendendosi, giungono a tal punto, col tempo finiscono per pagarne la pena. Dunque, com'è vero che Zeus ha ancora la mia venerazione, sappi bene questo, e te lo dico con giuramento: se non troverete e non mi mostrerete davanti agli occhi l'autore di questa sepoltura, non basterà per voi la sola morte; ma prima, ancora vivi, appesi per le mani, rivelerete il vostro misfatto. Così, per l'avvenire, prenderete il vostro guadagno sapendo dov'è lecito, e imparerete che non bisogna avere caro di trarre profitto da ogni cosa. Dai turpi guadagni potrai vedere più gente rovinata che salvata.

GUARDIA Mi permetterai di parlare, o devo voltarmi e andarmene via così?

CREONTE Ma non vedi che le tue parole mi esasperano?

GUARDIA Ti senti mordere alle orecchie o al cuore?

CREONTE Perché vai cercando dov'è il mio cruccio?

GUARDIA Chi ha agito ti affligge il cuore, io le orecchie.

CREONTE Ahimè, è chiaro che sei nato chiacchierone.

GUARDIA Però, non ho commesso questo delitto.[20]

CREONTE Sì, e hai buttato la vita per denaro.

GUARDIA Ah, davvero è cosa terribile, per chi immagina, d'immaginare il falso!

CREONTE Scherza pure sull'immaginare; ma se non mi denuncerete i colpevoli, vi toccherà dire che i cattivi guadagni portano dolori. *(Rientra nel palazzo.)*

GUARDIA Speriamo che sia trovato, senz'altro; ma che sia preso[21] o no – questo lo deciderà la sorte –, non mi vedrai

20 La battuta della guardia ricalca la precedente di Creonte, sottintendendo εἰμί a ποιήσας, con la maggiore intensità che deriva all'affermazione dalla struttura perifrastica.

21 Il passaggio dal plurale δρῶντας nella battuta di Creonte ai singolari in quella della guardia può significare che il primo ha in mente anche gli eventuali mandanti dell'atto, mentre la guardia pensa solo all'esecutore materiale di esso.

οὐκ ἔσθ' ὅπως ὄψῃ σὺ δεῦρ' ἐλθόντα με.
καὶ νῦν γὰρ ἐκτὸς ἐλπίδος γνώμης τ' ἐμῆς
σωθεὶς ὀφείλω τοῖς θεοῖς πολλὴν χάριν.

Χο. πολλὰ τὰ δεινὰ κοὐδὲν ἀν- στρ.
θρώπου δεινότερον πέλει·
τοῦτο καὶ πολιοῦ πέραν
πόντου χειμερίῳ νότῳ
χωρεῖ, περιβρυχίοισιν
περῶν ὑπ' οἴδμασιν, θεῶν
τε τὰν ὑπερτάταν, Γᾶν
ἄφθιτον, ἀκαμάταν ἀποτρύεται,
ἰλλομένων ἀρότρων ἔτος εἰς ἔτος
ἱππείῳ γένει πολεύων.

κουφονόων τε φῦλον ὀρ- ἀντ.
νίθων ἀμφιβαλὼν ἀγρεῖ
καὶ θηρῶν ἀγρίων ἔθνη
πόντου τ' εἰναλίαν φύσιν
σπείραισι δικτυοκλώστοις,
περιφραδὴς ἀνήρ· κρατεῖ
δὲ μαχαναῖς ἀγραύλου
θηρὸς ὀρεσσιβάτα, λασιαύχενά θ'
ἵππον ὑπαξέμεν ἀμφίλοφον ζυγὸν
οὔρειόν τ' ἀκμῆτα ταῦρον.

certo tornare qui. Già ora devo ringraziare gli dèi d'essere salvo, contro ogni speranza e ogni attesa. (*Esce di scena.*)

PRIMO STASIMO

CORO Molte sono le cose mirabili, ma nessuna
è più mirabile dell'uomo:
egli[22] attraverso il canuto mare
pure nel tempestoso Noto
avanza, fra le onde movendo
che ingolfano intorno;
e l'eccelsa fra gli dèi, la Terra
eterna, infaticabile, egli travaglia,
volgendo gli aratri di anno in anno,
rivoltandola con i figli dei cavalli.[23]

E la razza spensierata degli uccelli
e delle fiere selvatiche le stirpi
e le marine creature dei flutti
nei lacci delle sue reti
avviluppa e fa preda
l'uomo ingegnoso; e vince
con le sue trappole l'agreste
animale vagante per i monti, e il cavallo
dalla folta criniera sottoporrà al giogo ricurvo,
o il montano instancabile toro.[24]

22 Nel testo si trova peraltro un neutro, che riprende κύδεν al v. 332.
23 Ossia i muli, indicati come ottimi per i lavori agresti già in *Iliade*, 10, 352 sg.
24 Il testo è irrimediabilmente corrotto: la congettura di Pearson ὑπαξέμεν è da intendersi con valore consecutivo-causale, in dipendenza da κρατεῖ; mentre la traduzione segue l'emendamento di Brunck ὑπάξεται. Nel primo caso occorre intendere ἀγραύλου θηρὸς ὀρεσσιβάτα (genitivo dorico) come comprensivo di cavalli e tori (e οὔρειον punta in questa direzione); nel secondo, è possibile supporre che la perifrasi abbia un valore affatto generico, o al converso che si riferisca a una terza specie animale (secondo Mazon, alla capra).

καὶ φθέγμα καὶ ἀνεμόεν στρ.
φρόνημα καὶ ἀστυνόμους
ὀργὰς ἐδιδάξατο καὶ δυσαύλων
πάγων ὑπαίθρεια καὶ
δύσομβρα φεύγειν βέλη
παντοπόρος· ἄπορος ἐπ' οὐδὲν ἔρχεται
τὸ μέλλον· Ἅιδα μόνον
φεῦξιν οὐκ ἐπάξεται·
νόσων δ' ἀμαχάνων φυγὰς
ξυμπέφρασται.

σοφόν τι τὸ μαχανόεν ἀντ.
τέχνας ὑπὲρ ἐλπίδ' ἔχων
τοτὲ μὲν κακόν, ἄλλοτ' ἐπ' ἐσθλὸν ἕρπει,
νόμους περαίνων χθονὸς
θεῶν τ' ἔνορκον δίκαν·
ὑψίπολις· ἄπολις ὅτῳ τὸ μὴ καλὸν
ξύνεστι τόλμας χάριν.
μήτ' ἐμοὶ παρέστιος
γένοιτο μήτ' ἴσον φρονῶν
ὃς τάδ' ἔρδοι.

ἐς δαιμόνιον τέρας ἀμφινοῶ,
τὸ δὲ πῶς εἰδὼς ἀντιλογήσω
μὴ οὐ τήνδ' εἶναι παῖδ' Ἀντιγόνην;

E parola e pensiero
celere come vento e impulsi
a civili ordinamenti da solo apprese; e a fuggire
di inospiti geli
e di gravi piogge i rovesci dal cielo,
ricco di risorse. Né mai senza risorse
muove incontro ad alcun evento futuro: da Ade soltanto
non troverà scampo,
anche se ha escogitato salvezza
da morbi incurabili.

Possedendo, di là da ogni speranza,
l'inventiva dell'arte, che è saggezza,[25]
talora muove verso il male, talora verso il bene.
Se le leggi della terra v'inserisce
e la giustizia giurata sugli dèi,
eleva la sua patria;[26] ma senza patria è colui
che per temerità si congiunge al male:
non abiti il mio focolare
né pensi come me
chi agisce così.

(*Entra la guardia, sospingendo Antigone.*)
A questo prodigio straordinario rimango perplesso.
Come negare, conoscendola,
che questa è la giovane Antigone?

[25] σοφόν τι è forse da intendersi più con valore di predicato: « come particolare aspetto della sapienza » l'uomo possiede la capacità di escogitare risorse (τὸ μαχανόεν τέχνας), che vanno al di là di ogni naturale aspettativa (ὑπὲρ ἐλπίδα); e di tutto ciò si è parlato nei versi precedenti. Tuttavia, proprio per questo egli può talvolta cadere nel male: proprio perché la sua sapienza non è completa.

[26] παρείρων, che è nei mss. e nella traduzione, indica che l'uomo deve « inserire » le leggi e la giustizia divina nella propria sapienza tecnica, oppure nella propria vita; e appunto la mancanza di un preciso complemento ha suggerito vari emendamenti, tra cui περαίνων, « compiendo », « adempiendo » di Pflugk, accolto da Pearson. A ὑψίπολις va naturalmente sottinteso ἐστί (o ἔσται), e ad esso si collegano i due versi precedenti, nonostante che ciò possa risultare oscurato dalla punteggiatura che adotta Pearson.

ὦ δύστηνος
καὶ δυστήνου πατρὸς Οἰδιπόδα,
τί ποτ'; οὐ δή πού σέ γ' ἀπιστοῦσαν
τοῖς βασιλείοισιν ἄγουσι νόμοις
καὶ ἐν ἀφροσύνῃ καθελόντες;

Φυ. ἥδ' ἔστ' ἐκείνη τοὔργον ἡ 'ξειργασμένη·
τήνδ' εἵλομεν θάπτουσαν. ἀλλὰ ποῦ Κρέων;
Χο. ὅδ' ἐκ δόμων ἄψορρος ἐς δέον περᾷ.
Κρ. τί δ' ἔστι; ποίᾳ ξύμμετρος προύβην τύχῃ;
Φυ. ἄναξ, βροτοῖσιν οὐδέν ἐστ' ἀπώμοτον.
ψεύδει γὰρ ἡ 'πίνοια τὴν γνώμην· ἐπεὶ
σχολῇ ποθ' ἥξειν δεῦρ' ἂν ἐξηύχουν ἐγὼ
ταῖς σαῖς ἀπειλαῖς, αἷς ἐχειμάσθην τότε.
ἀλλ' ἡ γὰρ ἐκτὸς καὶ παρ' ἐλπίδας χαρὰ
ἔοικεν ἄλλῃ μῆκος οὐδὲν ἡδονῇ,
ἥκω, δι' ὅρκων καίπερ ὢν ἀπώμοτος,
κόρην ἄγων τήνδ', ἣ καθῃρέθη τάφον
κοσμοῦσα. κλῆρος ἐνθάδ' οὐκ ἐπάλλετο,
ἀλλ' ἔστ' ἐμὸν θοὔρμαιον, οὐκ ἄλλου, τόδε.
καὶ νῦν, ἄναξ, τήνδ' αὐτός, ὡς θέλεις, λαβὼν
καὶ κρῖνε κἀξέλεγχ'· ἐγὼ δ' ἐλεύθερος
δίκαιός εἰμι τῶνδ' ἀπηλλάχθαι κακῶν.
Κρ. ἄγεις δὲ τήνδε τῷ τρόπῳ πόθεν λαβών;
Φυ. αὕτη τὸν ἄνδρ' ἔθαπτε· πάντ' ἐπίστασαι.
Κρ. ἦ καὶ ξυνίῃς καὶ λέγεις ὀρθῶς ἃ φής;
Φυ. ταύτην γ' ἰδὼν θάπτουσαν ὃν σὺ τὸν νεκρὸν
ἀπεῖπας. ἆρ' ἔνδηλα καὶ σαφῆ λέγω;
Κρ. καὶ πῶς ὁρᾶται κἀπίληπτος ᾑρέθη;
Φυ. τοιοῦτον ἦν τὸ πρᾶγμ'. ὅπως γὰρ ἥκομεν,
πρὸς σοῦ τὰ δείν' ἐκεῖν' ἐπηπειλημένοι,
πᾶσαν κόνιν σήραντες ἣ κατεῖχε τὸν
νέκυν, μυδῶν τε σῶμα γυμνώσαντες εὖ,

O infelice, dell'infelice
Edipo figlia,
che è mai? Non forse ti conducono
per avere disobbedito agli ordini del re,
avendoti sorpresa in piena follia?

SECONDO EPISODIO

GUARDIA Questa è colei che ha commesso il fatto: l'abbiamo presa mentre lo seppelliva. Ma dov'è Creonte?

CORIFEO Eccolo, che a proposito torna fuori dalla reggia.

CREONTE (*uscendo dal palazzo*) Che c'è? Per quale caso giungo opportuno?

GUARDIA Signore, per gli uomini non v'è nulla che si possa negare con giuramento, e la riflessione smentisce l'intenzione: difficilmente infatti mi sarei augurato di tornare ancora qui, per le tue minacce che mi avevano sconvolto. Certo, la gioia che esula dalle nostre speranze e le oltrepassa non è pari a nessun altro piacere: ed eccomi qui, pur mancando al mio giuramento, a condurti questa fanciulla, che fu sorpresa mentre onorava il sepolcro. Questa volta non si tirò a sorte, ma la fortunata scoperta[27] è mia, e non di altri. E ora, o signore, prendila tu stesso: giudicala e confutala, come ti piace; quanto a me, è giusto che io sia prosciolto e libero da questi guai.

CREONTE Come e dove l'hai presa, costei che mi porti?

GUARDIA Essa stava seppellendo il morto: sai tutto.

CREONTE Ma comprendi e dici esattamente quel che stai dicendo?

GUARDIA L'ho vista, proprio lei, mentre seppelliva il cadavere, contro la tua proibizione. Non parlo esplicito e chiaro?

CREONTE E come fu vista e presa sul fatto?

GUARDIA La cosa è andata così: al nostro ritorno, dopo quelle tue terribili minacce, spazzammo via tutta la polvere che ricopriva il morto, e mettemmo bene a nudo il cadavere pu-

27 Il termine θοὔρμαιον, ossia τὸ ἕρμαιον, indica ogni dono o vantaggio imprevisto, ogni scoperta o ritrovamento inaspettato, come favore di Hermes, il dio del profitto.

καθήμεθ' ἄκρων ἐκ πάγων ὑπήνεμοι,
ὀσμὴν ἀπ' αὐτοῦ μὴ βάλῃ πεφευγότες,
ἐγερτὶ κινῶν ἄνδρ' ἀνὴρ ἐπιρρόθοις
κακοῖσιν, εἴ τις τοῦδ' ἀκηδήσοι πόνου.
χρόνον τάδ' ἦν τοσοῦτον, ἔστ' ἐν αἰθέρι
μέσῳ κατέστη λαμπρὸς ἡλίου κύκλος
καὶ καῦμ' ἔθαλπε· καὶ τότ' ἐξαίφνης χθονὸς
τυφὼς ἀείρας σκηπτόν, οὐράνιον ἄχος,
πίμπλησι πεδίον, πᾶσαν αἰκίζων φόβην
ὕλης πεδιάδος, ἐν δ' ἐμεστώθη μέγας
αἰθήρ· μύσαντες δ' εἴχομεν θείαν νόσον.
καὶ τοῦδ' ἀπαλλαγέντος ἐν χρόνῳ μακρῷ,
ἡ παῖς ὁρᾶται κἀνακωκύει πικρᾶς
ὄρνιθος ὀξὺν φθόγγον, ὡς ὅταν κενῆς
εὐνῆς νεοσσῶν ὀρφανὸν βλέψῃ λέχος·
οὕτω δὲ χαὕτη, ψιλὸν ὡς ὁρᾷ νέκυν,
γόοισιν ἐξῴμωξεν, ἐκ δ' ἀρὰς κακὰς
ἠρᾶτο τοῖσι τοὔργον ἐξειργασμένοις.
καὶ χερσὶν εὐθὺς διψίαν φέρει κόνιν,
ἔκ τ' εὐκροτήτου χαλκέας ἄρδην πρόχου
χοαῖσι τρισπόνδοισι τὸν νέκυν στέφει.
χἠμεῖς ἰδόντες ἱέμεσθα, σὺν δέ νιν
θηρώμεθ' εὐθὺς οὐδὲν ἐκπεπληγμένην,
καὶ τάς τε πρόσθεν τάς τε νῦν ἠλέγχομεν
πράξεις· ἄπαρνος δ' οὐδενὸς καθίστατο,
ἅμ' ἡδέως ἔμοιγε κἀλγεινῶς ἅμα.
τὸ μὲν γὰρ αὐτὸν ἐκ κακῶν πεφευγέναι
ἥδιστον, ἐς κακὸν δὲ τοὺς φίλους ἄγειν
ἀλγεινόν. ἀλλὰ τἄλλα πάνθ' ἥσσω λαβεῖν
ἐμοὶ πέφυκε τῆς ἐμῆς σωτηρίας.
Κρ. σὲ δή, σὲ τὴν νεύουσαν ἐς πέδον κάρα,
φής, ἢ καταρνῇ μὴ δεδρακέναι τάδε;
Αν. καὶ φημὶ δρᾶσαι κοὐκ ἀπαρνοῦμαι τὸ μή.
Κρ. σὺ μὲν κομίζοις ἂν σεαυτὸν ᾗ θέλεις
ἔξω βαρείας αἰτίας ἐλεύθερον·

trefatto; poi sedemmo sulla sommità di un colle contro vento, per evitare che ci colpisse il suo fetore, e ci esortavamo l'un l'altro a vegliare con violente parole, se qualcuno si sottraesse a quella fatica. Questo durò per tanto tempo, finché lo splendido cerchio del sole fu nel mezzo del cielo, e la sua vampa ardeva. E allora improvvisamente un turbine, sollevando da terra un nembo di polvere, celeste tormento, riempie la pianura, rovina tutta la chioma della selva, e ne fu pieno il vasto cielo: chiusi gli occhi, sopportavamo il divino flagello. E quando, dopo lungo tempo, questo si fu allontanato, ecco, appare la fanciulla e geme con acuta voce di dolente uccello, quando scorga il giaciglio del nido orbato della prole; così anch'essa, come vide nudo il cadavere, gemette con lamenti, e gravi maledizioni imprecò contro gli autori del fatto. E subito con le sue mani porta arida polvere, e da una bella anfora di bronzo, tenendola alta, onora il morto con triplice libagione. E noi, a tale vista, ci precipitiamo, e subito la afferriamo: e non era per niente impaurita. Le rinfacciamo gli atti di prima, e questi di ora: ed essa nulla negava, e per me era cosa gradita e penosa insieme. Infatti trovarsi fuori dai guai è dolcissimo, ma trarre nella sventura gli amici è doloroso; d'altronde, è naturale che io valuti tutto ciò meno della mia salvezza.

CREONTE (*ad Antigone*) A te dico, a te che inclini il volto a terra: ammetti o neghi di averlo fatto?

ANTIGONE Confermo di averlo fatto e non lo nego.

CREONTE (*alla guardia*) Tu vattene pure dove ti piace, fuori da ogni grave accusa, libero. (*La guardia esce; ad Antigone*)

σὺ δ' εἰπέ μοι μὴ μῆκος, ἀλλὰ σύντομα,
ᾔδησθα κηρυχθέντα μὴ πράσσειν τάδε;
Αν. ᾔδη· τί δ' οὐκ ἔμελλον; ἐμφανῆ γὰρ ἦν.
Κρ. καὶ δῆτ' ἐτόλμας τούσδ' ὑπερβαίνειν νόμους;
Αν. οὐ γάρ τί μοι Ζεὺς ἦν ὁ κηρύξας τάδε,
οὐδ' ἡ ξύνοικος τῶν κάτω θεῶν Δίκη
τοιούσδ' ἐν ἀνθρώποισιν ὥρισεν νόμους,
οὐδὲ σθένειν τοσοῦτον ᾠόμην τὰ σὰ
κηρύγμαθ' ὥστ' ἄγραπτα κἀσφαλῆ θεῶν
νόμιμα δύνασθαι θνητὸν ὄνθ' ὑπερδραμεῖν.
οὐ γάρ τι νῦν γε κἀχθές, ἀλλ' ἀεί ποτε
ζῇ ταῦτα, κοὐδεὶς οἶδεν ἐξ ὅτου 'φάνη.
τούτων ἐγὼ οὐκ ἔμελλον, ἀνδρὸς οὐδενὸς
φρόνημα δείσασ', ἐν θεοῖσι τὴν δίκην
δώσειν· θανουμένη γὰρ ἐξῄδη, τί δ' οὔ;
κεἰ μὴ σὺ προυκήρυξας. εἰ δὲ τοῦ χρόνου
πρόσθεν θανοῦμαι, κέρδος αὔτ' ἐγὼ λέγω.
ὅστις γὰρ ἐν πολλοῖσιν ὡς ἐγὼ κακοῖς
ζῇ, πῶς ὅδ' οὐχὶ κατθανὼν κέρδος φέρει;
οὕτως ἔμοιγε τοῦδε τοῦ μόρου τυχεῖν
παρ' οὐδὲν ἄλγος· ἀλλ' ἄν, εἰ τὸν ἐξ ἐμῆς
μητρὸς θανόντ' ἄθαπτον ἠνσχόμην νέκυν,
κείνοις ἂν ἤλγουν· τοῖσδε δ' οὐκ ἀλγύνομαι.
σοὶ δ' εἰ δοκῶ νῦν μῶρα δρῶσα τυγχάνειν,
σχεδόν τι μώρῳ μωρίαν ὀφλισκάνω.
Χο. δηλοῖ τὸ γοῦν λῆμ' ὠμὸν ἐξ ὠμοῦ πατρὸς
τῆς παιδός· εἴκειν δ' οὐκ ἐπίσταται κακοῖς.
Κρ. ἀλλ' ἴσθι τοι τὰ σκλήρ' ἄγαν φρονήματα
πίπτειν μάλιστα, καὶ τὸν ἐγκρατέστατον
σίδηρον ὀπτὸν ἐκ πυρὸς περισκελῆ
θραυσθέντα καὶ ῥαγέντα πλεῖστ' ἂν εἰσίδοις.
σμικρῷ χαλινῷ δ' οἶδα τοὺς θυμουμένους
ἵππους καταρτυθέντας· οὐ γὰρ ἐκπέλει
φρονεῖν μέγ' ὅστις δοῦλός ἐστι τῶν πέλας.
αὕτη δ' ὑβρίζειν μὲν τότ' ἐξηπίστατο,

E tu rispondi, senza molte parole, ma in breve: sapevi che era stato proclamato di non fare questo?

ANTIGONE Sapevo: e come non avrei potuto? Era chiaro.

CREONTE E dunque hai osato trasgredire questa legge?

ANTIGONE Ma per me non fu Zeus a proclamare quel divieto, né Dike, che dimora con gli dèi inferi, tali leggi fissò per gli uomini. E non pensavo che i tuoi editti avessero tanta forza, che un mortale potesse trasgredire le leggi non scritte e incrollabili degli dèi. Infatti queste non sono di oggi o di ieri, ma sempre vivono, e nessuno sa da quando apparvero. E di esse io non volevo scontare la pena al cospetto degli dèi, per paura della volontà di alcun uomo: sapevo di dover morire, e come no?, anche se tu non l'avessi proclamato. E se morrò prima del tempo, questo io lo chiamo un guadagno: chiunque, come me, vive fra tante sventure, come non riporta guadagno, se muore? Così, per me, avere questa sorte non è dolore, per nulla; ma se il figlio di mia madre, dopo la sua morte, avessi lasciato insepolto cadavere, di tale fatto avrei sofferto: di questo invece non soffro. E se a te sembra che io ora agisca da folle, questa follia la devo, forse, ad un folle.

CORIFEO La fiera indole della fanciulla mostra che è nata da fiero padre: e non ha appreso a cedere alle sventure.

CREONTE Ma sappi che una volontà troppo dura cade più facilmente; e anche il ferro più indurito, cotto dal fuoco e temperato, spesso lo puoi vedere spezzato e infranto. Destrieri imbizzarriti, io lo so, vengono regolati da un piccolo morso: e non può fare il superbo chi è soggetto ad altri. Costei sapeva bene, allora, di commettere una colpa, violan-

νόμους ὑπερβαίνουσα τοὺς προκειμένους·
ὕβρις δ', ἐπεὶ δέδρακεν, ἥδε δευτέρα,
τούτοις ἐπαυχεῖν καὶ δεδρακυῖαν γελᾶν.
ἦ νῦν ἐγὼ μὲν οὐκ ἀνήρ, αὕτη δ' ἀνήρ,
εἰ ταῦτ' ἀνατεὶ τῇδε κείσεται κράτη.
ἀλλ' εἴτ' ἀδελφῆς εἴθ' ὁμαιμονεστέρα
τοῦ παντὸς ἡμῖν Ζηνὸς ἑρκείου κυρεῖ,
αὐτή τε χἠ ξύναιμος οὐκ ἀλύξετον
μόρου κακίστου· καὶ γὰρ οὖν κείνην ἴσον
ἐπαιτιῶμαι τοῦδε βουλεῦσαι τάφου.
καί νιν καλεῖτ'· ἔσω γὰρ εἶδον ἀρτίως
λυσσῶσαν αὐτὴν οὐδ' ἐπήβολον φρενῶν.
φιλεῖ δ' ὁ θυμὸς πρόσθεν ᾑρῆσθαι κλοπεὺς
τῶν μηδὲν ὀρθῶς ἐν σκότῳ τεχνωμένων.
μισῶ γε μέντοι χὤταν ἐν κακοῖσί τις
ἁλοὺς ἔπειτα τοῦτο καλλύνειν θέλῃ.
Αν. θέλεις τι μεῖζον ἢ κατακτεῖναί μ' ἑλών;
Κρ. ἐγὼ μὲν οὐδέν· τοῦτ' ἔχων ἅπαντ' ἔχω.
Αν. τί δῆτα μέλλεις; ὡς ἐμοὶ τῶν σῶν λόγων
ἀρεστὸν οὐδέν, μηδ' ἀρεσθείη ποτέ,
οὕτω δὲ καὶ σοὶ τἄμ' ἀφανδάνοντ' ἔφυ.
καίτοι πόθεν κλέος γ' ἂν εὐκλεέστερον
κατέσχον ἢ τὸν αὐτάδελφον ἐν τάφῳ
τιθεῖσα; τούτοις τοῦτο πᾶσιν ἁνδάνειν
λέγοιτ' ἄν, εἰ μὴ γλῶσσαν ἐγκλῄοι φόβος.
ἀλλ' ἡ τυραννὶς πολλά τ' ἄλλ' εὐδαιμονεῖ
κἄξεστιν αὐτῇ δρᾶν λέγειν θ' ἃ βούλεται.
Κρ. σὺ τοῦτο μούνη τῶνδε Καδμείων ὁρᾷς.
Αν. ὁρῶσι χοὖτοι· σοὶ δ' ὑπίλλουσι στόμα.
Κρ. σὺ δ' οὐκ ἐπαιδῇ, τῶνδε χωρὶς εἰ φρονεῖς;
Αν. οὐδὲν γὰρ αἰσχρὸν τοὺς ὁμοσπλάγχνους σέβειν
Κρ. οὔκουν ὅμαιμος χὠ καταντίον θανών;
Αν. ὅμαιμος ἐκ μιᾶς τε καὶ ταὐτοῦ πατρός.
Κρ. πῶς δῆτ' ἐκείνῳ δυσσεβῆ τιμᾷς χάριν;
Αν. οὐ μαρτυρήσει ταῦθ' ὁ κατθανὼν νέκυς.

do le leggi stabilite; e, dopo averlo fatto, la seconda colpa è di vantarsi e deridere tali leggi. Davvero io non sono un uomo, ma l'uomo è costei, se quest'audacia le rimarrà impunita. Ma sia pur figlia di mia sorella, o a me ancora più consanguinea fra quanti della famiglia hanno Zeus protettore, essa e sua sorella non sfuggiranno a miserrima morte: poiché anche quella accuso del pari di avere deciso tale sepoltura. (*Ai servi*) Chiamate anche lei: poco fa l'ho vista in casa, furente e fuori di senno. Di solito, l'animo furtivo di chi trama male azioni nell'ombra si fa sorprendere prima. Ma detesto pure quando uno, sorpreso a commettere il male, poi vuole gloriarsene.

ANTIGONE Mi hai preso: che vuoi di più che uccidermi?

CREONTE Io, null'altro: ora che ho questo, ho tutto.

ANTIGONE Che aspetti, allora? Delle tue parole nulla mi piace, e possa non piacermi mai; e così anche a te tutto di me riesce sgradito. Ma come avrei conseguito gloria più gloriosa, che componendo nel sepolcro il fratello mio? Tutti costoro direbbero di approvare il mio atto, se la paura non chiudesse loro la lingua. Ma la tirannide, fra molti altri vantaggi, ha anche questo, che le è lecito fare e dire quel che vuole.

CREONTE Tu sola la vedi così, fra i Cadmei qui presenti.

ANTIGONE Anche costoro lo vedono: ma per te tengono chiusa la bocca.

CREONTE E tu non ti vergogni di pensare diversamente da loro?

ANTIGONE Non è per niente vergognoso onorare chi è nato dalle stesse viscere.

CREONTE Ma non era fratello anche quello che è morto contro di lui?

ANTIGONE Fratello, da una sola madre e dallo stesso padre.

CREONTE Perché, allora, tu rendi un onore, che per lui è empio?

ANTIGONE Il morto non sarà di quest'opinione.[28]

28 Ossia, agli occhi del fratello caduto difendendo Tebe, Eteocle, a cui si riferiscono le due battute precedenti, gli onori resi da Antigone a Polinice, l'esule assalitore della sua città, saranno empi; ma Antigone ribatte che questi pensieri non hanno più ragio-

Κρ. εἴ τοί σφε τιμᾷς ἐξ ἴσου τῷ δυσσεβεῖ.
Αν. οὐ γάρ τι δοῦλος, ἀλλ' ἀδελφὸς ὤλετο.
Κρ. πορθῶν δὲ τήνδε γῆν· ὁ δ' ἀντιστὰς ὕπερ.
Αν. ὅμως ὅ γ' Ἅιδης τοὺς νόμους ἴσους ποθεῖ.
Κρ. ἀλλ' οὐχ ὁ χρηστὸς τῷ κακῷ λαχεῖν ἴσον.
Αν. τίς οἶδεν εἰ κάτωθεν εὐαγῆ τάδε;
Κρ. οὔτοι ποθ' οὑχθρός, οὐδ' ὅταν θάνῃ, φίλος.
Αν. οὔτοι συνέχθειν, ἀλλὰ συμφιλεῖν ἔφυν.
Κρ. κάτω νυν ἐλθοῦσ', εἰ φιλητέον, φίλει
κείνους· ἐμοῦ δὲ ζῶντος οὐκ ἄρξει γυνή.
Χο. καὶ μὴν πρὸ πυλῶν ἥδ' Ἰσμήνη,
φιλάδελφα κάτω δάκρυ' εἰβομένη·
νεφέλη δ' ὀφρύων ὕπερ αἱματόεν
ῥέθος αἰσχύνει,
τέγγουσ' εὐῶπα παρειάν.
Κρ. σὺ δ', ἣ κατ' οἴκους ὡς ἔχιδν' ὑφειμένη
λήθουσά μ' ἐξέπινες, οὐδ' ἐμάνθανον
τρέφων δύ' ἄτα κἀπαναστάσεις θρόνων,
φέρ', εἰπὲ δή μοι, καὶ σὺ τοῦδε τοῦ τάφου
φήσεις μετασχεῖν, ἢ 'ξομῇ τὸ μὴ εἰδέναι;
Ισ. δέδρακα τοὔργον, εἴπερ ἥδ' ὁμορροθεῖ,
καὶ ξυμμετίσχω καὶ φέρω τῆς αἰτίας.
Αν. ἀλλ' οὐκ ἐάσει τοῦτό γ' ἡ δίκη σ', ἐπεὶ
οὔτ' ἠθέλησας οὔτ' ἐγὼ 'κοινωσάμην.
Ισ. ἀλλ' ἐν κακοῖς τοῖς σοῖσιν οὐκ αἰσχύνομαι
ξύμπλουν ἐμαυτὴν τοῦ πάθους ποιουμένη.
Αν. ὧν τοὔργον Ἅιδης χοἱ κάτω ξυνίστορες·
λόγοις δ' ἐγὼ φιλοῦσαν οὐ στέργω φίλην.

CREONTE Sì, poiché tu lo onori allo stesso modo che l'empio!

ANTIGONE Non uno schiavo è morto, ma un fratello.

CREONTE Ma devastando questa terra; e l'altro si batteva in sua difesa.

ANTIGONE Tuttavia l'Ade questi riti brama.

CREONTE Ma il buono non è pari al cattivo nell'ottenerli.[29]

ANTIGONE Chi sa se sotterra è questa la pietà?

CREONTE Ma il nemico non è mai caro, neppure quando sia morto.

ANTIGONE Non sono nata per condividere l'odio, ma l'amore.

CREONTE E allora, se devi amare, va sotterra e ama quelli di là; a me, finché vivo, non comanderà una donna.

CORO Ecco Ismene sulla soglia,
che lacrime versa per la sorella amata:
una nube sul ciglio deturpa
il volto rosso come il sangue,
bagnando il bel viso.

CREONTE (*a Ismene che esce dal palazzo in mezzo a due guardie*) E tu, che insinuata nella casa come una vipera bevevi di nascosto il mio sangue, e non mi accorgevo di nutrire due flagelli, due rovine del mio trono, suvvia, dimmi: ammetterai anche tu di avere preso parte al seppellimento, o giurerai di non essere complice?

ISMENE Ho compiuto il fatto, poiché essa lo riconosce; prendo la mia parte dell'accusa, e la sopporto.

ANTIGONE Ma Dike non permetterà questo, poiché né tu volesti né io ti feci partecipe.

ISMENE Ma nella tua disgrazia non mi vergogno di farmi compagna di viaggio in questa prova.

ANTIGONE Di chi fu l'opera, lo sanno Ade e i morti laggiù; non ho caro chi ama solo a parole.

ne d'essere per chi è morto (ὁ κατθανὼν νέκυς è generico, e ambiguo tra i due fratelli, ma nel contesto sembra insistere più su Eteocle).

[29] La tradizione si divide tra ἴσος, preferito nella traduzione, e ἴσον, che adotta Pearson; in quest'ultimo caso, occorre sottintendere ancora ποθεῖ, e il significato della battuta riesce del tutto diverso: « ma il buono non brama ottenere onori pari al malvagio ».

Ισ. μήτοι, κασιγνήτη, μ' ἀτιμάσῃς τὸ μὴ οὐ
θανεῖν τε σὺν σοὶ τὸν θανόντα θ' ἁγνίσαι.
Αν. μή μοι θάνῃς σὺ κοινά, μηδ' ἃ μὴ 'θιγες
ποιοῦ σεαυτῆς. ἀρκέσω θνῄσκουσ' ἐγώ.
Ισ. καὶ τίς βίος μοι σοῦ λελειμμένῃ φίλος;
Αν. Κρέοντ' ἐρώτα· τοῦδε γὰρ σὺ κηδεμών.
Ισ. τί ταῦτ' ἀνιᾷς μ' οὐδὲν ὠφελουμένη;
Αν. ἀλγοῦσα μὲν δῆτ', εἰ γέλωτ' ἐν σοὶ γελῶ.
Ισ. τί δῆτ' ἂν ἀλλὰ νῦν σ' ἔτ' ὠφελοῖμ' ἐγώ;
Αν. σῶσον σεαυτήν. οὐ φθονῶ σ' ὑπεκφυγεῖν.
Ισ. οἴμοι τάλαινα, κἀμπλάκω τοῦ σοῦ μόρου;
Αν. σὺ μὲν γὰρ εἵλου ζῆν, ἐγὼ δὲ κατθανεῖν.
Ισ. ἀλλ' οὐκ ἐπ' ἀρρήτοις γε τοῖς ἐμοῖς λόγοις.
Αν. καλῶς σὺ μὲν τοῖς, τοῖς δ' ἐγὼ 'δόκουν φρονεῖν.
Ισ. καὶ μὴν ἴση νῷν ἐστιν ἡ 'ξαμαρτία.
Αν. θάρσει. σὺ μὲν ζῇς, ἡ δ' ἐμὴ ψυχὴ πάλαι
τέθνηκεν, ὥστε τοῖς θανοῦσιν ὠφελεῖν.
Κρ. τὼ παῖδέ φημι τώδε τὴν μὲν ἀρτίως
ἄνουν πεφάνθαι, τὴν δ' ἀφ' οὗ τὰ πρῶτ' ἔφυ.
Ισ. οὐ γάρ ποτ', ὦναξ, οὐδ' ὃς ἂν βλάστῃ μένει
νοῦς τοῖς κακῶς πράσσουσιν, ἀλλ' ἐξίσταται.
Κρ. σοὶ γοῦν, ὅθ' εἵλου σὺν κακοῖς πράσσειν κακά.
Ισ. τί γὰρ μόνῃ μοι τῆσδ' ἄτερ βιώσιμον;
Κρ. ἀλλ' ἥδε μέντοι μὴ λέγ'· οὐ γὰρ ἔστ' ἔτι.
Ισ. ἀλλὰ κτενεῖς νυμφεῖα τοῦ σαυτοῦ τέκνου;
Κρ. ἀρώσιμοι γὰρ χἀτέρων εἰσὶν γύαι.
Ισ. οὐχ ὥς γ' ἐκείνῳ τῇδέ τ' ἦν ἡρμοσμένα.
Κρ. κακὰς ἐγὼ γυναῖκας υἱέσι στυγῶ.
Αν. ὦ φίλταθ' Αἷμον, ὥς σ' ἀτιμάζει πατήρ.
Κρ. ἄγαν γε λυπεῖς καὶ σὺ καὶ τὸ σὸν λέχος.
Χο. ἦ γὰρ στερήσεις τῆσδε τὸν σαυτοῦ γόνον;
Κρ. Ἅιδης ὁ παύσων τούσδε τοὺς γάμους ἔφυ.
Χο. δεδογμέν', ὡς ἔοικε, τήνδε κατθανεῖν.

ISMENE Non negarmi, sorella, l'onore di morire con te e di avere sacrificato al morto.

ANTIGONE Non morire anche tu con me, e non appropriarti ciò che non hai fatto. Basterò io, a morire.

ISMENE E quale vita mi sarà cara, priva di te?

ANTIGONE Chiedilo a Creonte, poiché di lui ti curi.

ISMENE Perché mi torturi così, senza tuo vantaggio?

ANTIGONE Anzi, io soffro mentre ti schernisco.

ISMENE Perché dunque non potrei aiutarti almeno ora?

ANTIGONE Salva te stessa; non ti vieto di scampare con la fuga.

ISMENE Me misera, sarò privata della tua sorte?

ANTIGONE Tu scegliesti di vivere, io di morire.

ISMENE Ma non ti ho taciuto le mie ragioni.

ANTIGONE Tu ritenevi di essere saggia per gli uni, io per gli altri.

ISMENE E tuttavia, eguale è la nostra colpa.

ANTIGONE Fatti coraggio: tu sei viva, ma la vita mia già da tempo è morta, così da giovare ai morti.

CREONTE Io dico che queste due fanciulle sono pazze: l'una si è rivelata tale da poco, l'altra da quando è nata.

ISMENE Il senno, o signore, se pur c'era, non rimane a chi si trova nei mali, ma si allontana.

CREONTE Certo, quando scegliesti di agire male assieme ai malvagi.

ISMENE Qual vita mi rimane, sola senza di lei?

CREONTE Non dire « lei »: ormai non esiste più.

ISMENE E ucciderai la promessa sposa del tuo stesso figlio?

CREONTE Anche i campi di altre donne ci sono, da arare.

ISMENE Non così era stabilito per lui e per costei.

CREONTE Detesto cattive mogli per i miei figli.

ISMENE Carissimo Emone, come ti disprezza tuo padre!

CREONTE Troppo mi affliggi, tu e queste nozze.

ISMENE Vorrai davvero privare di costei tuo figlio?

CREONTE È Ade che porrà fine per me[30] a queste nozze.

CORIFEO Ormai è deciso che muoia: è chiaro.

30 ἔφυ è in parte della tradizione; altrove si legge ἐμοί, preferito nella traduzione e forse più attendibile.

Κρ. καὶ σοί γε κἀμοί. μὴ τριβὰς ἔτ', ἀλλά νιν
κομίζετ' εἴσω, δμῶες· ἐκδέτους δὲ χρὴ
γυναῖκας εἶναι τάσδε μηδ' ἀνειμένας.
φεύγουσι γάρ τοι χοἱ θρασεῖς, ὅταν πέλας
ἤδη τὸν Ἅιδην εἰσορῶσι τοῦ βίου.

Χο. εὐδαίμονες οἷσι κακῶν ἄγευστος αἰών. στρ.
οἷς γὰρ ἂν σεισθῇ θεόθεν δόμος, ἄτας
οὐδὲν ἐλλείπει γενεᾶς ἐπὶ πλῆθος ἕρπον·
ὁμοῖον ὥστε πόντιον
οἶδμα δυσπνόοις ὅταν
Θρῄσσῃσιν ἔρεβος ὕφαλον ἐπιδράμῃ πνοαῖς,
κυλίνδει βυσσόθεν κελαινὰν
θῖνα καὶ δυσάνεμοι
στόνῳ βρέμουσιν ἀντιπλῆγες ἀκταί.

ἀρχαῖα τὰ Λαβδακιδᾶν οἴκων ὁρῶμαι ἀντ.
πήματα φθιμένων ἐπὶ πήμασι πίπτοντ',
οὐδ' ἀπαλλάσσει γενεὰν γένος, ἀλλ' ἐρείπει
θεῶν τις, οὐδ' ἔχει λύσιν.
νῦν γὰρ ἐσχάτας ὑπὲρ
ῥίζας ἐτέτατο φάος ἐν Οἰδίπου δόμοις·
κατ' αὖ νιν φοινία θεῶν τῶν
νερτέρων ἀμᾷ κοπίς,
λόγου τ' ἄνοια καὶ φρενῶν Ἐρινύς.

CREONTE Così pare, a te e a me.[31] Non più indugi: portatele dentro, servi. Ormai queste donne devono essere legate, e non lasciate libere. Fuggono infatti anche i più spavaldi, quando vedono che Ade è oramai vicino alla loro vita. (*Entra nel palazzo con Antigone, Ismene e le guardie.*)

SECONDO STASIMO

CORO Felici coloro, la cui vita non ha assaggiato sventura:
ma a chi un dio sconvolga la casa,
nessuna disgrazia tralascia di cadere
sull'intera stirpe: così come onda
di mare, quando per infesti soffi di Tracia[32]
correndo sopra il tenebroso abisso marino
sommuove dal fondo
nera sabbia, e l'impeto dei venti
fa rimbombare di gemiti le rive colpite di fronte.

Da tempo antico nelle case dei Labdacidi vedo sventure
abbattersi sulle sventure degli estinti,
né una generazione riscatta l'altra, ma le sconvolge
un dio, e non dà scampo.
E ora sull'estrema radice
una luce si era diffusa nella dimora di Edipo;
ma a sua volta polvere[33] insanguinata
per gli dèi di sotterra la miete,
e demenza di parole, ed Erinni della mente.

31 La frase καὶ σοί γε κἀμοὶ ammette diverse interpretazioni. Creonte può dire che la morte di Antigone è stata decisa pure dal coro, in quanto esso ha assentito alle sue delibere, particolarmente nei vv. 211 sgg. D'altra parte, è anche possibile che egli giochi ambiguamente sul doppio significato del verbo δοκέω « decidere » in riferimento a se stesso, e « sembrare » come replica di assenso alla precedente battuta del coro.

32 Dalla Tracia, ossia da settentrione, proveniva il vento Borea, molto violento e pericoloso per la navigazione.

33 La scelta fra la lettura dei mss. e della traduzione, κόνις, e la congettura κοπίς di Jortin adottata da Pearson, non è facile. La prima allude evidentemente alla simbolica sepoltura del ca-

τεάν, Ζεῦ, δύνασιν τίς ἀν- στρ.
δρῶν ὑπερβασία κατάσχοι;
τὰν οὔθ' ὕπνος αἱρεῖ ποθ' ὁ παντογήρως
οὔτ' ἀκάματοι θεῶν
μῆνες, ἀγήρως δὲ χρόνῳ δυνάστας
κατέχεις Ὀλύμπου
μαρμαρόεσσαν αἴγλαν.
τό τ' ἔπειτα καὶ τὸ μέλλον
καὶ τὸ πρὶν ἐπαρκέσει
νόμος ὅδ'· οὐδὲν ἕρπει
θνατῶν βιότῳ πάμπολύ γ' ἐκτὸς ἄτας.

ἁ γὰρ δὴ πολύπλαγκτος ἐλ- ἀντ.
πὶς πολλοῖς μὲν ὄνασις ἀνδρῶν,
πολλοῖς δ' ἀπάτα κουφονόων ἐρώτων·
εἰδότι δ' οὐδὲν ἕρπει,
πρὶν πυρὶ θερμῷ πόδα τις προσαύσῃ.
σοφίᾳ γὰρ ἔκ του
κλεινὸν ἔπος πέφανται.
τὸ κακὸν δοκεῖν ποτ' ἐσθλὸν
τῷδ' ἔμμεν ὅτῳ φρένας
θεὸς ἄγει πρὸς ἄταν·
πράσσει δ' ὀλίγιστον χρόνον ἐκτὸς ἄτας.

ὅδε μὴν Αἵμων, παίδων τῶν σῶν
νέατον γέννημ'· ἆρ' ἀχνύμενος
τάλιδος ἥκει μόρον Ἀντιγόνης,
ἀπάτης λεχέων ὑπεραλγῶν;

La tua potenza, Zeus, quale orgoglio
di uomini potrebbe limitare?
Né il sonno la vince mai, che tutti soggioga,[34]
né gli instancabili mesi divini:
e tu, signore senza vecchiezza nel tempo,
reggi d'Olimpo
la sfolgorante luce.
E nel tempo prossimo e nel futuro,
come nel passato, avrà forza
questa legge: nessun eccesso
viene senza sventura alla vita dei mortali.

Invero la vagante speranza
per molti uomini è giovamento,
ma per molti è inganno di vane brame;
e s'insinua nell'uomo, che nulla comprende
prima che al fuoco ardente si sia scottato il piede.
Con saggezza da qualcuno
un detto mirabile è stato rivelato:
ritenere bene ciò che è male
accade a colui, la cui mente
un dio conduce a rovina;
e pochissimo tempo ottiene prima della rovina.

(Creonte esce dal palazzo. Dal lato destro arriva Emone.)

CORIFEO Ecco Emone, l'ultimo nato
dei tuoi figli; certamente, addolorato
per la sorte di Antigone, la sua promessa, egli viene,
molto soffrendo delle mancate nozze.

davere di Polinice da parte di Antigone; il secondo termine vale « scimitarra », « coltello per i sacrifici », e completa dunque l'immagine del verbo ἀμᾷ.

34 Pearson accoglie la lettura dei mss. παντογήρως, aggiungendo peraltro in apparato *vix sanum*: e in effetti dire che il sonno « porta a tutti vecchiezza » riesce strano. La traduzione accetta la congettura di Gleditsch πάντα κηλῶν.

Κρ. τάχ' εἰσόμεσθα μάντεων ὑπέρτερον.
ὦ παῖ, τελείαν ψῆφον ἆρα μὴ κλύων
τῆς μελλονύμφου πατρὶ λυσσαίνων πάρει;
ἢ σοὶ μὲν ἡμεῖς πανταχῇ δρῶντες φίλοι;

ΑΙΜΩΝ

πάτερ, σός εἰμι· καὶ σύ μοι γνώμας ἔχων
χρηστὰς ἀπορθοῖς, αἷς ἔγωγ' ἐφέψομαι.
ἐμοὶ γὰρ οὐδεὶς ἀξιώσεται γάμος
μείζων φέρεσθαι σοῦ καλῶς ἡγουμένου.

Κρ. οὕτω γάρ, ὦ παῖ, χρὴ διὰ στέρνων ἔχειν,
γνώμης πατρῴας πάντ' ὄπισθεν ἑστάναι.
τούτου γὰρ οὕνεκ' ἄνδρες εὔχονται γονὰς
κατηκόους φύσαντες ἐν δόμοις ἔχειν,
ὡς καὶ τὸν ἐχθρὸν ἀνταμύνωνται κακοῖς,
καὶ τὸν φίλον τιμῶσιν ἐξ ἴσου πατρί.
ὅστις δ' ἀνωφέλητα φιτύει τέκνα,
τί τόνδ' ἂν εἴποις ἄλλο πλὴν αὑτῷ πόνους
φῦσαι, πολὺν δὲ τοῖσιν ἐχθροῖσιν γέλων;
μή νύν ποτ', ὦ παῖ, τὰς φρένας γ' ὑφ' ἡδονῆς
γυναικὸς οὕνεκ' ἐκβάλῃς, εἰδὼς ὅτι
ψυχρὸν παραγκάλισμα τοῦτο γίγνεται,
γυνὴ κακὴ ξύνευνος ἐν δόμοις. τί γὰρ
γένοιτ' ἂν ἕλκος μεῖζον ἢ φίλος κακός;
ἀλλὰ πτύσας ὡσεί τε δυσμενῆ μέθες
τὴν παῖδ' ἐν Ἅιδου τήνδε νυμφεύειν τινί.
ἐπεὶ γὰρ αὐτὴν εἷλον ἐμφανῶς ἐγὼ
πόλεως ἀπιστήσασαν ἐκ πάσης μόνην,
ψευδῆ γ' ἐμαυτὸν οὐ καταστήσω πόλει,
ἀλλὰ κτενῶ. πρὸς ταῦτ' ἐφυμνείτω Δία
ξύναιμον· εἰ γὰρ δὴ τά γ' ἐγγενῆ φύσει
ἄκοσμα θρέψω, κάρτα τοὺς ἔξω γένους.
ἐν τοῖς γὰρ οἰκείοισιν ὅστις ἔστ' ἀνὴρ
χρηστός, φανεῖται κἂν πόλει δίκαιος ὤν.

LE PAVILLON DES ENFANT FOUS

LE LIVRE DE POCHE N. 5673

VALÉRIE VALÈRE

TERZO EPISODIO

CREONTE Lo sapremo presto, meglio di ogni indovino. O figlio, non forse vieni qui adirato contro tuo padre, perché hai udito la sentenza estrema sulla tua promessa sposa? O ti sono caro, comunque io agisca?

EMONE Padre, io sono tuo: e tu mi guidi con i tuoi retti consigli, che io voglio seguire. Per me nessun matrimonio sarà più importante da conseguire che avere la tua guida.

CREONTE Proprio questo, o figlio, bisogna tenere nel cuore: in ogni cosa stare dietro alla volontà paterna. Per questo infatti gli uomini si augurano di generare e di avere in casa figli obbedienti, perché essi ricambino male al nemico e onorino l'amico, conforme al padre. Ma chiunque genera figli inutili, che cos'altro puoi dire che ha generato, se non pene per sé e molto riso per i nemici? Dunque, o figlio, non perdere mai la ragione per il piacere di una donna: sappi che gelido abbraccio è quello di una moglie cattiva compagna di letto nella casa. E quale piaga è maggiore di un malvagio tra i propri cari? Ma sputandola via come una nemica, lascia che costei vada sposa a qualcuno nell'Ade. Poiché io stesso l'ho sorpresa apertamente a disobbedire, di tutta la città lei sola; e non mi mostrerò menzognero di fronte alla città, ma la farò morire. Perciò, invochi pure Zeus protettore dei congiunti! Ma se lascerò crescere nel disordine chi mi è consanguineo per nascita, certo renderò tali anche gli estranei:[35] chiunque agisce rettamente in privato, apparirà giusto anche nella cosa pubblica. Chi invece prevarican-

[35] τοὺς ἔξω γένους è retto ancora da θρέψω, implicito; ed è pure sottinteso il predicato ἀκόσμους.

καὶ τοῦτον ἂν τὸν ἄνδρα θαρσοίην ἐγὼ
καλῶς μὲν ἄρχειν, εὖ δ' ἂν ἄρχεσθαι θέλειν,
δορός τ' ἂν ἐν χειμῶνι προστεταγμένον
μένειν δίκαιον κἀγαθὸν παραστάτην.
ὅστις δ' ὑπερβὰς ἢ νόμους βιάζεται,
ἢ τοὐπιτάσσειν τοῖς κρατύνουσιν νοεῖ,
οὐκ ἔστ' ἐπαίνου τοῦτον ἐξ ἐμοῦ τυχεῖν.
ἀλλ' ὃν πόλις στήσειε, τοῦδε χρὴ κλύειν
καὶ σμικρὰ καὶ δίκαια καὶ τἀναντία.
ἀναρχίας δὲ μεῖζον οὐκ ἔστιν κακόν.
αὕτη πόλεις τ' ὄλλυσιν, ἥδ' ἀναστάτους
οἴκους τίθησιν· ἥδε τ' ἐν μάχῃ δορὸς
τροπὰς καταρρήγνυσι· τῶν δ' ὀρθουμένων
σῴζει τὰ πολλὰ σώμαθ' ἡ πειθαρχία.
οὕτως ἀμυντέ' ἐστὶ τοῖς κοσμουμένοις,
κοὔτοι γυναικὸς οὐδαμῶς ἡσσητέα.
κρεῖσσον γάρ, εἴπερ δεῖ, πρὸς ἀνδρὸς ἐκπεσεῖν,
κοὐκ ἂν γυναικῶν ἥσσονες καλοίμεθ' ἄν.

Χο. ἡμῖν μέν, εἰ μὴ τῷ χρόνῳ κεκλέμμεθα,
λέγειν φρονούντως ὧν λέγεις δοκεῖς πέρι.

Αι. πάτερ, θεοὶ φύουσιν ἀνθρώποις φρένας,
πάντων ὅσ' ἐστὶ χρημάτων ὑπέρτατον.
ἐγὼ δ' ὅπως σὺ μὴ λέγεις ὀρθῶς τάδε,
οὔτ' ἂν δυναίμην μήτ' ἐπισταίμην λέγειν·
γένοιτο μέντἂν χἀτέρως καλῶς ἔχον.
σὺ δ' οὐ πέφυκας πάντα προσκοπεῖν ὅσα
λέγει τις ἢ πράσσει τις ἢ ψέγειν ἔχει.
τὸ γὰρ σὸν ὄμμα δεινὸν ἀνδρὶ δημότῃ

. . . .

λόγοις τοιούτοις οἷς σὺ μὴ τέρψῃ κλύων·
ἐμοὶ δ' ἀκούειν ἔσθ' ὑπὸ σκότου τάδε,
τὴν παῖδα ταύτην οἷ' ὀδύρεται πόλις,
πασῶν γυναικῶν ὡς ἀναξιωτάτη
κάκιστ' ἀπ' ἔργων εὐκλεεστάτων φθίνει·
ἥτις τὸν αὑτῆς αὐτάδελφον ἐν φοναῖς
πεπτῶτ' ἄθαπτον μήθ' ὑπ' ὠμηστῶν κυνῶν

do fa violenza alle leggi, oppure intende dare ordini a chi regna, costui non può trovare approvazione da parte mia. Ma a chi la città ha scelto per capo bisogna obbedire pure nelle piccole cose, siano giuste o no. E un tale uomo sono sicuro che comanderebbe bene e sarebbe disposto a obbedire, e nel turbine della battaglia rimarrebbe fermo al suo posto, fedele e valente compagno.[36] Non esiste male maggiore dell'anarchia: essa distrugge la città, sovverte le famiglie, rompe e volge in fuga l'esercito in battaglia; ma fra i vittoriosi la disciplina salva la maggior parte delle vite. Così bisogna difendere l'ordine, e non lasciarsi assolutamente vincere da una donna: meglio, se proprio si deve, cadere per mano di un uomo; e non saremo chiamati più deboli che donne.

CORIFEO Se non ci inganna l'età, a noi sembra che tu, così dicendo, parli saggiamente.

EMONE Padre, gli dèi ingenerano negli uomini la ragione, supremo fra quanti beni esistono. Io non potrei né saprei dire che queste tue parole non sono giuste: tuttavia, potrebbe accadere anche a un altro di essere nel giusto. Io, tuo figlio, devo osservare quanto si dice o si fa o viene criticato; poiché il tuo sguardo incute timore all'uomo del popolo, per discorsi tali che non ti piacerebbe udire.[37] Ma io, nell'ombra, posso ascoltare come la città piange questa fanciulla dicendo che è la più immeritevole fra tutte le donne di morire così indegnamente per atti gloriosissimi: lei che non permise che il suo proprio fratello caduto nella strage rimanesse senza sepoltura e venisse sbranato da cani feroci o da

[36] Nel passo precedente, la traduzione segue l'ordine dei versi che è nei mss. Il testo di Pearson adotta invece la trasposizione proposta da Seidler, che in effetti meglio corrisponde all'andamento complessivo del passo: per essa, la frase « E un tale uomo ... valente compagno » viene di seguito a quella che termina « nella cosa pubblica ».

[37] L'ipotesi che sia caduto qui un verso, avanzata da Dindorf e accolta da Pearson, oltre a produrre uguale lunghezza nei discorsi di Creonte ed Emone, offre una giustificazione del dativo λόγοις τοιούτοις, non facilmente spiegabile in una struttura continua.

εἴασ' ὀλέσθαι μήθ' ὑπ' οἰωνῶν τινός·
οὐχ ἥδε χρυσῆς ἀξία τιμῆς λαχεῖν;
τοιάδ' ἐρεμνὴ σῖγ' ὑπέρχεται φάτις.
ἐμοὶ δὲ σοῦ πράσσοντος εὐτυχῶς, πάτερ,
οὐκ ἔστιν οὐδὲν κτῆμα τιμιώτερον.
τί γὰρ πατρὸς θάλλοντος εὐκλείας τέκνοις
ἄγαλμα μεῖζον, ἢ τί πρὸς παίδων πατρί;
μή νυν ἓν ἦθος μοῦνον ἐν σαυτῷ φόρει,
ὡς φὴς σύ, κοὐδὲν ἄλλο, τοῦτ' ὀρθῶς ἔχειν.
ὅστις γὰρ αὐτὸς ἢ φρονεῖν μόνος δοκεῖ,
ἢ γλῶσσαν, ἣν οὐκ ἄλλος, ἢ ψυχὴν ἔχειν,
οὗτοι διαπτυχθέντες ὤφθησαν κενοί.
  ἀλλ' ἄνδρα, κεἴ τις ᾖ σοφός, τὸ μανθάνειν
πόλλ' αἰσχρὸν οὐδὲν καὶ τὸ μὴ τείνειν ἄγαν.
ὁρᾷς παρὰ ῥείθροισι χειμάρροις ὅσα
δένδρων ὑπείκει, κλῶνας ὡς ἐκσῴζεται,
τὰ δ' ἀντιτείνοντ' αὐτόπρεμν' ἀπόλλυται.
αὕτως δὲ ναὸς ὅστις ἐγκρατῆ πόδα
τείνας ὑπείκει μηδέν, ὑπτίοις κάτω
στρέψας τὸ λοιπὸν σέλμασιν ναυτίλλεται.
ἀλλ' εἶκε θυμοῦ καὶ μετάστασιν δίδου.
γνώμη γὰρ εἴ τις κἀπ' ἐμοῦ νεωτέρου
πρόσεστι, φήμ' ἔγωγε πρεσβεύειν πολὺ
φῦναί τιν' ἄνδρα πάντ' ἐπιστήμης πλέων·
εἰ δ' οὖν, φιλεῖ γὰρ τοῦτο μὴ ταύτῃ ῥέπειν,
καὶ τῶν λεγόντων εὖ καλὸν τὸ μανθάνειν.

Χο. ἄναξ, σέ τ' εἰκός, εἴ τι καίριον λέγει,
μαθεῖν, σέ τ' αὖ τοῦδ'· εὖ γὰρ εἴρηται διπλῇ.

Κρ. οἱ τηλικοίδε καὶ διδαξόμεσθα δὴ
φρονεῖν πρὸς ἀνδρὸς τηλικοῦδε τὴν φύσιν;

Αι. μηδὲν τὸ μὴ δίκαιον· εἰ δ' ἐγὼ νέος,
οὐ τὸν χρόνον χρὴ μᾶλλον ἢ τἄργα σκοπεῖν.

Κρ. ἔργον γάρ ἐστι τοὺς ἀκοσμοῦντας σέβειν;

Αι. οὐδ' ἂν κελεύσαιμ' εὐσεβεῖν ἐς τοὺς κακούς.

Κρ. οὐχ ἥδε γὰρ τοιᾷδ' ἐπείληπται νόσῳ;

Αι. οὔ φησι Θήβης τῆσδ' ὁμόπτολις λεώς.

qualche uccello. Non è degna di un premio d'oro, costei? Tale oscura voce corre silenziosamente. Ma per me, padre, non esiste alcun bene più prezioso della tua felicità: quale maggior ornamento per i figli che la gloria di un padre fiorente; o che cosa per il padre, riguardo ai figli? Dunque non portare in te soltanto questa idea, che è giusto quello che dici tu, e nient'altro. Chiunque pensa di essere saggio lui soltanto, o di avere lingua o mente quale nessun altro, quando lo apri, si vede che è vuoto. Invece per un uomo, anche se sia saggio, non è affatto disonorevole apprendere molto, e non ostinarsi troppo. Guarda gli alberi presso le correnti impetuose: se si piegano, salvano i loro rami; ma quelli che si oppongono sono distrutti con tutto il tronco. Così, il nocchiero che tende la scotta saldamente e non la molla neppure un poco, finisce per rovesciarsi e navigare con i banchi capovolti. Cedi dunque, e dà mutamento all'ira. E se ho qualche senno, pur essendo giovane, io dico che la cosa migliore è che l'uomo sia per natura pieno di ogni sapere; altrimenti – poiché di solito le cose non vanno così – è bene anche apprendere da chi parla rettamente.

CORIFEO Signore, è giusto che tu apprenda da lui, se parla a proposito; (*a Emone*) e tu, a tua volta, da lui: entrambi avete detto bene.[38]

CREONTE E noi, alla nostra età, dovremo proprio imparare la saggezza da uno dell'età sua?

EMONE Nulla che non sia giusto; e se io sono giovane, non bisogna guardare all'età più che alle azioni.

CREONTE E l'azione è onorare i ribelli?

EMONE Non ti chiederei certo di onorare i malvagi.

CREONTE E quella donna non è posseduta da tale morbo?

EMONE Non così dice concordemente il popolo, qui in Tebe.

[38] In διπλῆ è presente fors'anche l'idea della diversità, e quindi della contrapposizione dei due discorsi.

Κρ. πόλις γὰρ ἡμῖν ἁμὲ χρὴ τάσσειν ἐρεῖ;
Αι. ὁρᾷς τόδ’ ὡς εἴρηκας ὡς ἄγαν νέος;
Κρ. ἄλλῳ γὰρ ἢ ’μοὶ χρή με τῆσδ’ ἄρχειν χθονός;
Αι. πόλις γὰρ οὐκ ἔσθ’ ἥτις ἀνδρός ἐσθ’ ἑνός.
Κρ. οὐ τοῦ κρατοῦντος ἡ πόλις νομίζεται;
Αι. καλῶς ἐρήμης γ’ ἂν σὺ γῆς ἄρχοις μόνος.
Κρ. ὅδ’, ὡς ἔοικε, τῇ γυναικὶ συμμαχεῖ.
Αι. εἴπερ γυνὴ σύ· σοῦ γὰρ οὖν προκήδομαι.
Κρ. ὦ παγκάκιστε, διὰ δίκης ἰὼν πατρί.
Αι. οὐ γὰρ δίκαιά σ’ ἐξαμαρτάνονθ’ ὁρῶ.
Κρ. ἁμαρτάνω γὰρ τὰς ἐμὰς ἀρχὰς σέβων;
Αι. οὐ γὰρ σέβεις, τιμάς γε τὰς θεῶν πατῶν.
Κρ. ὦ μιαρὸν ἦθος καὶ γυναικὸς ὕστερον.
Αι. οὔ τἂν ἕλοις ἥσσω γε τῶν αἰσχρῶν ἐμέ.
Κρ. ὁ γοῦν λόγος σοι πᾶς ὑπὲρ κείνης ὅδε.
Αι. καὶ σοῦ γε κἀμοῦ, καὶ θεῶν τῶν νερτέρων.
Κρ. ταύτην ποτ’ οὐκ ἔσθ’ ὡς ἔτι ζῶσαν γαμεῖς.
Αι. ἣ δ’ οὖν θανεῖται καὶ θανοῦσ’ ὀλεῖ τινά.
Κρ. ἦ κἀπαπειλῶν ὧδ’ ἐπεξέρχῃ θρασύς;
Αι. τίς δ’ ἔστ’ ἀπειλὴ πρὸς κενὰς γνώμας λέγειν;
Κρ. κλαίων φρενώσεις, ὢν φρενῶν αὐτὸς κενός.
Αι. εἰ μὴ πατὴρ ἦσθ’, εἶπον ἄν σ’ οὐκ εὖ φρονεῖν.
Κρ. γυναικὸς ὢν δούλευμα, μὴ κώτιλλέ με.
Αι. βούλῃ λέγειν τι καὶ λέγων μηδὲν κλύειν;
Κρ. ἄληθες; ἀλλ’ οὐ, τόνδ’ Ὄλυμπον, ἴσθ’ ὅτι,
χαίρων ἐπὶ ψόγοισι δεννάσεις ἐμέ.
ἄγετε τὸ μῖσος, ὡς κατ’ ὄμματ’ αὐτίκα
παρόντι θνῄσκῃ πλησία τῷ νυμφίῳ.
Αι. οὐ δῆτ’ ἔμοιγε, τοῦτο μὴ δόξῃς ποτέ,
οὔθ’ ἥδ’ ὀλεῖται πλησία, σύ τ’ οὐδαμὰ
τοὐμὸν προσόψῃ κρᾶτ’ ἐν ὀφθαλμοῖς ὁρῶν,
ὡς τοῖς θέλουσι τῶν φίλων μαίνῃ συνών.
Χο. ἁνήρ, ἄναξ, βέβηκεν ἐξ ὀργῆς ταχύς·
νοῦς δ’ ἐστὶ τηλικοῦτος ἀλγήσας βαρύς.
Κρ. δράτω, φρονείτω μεῖζον ἢ κατ’ ἄνδρ’ ἰών·
τὼ δ’ οὖν κόρα τώδ’ οὐκ ἀπαλλάξει μόρου.

CREONTE La città dunque mi dirà ciò che io devo ordinare?
EMONE Non vedi che hai parlato in modo infantile?
CREONTE Per un altro dunque, o per me, devo governare questa terra?
EMONE Non esiste la città che è di un solo uomo.
CREONTE La città non appartiene a chi comanda?
EMONE Certo, tu regneresti bene da solo su una terra deserta.
CREONTE Costui, a quanto pare, è alleato alla donna.
EMONE Se tu sei la donna: proprio di te mi curo.
CREONTE Scelleratissimo, tu vieni a lite con tuo padre.
EMONE Poiché ti vedo peccare contro giustizia.
CREONTE Dunque sono colpevole, se rispetto il mio potere?
EMONE Ma non lo rispetti, calpestando gli onori dovuti agli dèi.
CREONTE O indole scellerata, più debole di una donna!
EMONE Non mi troverai certo vinto da turpi sentimenti.
CREONTE Ma questo discorso è tutto in difesa di quella donna.
EMONE E di te e di me, e degli dèi inferi.
CREONTE Non sarà mai che tu la sposi viva.
EMONE Essa morrà dunque, e morendo ucciderà qualcuno.
CREONTE E sei così audace da giungere a minacce?
EMONE Ma che minaccia è rispondere a vane ragioni?
CREONTE Ti dorrai d'insegnare saggezza, tu che di saggezza sei vuoto.
EMONE Se tu non fossi mio padre, direi che non ragioni.
CREONTE Schiavo di una donna, smetti di cianciare!
EMONE Vuoi parlare, e non sentire risposta?
CREONTE Davvero? Ma, per l'Olimpo, sappilo, non ti rallegrerai di oltraggiarmi con questi rimproveri. (*A una guardia*) Conduci qui quell'abominio: subito sotto i suoi occhi morrà vicina allo sposo, in sua presenza.
EMONE No, questo no! Non pensarlo: essa non morrà vicino a me, e tu non mi vedrai mai più con i tuoi occhi. Vivi da pazzo insieme a quelli fra i tuoi che lo vogliono. (*Esce di corsa.*)
CORIFEO Se n'è andato di corsa, signore, fuori di sé dall'ira: alla sua età l'animo è violento, quando è angosciato.
CREONTE E se ne vada, a fare o a meditare qualche azione superiore all'umana misura: ma queste due fanciulle non le sottrarrà alla morte.

Χο. ἄμφω γὰρ αὐτὼ καὶ κατακτεῖναι νοεῖς;
Κρ. οὐ τήν γε μὴ θιγοῦσαν· εὖ γὰρ οὖν λέγεις.
Χο. μόρῳ δὲ ποίῳ καί σφε βουλεύῃ κτανεῖν;
Κρ. ἄγων ἐρῆμος ἔνθ' ἂν ᾖ βροτῶν στίβος
κρύψω πετρώδει ζῶσαν ἐν κατώρυχι,
φορβῆς τοσοῦτον ὡς ἄγος μόνον προθείς,
ὅπως μίασμα πᾶσ' ὑπεκφύγῃ πόλις.
κἀκεῖ τὸν Ἅιδην, ὃν μόνον σέβει θεῶν,
αἰτουμένη που τεύξεται τὸ μὴ θανεῖν,
ἢ γνώσεται γοῦν ἀλλὰ τηνικαῦθ' ὅτι
πόνος περισσός ἐστι τὰν Ἅιδου σέβειν.

Χο. Ἔρως ἀνίκατε μάχαν, στρ.
Ἔρως, ὃς ἐν κτήνεσι πίπτεις,
ὃς ἐν μαλακαῖς παρειαῖς
νεάνιδος ἐννυχεύεις,
φοιτᾷς δ' ὑπερπόντιος ἔν τ'
ἀγρονόμοις αὐλαῖς·
καί σ' οὔτ' ἀθανάτων φύξιμος οὐδεὶς
οὔθ' ἁμερίων σέ γ' ἀνθρώ-
πων, ὁ δ' ἔχων μέμηνεν.

σὺ καὶ δικαίων ἀδίκους ἀντ.
φρένας παρασπᾷς ἐπὶ λώβᾳ·
σὺ καὶ τόδε νεῖκος ἀνδρῶν
ξύναιμον ἔχεις ταράξας·

CORIFEO Pensi proprio di farle morire entrambe?

CREONTE Non quella che non ha toccato il cadavere: hai ragione.

CORIFEO E l'altra, di quale morte la farai morire?

CREONTE La condurrò in un luogo deserto di orma mortale, e la nasconderò viva in un antro di pietra, ponendole vicino quanto cibo basti ad evitare il sacrilegio,[39] perché non sia contaminata tutta la città. E là invocando Ade, che unico venera tra gli dèi, otterrà forse di non morire; o allora finalmente comprenderà che è vana fatica venerare Ade. (*Rientra nella reggia.*)

TERZO STASIMO

CORO Eros invitto in battaglia,
Eros che sul bestiame[40] ti abbatti,
e sulle tenere gote
della fanciulla ti posi,
e ti aggiri sopra il mare
e nelle agresti dimore;
degli immortali nessuno a te può sfuggire
né degli uomini effimeri:
e chi ti possiede è folle.

Tu pure dei giusti l'animo
rendi ingiusto, e trai a rovina;
tu anche questa contesa
consanguinea hai sommosso;

[39] Perché, consumato il cibo che le era stato assegnato, Antigone sarebbe morta di morte naturale – secondo una convenzione ampiamente diffusa nel mondo antico, a cui Creonte aggiunge un tocco di brutale ipocrisia.

[40] κτήνεσι è congettura di Brunck, per κτήμασι dei mss.: a entrambi i termini si adatta l'interpretazione della traduzione, che corrisponde a una immagine della potenza d'amore diffusa nell'antichità, e celebre soprattutto per il proemio del *De rerum natura* di Lucrezio. Ma preferendo κτήμασι, al termine si possono ascrivere almeno altre due valenze: Eros piomba « sui suoi possessi », ossia sulle sue prede, oppure distrugge « le proprietà » delle sue vittime.

νικᾷ δ' ἐναργὴς βλεφάρων
ἵμερος εὐλέκτρου
νύμφας, τῶν μεγάλων πάρεδρος ἐν ἀρχαῖς
θεσμῶν· ἄμαχος γὰρ ἐμπαί-
ζει θεὸς Ἀφροδίτα.

νῦν δ' ἤδη 'γὼ καὐτὸς θεσμῶν
ἔξω φέρομαι τάδ' ὁρῶν, ἴσχειν δ'
οὐκέτι πηγὰς δύναμαι δακρύων,
τὸν παγκοίταν ὅθ' ὁρῶ θάλαμον
τήνδ' Ἀντιγόνην ἀνύτουσαν.

Αν. ὁρᾶτ' ἔμ', ὦ γᾶς πατρίας πολῖται, στρ.
τὰν νεάταν ὁδὸν
στείχουσαν, νέατον δὲ φέγ-
γος λεύσσουσαν ἀελίου,
κοὔποτ' αὖθις· ἀλλά μ' ὁ παγ-
κοίτας Ἅιδας ζῶσαν ἄγει
τὰν Ἀχέροντος
ἀκτάν, οὔθ' ὑμεναίων
ἔγκληρον, οὔτ' ἐπὶ νυμ-
φείοις πώ μέ τις ὕμνος ὕ-
μνησεν, ἀλλ' Ἀχέροντι νυμφεύσω.

e visibile trionfa
per gli occhi della bella[41] sposa
il Desiderio, che siede presso le grandi leggi possenti.
Invincibile, nel suo gioco,
è Afrodite divina.

(Antigone, circondata da guardie, esce dal palazzo.)

QUARTO EPISODIO

CORIFEO E ora, ecco, anch'io fuori dalle leggi
sono tratto a questa vista; e più non posso
frenare fiotti di lacrime,
quando vedo Antigone
muovere al talamo che tutti addormenta.

ANTIGONE Guardatemi, cittadini della mia terra patria,
all'ultimo cammino
muovere, e vedere
l'ultima luce del sole,
e non più altra volta: ma Ade,
che tutti addormenta, viva mi conduce
d'Acheronte alla riva,
senza che io abbia
sorte d'imenei, senza che mai
alle mie nozze l'inno risuoni:
ma ad Acheronte andrò sposa.[42]

41 εὐλέκτρου comporta peraltro più specifica allusione ai diletti sensuali dell'amore.

42 Il canto di Antigone è intessuto di continue allusioni alle sue nozze mancate: qui, ai vv. 813-816, come pure in seguito ai vv. 867 e 876, questo concetto viene chiaramente affermato; ma anche certe espressioni del coro possono forse rientrare in tale ottica, così l'impiego del termine παγκοίταν ... θάλαμον del v. 804 per designare l'Ade. E del resto, il nome stesso di Antigone sembra annunciare il suo destino: composto di ἀντί e γονή (dalla radice γεν–, « generare ») indica la esclusione dalla maternità.

Χο. οὐκοῦν κλεινὴ καὶ ἔπαινον ἔχουσ'
ἐς τόδ' ἀπέρχῃ κεῦθος νεκύων,
οὔτε φθινάσιν πληγεῖσα νόσοις
οὔτε ξιφέων ἐπίχειρα λαχοῦσ',
ἀλλ' αὐτόνομος ζῶσα μόνη δὴ
θνατῶν 'Αΐδαν καταβήσῃ.

Αν. ἤκουσα δὴ λυγροτάταν ὀλέσθαι ἀντ.
τὰν Φρυγίαν ξέναν
Ταντάλου Σιπύλῳ πρὸς ἄ-
κρῳ, τὰν κισσὸς ὡς ἀτενὴς
πετραία βλάστα δάμασεν,
καί νιν ὄμβροι τακομέναν,
ὡς φάτις ἀνδρῶν,
χιών τ' οὐδαμὰ λείπει,
τέγγει δ' ὑπ' ὀφρύσι παγ-
κλαύτοις δειράδας· ᾇ με δαί-
μων ὁμοιοτάταν κατευνάζει.

Χο. ἀλλὰ θεός τοι καὶ θεογεννής,
ἡμεῖς δὲ βροτοὶ καὶ θνατογενεῖς.
καίτοι φθιμένᾳ μέγα κἀκοῦσαι
τοῖς ἰσοθέοις σύγκληρα λαχεῖν
ζῶσαν καὶ ἔπειτα θανοῦσαν.

Αν. οἴμοι γελῶμαι. τί με, πρὸς στρ.
θεῶν πατρῴων,
οὐκ οἰχομέναν ὑβρίζεις,
ἀλλ' ἐπίφαντον;
ὦ πόλις, ὦ πόλεως
πολυκτήμονες ἄνδρες·

CORIFEO Ma gloriosa e con lode
muovi al recesso dei morti;
e non colpita da morbi distruttori
né, a mercede del tuo ardire, per colpo di spada:
ma da te stessa, vivente,
sola tra i mortali, scenderai nell'Ade.

ANTIGONE Udii che morte tristissima
ebbe la straniera frigia
figlia di Tantalo sulle vette
del Sipilo, che a guisa d'edera tenace
germogliante sasso domò.
Alla pioggia si strugge,
come è fama tra gli uomini,
né mai la neve l'abbandona, e le rocce
bagna dagli occhi che sempre
piangono: destino
del tutto simile al suo mi spegne.[43]

CORIFEO Ma una dea essa era, e nata da dèi:
noi, mortali e nati da mortali.
Ma pure è gran cosa, morendo, essere detta
compagna di sorte ai semidei,
in vita e in morte ancora.

ANTIGONE Ahi, quale scherno! Perché, per gli dèi patrii,
mi oltraggi non morta,
ma visibile ancora?
O città, o della città
doviziosi abitanti;

[43] In questi versi viene descritta la sorte di Niobe, sposa di Anfione, re di Tebe. Essendo orgogliosa dei suoi numerosi figli, Niobe osò disprezzare Latona, che aveva avuto soltanto Apollo e Artemide; per vendicarsi, questi uccisero tutti i suoi figli, risparmiandone soltanto due. Niobe si rifugiò sul monte Sipilo, patria di suo padre, dove Zeus la tramutò in pietra: e la tradizione vuole che ancora sgorgassero lacrime dagli occhi pietrificati. Ai vv. 834 sgg. il coro definisce Niobe θεός τοι καὶ θεογεννής, in quanto essa era nata da Tantalo, figlio di Zeus, e dalla Pleiade Dione. Antigone paragona la propria condanna a essere murata viva al destino di Niobe tramutata in pietra.

ἰὼ Διρκαῖαι κρῆ-
ναι Θήβας τ' εὐαρμάτου ἄλ-
σος, ἔμπας ξυμμάρτυρας ὔμμ' ἐπικτῶμαι,
οἵα φίλων ἄκλαυτος, οἵοις νόμοις
πρὸς ἕργμα τυμβόχωστον ἔρ-
χομαι τάφου ποταινίου·
ἰὼ δύστανος, βροτοῖς
οὔτε ⟨νεκρὸς⟩ νεκροῖσιν
μέτοικος, οὐ ζῶσιν, οὐ θανοῦσιν.

Χο. προβᾶσ' ἐπ' ἔσχατον θράσους
ὑψηλὸν ἐς Δίκας βάθρον
πολὺ προσέπαισας, ὦ τέκνον.
πατρῷον δ' ἐκτίνεις τιν' ἆθλον.

Αν. ἔψαυσας ἀλγεινοτάτας ἀντ.
ἐμοὶ μερίμνας,—
πατρὸς τριπόλιστον οἶτον
τοῦ τε πρόπαντος
ἁμετέρου πότμου
κλεινοῖς Λαβδακίδαισιν.
ἰὼ ματρῷαι λέ-
κτρων ἆται κοιμήματά τ' αὐ-
τογέννητ' ἐμῷ πατρὶ δυσμόρου ματρός,
οἵων ἐγώ ποθ' ἁ ταλαίφρων ἔφυν·
πρὸς οὓς ἀραῖος ἄγαμος ἅδ'
ἐγὼ μέτοικος ἔρχομαι.
ἰὼ δυσπότμων κασί-
γνητε γάμων κύρησας,
θανὼν ἔτ' οὖσαν κατήναρές με.

e voi, fonti dircee, e piana
di Tebe dai bei carri, voi tuttavia
chiamo a testimoni,
come incompianta dai miei, per quali leggi,
vado verso il carcere fatto a tomba
per una sepoltura mai vista.
Ahi infelice,
né tra gli uomini né tra i defunti
abiterò, non con i vivi, non con i morti!

CORIFEO Giunta all'estremo ardimento
contro il soglio eccelso di Dike
cozzasti, o figlia, fortemente;
e sconti una colpa paterna.

ANTIGONE Hai toccato l'affanno per me più doloroso,
il compianto molto ricordato del padre,[44]
e il destino
dell'intera nostra stirpe,
gli incliti Labdacidi.
Ahi, sciagure del talamo materno
e amplessi della sventurata madre
col padre mio da lei generato!
Da quali mai genitori io misera nacqui!
Presso di loro maledetta, senza nozze,
ecco, vado ad abitare.
Ahi, malaugurate nozze,[45]
o fratello, avendo trovato,
morto distruggesti me ancora viva!

[44] La struttura sintattica di questi versi è assai libera, e l'anacoluto viene marcato anche graficamente da Pearson. Egli interpreta il problematico accusativo οἶτον (« sorte », « fato », che è dei mss. recenti; gli altri hanno οἶκτον, adottato dalla traduzione), collegandolo all'ultima frase del coro, in funzione appositiva di ἆθλον, come se ἔψαυσας ... μερίμνας fosse incidentale. Forse più attendibile è la spiegazione di Jebb e Müller: ἔψαυσας ... μερίμνας (che è fuor di dubbio un genitivo) viene usato come equivalente a ἐποίησάς με μεριμνᾶν, sì da legittimare di seguito la costruzione con l'accusativo.
[45] Sono le nozze di Polinice con la figlia di Adrasto, re di Argo, che in seguito a questa parentela divenne alleato del genero nella spedizione contro Tebe.

Χο. σέβειν μὲν εὐσέβειά τις,
κράτος δ', ὅτῳ κράτος μέλει,
παραβατὸν οὐδαμᾷ πέλει,
σὲ δ' αὐτόγνωτος ὤλεσ' ὀργά.

Αν. ἄκλαυτος, ἄφιλος, ἀνυμέναι- ἐπ.
ος ταλαίφρων ἄγομαι
τὰν ἑτοίμαν ὁδόν.
οὐκέτι μοι τόδε λαμπάδος ἱερὸν
ὄμμα θέμις ὁρᾶν ταλαίνᾳ·
τὸν δ' ἐμὸν πότμον ἀδάκρυτον
οὐδεὶς φίλων στενάζει.

Κρ. ἆρ' ἴστ' ἀοιδὰς καὶ γόους πρὸ τοῦ θανεῖν
ὡς οὐδ' ἂν εἷς παύσαιτ' ἄν, εἰ χρείη, λέγων;
οὐκ ἄξεθ' ὡς τάχιστα, καὶ κατηρεφεῖ
τύμβῳ περιπτύξαντες, ὡς εἴρηκ' ἐγώ,
ἄφετε μόνην ἐρῆμον, εἴτε χρῇ θανεῖν
εἴτ' ἐν τοιαύτῃ ζῶσα τυμβεύειν στέγῃ·
ἡμεῖς γὰρ ἁγνοὶ τοὐπὶ τήνδε τὴν κόρην·
μετοικίας δ' οὖν τῆς ἄνω στερήσεται.
Αν. ὦ τύμβος, ὦ νυμφεῖον, ὦ κατασκαφὴς
οἴκησις αἰείφρουρος, οἷ πορεύομαι
πρὸς τοὺς ἐμαυτῆς, ὧν ἀριθμὸν ἐν νεκροῖς
πλεῖστον δέδεκται Φερσέφασσ' ὀλωλότων·
ὧν λοισθία 'γὼ καὶ κάκιστα δὴ μακρῷ
κάτειμι, πρίν μοι μοῖραν ἐξήκειν βίου.
ἐλθοῦσα μέντοι κάρτ' ἐν ἐλπίσιν τρέφω
φίλη μὲν ἥξειν πατρί, προσφιλὴς δὲ σοί,
μῆτερ, φίλη δὲ σοί, κασίγνητον κάρα.
ἐπεὶ θανόντας αὐτόχειρ ὑμᾶς ἐγὼ
ἔλουσα κἀκόσμησα κἀπιτυμβίους
χοὰς ἔδωκα· νῦν δέ, Πολύνεικες, τὸ σὸν
δέμας περιστέλλουσα τοιάδ' ἄρνυμαι.
καίτοι σ' ἐγὼ 'τίμησα τοῖς φρονοῦσιν εὖ.
οὐ γάρ ποτ' οὔτ' ἂν εἰ τέκνων μήτηρ ἔφυν
οὔτ' εἰ πόσις μοι κατθανὼν ἐτήκετο,

CORIFEO Riverenza, certo, è pietà:
ma il potere, per chi del potere ha cura,
non si può in alcun modo trasgredire.
La tua passione ha deciso da sé stessa, e ti ha perduto.

ANTIGONE Incompianta, senza amici, senza nozze,
misera sono condotta alla via che mi è pronta:
non più mi sarà concesso, infelice, vedere
il sacro occhio di questa luce;
e la morte mia illacrimata
nessuno dei miei cari lamenta.

CREONTE (*uscendo dalla reggia*) O non sapete che prima di morire nessuno smetterebbe di cantare lamenti, se potesse? Conducetela via subito, e dopo averla chiusa in una tomba sotterranea, come io ho ordinato, lasciatela sola abbandonata, sia che debba morire, oppure vivere sepolta in una tale dimora. Noi siamo puri, riguardo a questa fanciulla: e a lei, comunque, sarà tolto di abitare sopra la terra.[46]

ANTIGONE O sepolcro, o talamo, o sotterranea dimora che per sempre mi custodirà, dove io vado verso i miei cari, che per la maggior parte Persefone ha accolto tra i morti: ultima di loro io scendo, e assai più crudelmente, prima che la mia parte di vita sia trascorsa. Ma almeno, venendo, io spero molto di giungere cara al padre, e cara a te, madre, e cara a te, fratello mio: poiché, quando voi moriste, io con le mie mani vi lavai e vi acconciai e vi offrii le libagioni funebri; e anche ora, o Polinice, per avere coperto il tuo corpo questa sorte ottengo. Eppure io ti resi onore giustamente, per chi ha senno. Infatti mai, né se fossi divenuta madre di figli, né se fosse stato il cadavere di mio marito a

46 Creonte rivendica di rimanere incontaminato dalla sorte di Antigone, poiché il suo sangue non verrà versato; la sua punizione si limita ad escluderla dal consorzio (μετοικίας) dei viventi.

βίᾳ πολιτῶν τόνδ' ἂν ᾐρόμην πόνον.
τίνος νόμου δὴ ταῦτα πρὸς χάριν λέγω;
πόσις μὲν ἄν μοι κατθανόντος ἄλλος ἦν,
καὶ παῖς ἀπ' ἄλλου φωτός, εἰ τοῦδ' ἤμπλακον,
μητρὸς δ' ἐν Ἅιδου καὶ πατρὸς κεκευθότοιν
οὐκ ἔστ' ἀδελφὸς ὅστις ἂν βλάστοι ποτέ.
τοιῷδε μέντοι σ' ἐκπροτιμήσασ' ἐγὼ
νόμῳ, Κρέοντι ταῦτ' ἔδοξ' ἁμαρτάνειν
καὶ δεινὰ τολμᾶν, ὦ κασίγνητον κάρα.
καὶ νῦν ἄγει με διὰ χερῶν οὕτω λαβὼν
ἄλεκτρον, ἀνυμέναιον, οὔτε του γάμου
μέρος λαχοῦσαν οὔτε παιδείου τροφῆς,
ἀλλ' ὧδ' ἐρῆμος πρὸς φίλων ἡ δύσμορος
ζῶσ' ἐς θανόντων ἔρχομαι κατασκαφάς·
ποίαν παρεξελθοῦσα δαιμόνων δίκην;
τί χρή με τὴν δύστηνον ἐς θεοὺς ἔτι
βλέπειν; τίν' αὐδᾶν ξυμμάχων; ἐπεί γε δὴ
τὴν δυσσέβειαν εὐσεβοῦσ' ἐκτησάμην.
ἀλλ' εἰ μὲν οὖν τάδ' ἐστὶν ἐν θεοῖς καλά,
παθόντες ἂν ξυγγνοῖμεν ἡμαρτηκότες·
εἰ δ' οἵδ' ἁμαρτάνουσι, μὴ πλείω κακὰ
πάθοιεν ἢ καὶ δρῶσιν ἐκδίκως ἐμέ.

Χο. ἔτι τῶν αὐτῶν ἀνέμων αὑταὶ
ψυχῆς ῥιπαὶ τήνδε γ' ἔχουσιν.
Κρ. τοιγὰρ τούτων τοῖσιν ἄγουσιν
κλαύμαθ' ὑπάρξει βραδυτῆτος ὕπερ.
Χο. οἴμοι, θανάτου τοῦτ' ἐγγυτάτω
τοὔπος ἀφῖκται.
Κρ. θαρσεῖν οὐδὲν παραμυθοῦμαι
μὴ οὐ τάδε ταύτῃ κατακυροῦσθαι.
Αν. ὦ γῆς Θήβης ἄστυ πατρῷον
καὶ θεοὶ προγενεῖς,
ἄγομαι δὴ κοὐκέτι μέλλω.

corrompersi, io mi sarei assunta quest'ufficio contro il volere dei cittadini. E in forza di quale principio lo affermo? Morto il marito, ne avrei avuto un altro; e da un altro uomo avrei avuto un figlio, se quello mi fosse mancato: ma ora che mia madre e mio padre sono in fondo all'Ade, non è mai più possibile che mi nasca un fratello.[47] Eppure, poiché secondo questa legge ti ho particolarmente onorato, è sembrato a Creonte che questa fosse una colpa e che io abbia osato una cosa terribile, fratello mio. E ora mi trascina via, presa così in sua mano, senza che io abbia avuto talamo, non imeneo, non sorte di nozze, né figli da allevare: ma così, deserta dei miei cari, io infelice ancora viva scendo alle sotterranee dimore dei morti! E quale legge degli dèi ho trasgredito? Ma perché, infelice, mi rivolgo ancora agli dèi? Chi chiamo in aiuto? Proprio per essere stata pia mi sono acquistata empietà. E se questo è bello dinanzi agli dèi, soffrirei riconoscendo d'avere peccato: ma se i peccatori sono questa gente, possano soffrire mali non maggiori di quelli che a me fanno contro giustizia.

CORIFEO Ancora l'impeto degli stessi venti possiede la sua anima.

CREONTE E ne piangeranno quelli che la conducono, per la loro lentezza.

ANTIGONE Ahimè, questa parola annuncia che la morte è prossima.

CREONTE Non ti consiglio certo di confidare che non finisca così.

ANTIGONE O terra di Tebe, città dei miei padri,
e divinità progenitrici,
sono condotta via, senza più indugi!

[47] Lo stesso ragionamento, ispirato a una concezione arcaica della rilevanza del clan familiare, appare in Erodoto III 119.

λεύσσετε, Θήβης οἱ κοιρανίδαι,
τὴν βασιλειδᾶν μούνην λοιπήν,
οἷα πρὸς οἵων ἀνδρῶν πάσχω,
τὴν εὐσεβίαν σεβίσασα.

Χο. ἔτλα καὶ Δανάας οὐράνιον φῶς — στρ.
ἀλλάξαι δέμας ἐν χαλκοδέτοις
αὐλαῖς· κρυπτομένα δ' ἐν
τυμβήρει θαλάμῳ κατεζεύχθη·
καίτοι ⟨καὶ⟩ γενεᾷ τί-
μιος, ὦ παῖ παῖ,
καὶ Ζηνὸς ταμιεύε-
σκε γονὰς χρυσορύτους.
ἀλλ' ἁ μοιριδία τις
δύνασις δεινά·
οὔτ' ἄν νιν ὄλβος οὔτ' Ἄρης,
οὐ πύργος, οὐχ ἁλίκτυποι
κελαιναὶ νᾶες ἐκφύγοιεν.

ζεύχθη δ' ὀξύχολος παῖς ὁ Δρύαντος, — ἀντ.
Ἠδωνῶν βασιλεύς, κερτομίοις
ὀργαῖς ἐκ Διονύσου
πετρώδει κατάφαρκτος ἐν δεσμῷ.
οὕτω τᾶς μανίας δει-
νὸν ἀποστάζει
ἀνθηρόν τε μένος. κεῖ-
νος ἐπέγνω μανίαις
ψαύων τὸν θεὸν ἐν κερ-
τομίοις γλώσσαις.
παύεσκε μὲν γὰρ ἐνθέους
γυναῖκας εὔιόν τε πῦρ,
φιλαύλους τ' ἠρέθιζε Μούσας.

Guardate, signori di Tebe:
io, l'unica rimasta della stirpe regale,
quali cose soffro, e da chi,
perché onorai la pietà.
(*Viene condotta via dalle guardie, mentre Creonte rientra nel palazzo.*)

QUARTO STASIMO

CORO Soffrì pure Danae[48] di mutare la celeste luce
con bronzea dimora,
e gettata in carcere
entro funebre talamo fu costretta:
lei che pure nobile era di stirpe – o figlia, o figlia! –
e di Zeus custodiva il seme piovuto in oro.
Ma la potenza del fato è terribile:
ad essa né ricchezze né armi,
non torri, non nere navi
battute dai flutti possono sfuggire.

E fu aggiogato anche l'ardente figlio di Driante,[49]
re degli Edoni, per le sue ire
ingiuriose rinchiuso
da Dioniso in prigione di sasso.
Così di follia egli stilla
fiorente terribile furia: riconobbe di avere offeso
il dio, nella sua follia, con ingiuriose parole.
Intese infatti porre fine alle donne
invasate dal dio e al fuoco bacchico,
e provocava le Muse amanti del flauto.

48 Danae era figlia di Acrisio, re di Argo. Questi essendogli stato predetto che avrebbe trovato morte per mano di un figlio di lei, la rinchiuse in un edificio circondato da lastre di bronzo, perché nessuno la potesse raggiungere. Ma Zeus, sotto forma di pioggia d'oro, riuscì a penetrare nella prigione; sì che da Danae nacque Perseo.

49 Il figlio di Driante è Licurgo, re degli Edoni in Tracia, che avendo perseguitato il culto di Dioniso fu reso folle dal dio; gli Edoni lo rinchiusero allora in una grotta del monte Pangeo.

παρὰ δὲ κυανέαιν σπιλάδοιν διδύμας ἁλὸς στρ.
ἀκταὶ Βοσπόριαι ἰδ' ὁ Θρῃκῶν ⟨ἠιὼν⟩
Σαλμυδησσός, ἵν' ἀγχίπολις Ἄρης
δισσοῖσι Φινεΐδαις
εἶδεν ἀρατὸν ἕλκος
τυφλωθὲν ἐξ ἀγρίας δάμαρτος
ἀλαὸν ἀλαστόροισιν ὀμμάτων κύκλοις
ἀραχθέντων ὑφ' αἱματηραῖς
χείρεσσι καὶ κερκίδων ἀκμαῖσιν.

κατὰ δὲ τακόμενοι μέλεοι μελέαν πάθαν ἀντ.
κλαῖον, ματρὸς ἔχοντες ἀνύμφευτον γονάν·
ἁ δὲ σπέρμα μὲν ἀρχαιογόνων
ἄντασ' Ἐρεχθεϊδᾶν,
τηλεποροις δ' ἐν ἄντροις
τράφη θυέλλῃσιν ἐν πατρῴαις
Βορεὰς ἅμιππος ὀρθόποδος ὑπὲρ πάγου
θεῶν παῖς· ἀλλὰ κἀπ' ἐκείνᾳ
Μοῖραι μακραίωνες ἔσχον, ὦ παῖ.

ΤΕΙΡΕΣΙΑΣ
Θήβης ἄνακτες, ἥκομεν κοινὴν ὁδὸν
δύ' ἐξ ἑνὸς βλέποντε· τοῖς τυφλοῖσι γὰρ
αὕτη κέλευθος ἐκ προηγητοῦ πέλει.
Κρ. τί δ' ἔστιν, ὦ γεραιὲ Τειρεσία, νέον;
Τε. ἐγὼ διδάξω, καὶ σὺ τῷ μάντει πιθοῦ.
Κρ. οὔκουν πάρος γε σῆς ἀπεστάτουν φρενός.

E presso le rupi Cianee, sul duplice mare,
sono le sponde del Bosforo e la riva tracia
di Salmidesso, dove Ares presso la città
vide l'esecranda piaga
dei due Fineidi[50]
accecati da una moglie selvaggia
nelle orbite gridanti vendetta degli occhi senza luce,[51]
trafitti con sanguinanti
mani e punte di spole.

E struggendosi miseri misera pena
piangevano, nati da infelici nozze della madre;
ed essa per stirpe risaliva
agli antichi Eretteidi,
e in antri lontani
fu allevata fra le paterne procelle,
Boreade[52] pari ai cavalli su solido ghiaccio correndo,
figlia di dèi; ma pure contro di lei
le Moire longeve mossero, o figlia!

QUINTO EPISODIO

TIRESIA (*entrando, guidato da un fanciullo*) Signori di Tebe, veniamo insieme per la stessa via, vedendo in due con gli occhi di uno: ai ciechi solo per mezzo di una guida è possibile il cammino.

CREONTE Cosa c'è di nuovo, vecchio Tiresia?

TIRESIA Io esporrò, e tu dà ascolto al vate.

CREONTE Per l'innanzi non mi sono certo allontanato dal tuo consiglio.

50 Fineo, re di Salmidesso, aveva avuto dalla prima moglie Cleopatra due figli; innamoratosi di Idotea, scacciò la moglie, e la matrigna infierì contro i due bambini accecandoli e rinchiudendoli in una prigione.

51 ἀλαὸν si riferisce ancora a ἕλκος, e nel significato di « che porta cecità » regge ἀλαστόροισιν ... κύκλοις. L'intraducibile struttura è resa con una parafrasi nella versione.

52 Cleopatra era nata da Borea e da Orizia, figlia di Eretteo re di Atene.

Τε. τοιγὰρ δι' ὀρθῆς τήνδε ναυκληρεῖς πόλιν.
Κρ. ἔχω πεπονθὼς μαρτυρεῖν ὀνήσιμα.
Τε. φρόνει βεβὼς αὖ νῦν ἐπὶ ξυροῦ τύχης.
Κρ. τί δ' ἔστιν; ὡς ἐγὼ τὸ σὸν φρίσσω στόμα.
Τε. γνώσῃ, τέχνης σημεῖα τῆς ἐμῆς κλύων.
ἐς γὰρ παλαιὸν θᾶκον ὀρνιθοσκόπον
ἵζων, ἵν' ἦν μοι παντὸς οἰωνοῦ λιμήν,
ἀγνῶτ' ἀκούω φθόγγον ὀρνίθων, κακῷ
κλάζοντας οἴστρῳ καὶ βεβαρβαρωμένῳ·
καὶ σπῶντας ἐν χηλαῖσιν ἀλλήλους φοναῖς
ἔγνων· πτερῶν γὰρ ῥοῖβδος οὐκ ἄσημος ἦν.
εὐθὺς δὲ δείσας ἐμπύρων ἐγευόμην
βωμοῖσι παμφλέκτοισιν· ἐκ δὲ θυμάτων
Ἥφαιστος οὐκ ἔλαμπεν, ἀλλ' ἐπὶ σποδῷ
μυδῶσα κηκὶς μηρίων ἐτήκετο
κἄτυφε κἀνέπτυε, καὶ μετάρσιοι
χολαὶ διεσπείροντο, καὶ καταρρυεῖς
μηροὶ καλυπτῆς ἐξέκειντο πιμελῆς.
τοιαῦτα παιδὸς τοῦδ' ἐμάνθανον πάρα
φθίνοντ' ἀσήμων ὀργίων μαντεύματα.
ἐμοὶ γὰρ οὗτος ἡγεμών, ἄλλοις δ' ἐγώ.
καὶ ταῦτα τῆς σῆς ἐκ φρενὸς νοσεῖ πόλις.
βωμοὶ γὰρ ἡμῖν ἐσχάραι τε παντελεῖς
πλήρεις ὑπ' οἰωνῶν τε καὶ κυνῶν βορᾶς
τοῦ δυσμόρου πεπτῶτος Οἰδίπου γόνου.
κᾆτ' οὐ δέχονται θυστάδας λιτὰς ἔτι
θεοὶ παρ' ἡμῶν οὐδὲ μηρίων φλόγα,
οὐδ' ὄρνις εὐσήμους ἀπορροιβδεῖ βοάς,
ἀνδροφθόρου βεβρῶτες αἵματος λίπος.
ταῦτ' οὖν, τέκνον, φρόνησον. ἀνθρώποισι γὰρ
τοῖς πᾶσι κοινόν ἐστι τοὐξαμαρτάνειν·
ἐπεὶ δ' ἁμάρτῃ, κεῖνος οὐκέτ' ἔστ' ἀνὴρ
ἄβουλος οὐδ' ἄνολβος, ὅστις ἐς κακὸν
πεσὼν ἀκεῖται μηδ' ἀκίνητος πέλει.
αὐθαδία τοι σκαιότητ' ὀφλισκάνει.
ἀλλ' εἶκε τῷ θανόντι, μηδ' ὀλωλότα

TIRESIA E quindi hai pilotato questa città per la retta via.
CREONTE Posso attestarlo, poiché ne ho tratto vantaggio.
TIRESIA Pensa che ora invece procedi sul filo del destino.
CREONTE Che c'è? Fremo di sgomento alle tue parole.
TIRESIA Lo saprai, ascoltando i segni della mia arte. Sedendomi sull'antico seggio augurale, dove per me approda ogni sorta di alati, sentii un ignoto frastuono di uccelli, schiamazzanti con funesto e incomprensibile furore; e conobbi che si dilaniavano l'un l'altro a sangue con gli artigli: lo strepito delle ali non lasciava dubbi. Subito, atterrito, feci la prova degli olocausti sugli altari ardenti: e dalle offerte non brillava fiamma,[53] ma sulla cenere il grasso delle cosce si struggeva putrescente, e fumava e sprizzava, e la bile si disperdeva in alto, e i femori gocciolanti apparivano spogli del pingue omento. Tali cose apprendevo da questo fanciullo, predizioni vane di riti che non danno responso: poiché questi è guida a me, io agli altri. E di questa malattia soffre la città per tuo volere: poiché i nostri altari e i focolari tutti sono pieni del pasto che uccelli e cani hanno fatto del cadavere dell'infelice figlio di Edipo. Perciò gli dèi non accolgono più da noi preghiere sacrificali, né fiamma di cosce arse; e gli uccelli non mandano stridori di buon augurio, perché si sono cibati del grasso sanguinante di un uomo ucciso. Medita dunque su questo, o figlio. A tutti gli uomini accade di errare: ma, dopo avere errato, cessa di essere uno stolto e un disgraziato colui che, caduto nel male, vi pone rimedio, e non rimane irremovibile. È la pervicacia che veramente merita accusa di stoltezza. Suvvia, cedi al morto, e

53 Per metonimia il nome di Efesto, dio del fuoco, equivale senz'altro a πῦρ.

κέντει. τίς ἀλκὴ τὸν θανόντ' ἐπικτανεῖν;
εὖ σοι φρονήσας εὖ λέγω· τὸ μανθάνειν δ'
ἥδιστον εὖ λέγοντος, εἰ κέρδος φέρει.
Κρ. ὦ πρέσβυ, πάντες ὥστε τοξόται σκοποῦ
τοξεύετ' ἀνδρὸς τοῦδε, κοὐδὲ μαντικῆς
ἄπρακτος ὑμῖν εἰμι· τῶν δ' ὕπαὶ γένους
ἐξημπόλημαι κἀκπεφόρτισμαι πάλαι.
κερδαίνετ', ἐμπολᾶτε τἀπὸ Σάρδεων
ἤλεκτρον, εἰ βούλεσθε, καὶ τὸν Ἰνδικὸν
χρυσόν· τάφῳ δ' ἐκεῖνον οὐχὶ κρύψετε,
οὐδ' ἢν θέλωσ' οἱ Ζηνὸς αἰετοὶ βορὰν
φέρειν νιν ἁρπάζοντες ἐς Διὸς θρόνους·
οὐδ' ὧς μίασμα τοῦτο μὴ τρέσας ἐγὼ
θάπτειν παρήσω κεῖνον· εὖ γὰρ οἶδ' ὅτι
θεοὺς μιαίνειν οὔτις ἀνθρώπων σθένει.
πίπτουσι δ', ὦ γεραιὲ Τειρεσία, βροτῶν
χοἰ πολλὰ δεινοὶ πτώματ' αἴσχρ', ὅταν λόγους
αἰσχροὺς καλῶς λέγωσι τοῦ κέρδους χάριν.
Τε. φεῦ·
ἆρ' οἶδεν ἀνθρώπων τις, ἆρα φράζεται,
Κρ. τί χρῆμα; ποῖον τοῦτο πάγκοινον λέγεις;
Τε. ὅσῳ κράτιστον κτημάτων εὐβουλία;
Κρ. ὅσῳπερ, οἶμαι, μὴ φρονεῖν πλείστη βλάβη.
Τε. ταύτης σὺ μέντοι τῆς νόσου πλήρης ἔφυς.
Κρ. οὐ βούλομαι τὸν μάντιν ἀντειπεῖν κακῶς.
Τε. καὶ μὴν λέγεις, ψευδῆ με θεσπίζειν λέγων.
Κρ. τὸ μαντικὸν γὰρ πᾶν φιλάργυρον γένος.
Τε. τὸ δέ γε τυράννων αἰσχροκέρδειαν φιλεῖ.
Κρ. ἆρ' οἶσθα ταγοὺς ὄντας ἂν λέγῃς λέγων;
Τε. οἶδ'· ἐξ ἐμοῦ γὰρ τήνδ' ἔχεις σώσας πόλιν.
Κρ. σοφὸς σὺ μάντις, ἀλλὰ τἀδικεῖν φιλῶν.
Τε. ὄρσεις με τἀκίνητα διὰ φρενῶν φράσαι.
Κρ. κίνει, μόνον δὲ μὴ 'πὶ κέρδεσιν λέγων.
Τε. οὕτω γὰρ ἤδη καὶ δοκῶ τὸ σὸν μέρος;

non colpire uno scomparso: che prodezza è uccidere un morto? Ti consiglio bene, per benevolenza verso di te. Imparare da uno che consiglia rettamente è assai dolce, se porta vantaggio.

CREONTE O vecchio, tutti, come arcieri, saettate a bersaglio contro di me; e non mi risparmiate nemmeno con l'arte profetica: da codesta razza io sono stato venduto e trafficato, da tempo. Fate guadagno, acquistatevi l'elettro[54] di Sardi, se vi piace, e l'oro dell'India: ma quell'uomo non lo chiuderete nella tomba. Nemmeno se le aquile di Zeus vogliano rapirlo e portarselo come pasto fino al trono del dio, io permetterò di seppellirlo, poiché non temo questa contaminazione: so bene che nessuno tra gli uomini ha forza di contaminare gli dèi. E anche gli uomini molto abili, vecchio Tiresia, cadono in vergognose cadute, qualora con belle parole tengano per guadagno turpi discorsi.

TIRESIA Ahimè, c'è tra gli uomini uno che sa, che riflette –

CREONTE – Che cosa? Perché vai dicendo queste frasi solite?

TIRESIA – quanto saggezza sia il migliore dei beni?

CREONTE Altrettanto, penso, non essere saggi è il massimo danno.

TIRESIA Di questo morbo, certo, tu sei pieno per natura.

CREONTE Non voglio rispondere malamente a un vate.

TIRESIA E tuttavia lo dici, affermando che vaticino il falso.

CREONTE Tutta la razza dei vati ama il danaro.

TIRESIA E quella dei tiranni ama i turpi guadagni.

CREONTE Ma sai tu che stai parlando del tuo sovrano?

TIRESIA Lo so: governi questa città avendola salvata per opera mia.

CREONTE Vate sapiente tu sei, ma ami offendere

TIRESIA Mi spingerai a dire cose immote[55] nel mio animo.

CREONTE E muovile, purché tu non parli per trarne vantaggio.

TIRESIA Proprio così penso, ma per quanto riguarda te.

[54] Il vocabolo ἤλεκτρον indica non solo l'ambra, ma anche una lega d'oro e argento che si trovava in natura e si estraeva in quantità presso la città di Sardi nell'Asia Minore.

[55] Ossia, che non vanno messe in circolazione, rivelate; altra possibile interpretazione è « che stanno fisse », in quanto riguardano un destino che non si può mutare.

Κρ. ὡς μὴ 'μπολήσων ἴσθι τὴν ἐμὴν φρένα.
Τε. ἀλλ' εὖ γέ τοι κάτισθι μὴ πολλοὺς ἔτι
τρόχους ἁμιλλητῆρας ἡλίου τελῶν,
ἐν οἷσι τῶν σῶν αὐτὸς ἐκ σπλάγχνων ἕνα
νέκυν νεκρῶν ἀμοιβὸν ἀντιδοὺς ἔσῃ,
ἀνθ' ὧν ἔχεις μὲν τῶν ἄνω βαλὼν κάτω,
ψυχήν τ' ἀτίμως ἐν τάφῳ κατῴκισας,
ἔχεις δὲ τῶν κάτωθεν ἐνθάδ' αὖ θεῶν
ἄμοιρον, ἀκτέριστον, ἀνόσιον νέκυν.
ὧν οὔτε σοὶ μέτεστιν οὔτε τοῖς ἄνω
θεοῖσιν, ἀλλ' ἐκ σοῦ βιάζονται τάδε.
τούτων σε λωβητῆρες ὑστεροφθόροι
λοχῶσιν Ἅιδου καὶ θεῶν Ἐρινύες,
ἐν τοῖσιν αὐτοῖς τοῖσδε ληφθῆναι κακοῖς.
καὶ ταῦτ' ἄθρησον εἰ κατηργυρωμένος
λέγω· φανεῖ γάρ, οὐ μακροῦ χρόνου τριβή,
ἀνδρῶν γυναικῶν σοῖς δόμοις κωκύματα.
ἔχθρᾳ δὲ πᾶσαι συνταράσσονται πόλεις
ὅσων σπαράγματ' ἢ κύνες καθήγνισαν
ἢ θῆρες, ἤ τις πτηνὸς οἰωνός, φέρων
ἀνόσιον ὀσμὴν ἑστιοῦχον ἐς πόλιν.
τοιαῦτά σου, λυπεῖς γάρ, ὥστε τοξότης
ἀφῆκα θυμῷ καρδίας τοξεύματα
βέβαια, τῶν σὺ θάλπος οὐχ ὑπεκδραμῇ.
ὦ παῖ, σὺ δ' ἡμᾶς ἄπαγε πρὸς δόμους, ἵνα
τὸν θυμὸν οὗτος ἐς νεωτέρους ἀφῇ,
καὶ γνῷ τρέφειν τὴν γλῶσσαν ἡσυχαιτέραν
τὸν νοῦν τ' ἀμείνω τῶν φρενῶν ὧν νῦν φέρει.
Χο. ἁνήρ, ἄναξ, βέβηκε δεινὰ θεσπίσας.
ἐπιστάμεσθα δ', ἐξ ὅτου λευκὴν ἐγὼ
τήνδ' ἐκ μελαίνης ἀμφιβάλλομαι τρίχα,
μή πώ ποτ' αὐτὸν ψεῦδος ἐς πόλιν λακεῖν.
Κρ. ἔγνωκα καὐτὸς καὶ ταράσσομαι φρένας·
τό τ' εἰκαθεῖν γὰρ δεινόν, ἀντιστάντα δὲ
ἄτῃ πατάξαι θυμὸν ἐν δεινῷ πάρα.
Χο. εὐβουλίας δεῖ, παῖ Μενοικέως, λαβεῖν.

CREONTE Sappi che non comprerai la mia volontà.

TIRESIA E tu sappi bene che non compirai ancora molti celeri giri di sole senza ripagare tu stesso, in cambio di morti, un morto delle tue stesse viscere: in cambio di quelli di quassù che tu gettasti sotterra, ponendo indegnamente nel sepolcro una persona viva; mentre tieni qui un cadavere privo degli dèi inferi, senza funebri onori, nefando. Questo non è in potere tuo, né degli dèi supremi, anzi essi soffrono questa violenza da te.[56] Di tali atti a vendetta, se pur tarde sterminatrici, ti attendono in agguato le Erinni di Ade e degli dèi, per prenderti in queste stesse sventure. E considera se parlo perché ho preso danaro: termine di non lungo tempo farà apparire gemiti di uomini e di donne nelle tue case.[57] Dall'odio, ecco, sono sconvolte le città, dove membra dilaniate consacrarono o i cani o le fiere o qualche uccello alato, portando empio fetore fino ai focolari della città. Tali dardi, poiché tu offendi, come arciere io scaglio con ira, fermamente, contro il tuo cuore: e non sfuggirai al loro bruciore. (*Alla guida*) Tu, fanciullo, conducimi a casa, affinché costui sfoghi la sua ira su chi è più giovane, e impari ad avere la lingua più tranquilla e senno migliore del pensiero che ha ora. (*Esce con la guida.*)

CORIFEO Se n'è andato, signore, dopo avere predetto cose terribili: e sappiamo, da quando questa mia chioma da nera è diventata bianca, che mai egli ha pronunciato menzogna riguardo alla città.

CREONTE Lo so anch'io, e il mio animo è sconvolto: cedere è terribile; ma c'è pericolo che, opponendomi, l'ira vada a cozzare contro la sventura.

CORIFEO Occorre tenersi a saggezza, o figlio di Meneceo.

56 Era un'offesa contro gli dèi celesti tenere in loro presenza, ossia insepolto, un oggetto di contaminazione com'è il cadavere di Polinice, ormai appartenente a una sfera su cui essi non hanno potere.

57 L'interpunzione di Pearson considera οὐ ... τριβή come un'incidentale, e κωκύματα soggetto di φανεῖ, il cui oggetto implicito è la ripresa di εἰ κατηργυρωμένος λέγω. Nella traduzione, τριβὴ è soggetto e κωκύματα oggetto.

Κρ. τί δῆτα χρὴ δρᾶν; φράζε· πείσομαι δ' ἐγώ.
Χο. ἐλθὼν κόρην μὲν ἐκ κατώρυχος στέγης
ἄνες, κτίσον δὲ τῷ προκειμένῳ τάφον.
Κρ. καὶ ταῦτ' ἐπαινεῖς καὶ δοκεῖς παρεικαθεῖν;
Χο. ὅσον γ', ἄναξ, τάχιστα· συντέμνουσι γὰρ
θεῶν ποδώκεις τοὺς κακόφρονας Βλάβαι.
Κρ. οἴμοι· μόλις μέν, καρδίας δ' ἐξίσταμαι
τὸ δρᾶν· ἀνάγκῃ δ' οὐχὶ δυσμαχητέον.
Χο. δρᾶ νυν τάδ' ἐλθὼν μηδ' ἐπ' ἄλλοισιν τρέπε.
Κρ. ὧδ' ὡς ἔχω στείχοιμ' ἄν· ἴτ' ἴτ' ὀπάονες,
οἵ τ' ὄντες οἵ τ' ἀπόντες, ἀξίνας χεροῖν
ὁρμᾶσθ' ἑλόντες εἰς ἐπόψιον τόπον.
ἐγὼ δ', ἐπειδὴ δόξα τῇδ' ἐπεστράφη,
αὐτός τ' ἔδησα καὶ παρὼν ἐκλύσομαι.
δέδοικα γὰρ μὴ τοὺς καθεστῶτας νόμους
ἄριστον ᾖ σῴζοντα τὸν βίον τελεῖν.

Χο. πολυώνυμε, Καδμείας ἄγαλμα νύμφας — στρ.
καὶ Διὸς βαρυβρεμέτα
γένος, κλυτὰν ὃς ἀμφέπεις
Ἰταλίαν, μέδεις δὲ
παγκοίνοις Ἐλευσινίας
Δηοῦς ἐν κόλποις, ὦ Βακχεῦ,
Βακχᾶν ματρόπολιν Θήβαν
ναιετῶν παρ' ὑγροῖς Ἰ-
σμηνοῦ ῥείθροις, ἀγρίου τ'
ἐπὶ σπορᾷ δράκοντος·

σὲ δ' ὑπὲρ διλόφου πέτρας στέροψ ὄπωπε — ἀντ.
λιγνύς, ἔνθα Κωρύκιαι

CREONTE Dunque, che cosa bisogna fare? Consigliami: e io obbedirò.

CORIFEO Va, libera la fanciulla dalla dimora sotterranea, ed eleva un tumulo sul cadavere abbandonato.

CREONTE Questo tu consigli, e pensi che io debba cedere?

CORIFEO E al più presto, signore: poiché le sciagure mandate dagli dèi con piede veloce incalzano i dissennati.

CREONTE Ahimè! Mi pesa, ma rinuncio al proposito che mi stava a cuore. Contro necessità non bisogna lottare invano.

CORIFEO Va dunque e compi tu stesso questi atti, senza affidarli ad altri.

CREONTE Ecco, vado, così come mi trovo; e voi servi andate, andate tutti, presenti e lontani: prendete le scuri e correte (*indicando col gesto*) verso quell'altura che vedete. Io, poiché la mia decisione così è mutata, io stesso la imprigionai, e in persona voglio liberarla. Ho paura che la cosa migliore sia terminare la propria vita osservando le leggi stabilite. (*Esce con il seguito.*)

QUINTO STASIMO

CORO O dio dai molti nomi, vanto della sposa cadmea[58]
e stirpe di Zeus dal cupo tuono,
tu che l'inclita Italia
proteggi, e regni
sulle convalli ospitali
di Demetra Eleusinia: o Bacco,
che Tebe città delle Baccanti
abiti, lungo l'umida
corrente d'Ismeno, presso la semente
del drago feroce;[59]

te alto sulla bicuspide roccia[60] vide il fumoso
sfavillare delle torce, dove vengono

[58] L'espressione indica il dio Dioniso, figlio di Zeus e di Semele, figlia a sua volta di Cadmo.

[59] Cfr. la nota 68 dell'*Edipo a Colono.*

[60] La « bicuspide roccia » indica le due cime del monte Parnaso; alle feste in onore di Dioniso che si celebravano su questo mon-

στείχουσι Νύμφαι Βακχίδες
Κασταλίας τε νᾶμα.
καί σε Νυσαίων ὀρέων
κισσήρεις ὄχθαι χλωρά τ' ἀ-
κτὰ πολυστάφυλος πέμπει
ἀβρότων ἐπεταν εὐ-
αζόντων Θηβαΐας
ἐπισκοποῦντ' ἀγυιάς·

τὰν ἐκ πασᾶν τιμᾷς στρ.
ὑπερτάταν πόλεων
ματρὶ σὺν κεραυνίᾳ·
καὶ νῦν, ὡς βιαίας ἔχεται
πάνδαμος πόλις ἐπὶ νόσου,
μολεῖν καθαρσίῳ ποδὶ Παρνασσίαν
ὑπὲρ κλιτύν, ἢ στονόεντα πορθμόν.

ἰὼ πῦρ πνειόντων ἀντ.
χοράγ' ἄστρων, νυχίων
φθεγμάτων ἐπίσκοπε,
παῖ Διὸς γένεθλον, προφάνηθ',
ὦναξ, σαῖς ἅμα περιπόλοις
Θυίαισιν, αἵ σε μαινόμεναι πάννυχοι
χορεύουσι τὸν ταμίαν Ἴακχον.

le Coricie ninfe Bacchidi;
te vide la fonte di Castalia.
E te dei monti di Nisa
le vette coperte d'edera e le verdi alture
ricche di grappoli inviano,
mentre voci immortali
gridano evoè, a visitare
di Tebe le contrade.

Questa fra tutte le città
sommamente tu onori,
insieme con la folgorata madre:[61]
anche ora, che da violento morbo
la città tutta è posseduta,
muovi con passo purificatore superando
le pendici del Parnaso o lo stretto risonante.

O tu che guidi il coro degli astri
spiranti fuoco, custode
di notturne invocazioni,
figlio nato da Zeus, appari,
signore, insieme con le Nassie tue seguaci,
le Tiadi,[62] che furenti l'intera notte
in tuo onore danzano, Iacco signore.[63]

te, Sofocle immagina che partecipino anche le ninfe dell'antro Coricio, situato su un fianco del Parnaso. Pure la fonte Castalia sgorgava presso una delle cime del Parnaso; il monte Nisa, nell'Eubea, era considerato patria di Dioniso, anche per un evidente gioco etimologico.

61 Semele fu incenerita dal fulgore di Zeus, apparsole in tutta la sua potenza per desiderio della stessa fanciulla: così le aveva subdolamente consigliato la gelosa Era.

62 Le Tiadi sono ninfe compagne di Bacco, il cui nome significa « le deliranti ». Nel verso precedente, la traduzione segue la lettura dei mss. προφάνηθι ναξίαις: l'isola di Nasso era in effetti associata con il culto e la storia di Dioniso, ma il riferimento geografico risulta incongruo rispetto ai precedenti, tutti relativi a località nei pressi di Tebe. La congettura di Bergk, accolta da Pearson, introduce un innocuo ma verosimile vocativo, « o signore ».

63 Χορεύουσι è costruito direttamente con l'accusativo del dio in cui onore è tenuta la danza, secondo una struttura assai fre-

ΑΓΓΕΛΟΣ

Κάδμου πάροικοι καὶ δόμων Ἀμφίονος,
οὐκ ἔσθ' ὁποῖον στάντ' ἂν ἀνθρώπου βίον
οὔτ' αἰνέσαιμ' ἂν οὔτε μεμψαίμην ποτέ.
τύχη γὰρ ὀρθοῖ καὶ τύχη καταρρέπει
τὸν εὐτυχοῦντα τόν τε δυστυχοῦντ' ἀεί·
καὶ μάντις οὐδεὶς τῶν καθεστώτων βροτοῖς.
Κρέων γὰρ ἦν ζηλωτός, ὡς ἐμοί, ποτέ,
σώσας μὲν ἐχθρῶν τήνδε Καδμείαν χθόνα,
λαβών τε χώρας παντελῆ μοναρχίαν
ηὔθυνε, θάλλων εὐγενεῖ τέκνων σπορᾷ·
καὶ νῦν ἀφεῖται πάντα. τὰς γὰρ ἡδονὰς
ὅταν προδῶσιν ἄνδρες, οὐ τίθημ' ἐγὼ
ζῆν τοῦτον, ἀλλ' ἔμψυχον ἡγοῦμαι νεκρόν.
πλούτει τε γὰρ κατ' οἶκον, εἰ βούλῃ, μέγα,
καὶ ζῆ τύραννον σχῆμ' ἔχων, ἐὰν δ' ἀπῇ
τούτων τὸ χαίρειν, τἄλλ' ἐγὼ καπνοῦ σκιᾶς
οὐκ ἂν πριαίμην ἀνδρὶ πρὸς τὴν ἡδονήν.
Χο. τί δ' αὖ τόδ' ἄχθος βασιλέων ἥκεις φέρων;
Αγ. τεθνᾶσιν· οἱ δὲ ζῶντες αἴτιοι θανεῖν.
Χο. καὶ τίς φονεύει; τίς δ' ὁ κείμενος; λέγε.
Αγ. Αἵμων ὄλωλεν· αὐτόχειρ δ' αἱμάσσεται.
Χο. πότερα πατρῴας, ἢ πρὸς οἰκείας χερός;
Αγ. αὐτὸς πρὸς αὑτοῦ, πατρὶ μηνίσας φόνου.
Χο. ὦ μάντι, τοὔπος ὡς ἄρ' ὀρθὸν ἤνυσας.
Αγ. ὡς ὧδ' ἐχόντων τἄλλα βουλεύειν πάρα.

ESODO

NUNZIO (*entrando da destra*) Voi che abitate presso la reggia di Cadmo e Anfione, non esiste condizione durevole di vita umana che io possa né lodare né biasimare. Sempre, la fortuna innalza e abbatte l'uomo felice e quello infelice; e non esiste per i mortali un profeta delle cose stabilite. Creonte infatti, per me,[64] un tempo era invidiabile: aveva salvato dai nemici questa terra di Cadmo, aveva preso il potere assoluto del paese e lo reggeva, fiorente per nobile prole di figli. Ora, tutto è perduto: ché quando un uomo smarrisce ogni gioia, io ritengo che costui non sia vivo, ma un cadavere animato. Aduna pure, se ti piace, grandi ricchezze nella tua casa, e vivi nella magnificenza di un tiranno: una volta che venga meno il piacere di queste cose, nemmeno per un'ombra di fumo io non comprerei da un uomo qualcos'altro, a paragone della felicità.

CORIFEO Quale nuovo dolore dei sovrani vieni a portare?

NUNZIO Sono morti, e i vivi son colpevoli delle morti.

CORIFEO E chi ha ucciso? Chi giace? Parla!

NUNZIO Emone è morto; e non per mano di estranei cola il suo sangue.[65]

CORIFEO Per mano del padre, forse, o di sua propria?

NUNZIO Fu lui stesso a colpirsi, irato per il delitto commesso dal padre.

CORIFEO Vate, hai compiuto dunque la tua parola!

NUNZIO Poiché le cose stanno così, ora bisogna provvedere al resto.

quente con i verbi di lutto e compianto (κόπτομαι e simili). Al nome Iacco (una delle denominazioni alternative di Dioniso) si accompagna la qualifica di τὸν ταμίαν, che vale propriamente « dispensatore », delle gioie e dei beni delle sue devote, e in genere dell'umanità tutta.

64 ὡς ἐμοί vale « a mio giudizio », « per quanto posso giudicare io ».

65 αὐτόχειρ comporta un'ambiguità, che si è tentato di rendere nella traduzione. Esso vale infatti non solo « di propria mano », nel significato richiesto dall'andamento reale degli eventi, bensì pure « per mano dei congiunti » (cfr. αὐτοκτονοῦντε al v. 56), con allusione alla parte avuta da Creonte nel provocare l'atto del figlio.

Χο. καὶ μὴν ὁρῶ τάλαιναν Εὐρυδίκην ὁμοῦ
δάμαρτα τὴν Κρέοντος· ἐκ δὲ δωμάτων
ἤτοι κλύουσα παιδὸς ἢ τύχῃ περᾷ.

ΕΥΡΥΔΙΚΗ

ὦ πάντες ἀστοί, τῶν λόγων ἐπησθόμην
πρὸς ἔξοδον στείχουσα, Παλλάδος θεᾶς
ὅπως ἱκοίμην εὐγμάτων προσήγορος.
καὶ τυγχάνω τε κλῇθρ' ἀνασπαστοῦ πύλης
χαλῶσα, καί με φθόγγος οἰκείου κακοῦ
βάλλει δι' ὤτων· ὑπτία δὲ κλίνομαι
δείσασα πρὸς δμωαῖσι κἀποπλήσσομαι.
ἀλλ' ὅστις ἦν ὁ μῦθος αὖθις εἴπατε·
κακῶν γὰρ οὐκ ἄπειρος οὖσ' ἀκούσομαι.
Αγ. ἐγώ, φίλη δέσποινα, καὶ παρὼν ἐρῶ,
κοὐδὲν παρήσω τῆς ἀληθείας ἔπος.
τί γάρ σε μαλθάσσοιμ' ἂν ὧν ἐς ὕστερον
ψεῦσται φανούμεθ'; ὀρθὸν ἀλήθει' ἀεί.
ἐγὼ δὲ σῷ ποδαγὸς ἑσπόμην πόσει
πεδίον ἐπ' ἄκρον, ἔνθ' ἔκειτο νηλεὲς
κυνοσπάρακτον σῶμα Πολυνείκους ἔτι·
καὶ τὸν μέν, αἰτήσαντες ἐνοδίαν θεὸν
Πλούτωνά τ' ὀργὰς εὐμενεῖς κατασχεθεῖν,
λούσαντες ἁγνὸν λουτρόν, ἐν νεοσπάσιν
θαλλοῖς ὃ δὴ 'λέλειπτο συγκατῄθομεν,
καὶ τύμβον ὀρθόκρανον οἰκείας χθονὸς
χώσαντες αὖθις πρὸς λιθόστρωτον κόρης
νυμφεῖον Ἅιδου κοῖλον εἰσεβαίνομεν.
φωνῆς δ' ἄπωθεν ὀρθίων κωκυμάτων
κλύει τις ἀκτέριστον ἀμφὶ παστάδα,
καὶ δεσπότῃ Κρέοντι σημαίνει μολών·
τῷ δ' ἀθλίας ἄσημα περιβαίνει βοῆς
ἕρποντι μᾶλλον ἆσσον, οἰμώξας δ' ἔπος
ἵησι δυσθρήνητον, ὢ τάλας ἐγώ,
ἆρ' εἰμὶ μάντις; ἆρα δυστυχεστάτην
κέλευθον ἕρπω τῶν παρελθουσῶν ὁδῶν;
παιδός με σαίνει φθόγγος. ἀλλά, πρόσπολοι,

CORIFEO Ma ecco, vedo la misera Euridice, moglie di Creonte: dalla reggia esce perché ha udito del figlio, o per caso?

EURIDICE (*uscendo dalla reggia*) O cittadini tutti, ho sentito i vostri discorsi mentre uscivo per recarmi supplice a pregare la dea Pallade. Stavo levando i chiavistelli per aprire la porta, quando una voce di sventure domestiche colpisce le mie orecchie; e dal terrore vacillo e cado riversa nelle braccia delle ancelle, venendo meno. Ma quale che sia questa notizia, ditela ancora: la ascolterò non inesperta di sventure.

NUNZIO Parlerò io, amata regina, poiché ero presente, e non tralascerò parola della verità: perché blandirti, per apparire, in seguito, menzognero? La verità è sempre un bene. Io dunque accompagnavo come guida tuo marito verso l'altopiano, dove sbranato spietatamente dai cani giaceva ancora il cadavere di Polinice: e dopo avere supplicato la dea Ecate e Plutone che benigni trattenessero la loro ira, lo lavammo di lavacro purificatore, e bruciammo ciò che ne rimaneva su ramoscelli appena divelti. Avendogli elevato un alto tumulo della sua terra natia, movemmo poi verso il petroso antro, talamo di Ade per la fanciulla. E da lontano uno di noi sente voce di acuti gemiti presso il talamo inonorato, e va ad annunziarlo al re Creonte; e quanto più egli s'avvicina, gli giungono confusi suoni di miserande grida. Allora gemendo levò lamentevole voce: « O me sventurato, sono dunque indovino? Sto forse compiendo il cammino più sventurato tra quanti mai percorsi? Mi blandisce la voce di mio figlio.

ἴτ' ἆσσον ὠκεῖς, καὶ παραστάντες τάφῳ
ἀθρήσαθ', ἁρμὸν χώματος λιθοσπαδῆ
δύντες πρὸς αὐτὸ στόμιον, εἰ τὸν Αἵμονος
φθόγγον συνίημ', ἢ θεοῖσι κλέπτομαι.
τάδ' ἐξ ἀθύμου δεσπότου κελευσμάτων
ἠθροῦμεν· ἐν δὲ λοισθίῳ τυμβεύματι
τὴν μὲν κρεμαστὴν αὐχένος κατείδομεν,
βρόχῳ μιτώδει σινδόνος καθημμένην,
τὸν δ' ἀμφὶ μέσσῃ περιπετῆ προσκείμενον,
εὐνῆς ἀποιμώζοντα τῆς κάτω φθορὰν
καὶ πατρὸς ἔργα καὶ τὸ δύστηνον λέχος.
ὁ δ' ὡς ὁρᾷ σφε, στυγνὸν οἰμώξας ἔσω
χωρεῖ πρὸς αὐτὸν κἀνακωκύσας καλεῖ·
ὦ τλῆμον, οἷον ἔργον εἴργασαι· τίνα
νοῦν ἔσχες; ἐν τῷ συμφορᾶς διεφθάρης;
ἔξελθε, τέκνον, ἱκέσιός σε λίσσομαι.
τὸν δ' ἀγρίοις ὄσσοισι παπτήνας ὁ παῖς,
πτύσας προσώπῳ κοὐδὲν ἀντειπών, ξίφους
ἕλκει διπλοῦς κνώδοντας, ἐκ δ' ὁρμωμένου
πατρὸς φυγαῖσιν ἤμπλακ'· εἶθ' ὁ δύσμορος
αὑτῷ χολωθείς, ὥσπερ εἶχ', ἐπενταθεὶς
ἤρεισε πλευραῖς μέσσον ἔγχος, ἐς δ' ὑγρὸν
ἀγκῶν' ἔτ' ἔμφρων παρθένῳ προσπτύσσεται·
καὶ φυσιῶν ὀξεῖαν ἐκβάλλει ῥοὴν
λευκῇ παρειᾷ φοινίου σταλάγματος.
κεῖται δὲ νεκρὸς περὶ νεκρῷ, τὰ νυμφικὰ
τέλη λαχὼν δείλαιος εἰν Ἅιδου δόμοις,
δείξας ἐν ἀνθρώποισι τὴν ἀβουλίαν
ὅσῳ μέγιστον ἀνδρὶ πρόσκειται κακόν.

Χο. τί τοῦτ' ἂν εἰκάσειας; ἡ γυνὴ πάλιν
φρούδη, πρὶν εἰπεῖν ἐσθλὸν ἢ κακὸν λόγον.

Αγ. καὐτὸς τεθάμβηκ'· ἐλπίσιν δὲ βόσκομαι
ἄχη τέκνου κλύουσαν ἐς πόλιν γόου
οὐκ ἀξιώσειν, ἀλλ' ὑπὸ στέγης ἔσω
δμωαῖς προθήσειν πένθος οἰκεῖον στένειν.
γνώμης γὰρ οὐκ ἄπειρος, ὥσθ' ἁμαρτάνειν.

Orsù, servi, andate in fretta più vicino, accostatevi alla tomba e guardate, rimosse le pietre del tumulo ed entrati nella grotta, se è la voce di Emone che sento oppure sono ingannato dagli dèi ». Noi guardammo, secondo gli ordini dello sgomento signore: e vedemmo in fondo alla tomba lei appesa per il collo, stretta nel laccio ritorto del velo; e presso di lei, abbracciandola alla vita, Emone piangeva la perdita della sposa discesa sotterra e l'azione del padre e l'infelice talamo. E Creonte, come lo vede, miseramente gemendo avanza nell'interno verso di lui e con lamenti lo chiama: « Infelice, che hai fatto? Che idea ti ha preso? In quale sventura ti sei smarrito? Esci, figlio, ti prego come un supplice ». Ma il giovane, guardandolo fisso con occhi selvaggi, gli sputa in faccia senza nulla rispondere, ed estrae l'acuta spada a due tagli: ma mancò il padre, balzato via in fuga. E allora l'infelice, irato a se stesso, così come stava, protesa la spada, l'infisse per metà nel fianco, e ancora cosciente s'avvinghiava alla vergine in un languido abbraccio: poi con un soffio emette sulla candida guancia un violento fiotto di sangue. E giace cadavere presso un cadavere; ed ha celebrato i riti nuziali, misero, nella dimora di Ade, mostrando agli uomini come la stoltezza sia per un uomo il massimo male.

(Euridice rientra silenziosa nella reggia.)

CORIFEO Che cosa pensate? Essa è scomparsa di nuovo, senza dire parola né buona né cattiva.

NUNZIO Anch'io sono stupefatto: ma nutro speranza che, appresa la dolorosa sorte del figlio, ritenga sconveniente lamentarsi di fronte alla città, e nell'interno della casa affidi alle ancelle di piangere il lutto della famiglia. Infatti non è priva di senno, da commettere qualche stoltezza.

Χο. οὐκ οἶδ᾽· ἐμοὶ δ᾽ οὖν ἥ τ᾽ ἄγαν σιγὴ βαρὺ
δοκεῖ προσεῖναι χἠ μάτην πολλὴ βοή.
Αγ. ἀλλ᾽ εἰσόμεσθα, μή τι καὶ κατάσχετον
κρυφῇ καλύπτει καρδίᾳ θυμουμένῃ,
δόμους παραστείχοντες· εὖ γὰρ οὖν λέγεις.
καὶ τῆς ἄγαν γάρ ἐστί που σιγῆς βάρος.

Χο. καὶ μὴν ὅδ᾽ ἄναξ αὐτὸς ἐφήκει
μνῆμ᾽ ἐπίσημον διὰ χειρὸς ἔχων,
εἰ θέμις εἰπεῖν, οὐκ ἀλλοτρίαν
ἄτην, ἀλλ᾽ αὐτὸς ἁμαρτών.

Κρ. ἰὼ στρ.
φρενῶν δυσφρόνων ἁμαρτήματα
στερεὰ θανατόεντ᾽,
ὦ κτανόντας τε καὶ
θανόντας βλέποντες ἐμφυλίους.
ὤμοι ἐμῶν ἄνολβα βουλευμάτων.
ἰὼ παῖ, νέος νέῳ ξὺν μόρῳ,
αἰαῖ αἰαῖ,
ἔθανες, ἀπελύθης,
ἐμαῖς οὐδὲ σαῖσι δυσβουλίαις.
Χο. οἴμ᾽ ὡς ἔοικας ὀψὲ τὴν δίκην ἰδεῖν.
Κρ. οἴμοι,
ἔχω μαθὼν δείλαιος· ἐν δ᾽ ἐμῷ κάρᾳ
θεὸς τότ᾽ ἄρα τότε μέγα βάρος μ᾽ ἔχων
ἔπαισεν, ἐν δ᾽ ἔσεισεν ἀγρίαις ὁδοῖς,
οἴμοι λακπάτητον ἀντρέπων χαράν.
φεῦ φεῦ, ἰὼ πόνοι βροτῶν δύσπονοι.

ΕΞΑΓΓΕΛΟΣ

ὦ δέσποθ᾽, ὡς ἔχων τε καὶ κεκτημένος,
τὰ μὲν πρὸ χειρῶν τάδε φέρειν, τὰ δ᾽ ἐν δόμοις
ἔοικας ἥκων καὶ τάχ᾽ ὄψεσθαι κακά.
Κρ. τί δ᾽; ἔστιν αὖ κάκιον ἢ κακῶν ἔτι;
Εξ. γυνὴ τέθνηκε, τοῦδε παμμήτωρ νεκροῦ,
δύστηνος, ἄρτι νεοτόμοισι πλήγμασιν.

CORIFEO Non so; ma a me pare che il silenzio eccessivo sia cosa grave, come lamentarsi molto senza ragione.

NUNZIO Suvvia, bisogna sapere se cela qualche represso proposito occulto nel cuore angosciato. Hai proprio ragione: anche il troppo silenzio è cosa grave. (*Entra nel palazzo.*)

CORIFEO Ecco, il re in persona arriva, tenendo sulle braccia un manifesto segno, se così può dirsi: una sciagura non dovuta ad altri, ma al suo stesso errore.

CREONTE (*reggendo il corpo del figlio tra le braccia*)
Ahi, errori di irragionevole ragione
ostinati apportatori di morte!
Ecco, voi vedete
uccisori e uccisi dello stesso sangue.
Ahimè, miseria dei miei propositi!
Ahi, figlio, giovane in giovane morte, ahi ahi,
moristi, te ne andasti,
per mia e non per tua demenza!

CORIFEO Ahimè, troppo tardi, sembra, vedesti la giustizia!

CREONTE Ahimé,
ho compreso, infelice! Sul mio capo
un dio allora, allora con gran peso mi
colpì, scagliandomi in crudeli vie,
ahimè, calpestando, sconvolgendo la mia gioia!
Ahi ahi, travagli dolorosi dei mortali!

NUNZIO II (*uscendo dal palazzo*) O signore, ecco quel che possiedi ed hai acquistato: queste sciagure tu le porti sulle tue braccia, e altre nella reggia ne vedrai presto, quando sarai entrato, a quanto pare.

CREONTE Che c'è ancora di peggio, dopo questi mali?

NUNZIO II È morta tua moglie, veramente madre[66] di questo cadavere, infelice, per ferite or ora inferte.

[66] παμμήτωρ vale κατὰ πάντα μήτηρ, « madre per ogni aspetto »: sia perché non ha saputo sopravvivere alla pena per la morte del figlio, sia perché ha mostrato lo stesso carattere appassionato e ardente di lui, sia perché ora come lui appartiene al regno dei morti.

Κρ. ἰώ, ἀντ.
ἰὼ δυσκάθαρτος Ἅιδου λιμήν,
τί μ' ἄρα τί μ' ὀλέκεις;
ὦ κακάγγελτά μοι
προπέμψας ἄχη, τίνα θροεῖς λόγον;
αἰαῖ, ὀλωλότ' ἄνδρ' ἐπεξειργάσω.
τί φής, ὦ παῖ, τίνα λέγεις μοι νέον,
αἰαῖ αἰαῖ,
σφάγιον ἐπ' ὀλέθρῳ,
γυναικεῖον ἀμφικεῖσθαι μόρον;
Χο. ὁρᾶν πάρεστιν· οὐ γὰρ ἐν μυχοῖς ἔτι.
Κρ. οἴμοι,
κακὸν τόδ' ἄλλο δεύτερον βλέπω τάλας.
τίς ἄρα, τίς με πότμος ἔτι περιμένει;
ἔχω μὲν ἐν χείρεσσιν ἀρτίως τέκνον,
τάλας, τὸν δ' ἔναντα προσβλέπω νεκρόν.
φεῦ φεῦ μᾶτερ ἀθλία, φεῦ τέκνον.

Εξ. ἡ δ' ὀξύπληκτος ἡμένη δὲ βωμία
λύει κελαινὰ βλέφαρα, κωκύσασα μὲν
τοῦ πρὶν θανόντος Μεγαρέως κενὸν λέχος,
αὖθις δὲ τοῦδε, λοίσθιον δὲ σοὶ κακὰς
πράξεις ἐφυμνήσασα τῷ παιδοκτόνῳ.

Κρ. αἰαῖ αἰαῖ, στρ.
ἀνέπταν φόβῳ. τί μ' οὐκ ἀνταίαν
ἔπαισέν τις ἀμφιθήκτῳ ξίφει;
δείλαιος ἐγώ, αἰαῖ,
δειλαίᾳ δὲ συγκέκραμαι δύᾳ.

Εξ. ὡς αἰτίαν γε τῶνδε κἀκείνων ἔχων
πρὸς τῆς θανούσης τῆσδ' ἐπεσκήπτου μόρων.
Κρ. ποίῳ δὲ κἀπελύσατ' ἐν φοναῖς τρόπῳ;
Εξ. παίσασ' ὑφ' ἧπαρ αὐτόχειρ αὑτήν, ὅπως
παιδὸς τόδ' ᾔσθετ' ὀξυκώκυτον πάθος.

CREONTE Ahi ahi, porto inesorabile di Ade,
perché, perché m'uccidi?
O tu che mi porti
funesto annunzio di dolori, quale parola dici?
Ahi, un uomo morto tu finisci.
Che dici, servo? Quale nuova morte mi annunci,
ahi ahi, la morte della mia donna,
per mia rovina, oltre a questo morto!

(Le ancelle portano sulla scena il cadavere di Euridice.)

NUNZIO II Puoi vedere: non è più nell'interno del palazzo.

CREONTE Ahimè,
quest'altra, seconda sventura io vedo, infelice!
Quale dunque, quale sorte ancora m'attende?
Ecco, ho appena fra le braccia mio figlio,
infelice, e un altro cadavere vedo davanti a me.
Ahi, ahi misera madre, ahi figlio!

NUNZIO II Essa seduta all'altare con aguzza spada sciolse le palpebre nella tenebra, dopo avere pianto la sorte gloriosa del suo morto Megareo,[67] prima, e poi ancora del figlio; infine, imprecò sventura a te, uccisore dei figli.

CREONTE Ahi ahi,
il terrore mi scuote! Perché qualcuno
non mi colpì di fronte con affilata spada?
Io misero, ahi,
a misera sventura sono congiunto!

NUNZIO II Colpevole di questa e di quella morte fosti accusato da questa morta.

CREONTE E in che modo si spense nel sangue?

NUNZIO II Si colpì di sua mano al fegato, come sentì acuto gemito di dolore per il figlio.

67 Megareo, figlio di Creonte, è nominato anche da Eschilo (*Sette contro Tebe*, v. 473) come uno dei sette comandanti tebani: con il nome di Teneceo, Euripide ne racconta il sacrificio che consentì la salvezza di Tebe nelle *Fenicie*, vv. 930-1018.

Κρ. ὤμοι μοι, τάδ' οὐκ ἐπ' ἄλλον βροτῶν — στρ.
ἐμᾶς ἁρμόσει ποτ' ἐξ αἰτίας.
ἐγὼ γάρ σ' ἐγὼ 'κανον, ἰὼ μέλεος,
ἐγώ, φάμ' ἔτυμον. ἰὼ πρόσπολοι,
ἀπάγετέ μ' ὅτι τάχος, ἄγετέ μ' ἐκποδών,
τὸν οὐκ ὄντα μᾶλλον ἢ μηδένα.

Χο. κέρδη παραινεῖς, εἴ τι κέρδος ἐν κακοῖς·
βράχιστα γὰρ κράτιστα τἀν ποσὶν κακά.

Κρ. ἴτω ἴτω, — ἀντ.
φανήτω μόρων ὁ κάλλιστ' ἐμῶν
ἐμοὶ τερμίαν ἄγων ἁμέραν
ὕπατος· ἴτω ἴτω,
ὅπως μηκέτ' ἆμαρ ἄλλ' εἰσίδω.

Χο. μέλλοντα ταῦτα. τῶν προκειμένων τι χρὴ
πράσσειν. μέλει γὰρ τῶνδ' ὅτοισι χρὴ μέλειν.
Κρ. ἀλλ' ὧν ἐρῶμεν ταῦτα συγκατηυξάμην.
Χο. μή νυν προσεύχου μηδέν· ὡς πεπρωμένης
οὐκ ἔστι θνητοῖς συμφορᾶς ἀπαλλαγή.

Κρ. ἄγοιτ' ἂν μάταιον ἄνδρ' ἐκποδών, — ἀντ.
ὅς, ὦ παῖ, σέ τ' οὐχ ἑκὼν κατέκανον
σέ τ' αὖ τάνδ', ὤμοι μέλεος, οὐδ' ἔχω
πρὸς πότερον ἴδω, πᾷ κλιθῶ· πάντα γὰρ
λέχρια τἀν χεροῖν, τὰ δ' ἐπὶ κρατί μοι
πότμος δυσκόμιστος εἰσήλατο.

Χο. πολλῷ τὸ φρονεῖν εὐδαιμονίας
πρῶτον ὑπάρχει· χρὴ δὲ τά γ' ἐς θεοὺς
μηδὲν ἀσεπτεῖν· μεγάλοι δὲ λόγοι
μεγάλας πληγὰς τῶν ὑπεραύχων
ἀποτείσαντες
γήρᾳ τὸ φρονεῖν ἐδίδαξαν.

CREONTE Ahimè, su nessun altro mai dei mortali
tutto ciò ricadrà, liberandomi dalla colpa!
Poiché io, io ti uccisi, lo sciagurato;
io, dico il vero. Servi,
allontanatemi al più presto, portatemi via;
io non sono altro che nulla!

CORIFEO Bene consigli, se bene può esservi nei mali: questi mali tanto violenti siano almeno altrettanto brevi.

CREONTE Venga, venga,
si presenti la più bella delle sorti,
la suprema,
recandomi il giorno estremo. Venga, venga,
che non più un altro giorno io veda!

CORIFEO Questo verrà: ora bisogna fare qualche cosa per il presente. Del futuro si occuperanno coloro cui spetta.

CREONTE Ma ciò che io bramo per me invoco.

CORIFEO Non invocare nulla: dalla sventura destinata non esiste scampo per i mortali.

CREONTE (*ai servi*) Portate via questo folle,
che senza volere ho ucciso te, figlio,
e te ancora. E non so, ahimè sventurato,
dove io guardi, a quale dei due:[68] tutto crolla
ciò che avevo, e sul mio capo
si è abbattuta una sorte grave da portare.
(*Viene condotto nel palazzo.*)

CORIFEO Di molto, la prima delle felicità
è l'essere saggi: non si deve commettere mai
empietà verso gli dèi. Le grandi parole,
che grandi colpi ripagano ai superbi,
con la vecchiaia
insegnano ad essere saggi.[69]

68 Il passo è corrotto, e variamente ricostruito: nel Pearson, πᾷ κλιθῶ risale a Musgrave e vale « (non so) dove volgermi ».

69 L'espressione, assai compendiata, si può intendere a un dipresso così: « I superbi, poiché i loro grandi discorsi sono puniti con grandi colpi (da parte degli dèi o del destino), imparano con la vecchiaia a essere saggi ».

COMMENTO

EDIPO RE

1-150. *Prologo*

La tragedia inizia, secondo uno schema drammaturgico poco frequente, con una scena di massa. Uno stuolo di supplicanti giovanetti, rappresentati da comparse mute, sta davanti alla reggia di Edipo. Per loro parla il sacerdote che li guida, implorando il re di trovare rimedio alla peste che distrugge la città di Tebe: lui che già una volta seppe liberarla dal flagello della Sfinge. Edipo li rassicura: la loro pena è la sua, ed egli ha già inviato Creonte, suo cognato, ad interrogare l'oracolo di Apollo a Delfi sui modi di stornare la piaga. Creonte è appunto di ritorno, e informa che il dio impone di eliminare la contaminazione arrecata dall'uccisore di Laio, che vive ancora ignoto nel paese. Edipo intende procedere subito all'inchiesta che consentirà di scoprirlo, e la sua affermazione basta a infondere speranza ai cittadini.

Appartiene alla natura del prologo la funzione di informare sull'antefatto: ma questa tragedia consiste tutta nella scoperta del passato. Le informazioni vengono dunque sapientemente graduate, fino dall'inizio, entro il corso stesso dell'azione: e ad esse dà verosimiglianza il contesto del dialogo, tanto che alcune si presentano addirittura come dicerie, destinate a venire corrette o rovesciate in seguito. Nel prologo, liberato da queste finalità, prendono già a configurarsi certe linee portanti della vicenda e del suo svolgimento drammaturgico, che si evolveranno in diversi esiti nel corso della tragedia. Edipo è il modello dell'ottimo sovrano: si sente il padre del suo popolo, soffre per il suo male, confida di poterlo salvare; ed a sua volta il popolo guarda a lui come al garante della propria salvezza. L'ironia tragica di questa situazione è destinata a disvelarsi nel seguito dell'azione; Edipo finirà per trovarsi sempre più solo, la sventura della collettività diventerà la disgrazia dell'individuo. Appunto a questo sviluppo allude l'inconsueto impiego del prologo di massa, che mostra Edipo inserito nell'amore e nella fiducia della sua gente. Il motivo del rovesciamento è presente anche nel ritmo della sceneggiatura: alla tonalità disperata dell'inizio succede, verso la fine del prologo, la speranza che si apre grazie all'impegno di chi seppe vincere la Sfinge – ma ogni bagliore di luce non si rivelerà che illusione, pronta a volgersi nell'orrore più cupo.

151-215. *Parodo.*

Si allontanano i supplici, e subentra il coro, formato dai vecchi cittadini di Tebe. Il suo canto d'entrata, composto di tre coppie strofiche, è integrato rigorosamente nella situazione: esso costituisce una preghiera agli dèi, perché intervengano a protezione del popolo tebano. Non è che un'ipotesi, causa l'incertezza cronologica circa la data di composizione dell'*Edipo Re*, vedere nella descrizione della città appestata, regno della morte che non consente neppure nascita, l'orrenda memoria della pestilenza che si abbatté su Atene agli inizi del conflitto contro Sparta. Certo è che il dio nemico, il sire della devastazione, è Ares, il nome terribile della guerra: atto a evocare nel pubblico ateniese la paurosa reatà di un presente, che avrebbe dimostrato nell'ascesa e nella caduta di Edipo la metafora profetica del crollo di Atene dai suoi splendori.

216-462. *Primo Episodio.*

Nella prima delle due scene (vv. 216-299) che compongono l'episodio, interlocutore di Edipo è il coro, che parla per bocca del corifeo. Il re proclama il bando, che dovrebbe recare salvezza alla città: l'esilio per l'uccisore di Laio, l'esclusione dalla comunità per chiunque lo protegga o ne dissimuli le tracce. Ma quando il coro tenta di risalire all'identità dell'assassino, le notizie sul misfatto appaiono oscure e generiche, già a partire da un dato che in seguito assumerà capitale importanza: a uccidere il vecchio re fu un uomo solo, o furono più uomini? Frattanto è sopraggiunto l'indovino Tiresia, convocato perché sveli il rimedio del contagio; e tra lui ed Edipo si svolge un'ampia scena, violenta e penosa (vv. 300-462), in cui si fa strada per la prima volta il sospetto che negli eventi passati si celino verità crudeli per i protagonisti. Tiresia rifiuta di rivelare cose che sa tremende per chi gli sta di fronte; Edipo non ammette il suo silenzio, e gli lancia accuse infamanti di collusione con l'uccisore di Laio. Tra i due esplode allora un'aperta lite: Tiresia rivela che il contagio del paese è Edipo stesso; e questi orgogliosamente rivendica, contro gli indovini pronti a vendersi, il sapere superiore che gli concesse di vincere la Sfinge. I suoi sospetti investono ora pure Creonte; e d'altro lato ormai si susseguono i presagi, non più tanto velati, di Tiresia: in questo giorno Edipo saprà da chi ebbe vita, e insieme la perderà.

A questo punto, l'accusa fatale contro Edipo è già stata mossa; ma appunto perché nessun elemento di fatto per ora la conferma, essa pare tanto inverosimile allo stesso Edipo, da non doversene tenere conto. Tuttavia il dubbio ormai serpeggia nel suo inconscio, ne mina la sicurezza; e sospinge la sua ricerca della verità nell'ansia non svelata di scoprire che le parole di Tiresia sono false. Al tempo stesso, lo spettatore è messo in guardia per poter cogliere ogni allusione che, nell'ambiguo gioco verbale e scenico, schernisca l'inconsapevole sfida di Edipo alla spietatezza della sorte: come qui, allorché ingiuriando la cecità di Tiresia, egli tocca il futuro ormai prossimo che attende proprio lui.

463-511. *Primo Stasimo.*

Sotto le contrastanti impressioni del colloquio che precedeva, in un canto che ha la forma di due coppie strofiche, prediletta da Sofocle, il coro dapprima immagina la fuga del colpevole sconosciuto, braccato a un tempo dagli uomini e dal castigo degli dèi e del fato. Ma poi esso rimedita le parole di Tiresia, e decide di non prestarvi fede: Edipo è il baluardo amato della città, e il vate non è infallibile, come sono gli dèi.

Il coro ha scelto di credere in Edipo, ma ormai è anch'esso in allarme: e d'altra parte la sua fedeltà e il suo timore confermano che a dibattersi nelle spire di un male non voluto è il migliore degli uomini, non solo il più dotato di sapienza, ma anche il re giusto e buono. Già un tempo gli dèi lo protessero – ma proprio questa, vedremo, è la condizione che soprattutto lo espone al rischio del rovesciamento.

512-862. *Secondo Episodio.*

(512-648. *Trimetri giambici*) Si presenta Creonte, che ha saputo dell'accusa rivoltagli da Edipo; e questi gliela ribadisce, in toni sempre più esasperati che rivelano alla superficie la sua sicurezza di agire secondo giustizia – e nel profondo l'angoscia smossa dalla profezia di Tiresia. Creonte ribatte pacatamente, con un discorso che lascia l'impressione di alludere a qualche situazione dell'Atene contemporanea al poeta: non il nome di re importa, bensì il vivere da re. Interviene Giocasta, e invita i due a riconciliarsi.

(649-696. *Commo*) Il coro, Edipo e Giocasta intessono un breve dialogo lirico, in due blocchi formati rispettivamente da una coppia di strofe e dalle relative antistrofi, e separati da nove trimetri giambici, in cui parla pure Creonte, lasciando la scena. La concitazione di Edipo ora è giunta al massimo, e così lo sgomento del coro, lacerato tra la rovina del paese e la fedeltà al sovrano.

(697-862. *Trimetri giambici*) Edipo accusava Creonte di servirsi delle profezie del vate Tiresia; e Giocasta lo rassicura: prevedere il futuro non appartiene ai mortali, tanto che a Laio fu addirittura predetto che era suo destino morire per mano del figlio – e invece ad ucciderlo furono dei banditi forestieri all'incrocio di tre strade, mentre il figlio alla sua nascita fu esposto su un monte inaccessibile. Ma è la prima notizia che sconvolge Edipo, richiamandogli alla mente un luogo e un fatto del passato, quando non era ancora re di Tebe. Interroga convulsamente Giocasta su Laio e sulla sua morte; e racconta a sua volta di essere fuggito dalla patria Corinto, dove regna suo padre Polibo, perché un oracolo gli aveva predetto che suo destino era di uccidere il padre e giacersi con la madre. Ma giunto all'incrocio di tre strade, un vecchio l'aveva trattato in modo oltraggioso; ed egli l'aveva ucciso. Ora Edipo teme che le sue maledizioni contro l'assassino debbano rivolgersi contro se stesso: resta solo la speranza che l'unico testimone del delitto confermi la diceria diffusa a quel tempo, secondo cui il regicidio fu opera di più uomini. Lo si faccia dunque venire, dal lontano pascolo in cui volle essere relegato, quando vide Edipo diventare re di Tebe.

La tragedia è giunta alla metà; e ora deflagra il senso occulto degli avvenimenti, sia di quelli che si svolgono sulla scena, sia degli altri che ne furono la remota premessa. Innocenza e colpa si intrecciano: Giocasta ignorò di congiungersi con il figlio, ma ora ha l'arroganza di schernire l'oracolo – e proprio dalle sue parole l'inchiesta sull'uccisione di Laio riceve l'orientamento definitivo. Su questo punto la mirabile sceneggiatura del dramma non consente più dubbi, bensì tutt'al più sviluppi ritardanti; ma affiora intanto un nuovo allarmante sospetto, poiché a Laio fu predetto che sarebbe stato il figlio ad ucciderlo, e a Edipo che avrebbe ucciso il padre. Qual era dunque il vero rapporto fra i due? Per ora, questo secondo, tremendo dubbio rimane sul filo dell'ellissi: i personaggi non sembrano neppure sospettarne la possibilità – ma sarà la loro stessa inchiesta ad addentrarli sempre più nell'orrore della rivelazione.

863-910. *Secondo Stasimo.*

Il coro è turbato dalla sfida di Giocasta agli oracoli; e la sua pia rivendicazione dell'onnipotenza divina, che garantisce il castigo degli empi, offre al tempo stesso la ragione del canto nella vicenda drammatica, e un presago indizio di quanto si rivelerà. Ma la portata ideologica di questo stasimo si estende oltre i limiti dell'integrazione scenica: non sono i vecchi tebani, bensì è il poeta della grande Atene ad ammonire contro chi viola le leggi eterne degli dèi e pretende di travolgere le une e gli altri nell'incredulità. Quando gli uomini ignorano la misura che alla loro condizione si conviene, allora insorge la tirannide – dove non s'intende naturalmente il buon regno di Edipo caro al suo popolo, ma una realtà presente che il pubblico del teatro doveva immediatamente identificare.

911-1085. *Terzo Episodio.*

Sopraggiunge un messo da Corinto, che porta l'annuncio della morte di Polibo, vinto dalla vecchiaia. Prima Giocasta, poi Edipo proclamano la disfatta degli oracoli: non era stato detto che Edipo avrebbe ucciso il padre? Ma ora Polibo è morto, e sopravvive solo il timore per la parte dell'oracolo relativa alla madre. Il messaggero corinzio però è in grado di aggiungere un'altra informazione, che dovrebbe riuscire tranquillizzante: Polibo e la moglie Merope non erano i genitori di Edipo, ma l'avevano ricevuto proprio da lui, il nunzio di ora, a cui il bimbo era stato affidato da un pastore sul Citerone. Edipo si vede ora prossimo a sciogliere il mistero della sua nascita: si ricerchi anche quest'ultimo – e il coro lo avverte che dovrebbe essere lo stesso che fu presente alla morte di Laio, come Giocasta certo potrà confermargli. Ma Giocasta da tempo si tace, la terribile verità le è ormai palese: rinunci Edipo a volerne sapere di più, lasci che sia soltanto lei a patire. Edipo insiste, e la donna con un estremo grido di sgomento fugge nel palazzo. In un ultimo errore dell'intelligenza, Edipo ritiene che essa si vergogni degli umili natali dell'uomo, che è divenuto suo marito e re di Tebe.

La seconda trama della verità occulta, che era affiorata nell'episodio precedente, viene ora portata in primo piano; mentre dell'inchiesta sulla morte di Laio ormai si tace. La struttura drammatica si articola secondo la legge dell'avvicendarsi dei piani: alla fine del secondo episodio Edipo era smarrito, e Giocasta era sicura della sua verità. Ora Edipo ha recuperato la sicurezza del proprio intelletto e dell'aiuto della fortuna; e Giocasta è piombata nella disperazione estrema. La tensione delle domande di Edipo alla ricerca della propria identità è quasi insopportabile; e il silenzio pieno di orrore, con cui Giocasta assiste alla rivelazione della sua condanna, la acuisce fino allo spasimo. A questa tensione contribuisce la compattezza dell'economia drammatica: il messo venuto da Corinto è lo stesso che donò l'infante Edipo a Polibo, e d'altro lato il pastore che allora ebbe da Laio l'incarico di esporre il figlio fu poi anche il testimone della sua morte; sì che quanto la vicenda perde in realistica verosimiglianza, altrettanto acquista nel senso di una concisione serrata e angosciante.

1086-1109. *Terzo Stasimo.*

Edipo si è orgogliosamente proclamato figlio della sorte; e il coro fa eco all'esultanza del suo re, che crede di avere vinto il destino. In un brevissimo canto, formato da una sola coppia strofica, si tocca il sommo dell'esaltazione e del vaneggiamento: il Citerone, dov'ebbe in realtà inizio la disgrazia immane di Edipo, risuonerà di feste l'indomani, in onore di Febo che ha voluto il bene della coppia regale; e si scoprirà che, unitosi a una Ninfa, fu padre di Edipo un dio, forse Apollo o Hermes, Dioniso o Pan. Ma brevissimo è lo spazio di questa illusione, e dopo l'euforia tanto più impressionante sarà il crollo che ormai incombe.

1110-1185. *Quarto Episodio.*

Arriva il vecchio pastore che era stato di Laio: con pressanti domande Edipo e il messaggero corinzio gli richiamano alla memoria l'evento remoto del bimbo da lui portato sul Citerone. Il servo comprende tutto l'orrore dell'accaduto e non vorrebbe dire oltre, ma Edipo lo minaccia: se per l'uomo fedele è terribile parlare, per lui è terribile ascoltare, e tuttavia deve farlo. Tutta la verità viene in chiaro, ed è proprio il servo a tirare l'estrema conclusione: il bimbo di allora è il suo signore, che ora gli sta davanti, il più sventurato tra gli uomini. Con un estremo saluto alla luce Edipo rientra nel palazzo.

L'episodio è brevissimo e realizzato quasi tutto in sticomitia: le parole ora non valgono più per se stesse, bensì solo come veicolo per l'esposizione dei fatti. La miseria di Edipo è tanto smisurata da non ammettere commento, e tuttavia egli non smarrisce la sua dignità. Sapere è quello che conta, anche se ciò sarà dolore immane. Il ritmo travolgente del dialogo esprime strutturalmente l'inarrestabile precipitarsi di Edipo verso il successo della sua inchiesta, che è la sua rovina; e colui che tutto volle vedere espierà sopprimendo la sua vista.

1186-1222. *Quarto Stasimo.*

Illusione è la sorte dei mortali, lamenta il coro: l'unica felicità a loro concessa è apparire felici, e subito scomparire. Ma Edipo, che per l'ingegno aveva meritato di regnare sulla grande Tebe, ora si è scoperto partecipe di mostruose nozze; e i vecchi tebani vorrebbero non averlo mai conosciuto, tanta è la contaminazione che egli attira su chi gli sta attorno, e al tempo stesso la pietà che suscita: poiché i suoi sudditi non dimenticano che al loro buon re essi devono di avere ritrovato la vita, quando fu vinta la Sfinge.

Come nell'episodio precedente, pure in questo stasimo, che è l'ultimo della tragedia, non ricompare il motivo dell'uccisione di Laio: quasi annullato dalla suprema mostruosità del connubio contro natura. In questo si esprime compiutamente il senso della condanna irrazionale, e insieme irrevocabile: se il parricidio consente l'attenuante dell'ignoranza e dell'involontarietà, l'incesto è la violazione della legge di natura, che all'uomo si attacca come un morbo fatale, fuori dalla sua scelta e dalla sua volontà – poiché male è l'esistere stesso.

1223-1530. *Esodo.*

(1223-1296. *Trimetri giambici*) Secondo la convenzione della drammaturgia greca, un messo reca la notizia dei fatti tremendi che si sono svolti all'interno del palazzo. Giocasta si è impiccata, invocando Laio e gli amplessi destinati a tanto male; e come l'ha vista, Edipo si è cavato gli occhi con la fibbia della veste di lei. Ora, urlando parole nefande, vuole toccare il fondo della sua abiezione: mostrarsi al popolo di Tebe.

(1297-1366. *Commo*) L'entrata di Edipo è accompagnata da una sezione in anapesti, raccolta e pietosa, affidata al coro (vv. 1297-1305). Quindi Edipo lamenta, in un canto cui si alternano brevi commenti del coro, il suo destino voluto da Apollo e la necessità che lo ha spinto ad accecarsi: poiché nulla più gli riuscirebbe grato vedere, a lui che è il più maledetto fra gli uomini – e nessuno avrebbe dovuto salvarlo dalla morte che gli era stata decisa.

(1367-1530. *Trimetri giambici*) Ora Edipo parla, sempre con accenti d'altissimo pathos, ma nell'intento di giustificare quasi razionalmente il suo atto per il cumulo delle sventure che l'hanno colpito. Compare Creonte, commiserando Edipo, di cui non vuole ricordare le offese; e alla sua richiesta di bandirlo da Tebe, risponde che attenderà il responso di Apollo. Ora, con palese riferimento agli sviluppi futuri della storia, Edipo desidera stringere a sé le sue figlie, alle quali si prospetta una vita di infelicità e di affanni. Le ultime battute, fra Edipo e Creonte che vuole ricondurlo entro il palazzo, sono in tetrametri trocaici (vv. 1515-1530): ad esse segue, nei codici, un gruppo di sette versi di dubbia autenticità.

È tradizionale, nella forma tragica, l'esibizione della sventura estrema, in cui è caduto il protagonista: oggetto di orrore e di pietà, che nel caso di Edipo hanno tanto più puntuale risonanza, in quanto la sua colpa è stata massima e involontaria. Di fronte alla pena, Creonte – diverso dallo spietato tiranno dell'*Antigone* – rimane in una luce neutra: ma il suo richiamo al volere di Apollo conferma i limiti, che l'uomo comune deve porre alle proprie decisioni. Miseria e grandezza di Edipo fu di volerli ignorare ma di accettarne ora le conseguenze.

EDIPO A COLONO

1-116. *Prologo.*

La tragedia inizia con una patetica apparizione: lacero e cadente, si avanza un vecchio cieco, sorretto con amore e pietà da una fanciulla. Le loro prime parole rivelano che essi sono l'uomo più esecrando fra tutti, Edipo parricida e incestuoso, e la figlia-sorella Antigone, che ha scelto di condividere il suo ramingo errare: ma non la maledizione del passato risuona ora nelle loro parole, bensì l'immane stanchezza del presente, che nel vecchio è stanchezza di vivere, dolente e rassegnata. Essi sono ora in vista di Atene, e interrogano un viandante per sapere quale sia precisamente il luogo dove si trovano. Questi li invita ad allontanarsi: il sito è sacro alle dee terribili, che in Atene sono dette Eumenidi. Ma Edipo è colto, a udirne il nome, da un'alta commozione; interroga ancora l'uomo, e apprende di essere nel borgo di Colono, che obbedisce al re di Atene, Teseo. Lo si faccia venire, invoca Edipo, onde sappia i benefici che riceverà dall'ospite straniero; e quando il viandante se ne parte, il vecchio supplica le venerande dee perché concedano fine al suo male di vivere, abbiano pietà del misero fantasma che fu Edipo – secondo quanto profetizzò Apollo al tempo in cui gli annunciava le terribili sventure, onde va famoso.

Nell'armonia stessa della struttura tripartita, dove l'episodio del viandante è inquadrato dalle due scene fra il cieco e la fanciulla; nella descrizione dell'ameno luogo dove i due sono giunti, fatta da Antigone, e delle sue sacre prerogative, vantate dal viandante; nella rassegnazione affranta e pure virile di Edipo ormai assuefatto ai suoi mali, il prologo anticipa il motivo conduttore della tragedia, che è il contrasto fra il crudo passato del protagonista e la quiete estrema, a cui egli tende e in cui finirà per essere assorbito. Di questa egli è ormai circonfuso, quasi anticipo di una grandezza sovrumana, in cui la divinità intende riscattare la crudeltà della condanna che gli inferse; e tuttavia altre prove attendono il vecchio, prima che la conclusione si accordi all'idillica promessa dell'arrivo a Colono, stendendo un arco su tutta la tragedia.

117-253. *Parodo.*

L'entrata del coro, formato dagli anziani di Colono, rinuncia alla forma tradizionale per assumere una struttura strettamente integrata nell'azione drammatica, a cui corrisponde un'economia metrica piuttosto elaborata e complessa. Al coro appartiene per intero la prima coppia strofica, intervallata da alcuni anapesti in dialogo con Edipo. Al sopraggiungere degli abitanti questi si era nascosto; quando si fa avanti, il coro prova un sentimento misto di pietà e orrore. Lo invita a uscire dal sacro recinto; e nella seconda coppia strofica, pure separata dalla precedente e intervallata da brevi gruppi di anapesti, quest'azione scenica si svolge secondo i modi di una vivace mimesi. Ma il coro vuole anche conoscere l'identità del misero straniero, che ha mosso la sua compassione; e a questo secondo sviluppo è dedicato un ampio epodo, drammaticamente movimentato. Infatti, quando gli anziani di Colono apprendono di avere di fronte Edipo famoso per la sua macchia, gli intimano di allontanarsi; ed è Antigone a supplicare grazia per il padre e per sé, « guardando negli occhi con occhi non ciechi » gli stranieri pietosi, in un canto a solo che serve di transizione al successivo episodio (vv. 237-253).

254-667. *Primo Episodio.*

(254-509. *Trimetri giambici*) Richiamandosi alla fama di Atene, la città sempre pronta a soccorrere gli sventurati, Edipo protesta di non avere colpa per gli atti del suo nefando passato, che egli subì piuttosto che compiere; e il coro sembra ora convinto e colpito, tanto da assicurarlo che fra poco verrà il re Teseo. Ma, prima, Edipo sarà bruscamente richiamato alle miserie della vita, da cui non brama che di evadere. Compare l'altra figlia sua, Ismene, venuta da Tebe per avvertirlo che i due figli maschi si sono messi uno contro l'altro: il più giovane ha usurpato il trono e Polinice, il maggiore, muove contro la patria con un esercito argivo. Ora entrambe le parti cercano Edipo, poiché un oracolo ha predetto che la vittoria è destinata a chi lo avrà con sé, vivo o morto: ma non è loro intenzione riportarlo entro i confini della patria, bensì lasciarlo ai margini di essa. Sdegnato, Edipo rifiuta questa prospettiva; e maledice acremente i figli, che lasciarono a due inermi fanciulle di curare il padre, trascinati dalla smania del regno: mai essi avranno il suo aiuto. Il coro è sempre più toccato dalla sorte di Edipo, e lo consiglia di offrire una libagione riparatrice alle dee, di cui calca il sacro terreno. Andrà dunque Ismene, in vece del padre cieco e spossato, a compiere il rito.

(510-548. *Commo*) In due coppie strofiche, regolate da un'alternanza fittissima delle battute, che a volte giungono a comprendere una sola parola, il coro interroga Edipo sui suoi patimenti trascorsi. Edipo dapprima rifiuta di rinnovellare i propri dolori, quindi cede al desiderio degli ospiti, protestando ancora di non avere commesso colpa alcuna per una scelta della propria volontà, bensì sempre per la costrizione della sorte.

(549-667. *Trimetri giambici*) Sopraggiunge Teseo, che già conosce l'identità dello straniero, e gli si rivolge con parole pietose e solidali. Edipo gli chiede la grazia di salvarlo dalle pretese dei figli, e di seppellirlo in quel luogo stesso quando sarà morto, garantendogli in contraccambio eterna e invincibile protezione per la città: e Teseo acconsente di buon grado al suo desiderio.

Nel lungo episodio si intrecciano vari motivi, che sembrano rappresentare un elemento divagante rispetto alla concentrazione dei pensieri e dei sentimenti nella parte iniziale. Edipo ritorna sui fatti del suo passato per scindere – quasi implicitamente rettificando l'*Edipo Re* – la colpa oggettiva da quella soggettiva: da questa, la vera e sola colpa, egli si sente immune, sì da potere tranquillamente affermare la santità del proprio sepolcro. D'altronde, con questo concorre un altro motivo dell'episodio e dell'intera tragedia: l'esaltazione di Atene e del suo eroe sommo. Essi si schierano a magnanima protezione dell'infelice e del perseguitato: ma possono farlo senza rinnegare la devozione agli dèi, appunto perché Edipo non porta colpa del male che gli è toccato. Tanto che egli – ed è il terzo motivo che emerge in questa parte – può conservare certi aspetti dell'indole che aveva mostrato nell'*Edipo Re*: la inesausta tensione verso una meta, che ora è la definitiva quiete che le contese tra i figli minacciano e ritardano, scatenando la violenza della sua ira. Ma gli incontri con Creonte e con Polinice, che si annunciano lungo questa linea, saranno l'ultima collisione con le miserie dell'esistenza, prima di accedere alla pace divina.

668-719. *Primo Stasimo.*

In un canto come al solito strutturato secondo lo schema della duplice coppia strofica, il coro leva un commosso elogio della sua terra, che dall'evocazione della candida Colono, cinta di boschi e sorgenti, passa a celebrare Atene e l'Attica tutta, il paese dell'olivo, dei cavalli, delle navi che innumerevoli solcano il mare.

Pure integrato mirabilmente nella situazione, come presentazione e lode della sede eterna che attende Edipo e quasi eco della presenza recente dell'eroe Teseo che simboleggiava l'antica Atene, lo splendido carme vive di una sua dimensione lirica, quasi autobiografica. Esso è la nostalgica fedeltà del poeta ormai novantenne alla lontana giovinezza trascorsa negli idillici paesaggi della contrada nativa, è la memoria degli affetti rivolti a un eden, che forse non è tanto un luogo quanto un tempo, il verde paradiso dell'infanzia.

720-1043. *Secondo Episodio.*

(720-832. *Trimetri giambici*) Si presenta Creonte, che con un ipocrita discorso simula disinteressata compassione per Edipo e Antigone, tentando di muovere i sentimenti del vecchio con l'esposizione dei pericoli e delle miserie che deve affrontare la fanciulla. Edipo reagisce con aspra violenza: non ora, ma quando la sua sventura era fresca Creonte avrebbe dovuto soccorrerlo – e invece si oppose ad ogni suo desiderio. Di fronte a un rifiuto che non lascia speranza, Creonte getta la maschera: egli ha davvero la possibilità di costringere Edipo a seguirlo, delle sue figlie una è già nelle sue mani, l'altra la prenderà ora.

(833-886. *Commo*) Le due parti di una coppia strofica sono intervallate da un'estesa sezione in trimetri: nelle une e nell'altra si svolge un fitto, drammatico dialogo che corrisponde a un'azione scenica movimentata e violenta. Dapprima Creonte strappa Antigone dalle braccia del padre, nonostante l'opposizione del coro, e la fa portare via dai suoi scherani; quindi si accinge ad usare la forza anche su Edipo, nonostante le sue maledizioni. Ma il coro ora si schiera fieramente dalla parte del vecchio supplice, e richiama a gran voce l'intervento dei principi e del popolo di Atene.

(887-1043. *Trimetri giambici*) Accorre Teseo (i vv. 887-890 sono tetrametri trocaici, quasi ad esprimere l'idea di un veloce movimento); e rapidamente informato dell'accaduto, lancia i suoi uomini all'inseguimento dei rapitori. Egli rivolge aspre rampogne a Creonte, in nome della città che questi ha creduto di offendere impunemente; e Creonte gli rinfaccia la protezione accordata all'uomo impuro per il parricidio e l'incesto. Ma Edipo ribatte: aggredito dal padre egli lo uccise per difendersi e ignaro si unì alla madre, sì che furono gli dèi a trascinarlo nella disgrazia. Teseo tronca la contesa di parole, e trascinando con sé Creonte si avvia a liberare le due giovani.

L'ultimo tributo di dolore da scontare per Edipo prima di raggiungere la pace estrema, è la necessità di ripercorrere con la memoria e la parola le atrocità del passato; e la pena è tanto più grave, quanto più gli eventi di quel tempo gli vengono rinfacciati per coinvolgerlo ancora nell'inquietudine e nel disordine dell'esistenza. Ora, peraltro, egli vede con più lucidità le ragioni e i modi di quegli atti: comprende di essere immune da colpa, e che essi dipesero dall'inesplorabile volere degli dèi. Di fronte al subdolo e violento Creonte, metafora dell'uomo che della politica ha fatto la propria norma di vita, egli può ergersi con la dignità della vittima, che richiede il soccorso dovuto agli oppressi. Vanto della grande Atene era di avere sempre protetto chiunque chiedesse il suo aiuto; e negli atti del suo magnanimo e gentile eroe il motivo patriottico acquista in questo episodio una rilevanza determinante, mista di orgoglio e di rimpianto per una grande tradizione che i tempi amari dell'attualità mettono all'estremo repentaglio.

1044-1095. *Secondo Stasimo.*

Il canto, nello schema consueto delle due coppie strofiche, svolge la funzione del racconto di un messo, alleggerendo la sceneggiatura delle parti dialogate e variando gli schemi convenzionali con un'audace trovata. Il coro immagina di trovarsi nel luogo dello scontro fra Teseo e i tebani, e di assistere al suo esito propizio: alla fine, l'invocazione agli dèi onde concedano la vittoria ai capi del paese sottolinea l'elegante arbitrio dell'invenzione, sorprendente attestato di vitalità creativa nel vecchissimo poeta.

1096-1210. *Terzo Episodio.*

Teseo torna, riconducendo le figlie al padre; e alta commozione pervade il loro incontro, e il ringraziamento al salvatore. Edipo vorrebbe abbracciarlo, e tuttavia non osa avvicinare le sue mani impure all'uomo puro: se rifiuta di sentirsi colpevole, egli sa tuttavia di portare su di sé una contaminazione. Ma una nuova causa di turbamento è già presente. Teseo ha saputo che un uomo venuto da Argo, un congiunto di Edipo, vuole parlare con lui. Il vecchio comprende subito: è il figlio maledetto, Polinice, la cui vista e le cui parole egli aborre. Interviene pure Antigone, e nelle sue parole pare di cogliere qualche implicito rimando alla tragedia che da lei prende nome: ceda il padre ai legami del sangue che non si possono cancellare, poiché funesto è l'esito di una collera funesta – altro richiamo retrospettivo, qui all'autoaccecamento dell'*Edipo Re*. Edipo dunque acconsente all'incontro con il figlio, ma il suo rovello rimane immutato.

1211-1248. *Terzo Stasimo.*

In un canto formato da una sola, ampia triade strofica il coro rinuncia all'integrazione drammatica, che compare soltanto nell'epodo, per levare un desolato epicedio sulla vecchiezza dell'uomo, inevitabile corollario della condizione umana. Edipo non è più il perseguitato dagli dèi e dal destino, è solo un vecchio: e la sua sorte si accomuna a quella del coro, ma soprattutto del poeta stesso. Dapprima la morte appare l'unica via per salvare dalla corruzione dell'età le gioie del passato, quando la giovinezza largiva ancora le sue forze; ma poi, la stessa vita trascorsa appare quasi sconciata e corrotta dal fatto di terminare così – e l'angoscia del vecchio privato di ogni felicità erompe nella sentenza, che un tempo il Sileno diede al re Mida: « meglio di ogni cosa è non essere nati, e dopo di ciò morire subito dopo la nascita ».

1249-1555. *Quarto Episodio.*

(1249-1446. *Trimetri giambici*) Versando amare lacrime entra Polinice. Il suo atteggiamento è ben diverso dal cinico utilitarismo di Creonte. La vista del padre, sfinito e coperto di stracci, squarcia il suo egoismo giovanile, e gli suggerisce pietosi accenti di pentimento. Chiede perdono, ma il padre tace; ed è Antigone a interrogare il fratello sulle ragioni della sua venuta. Scacciato da Tebe, Polinice si ripromette di riconquistare il regno con l'aiuto dell'esercito che ha raccolto ad Argo; e non dissimula l'utilità, che secondo l'oracolo si ripromette dal fatto di avere il padre con sé. Edipo allora lascia prorompere l'antica ira, aggravata dagli anni di abbandono e di sofferenza. Alle figlie egli deve se ancora è vivo, non ai maschi: su questi cadrà la sua maledizione, ed essi moriranno di reciproca strage. Annientato, Polinice non tenta una replica: ora sa di muovere verso la morte, né può abbandonare l'impresa e i suoi alleati. Non gli resta che pregare le sorelle di rendere gli onori estremi al suo cadavere, mentre rigido e spietato il padre assiste in silenzio al loro addio.

(1447-1499. *Commo*) Due coppie strofiche, cantate dal coro, sono intervallate da tre gruppi di cinque trimetri giambici ciascuno, simmetricamente distribuiti fra Edipo e Antigone. Ma alla rigorosa armonia dell'insieme corrisponde il momento di massima emozione nella tragedia. Mentre il coro lamenta l'amara vicenda di Polinice e il destino penoso che l'attende, si ode rimbombare il tuono: per Edipo questo è il segnale che gli schiude il passaggio all'oltretomba, ed egli concitatamente ordina di far venire Teseo, poiché è il tempo delle rivelazioni foriere di bene alla città. Il coro passa dallo sgomento e dal timore che si stia approssimando qualche nuovo caso doloroso alla partecipe fiducia nei benefici poteri dell'ospite.

(1500-1555. *Trimetri giambici*) Accorre Teseo, e Edipo si accinge a condurlo dove è disposto il termine della sua vita: onde rivelargli là i segreti precetti divini, da cui dipendono la salvezza e la fortuna di Atene. Ora il cieco, divenuto in arcano modo veggente, guida le figlie e il re amico al luogo dove il destino ha fissato la sua tomba.

Il commo scandisce in due parti nettamente distinte questo lungo episodio: e il tuono che richiama Edipo alla sua morte rappresenta il punto dove si rovescia la prospettiva. L'incontro con Polinice aveva mostrato Edipo nell'aspetto più aspro della sua indole terrena: spietato silenzio e spaventose maledizioni erano stati la risposta all'appello del figlio, forse sincero nel pentimento di fronte allo squallore in cui si trova il padre, e certamente nobile nell'accettazione della triste sorte che lo attende. Una scena sorprendente, che è parsa quasi assurda a molti critici: ma la misteriosa elezione di Edipo non poteva essere condizionata da una purificazione interiore raggiunta attraverso il dolore, doveva rimanere altrettanto irrazionale quanto la sua condanna alla colpa.

Quest'elezione si manifesta attraverso indizi soprannaturali, che coinvolgono nel destino dell'eletto il cielo e la terra. Ma oltre che affermare la potenza degli dèi anche al di là della ragione, essa deve segnare un esempio per gli uomini: la storia di Edipo rimane strettamente legata a quella di Tebe nel male, e ora nel bene si stringe pure a quella di Atene – secondo quanto hanno meritato, nel riconoscere piamente la volontà degli dèi ma anche nel serbare l'amore per gli uomini, l'una e l'altra città. Quando Edipo ammonisce Teseo che la città non si volga alla violenza, alla follia, gli spettatori sono guidati a comprendere che il vecchio poeta, esperto di tempi migliori, non si rivolge all'eroe del passato, che « questi insegnamenti già conosce », bensì ai cittadini del problematico, amaro presente.

1556-1578. *Quarto Stasimo.*

Un breve canto, di una sola coppia strofica, è il commiato estremo del coro da Edipo. Non resta che pregare gli dèi dell'oltretomba, perché concedano lieve il trapasso al morituro. La trasfigurazione che attende Edipo è ben diversa dalla morte degli uomini comuni; ma il coro, con somma intuizione poetica, non vuole distinguere il mortale che più di tutti soffrì dalla sorte di chiunque altro. La sua morte è una discesa all'Ade – e la preghiera, levata in proprio dal poeta stanco di vivere, eppure attonito davanti all'ignoto, è un tratto fulgido e raccolto di autobiografia.

1579-1779. *Esodo.*

(1579-1669. *Trimetri giambici*) Alla scomparsa di Edipo ha assistito, per quanto era lecito, un uomo che ora ne fa il racconto al coro, nella convenzionale funzione del nunzio. Il vecchio s'inoltrò nel bosco; e giunto alla sacra voragine dov'è consacrata l'amicizia di Teseo e Piritoo, compì i riti di purificazione. Poi prese commiato dalle figlie; e poiché una voce soprannaturale rimproverava il suo indugio, le fece allontanare insieme agli altri che lo avevano seguito. Solo Teseo rimase, per apprendere le sue ultime parole: e dopo poco, voltandosi, essi lo videro come percosso da una vista arcana e tremenda – né alcuno sa come sia morto Edipo, se non che gli furono risparmiati sofferenza e pianto.

(1670-1779. *Commo*) Entrano Antigone e Ismene, levando il compianto funebre del padre, in un ampio amebeo formato da due coppie strofiche, che esse cantano in alternanza col coro. Esse sono consapevoli che la morte di Edipo fu secondo il suo desiderio, e tuttavia le strazia la pena di essere separate per sempre da lui, perché « anche dei mali v'è rimpianto ». Un movimento è introdotto quando Antigone vorrebbe ritornare al sepolcro di lui; ma Ismene prudente la arresta, con un tratto che rimanda, in una chiave più placata, all'inizio dell'*Antigone.* Ora le due fanciulle, sole e senza mezzi, devono pensare a sopravvivere. La conclusione è in anapesti (1751-1779); Teseo conferma il divieto di Edipo che alcuno si accosti al suo sepolcro, e acconsente al desiderio di Antigone che vuole recarsi a Tebe per tentare di impedire lo scontro fra i due fratelli.

L'atto estremo della passione di Edipo ha il tono assorto e incantato, che gli deriva anche dall'obiettività del testimone anonimo a cui spetta raccontarlo: non compromesso da personali sentimenti, egli può lasciare spazio all'aura del miracolo, in cui finalmente Edipo trova la sua pace. Il distacco, a cui Sofocle si sentiva prossimo con il vagheggiamento e lo sgomento dell'incognito, raggiunge pacato e indolore l'eroe che molto sofferse e molto amò: e il supremo privilegio che ricompensa le sue afflizioni è la chiamata degli dèi, « Edipo, perché tardi? » – la lancinante invocazione rivolta a se stesso dall'uomo, a cui era toccato di celebrare Salamina e che ora vedeva Atene sul margine dello sfacelo.

ANTIGONE

1-99. *Prologo.*

È la nuova alba, che sorge su Tebe dopo un giorno di sangue: nella notte, il vinto esercito argivo si è ritirato. Dei due fratelli rivali che si sono uccisi a vicenda, il difensore della città, Eteocle, ha ottenuto onori funebri secondo il rito; ma Polinice, lo sbandito, rimane insepolto, preda ai cani e agli uccelli. Questa è la volontà di Creonte, il nuovo sovrano, a quanto si dice; ma nulla di certo finora è stato proclamato. È Antigone a informare la sorella Ismene; e insieme a chiederle se vuole essere sua compagna nel proposito di dare sepoltura anche a Polinice. Ismene inorridisce: come potranno, due donne la cui vita si prospetta sempre più difficile e dolorosa, mettersi contro la città? Antigone deride il suo timore: lei ha già deciso, agirà da sola, anche se è consapevole che la conseguenza è la morte.

L'opposizione di Ismene rappresenta, in un certo senso, il traslato scenico del conflitto interiore, in cui la decisione fiera e inflessibile di Antigone deve vincere le obiezioni della sua femminilità: un presupposto tanto più necessario ad Atene, data la subordinazione anche psicologica in cui erano tenute le donne. D'altra parte, già questa scena vale a istituire lo scontro di due posizioni che si condurranno a reciproca rovina; poiché, se Antigone proclama di « commettere un santo crimine », si scontrano la legge degli dèi e quella degli uomini. La tragedia è costruita su una serie di opposizioni: ed ecco, ancora, Antigone e Ismene confrontarsi nel segno della vita 'bella' e di quella 'saggia', entrambe necessarie all'esistenza. Ma, soprattutto, è la tremenda solitudine di Antigone, che è il destino stesso della sua inflessibilità, a contrapporsi a tutti gli altri: sì che anche l'ultima del suo sangue è forzata ad abbandonarla, contemplandola con disperato amore, poiché essa è « davvero dissennata, ma giustamente cara ai *suoi* cari ».

100-162. *Parodo.*

Il coro dei vecchi di Tebe esalta il sorgere del giorno della vittoria. L'esercito di Argo è in rotta, vinto dai guerrieri tebani, progenie del drago: e i suoi tracotanti campioni hanno lasciato trofei ai loro antagonisti. Solo i due sventurati fratelli nemici sono morti entrambi; ma anche di questo tremendo caso la vittoria porta oblio. L'entrata del coro è scandita da un canto formato da due coppie strofiche, ciascun membro delle quali è seguito da un gruppo di sette versi anapestici: nell'ultimo di questi si annuncia l'arrivo di Creonte, che ha convocato l'assemblea degli anziani cittadini.

La luce è segno di vittoria e di vita; e l'inno del coro è il vertice, da cui la tragedia scenderà nelle tenebre della morte e della disperazione. Ora, nell'esaltazione del trionfo recente, tutto è avvolto da un'atmosfera propizia; e anche sul destino dei figli di Edipo non si vuole prolungare il compianto. Nell'orgoglio guerresco dei trionfatori risuona Atene al culmine della sua potenza; ma il coro preannuncia anche l'atteggiamento ambiguo che terrà in seguito, oscillando fra la pietà e l'ammirazione per l'atto di Antigone, e l'obbedienza al potere di Creonte e alle leggi della città.

163-331. *Primo Episodio.*

Creonte è venuto a bandire il suo programma di governo, a cui intende affidare la città ormai sicura da minacce esterne. Suo principio è che la patria sta sopra ogni altro affetto; e il suo primo provvedimento è la condanna del cadavere di Polinice. Il coro approva la decisione, che significa anche morte per chi oserà disubbidire: né Creonte esclude quest'evenienza, poiché diffida degli uomini, pronti a tutto per l'avidità di denaro. Infatti accorre, concitato e riluttante insieme, uno degli uomini lasciati di guardia al corpo di Polinice: in arcana maniera esso è stato sepolto, o piuttosto coperto di sabbia come per evitare l'empietà, e non appare chi sia stato. Le furie di Creonte gli impediscono di sospettare la verità. Nella sua smania di identificarsi con lo stato, inteso come valore assoluto, egli ritiene che l'azione sia opera di cittadini contrari al suo governo; e congeda bruscamente la guardia, con l'ordine di rintracciare i colpevoli.

L'episodio è sapientemente equilibrato fra la presentazione del carattere di Creonte e il progresso dell'azione. Il sovrano bandisce ora il suo proclama, e Antigone ha già agito, avvisata delle sue intenzioni da generiche voci. La libera organizzazione dei rapporti temporali serve per un verso ad accentrare il senso degli eventi e della sceneggiatura su Antigone, consentendole di apparire già nel prologo e di manifestare l'inflessibilità della sua indole; e per un altro a svelare l'illusorietà del potere di Creonte, il cui bando è vanificato ancor prima che egli lo emani. Creonte, dal canto suo, agisce in buona fede, senza distinguere fra l'utile dello stato e un suo vantaggio personale: ma la sua certezza nei propri princípi gli impedisce di raccogliere il pio dubbio del coro, che il fatto non sia mandato dagli dèi. Alla rozzezza dell'immaginazione risponde la violenza dei modi: con la sua colpa la divinità l'ha accecato, e viceversa dall'accecamento dipende la colpa. Al suo livello è la guardia, altrettanto incapace di leggere nei casi della vita altro che il riflesso delle proprie situazioni personali.

332-375. *Primo Stasimo.*

In un canto strutturato nello schema della duplice coppia strofica, il coro leva un solenne elogio all'ingegno umano. Fra tutte le cose miracolose, l'uomo è certo la più miracolosa: egli ha saputo sottomettere la terra, gli animali, i fenomeni naturali alla forza della sua creatività; ha imparato a organizzare con le leggi una esistenza civile; e se non ha allontanato dalla propria natura il termine di morte, ha però saputo escogitare vie di salvezza contro numerosi mali. Ma nell'ultima strofe una dolorosa esitazione s'insinua nelle orgogliose parole del coro, e ne rovescia l'intenzione: verso il male talora avanza l'ingegno umano pieno di risorse, prodigioso nell'onorare patria e giustizia, e tuttavia ancor più prodigioso nel distruggere con la sua perversità le istituzioni civili.

Apparentemente disgiunto dal contesto drammatico, il corale trova invece la sua coerenza strutturale nell'espressione di accorata attesa per gli sviluppi della vicenda. Le parole razionali e illuminate di Creonte hanno colpito il giudizio dei seniori tebani: e l'elogio dell'ingegno umano sembra penetrare il carattere innovatore del tiranno, inflessibile nel proporre un nuovo modello di moralità. Creonte è l'uomo che si erge solitario nella potenza del proprio intelletto, è l'emblema della pretesa superiorità umana sull'insondabile disegno divino; il coro ne gioisce, ma l'ambiguo dubbio che conclude il suo canto lascia intravvedere una nota di dolente, immedicabile sgomento: anche il più alto ingegno umano può rivolgersi al male e rovinare la propria patria. Ma a chi si riferiscono queste parole? Quali leggi, quale giustizia deve onorare chi onora la città? Leggi e giustizia create dall'ingegno umano, o quelle fissate da sempre per ordine divino?

376-581. *Secondo Episodio.*

L'intonazione di dolorosa attesa che chiude il primo stasimo si protrae nell'attacco del secondo episodio, formato da una breve sezione in anapesti (376-383). Ancora una volta, il coro resta drammaticamente dubbioso di fronte all'entrata della fanciulla Antigone in catene. Ha dunque essa trasgredito le leggi regali?

Si fa avanti la guardia, e con espressioni di gioia volgare per il pericolo stornato in tal modo dal proprio capo, presenta a Creonte la colpevole Antigone. In una lunga descrizione egli narra come, insieme ai suoi compagni, abbia scoperto la fanciulla nel momento di ripetere quegli atti di pietà sul cadavere di Polinice, che la prima volta erano rimasti anonimi. Dopo averla catturata, egli la conduce ora, rea confessa, al giudizio di Creonte. Grande è la soddisfazione della guardia per la punizione scampata; ma alla fine del suo discorso un accento di umanità prevale, ed egli si duole per la sorte della fanciulla, svelando in tal modo l'istintiva simpatia del popolo che ancora partecipa più alle tristi vicende della casa dell'amato Edipo, che al volere del nuovo, inflessibile signore. Lo scontro fra Antigone e Creonte si scatena violento, nella contrapposizione strutturale di due lunghi discorsi simmetrici. La fanciulla, fiera e sdegnosa, si appella all'autorità delle leggi divine che hanno determinato il suo agire: essa non credeva certo che il bando di Creonte avesse tanto valore da potersi violare in suo nome le norme morali non scritte, ma eterne nel cuore dell'uomo. E se alla morte non è possibile sfuggire, bello è incontrarla prima del tempo per chi, come lei, tante sventure ha sopportato: e davanti agli dèi essa potrà esibire il vanto d'aver onorato le leggi della pietà. La risposta di Creonte non esibisce di rimando le razionali motivazioni alla propria condotta; in lui ora tutto è soltanto violenza e ottusità: e il suo animo basso si rivela nell'intricata affermazione di banali luoghi comuni contro la fermezza della fanciulla, nella crudeltà immotivata con cui infierisce nei confronti della stessa Ismene, nel tradizionale – e in questo caso tanto più assurdo – rifiuto di sottostare, lui uomo, alle ragioni di una donna. Nella sticomitia che segue, il contrasto fra i due caratteri si fa più serrato: per Creonte solo le gerarchiche leggi dell'onore e dell'amicizia hanno potere; ma per Antigone l'amore, per cui si dice nata, si innalza a canone unico di vita, trasfigurandosi nella sublime accettazione del martirio. All'entrata di Ismene (annunciata dal coro negli anapesti 526-530) che desidera ora condividere la sorte della sorella, Antigone si chiude nell'attesa della morte, e dolorosamente respinge colei che è nata per vivere. Dopo un ultimo tentativo di Ismene di blandire il cuore di Creonte, prospettandogli il dolore di Emone per la perdita della promessa sposa, l'episodio si chiude sulla scena delle due fanciulle incatenate e condotte all'interno del palazzo.

Diversi motivi concorrono nella costruzione concettuale dell'episodio: e lo scontro fra Antigone e Creonte, lungi dall'esaurirsi nella dialettica drammatica di due individuali ragioni, si risolve invece nell'inconciliabile contrasto di opposte visioni del mondo. La barriera che si erge fra la volontà dell'uomo e quella della donna, il solco che separa le leggi imposte alla comunità da quelle inaccessibili del cuore, il contrasto fra le nuove forme di potere e l'antica monarchia legata al popolo, tutti questi motivi costituiscono i fili di una trama che in realtà allude ad altro ancora: e Creonte si rivela il simbolo dell'uomo nuovo, vitale, fiero del proprio ingegno e della potenza a lui derivata dall'abilità politica, l'uomo concreto, sprezzante delle tradizioni e della religione, l'uomo, insomma, che la società ateniese del quinto secolo è venuta creando. Ma in Antigone risuona la sublime grandezza di altri sventurati eroi sofoclei, e del poeta stesso: quella grandezza che nasce dal voto di morte di chi venera sopra ogni altra cosa la fede nell'antica ed eterna moralità, la grandezza di chi si riconosce inserito in un ordine divino che supera le umane trame, la disperata grandezza che accetta di annullarsi nella coscienza della propria inanità.

582-625. *Secondo Stasimo.*

Nella forma della duplice coppia strofica, il coro intona un desolato lamento che molto contrasta con il lucido elogio dell'ingegno formulato nel precedente stasimo: e come in quello risuonavano certezza e fiducia nelle opere umane, così ora, nel canto che conclude e commenta le scene centrali della vicenda, tutto è scorata constatazione della miseria e della sventura che coinvolgono senza posa e senza comprensibile disegno la sorte degli effimeri. Meditazione sui fatti or ora accaduti e insieme poetico vaticinio degli eventi futuri, il corale sembra seguire e indicare il destino contrario, e pur coincidente nel medesimo ordine divino, dei due protagonisti: per Antigone, gravata da antiche colpe incancellabili, grandezza significa ancora una volta sventura, erinni di morte, ineluttabile sottomissione agli oscuri voleri divini; per Creonte invece, che tuttora appare indomito tiranno vincitore sulle ragioni della tradizione, è già in agguato la crudele Ate, pronta a piegare l'orgogliosa autonomia dell'intelletto.

Non esiste grandezza nella vita umana a cui non si accompagni sventura, dice il coro: ma forse il senso ultimo di questo grido è proprio la sublime convinzione che solo chi molto ha sofferto ottiene, dal suo stesso dolore, eterna grandezza.

626-780. *Terzo Episodio.*

È ancora il coro ad aprire la scena con un breve intervento in anapesti (vv. 626-630), annunciando l'arrivo di Emone, visibilmente angosciato per la sorte che incombe sulla promessa sposa. Il contrasto fra Creonte e il figlio s'avvia cautamente, senza uno scontro immediato e violento: Emone seguirà i consigli del padre, così come gli dettano le leggi della sottomissione. È proprio questa la norma che è giusto avere nel cuore, ribatte Creonte: e in un discorso ancora una volta stipato di antichi luoghi comuni di stampo esiodeo, egli riafferma l'inflessibile principio che prevede la donna sottomessa all'uomo, il figlio al padre, i cittadini al supremo potere del tiranno. Obbedienza e disciplina sono i baluardi dello stato, nelle cose giuste e anche in quelle che giuste non appaiono. La risposta di Emone si annuncia diplomaticamente indirizzata sulle mosse suggerite dal padre: dopo un ulteriore inno alla ragione, il discorso si snoda su temi politici, seguendo una traccia, dunque, che meglio può fare breccia nel cuore di Creonte. Riaffiora così il tema della scontentezza dei cittadini, che ancora parteggiano per le sorti della casa di Edipo e segretamente discordano dai programmi del nuovo signore, quale era apparso già nelle parole della guardia, prima, e di Antigone, poi. Ancora sulle orme del padre la conclusione: una serie di gnomai e di luoghi comuni introduce l'invito a recedere dall'ira e dall'ostinazione, valendosi dei consigli del giovane figlio. A questo punto lo scontro inevitabile erompe in tutta la sua violenza: in una serrata sticomitia padre e figlio si affrontano su temi sinora appena accennati, e Creonte rinfaccerà al figlio la presunzione della giovane età e la sua sottomissione a una donna, Emone accuserà il padre di malvagia ottusità e di tirannica violenza. Il giovane, sconvolto, si allontana proferendo oscure minacce; Creonte conclude la scena ribadendo il destino di morte che attende Antigone.

Costruito secondo rigide leggi di simmetria nella partizione del dialogo, che ancor più accentuano l'insanabile contrasto dei due caratteri, il terzo episodio appare interamente volto alla progressiva individuazione delle ragioni simboliche, a cui il personaggio di Creonte allude. Servendosi della figura catalizzatrice di Emone, Sofocle ritorna ai motivi che costituivano il messaggio dei due precedenti stasimi: l'ingegno umano dalle miracolose risorse fatalmente si corrompe e si volge al male, quando non sia sorretto dalla fede nell'assoluta e imprevedibile volontà divina. E l'ostinazione di Creonte, che sempre più si irrigidisce in immotivata ostilità verso le leggi del sentimento e della saggezza, allude proprio a tale distruttiva involuzione dell'intelletto, che lo porterà dall'orgoglio della propria potenza all'annientamento previsto da Ate per chi non sappia adeguarsi all'ordine eterno del cosmo.

781-801. *Terzo Stasimo.*

In un breve, densissimo canto formato da una sola coppia strofica, il coro esplora le ragioni e gli esiti della follia d'amore. Non vi è spazio, qui, per idilliche rievocazioni o barocchi languori: Eros è un dio invincibile e crudele, e i suoi epiteti sembrano ricalcare una connotazione marziale che lo accomuna al concetto tradizionalmente opposto, simboleggiato da Ares, il dio della guerra. Nella possente e arcaica descrizione di Eros che violento si abbatte sugli animali e senza posa si aggira, indomabile, riecheggiano accenti dell'antica tradizione lirica: il dio è ancor sempre la dolce-amara, invincibile fiera dell'intuizione saffica, e i suoi effetti non si risolvono in elegiaci sospiri, ma in un totale sconvolgimento simile a morte. Solo una nota di inattingibile delicatezza: l'immagine della fanciulla cui Eros viene sfiorando le tenere gote, luminoso anticipo dell'arguta evocazione di Mercuzio. Tutto il resto è follia e distruzione: e sul giusto che vede il suo animo tratto in fallo, sui figli che un'insana passione ha contrapposto al padre, sugli immortali travolti in umane peripezie, trionfa ridente l'invincibile Afrodite.

Sottraendosi all'incanto di considerare il corale quale autonomo, fulgido canto di frammentaria suggestione, la sua funzione drammatica va forse ricercata in uno schema compositivo che lo inserisce simmetricamente rispetto ai due precedenti stasimi. Se l'elogio dell'ingegno sembrava dedicato all'introspezione delle ragioni di Creonte, se la constatazione dell'ineluttabilità della sventura illuminava il senso ultimo del gesto di Antigone, ora la descrizione della follia d'amore circonfonde la figura di Emone di quel tragico sentimento d'impotenza verso le eterne leggi degli dèi, che già preannuncia il suo gesto di disperata debolezza.

802-943. *Quarto Episodio.*

(802-882. *Commo*) L'azione riprende in una struttura articolata secondo due coppie strofiche e un epodo, con brevi intervalli del coro, in anapesti i primi due, in metri lirici gli altri. L'eco del travolgimento d'amore si prolunga in mirabile compattezza poetica in questo lungo lamento di Antigone, che vergine ancora e ignara di nozze deve salire il gelido talamo di Ade. Il coro respinge ora, con drammatica e improvvisa determinazione, il vincolo delle leggi imposte da Creonte: per la prima volta, i vecchi tebani si schierano senza ambiguità dalla parte di Antigone, e il corifeo accompagnerà il pianto della fanciulla condotta a morte. Tutto il destino della sventurata figlia di Edipo viene svolgendosi ora in sublime sinteticità intuitiva: e soprattutto l'insondabile sorte, da sempre fissata, che ha fatto di Antigone una creatura incompleta e perennemente divisa fra due diverse impossibilità d'essere. Donna e pure non donna, non tanto per la virile autonomia del suo gesto, quanto per la fatale esclusione dalla sfera femminile del matrimonio e della procreazione; compagna non di uomini né di defunti, non di vivi e non di morti, così come vuole la sorte della sua strana sepoltura; sorella, infine, e figlia del medesimo uomo, uccisa lei viva dal morto fratello: questa la tragica ambiguità di un personaggio che proprio dalla singolare anomalia del suo destino ottiene, secondo le parole del coro, la sublime grandezza propria ai semidei.

(883-928. *Trimetri giambici*) Esce dalla reggia Creonte, e ordina che Antigone venga condotta senza indugio alla tomba. Egli riconferma la convinzione di restare puro da delitto: ma in ogni caso la fanciulla non rivedrà più la luce del sole. In un disperato, estremo discorso, Antigone cerca le ragioni del suo destino: a cosa è valsa l'osservanza alle leggi divine, a cosa la pietà per cui ora viene detta empia? Resta la speranza di giungere amata fra morti tanto amati, resta la dolorosa gioia di augurare a chi le ha fatto del male ingiustamente mali altrettanto insopportabili.

Il motivo delle mancate nozze ritorna ossessionante in quest'ultima imprecazione di Antigone. E insieme si mescola il rimpianto del talamo alla sprezzante affermazione della superiorità dei vincoli familiari sopra ogni altro affetto: se muore il marito, un altro se ne può avere, e concepire un secondo figlio; ma i genitori ormai scesi nell'Ade mai più potranno ridarle un fratello tanto amato. Tra nostalgia e disprezzo ancor più giunge a compimento la sostanziale ambiguità della figura di Antigone, il cui lirico dispiegarsi costituisce la ragione di fondo dell'intero episodio. Ed è ancora una intima lacerazione a turbare l'animo di Antigone negli ultimi bagliori di lucidità: il dubbio angoscioso che vede oscillare fra pietà ed empietà il gesto che l'ha condotta a morte. Poi, in un breve grido che conclude il dialogo in anapesti con il coro nei vv. 929-943, la fanciulla s'avvia al sepolcro.

944-987. *Quarto Stasimo.*

Il destino di Antigone è ormai compiuto; e il coro, esaurito il suo compito di indagare poeticamente le ragioni ultime della vicenda, indugia ora in un lungo canto (formato da due coppie strofiche) di contenuto mitologico. Nessuna forza ha saputo indirizzare a più mite sorte il desolato destino della fanciulla, nessun saggio consiglio ha distolto Creonte dal suo proposito: al coro non resta che osservare immobile l'esito inevitabile delle trame divine. E la pausa mitologica sembra alludere proprio a tale impietrita constatazione: gli esempi famosi proposti dal coro come parallelo alla strana sepoltura di Antigone non sono addotti a conforto degli animi che la tragedia ha reso attoniti, non serve il paragone con gli eroi del mito a riscattare e giustificare la sventura della figlia di Edipo; la funzione del lungo racconto è semmai l'opposto, esaurendosi i motivi del canto nell'estrema riaffermazione della divina insondabilità.

988-1114. *Quinto Episodio.*

Compare sulla scena Tiresia, accompagnato da un fanciullo, e Creonte lo interroga in tono sbrigativo e sdegnoso sulle ragioni della sua venuta. I segni degli dèi hanno rivelato che la città è impura, risponde il vate; e i resti sanguinanti del cadavere di Polinice infettano gli altari e le mense divine, impedendo di inviare agli Olimpi preghiere sacrificali. Di tutto questo è causa l'empio editto di Creonte; ceda, dunque, il tiranno e subito provveda a seppellire il morto: chi sa porre rimedio al suo errore non sarà per l'innanzi chiamato stolto. Creonte, irremovibile, accusa Tiresia di proferire queste minacce per desiderio di guadagno: e fra i due sorge una violenta contesa in sticomitia, in cui il tiranno riafferma il proprio potere assoluto, Tiresia la superiorità della dote profetica. L'ottusità di Creonte induce alfine il vecchio vate a rivelare quanto il suo animo teneva rinchiuso: la sventura si abbatterà sulla casa di

Creonte, e l'inflessibile signore dovrà pagare, in cambio di morti, un morto delle sue stesse viscere. La vendetta delle Erinni è già in agguato, e le vicende della reggia di Tebe non sono più in potere degli dèi immortali, ma preda di Ade. Tiresia si allontana, lasciando sgomento l'animo di Creonte. In un breve dialogo con il coro, egli decide di sottomettersi ai consigli del vate: subito, e di sua stessa mano, il tiranno andrà a liberare la prigioniera Antigone.

Il quinto episodio sembra rivelare, nella sua struttura drammatica e nell'evoluzione progressiva degli stati d'animo, un'affinità che accomuna il fatale accecamento di Edipo e l'inamovibile determinazione al male di Creonte. Nelle due tragedie, la scena del colloquio con Tiresia si svolge per gradi paralleli: i miti consigli del vate e la sua pietosa reticenza, carica di sventura inespressa, portano in entrambi i casi ad una aperta contesa, che vede Tiresia, per due volte accusato di venalità, erompere alla fine nella divina crudeltà di sconvolgenti rivelazioni. Quasi ipostasi di un'inascoltata coscienza del peccato, latente nell'animo dei due protagonisti, la figura catalizzatrice del profeta porta alla superficie l'incertezza che man mano si fa strada nella non più incrollabile fiducia del proprio operato: e se per Edipo la voce del dio si risolve in serpeggiante dubbio, ancora adombrato dai fantasmi della speranza, per Creonte le parole di Tiresia segnano il crollo irreparabile dell'antica maestosa fermezza. Alla fine dell'episodio, del tiranno non resta che un vecchio tentennante, prostrato dall'intuizione estrema della sventura, incapace di volontà propria. In una serie affannosa di frasi interrogative, il re implora adesso il consiglio del coro: la tirannica potenza chiede ora di essere comandata, e l'orgoglio dell'intelletto si esaurisce in desolata impotenza. « Forse la cosa migliore è il terminare la propria vita osservando le leggi stabilite »: l'ultima battuta di Creonte sintetizza il totale e irreparabile rovesciamento delle sue iniziali ragioni.

1115-1152. *Quinto Stasimo.*

Ritorna in questo ultimo stasimo l'evocazione mitologica che aveva caratterizzato il precedente canto del coro, quasi in una struttura bimembre che raggruppa i primi tre corali in funzione di sintetica individuazione dei tre protagonisti, gli ultimi due come pause della narrazione formulate nella tradizionale veste mitica, origine e condizione della forma tragica stessa. Nella canonica struttura della duplice coppia strofica, il coro leva una preghiera al dio Bacco perché accorra benevolo in aiuto alla città da lui prediletta: e il tono è per la prima volta festoso, e fiduciosi gli animi nel buon esito che il ravvedimento di Creonte sembra annunciare. Ma anche questo breve e isolato sprazzo di speranza troverà pronta smentita nelle sconsolate parole del nunzio che aprono la scena finale.

1153-1353. *Esodo.*

(1153-1256. *Trimetri giambici*). Entra il nunzio, e con parole non dissimili dai più desolati canti del coro, annuncia nuovi dolori piombati sulla casa di Creonte: chi un tempo traeva gioia dalle ricchezze, dal proprio potere, dalla fiorente prole, è ora un uomo distrutto, un cadavere animato. Non esiste durevole condizione di felicità, e la sorte sempre abbatte chi nell'orgoglio osa levare il suo capo. Questo è ora il destino di Creonte, poiché il figlio Emone di sua propria mano si è tolto la vita. Si avanza Euridice che ha udito le parole del nunzio, e lo interroga su quanto è accaduto. Apprende così che Creonte, dopo avere seppellito il cadavere di Polinice, udì levarsi dal sepolcro di Antigone gli strazianti lamenti del figlio, densi di funesti presagi. Avvicinatosi, egli vide la fanciulla impiccata al velo della sua veste ed Emone a lei abbracciato che piangeva la perduta sposa. Il figlio tenta ora di colpire il padre crudele con la spada; ma, mancato il colpo, rivolge l'arma contro se stesso e si uccide. Udito il racconto, la regina rientra ammutolita nella reggia, lasciando i presenti attanagliati nella dolorosa ambiguità del suo silenzio.

La sventura di Creonte è ormai compiuta: e l'abisso che separa la sua precedente condizione dall'attuale abbattimento è reso ancor più sconvolgente proprio perché evocato dalla narrazione del nunzio, e non vissuto sulla scena dal tiranno in persona. Gli ultimi momenti di lucidità hanno visto un Creonte ormai ridotto all'impotenza e prostrato dall'indecisione, ma ancora in grado di riconoscere il proprio errore e di sperare nella catarsi: le sue estreme parole erano gravi dell'alfine riconosciuta superiorità divina. Da allora e fino al termine della tragedia, Creonte non parlerà più: solo il suo pianto desolato chiuderà la scena sulla rovina della reggia di Tebe. Quest'ultima parte del dramma ben si potrebbe considerare dominata dal simbolo tragico estremo, il silenzio: muto è Creonte, che agisce e parla solo nel racconto del nunzio; ma ancor più sublime il silenzio di Euridice, il cui unico commento alla sventura è la morte.

(1257-1353. *Commo*) Preceduto e concluso da due gruppi di versi anapestici recitati dal coro, il commo si articola in una duplice coppia strofica a cui si intercalano sezioni in giambi. Compare Creonte portando sulle braccia il corpo senza vita di Emone. Nel delirio del pianto, egli ripercorre le tappe del suo errore: il suo ostinato orgoglio è stato apportatore di duplice morte, e la demenza del padre fu causa della sventura del giovane. Ma la sorte di Creonte non è ancora compiuta: un secondo nunzio entra a riferire il suicidio di Euridice. La rovina del tiranno è ora completa: nel delirio che attanaglia la sua mente, egli si definisce uccisore del figlio e della sposa; e le sue ultime parole esprimeranno il desiderio che veloce giunga il giorno estremo del termine di morte.

Anche per Creonte, l'intuizione della verità sottesa alle regole da sempre sancite si accompagna al compimento della sventura. « Ho compreso, infelice »: questo il grido dell'estrema rivelazione tragica. E tutto quest'ultimo canto è percorso dal senso della fatale conoscenza che nasce dal dolore; mentre Creonte riconosce la potenza degli dèi nell'istante stesso in cui avverte crollare ogni suo bene, il coro ripete l'invariato ammonimento: per gli uomini l'unica felicità è la saggezza, ma « dalla sventura destinata non esiste scampo per i mortali ».

34738
1994